Gottesdienste mit Kindern

Gottesdienste mit Kindern

Handreichung 2010

Herausgegeben von Adelheid Schnelle

in Verbindung mit Silvia Gützkow und Sabine Meinhold

EVANGELISCHE VERLAGSANSTALT
Leipzig

Die Deutsche Bibliothek – Bibliographische Information

Die Deutsche Bibliothek verzeichnet diese Publikation in
der Deutschen Nationalbibliographie; detaillierte bibliographische
Daten sind im Internet über <http://dnb.de> abrufbar.

© 2009 by Evangelische Verlagsanstalt GmbH, Leipzig

Printed in Germany · H 7301

Satz: verbum Druck- und Verlagsgesellschaft mbH, Berlin
Umschlaggestaltung: behnelux gestaltung, Halle/Saale
Druck: CPI – Clausen & Bosse, Leck

ISBN 978-3-374-02677-7
www.eva-leipzig.de

Inhaltsverzeichnis

Lieder 7
Abkürzungen 8
Zur Arbeit mit diesem Buch 9

Jahreslosung 10
1. Januar   Kanon zur Jahreslosung   *H. de Boor* 10
           Johannes 14,1 (Jahreslosung)   *B. Plötner-Walter/H. de Boor* 11

I Wer ist der? (M 1)* 16
3./6. Januar   Taufe Jesu (Markus 1,1.9–11)
            R.-E. Schlemmer/F. Wulff-Wagenknecht 18
10. Januar   Jüngerberufung (Markus 1,14–20)   *M. Seidel* 22
17. Januar   Heilung des Gelähmten (Markus 2,1–12)   *F. Creutzburg* 26
24. Januar   Sturmstillung (Markus 4,35–41)   *B. Carstens* 31

II Der Sündenbock – Wohin mit der Schuld? 36
31. Januar   In die Wüste geschickt: der Sündenbock
            (3. Mose 16,20–22.29–34)   *B. Donath* 38
7. Februar   Der werfe den ersten Stein (Johannes 8,1–11)   *B. Donath* 43
14. Februar   Siehe, das ist Gottes Lamm! (Johannes 1,29–34)   *B. Donath* 48

III Jesus setzt Zeichen (M 2) 54
21. Februar   Markus 2,13–17   *A. Mengel* 56
28. Februar   Markus 3,1–6   *F. Niemann* 61
7. März   Markus 11,15–19   *U. Lucke* 66

IV Stark! – Josef von Arimathäa, Petrus, ein römischer Hauptmann und eine unbekannte Frau (M 3) 70
14. März   Die salbende Frau (Markus 14,3–9)   *G. Naumann* 72
21. März   Der treue Petrus (Markus 14,66–72)   *C. Georg* 76
28. März   Der römische Hautmann (Markus 15,20–39)   *H. Ramsch* 81
2. April   Josef von Arimathäa (Markus 15,42–46)   *B. Dechant* 85

V Ostern bei Markus (M 4) 90
4./5. April   Vom Entsetzen zum Schweigen (Markus 16,1–8)   *G. Kurmis* 92
11. April   Unglaubliche Ostern! (Markus 16,9–13)   *K. Lange* 97
18. April   Das Grab loslassen und zum Leben zurückfinden!
           (Markus 16,14–18)   *B. Jagusch* 102

* M weist auf monatliche Kindergottesdienste hin

Inhaltsverzeichnis

VI Musik sprengt Mauern 108
25. April   Jubeln ... (Josua 6,1–20)   *S. Macht* 111
2. Mai   Singen ... (Daniel 3,1–30)   *S. Macht* 117
9. Mai   Beten und Singen ... (Apostelgeschichte 16,16–34)   *S. Macht* 122

VII „Nach dem Abschied: Neues entsteht!" – Jesus sendet Gottes Geist (M 5) ... 128
13./16. Mai   Johannes 14,15–20.25.26   *U. Scheller* 130
23./24. Mai   Johannes 16,16–22   *D. Pape* 135
30. Mai   Johannes 15,26–16,13.33   *A.-D. Bunke* 140

VIII WM 2010 – Die Welt zu Gast bei Freunden in Südafrika (M 6) 146
6. Juni   Das große Spiel (Epheser 5,19)   *P. Neumann* 148
13. Juni   Fairplay (Matthäus 22,37–39)   *R.-R. Bartels* 153
20. Juni   Die Weltauswahl Gottes ist kunterbunt
               (Apostelgeschichte 2,1–13)   *C. Ilse* 157

IX Das Buch Rut – vom Brot des Lebens (M 7) 162
27. Juni   Das letzte Brot (Rut 1,1–16)   *U. Lange* 164
4. Juli   Das fremde Brot (Rut 1,18–2,23)   *U. Lange* 169
11. Juli   Das Brot der Liebe ... (Rut 3,1–18)   *U. Lange* 173
18. Juli   ... wird zum Brot der Heimat (Rut 4,1–22)   *U. Lange* 177

X Top Secret – Geheimsache Jesus 182
25. Juli   Markus 1,2–8.14–15 (Johannes der Täufer)   *K.-D. Braun* 186
1. August   Markus 5,21–24a.35–43 (Die Tochter des Jairus)   *K.-D. Braun* 191
8. August   Markus 10,46–52 (Der blinde Bartimäus)   *K.-D. Braun* 195
15. August   Markus 15,22–39 (Der Hauptmann)   *K.-D. Braun* 200

XI Klein aber oho! Das Kleine kommt groß raus bei Jesus (M 8) 204
22. August   Das kleine Senfkorn (Markus 4,30–32)   *C. Glebe/A. Gottwald* 209
29. August   Die kleinen Kinder (Markus 10,13–16)   *C. Glebe/ A. Gottwald* 212
5. September   Die kleine Gabe (Markus 12,41–44)   *C. Glebe/A. Gottwald* 215

XII Die farbenfrohe Schöpfung (M 9) 218
12. September Und Gott schuf das Licht (1. Mose 1,1–5.14–19)   *B. Börner* 220
19. September Gott schuf Himmel und Wasser (1. Mose 1,6–10)   *B. Börner* 224
26. September Gott schuf das Leben (1. Mose 1,20–27)   *B. Börner* 228
3. Oktober   Und siehe – es war gut (1. Mose 1,28–2,4a)   *B. Börner* 232

**XIII Mit Martin Luther die Kirche entdecken – „Martin Luther und das
Altarbild des Reformationsaltars der Stadtkirche in Wittenberg" (M 10)** 238
10. Oktober   Allein die Schrift – Die Bibel   *E. Reinhard* 242
17. Oktober   Allein Christus – Das Kreuz   *E. Reinhard* 247
25. Oktober   Allen Gnade – Die Taufe   *E. Reinhard* 251
31. Okt./1. Nov. Allein Glaube – Das Abendmahl   *E. Reinhard* 256

XIV Alles hat seine Zeit (M 11) 262
7. November Alles hat seine Zeit (Prediger 3,1–8) *J. Noetzel* 264
14. November Gott führt mich durch die Zeit (Psalm 23) *A. Baden-Ratz* 271
21. November Ich bin bei euch alle Zeit (Matthäus 28,16–20) *E. Sonntag* 277

XV Gottes Advent verändert Leib und Seele – Biblische Adventshaltungen entdecken und feiern (M 12) 282
28. November Sacharja 9,9–12 *E. u. K. Müller* 284
5. Dezember Lukas 21,25–28 *H. Aßmann* 289
12. Dezember Jesaja 40,1–11 *B. Johanning* 296
19. Dezember Philipper 4,4–7 *S. Meinhold* 302
24./25./26. Dez. Lukas 2,1–20 *J. Grote* 309

Gottesdienst zum Beginn des Schuljahres
„Gott ist wie ein treuer Freund"
(1. Mose 16,1–16) *A. Kunze-Beiküfner* 318

Autorenverzeichnis 325

Lieder

Das Leben ist ein Fischerboot (Mel.: Ein Schiff, das sich Gemeinde nennt)	35
Ein neuer Tag beginnt	132
Für alles gibt es eine Zeit	268
Fürchtet euch nicht. Gott kommt als Kind	315
Gott hilft Grenzen überwinden	127
Jesus Christus spricht: Euer Herz erschrecke nicht (Jahreslosung)	10
Neuer Himmel, neue Erde (Hab geträumt)	124
Siebenmal vor Jericho gesungen	114
Siehe, ich sende einen Engel vor dir her	108
Singet dem Herrn und lobet seinen Namen	311
Wie in einer zärtlichen Hand (neuer Text zu „Taufe")	22
Wir alle sind ein Leib	121

Abkürzungen

Amen	amen: Lieder für Kinder und Jugendliche, Strube Verlag München/Berlin
EG	Evangelisches Gesangbuch
GoKi	Gottesdienste mit Kindern – Handreichung, Evangelische Verlagsanstalt Leipzig
KG	Das Kindergesangbuch, Claudius Verlag München
LB	Das Liederbuch. Lieder zwischen Himmel und Erde, tvd-Verlag Düsseldorf (Nachfolger von ML Mein Liederbuch)
LfK	Lieder für den Kindergottesdienst, Westfälischer Verband für Kindergottesdienst
LH	Das Liederheft Kirche mit Kindern, KIMMIK-Praxis 36, Arbeitsstelle Kindergottesdienst der Ev.-luth. Landeskirche Hannovers
LJ	Liederbuch für die Jugend, Quell Verlag Stuttgart
LZU	Das Liederbuch zum Umhängen, Menschenkinder Verlag Münster
MKL	Menschenskinderlieder, Beratungsstelle für Gestaltung von Gottesdiensten, Frankfurt/Main
ML	Mein Liederbuch für heute und morgen, tvd-Verlag Düsseldorf

Sagt Gott Sagt Gott, wie wunderbar er ist.
    I Alte und neue Psalmen zum Sprechen und Singen;
    II Neue Psalmen für Gottesdienst und Andacht (2005),
    Verlag Junge Gemeinde Leinfelden-Echterdingen

Zur Arbeit mit diesem Buch

Die Bibeltexte und Themen, die diesem Buch zugrunde liegen, richten sich nach dem „Plan für den Kindergottesdienst 2010–2012", herausgegeben vom Gesamtverband für Kindergottesdienst in der Evangelischen Kirche in Deutschland. Vorschläge für monatliche Kindergottesdienste (mit kurzen einleitenden Texten) finden sich jeweils am Ende von zwölf thematischen Einheiten = M 1 – 12 im Inhaltsverzeichnis.

Zu den Grafiken vor jeder Einheit
Die Grafiken sind nicht fertig. Sie sind als Anregung zum Ausgestalten und Bearbeiten gedacht und vielseitig einsetzbar (Kindergottesdienst, Schule, Einladungen, Gemeindebrief, andere Gemeindekreise). Wir danken Silvia Gützkow (Einheit 2, 3) und Sabine Meinhold (Einheit 1, 6, 8, 12, 14, 15) für ihre Zeichnungen.

Bausteine für Gottesdienste mit Kindern und Erwachsenen finden Sie für
3./6. Januar – *2. Sonntag nach dem Christfest/Epiphanias:* Markus 1,1.9–11
21. Februar – *Invokavit:* Markus 2,13–17
28. Februar – *Reminiszere:* Markus 3,1–6
4./5. April – *Ostern:* Markus 16,1–8
23./24. Mai – *Pfingsten:* Johannes 16,16–22
20. Juni – *3. Sonntag nach Trinitatis:* Apostelgeschichte 2,1–13
3. Oktober – *18. Sonntag nach Trinitatis/Erntedank:* 1. Mose 1,28–2,4a
31. Oktober/1. November – *Reformationstag/22. Sonntag nach Trinitatis:* Abendmahl – alle sind eingeladen *oder: Allein Schrift – die Bibel*
5. Dezember – *2. Advent:* Lukas 21,25–28
12. Dezember – *3. Advent:* Jesaja 40,1–11
24./25. Dezember – *Heiligabend/Christfest:* Lukas 2,1–20
Gottesdienst zum Beginn des Schuljahres: 1. Mose 16,1–16 (Gott ist wie ein guter Freund)

Anschauungs- und Erzählmaterial, das eventuell längerfristig besorgt werden muss (s. auch „Übersichten" vor den jeweiligen Einheiten)
7. *Februar – Sexagesimä:* Zeitungsausschnitte von Menschen, auf die andere mit dem Finger zeigen könnten
21. *März – Judika:* Musical „Petrus"; zebe publishing Berlin, ZE 2141; CD ZE 2147
28. *März – Palmarum:* meditative Musik von CD
11. *April – Quasimodogeniti:* Playmobilfiguren
6. *Juni – 1. Sonntag nach Trinitatis:* Bilder von Südafrika (Landschaft, Pflanzen, Tiere)
18. *Juli – 7. Sonntag nach Trinitatis:* Bilder von alten Menschen
25. *Juli – 8. Sonntag nach Trinitatis:* Spiegelscherben (Bastelbedarf)
19. *September – 16. Sonntag nach Trinitatis:* Fotos mit Wasser (z.B. Meer, Fluss, Nebel, Brunnen, Regen)
26. *September – 17. Sonntag nach Trinitatis:* Bilder von Tieren und Menschen
10.–31. *Oktober – 19. Sonntag nach Trinitatis bis Reformationstag:* Lutherbild und Poster „Reformationsaltar der Stadtkirche in Wittenberg" von Lucas Cranach, Bestelladresse s. S. 241; Das Lied „Seht das Zeichen, seht das Kreuz" (s. S. 247)
14. *November – Vorletzter Sonntag im Kirchenjahr:* Streichholzschachteln oder Filmdosen

Kanon zur Jahreslosung
Jesus Christus spricht: Euer Herz erschrecke nicht

Text: Johannes 14,1
Melodie: Hanna de Boor

Kanon für vier Stimmen

aufgeklappte „Herzkarte"

Lieder: Kanon/Liedruf zur Jahreslosung, S. 10; Kindermutmachlied (Wenn einer sagt), KG 150, LJ 624, MKL 100, LZU 55; LH 26; Gott, dein guter Segen, KG 220, LJ 382, LfK2 138, LZU 31, Amen 84, LH 53

Liturgischer Text: Johannes 14,1–6 (dazu die Liedstrophe EG 322, Str. 5: Er gebe uns ein fröhlich Herz)

1. Januar 2010
Neujahr

Jahreslosung
Johannes 14,1

Jesus Christus spricht:
Euer Herz erschrecke nicht!
Glaubt an Gott und glaubt an mich!

Zum Text

Glaube ist eine Herausforderung. Denn das, was uns umgibt, kann uns manchmal in Bedrängnis bringen und damit auch unseren Glauben. Doch auch Gott selbst – Jesus selbst – kann unser Herz erschüttern: Wenn wir uns fern von ihm fühlen, wenn wir fürchten, dass er uns verlassen hat oder verlassen wird.

Jesus sagt diese Worte zu seinen Jüngern, als er ihnen auseinandersetzt, dass er sie verlassen wird, um in den Tod – und zu Gott, dem Vater – zu gehen. Überdies sagt er Petrus voraus, dass der ihn verleugnen wird. Der Glaube der Jünger wird also auf eine harte Probe gestellt. Zuerst einmal sehen sie nur das Ende des Weges, das Ende der Gemeinschaft mit Jesus, das Ende des Lebens, können sich aber den Neuanfang bei und mit Gott nicht so recht vorstellen. Jetzt wird es sich erweisen, ob die Jünger zugleich mit ihrem Glauben an Jesus auch das Vertrauen in Gott gelernt haben (das griechische Wort für „glauben" heißt gleichzeitig „vertrauen"). Anders ausgedrückt: Ist ihr Glaube nur auf den Menschen Jesus bezogen, auf seine Worte und Wunder, oder auf den Gott in Christus?

Immer wieder hatte Jesus seinen Jüngern gesagt, dass sie durch ihn den Vater erkennen und durch ihn zum Vater kommen können. Wer Jesus kennt, kennt Gott (vgl. Joh 10,15 und 12,44). In Joh 14,1 redet Jesus das einzige Mal innerhalb des Johannesevangeliums ausdrücklich und an erster Stelle vom Glauben an Gott, dann erst vom Glauben an ihn selbst. Jesus bittet seine Jünger in dieser Extremsituation, ihren Glauben auf Gott und damit auch auf ihn zu richten, damit sie in der Herausforderung, die auf sie zukommt, im Glauben – und damit in Gott – bleiben.

Und Glaube ist Herzenssache. Nicht eine Frage des Verstandes und der Überzeugungen, auch keine Frage philosophischer Erwägungen. Glaube ist nicht ein Für-Wahr-Halten, sondern eine Frage der Beziehung: „Ich glaube dir" oder „ich glaube an dich" begründet und bekräftigt das Vertrauen in einen anderen und ist nicht in erster Linie eine Aussage über Wahrheit. Glaube führt in eine Beziehung hinein bzw. verstärkt sie. Glaube ist Herzenssache. Darum gerät das Herz in Aufruhr, wenn der Glaube erschüttert wird.

Aber weil Glaube Herzenssache ist, wird das Herz auch stark und beständig, wenn der Glaube tief ist. Festes Vertrauen kann Herausforderungen bestehen helfen, ähnlich einem Sicherungsseil beim Klettern. Der Glaube kann also ein erschüttertes oder angefochtenes Herz festhalten und beständig machen. So kann er helfen, Lebenskrisen zu meistern und schwierige Situationen und Herausforderungen zu bestehen.

Der Text und die Kinder

Besonders für jüngere Kinder, sofern sie christlich erzogen sind, ist es ganz selbstverständlich: Sie kennen Jesus und glauben an Gott. Das Gottvertrauen der eigenen Eltern begründet ihr fragloses Vertrauen. Für Kinder, die nicht in christlichen Familien aufwachsen, mag es das Vertrauen auf Freunde und Freundinnen, auf die Großeltern, auf die Gemeindepädagogin oder irgendeine andere Bezugsperson sein, das eigenes Vertrauen in Gott und Jesus begründet.

Dass Glaube eine Herzens- und Beziehungssache ist, ist Kindern also sicher leicht verständlich zu machen. Dahingegen liegt ihnen der Gedanke, dass Jesu Schicksal selbst Ursache für eine grundsätzliche Anfechtung im Glauben sein könnte, vermutlich außerordentlich fern. (Natürlich fragen Kinder im Vorschul- oder ersten Schulalter, warum denn Jesus gekreuzigt wurde, stellen aber damit ihren Glauben an Gott und Jesus noch nicht in Frage, jedenfalls sofern sie von der Auferstehung wissen.)

So wäre Kindern in erster Linie zu vermitteln, wie Glaube entsteht: Über das Herz. Denn was ins Herz geht, geht tief, wird ernst genommen und schafft Halt. Und damit kann Glaube, wenn er erst einmal da ist, schwierige, auf den ersten Blick aussichtslose und erschreckende Situationen meistern helfen. Eine solche Situation lässt sich gut an einer biblischen Geschichte verständlich machen, die vom festen Glauben an Gott bzw. Jesus erzählt und dieses Vertrauen auch belohnt und daraus Neues wachsen lässt, wie das in der Geschichte Apostelgeschichte 16,23ff der Fall ist.

Gestaltungsvorschlag für jüngere und ältere Kinder

Lied: Kindermutmachlied

Herzenswörter
Die Leiterin legt Bilder und Sprichworte oder sprichwörtliche Redewendungen aus, in denen vom Herzen die Rede ist, z.B.
– jemanden ins Herz schließen
– sein Herz ausschütten
– ihm rutscht das Herz in die Hose
– sich etwas zu Herzen nehmen
– jemandem fällt ein Stein vom Herzen
– etwas nicht übers Herz bringen
Die Kinder sollen die Redewendungen den Bildern zuordnen. Wenn überwiegend kleinere Kinder da sind, legt die Leiterin die Bilder aus und liest die Re-

1. Januar 2010

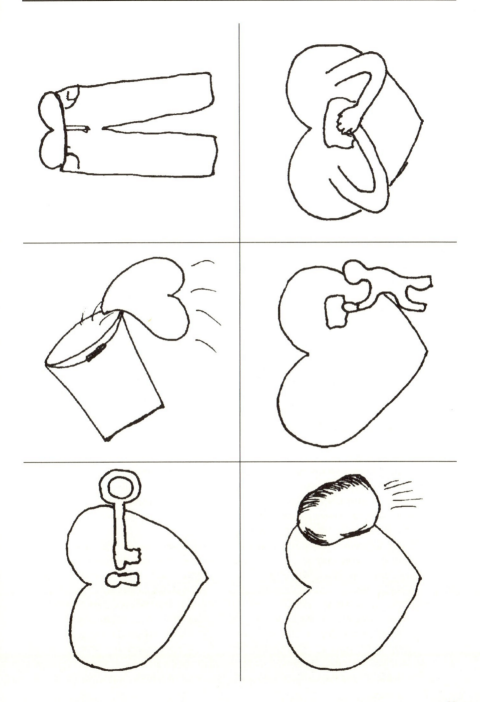

dewendungen vor. Die Kinder suchen jeweils das passende Bild heraus.

Gespräch
Die Bedeutung der Redensarten wird besprochen. Dabei zeigt sich: Wenn wir vom Herzen sprechen, meinen wir etwas, was uns sehr nahe geht, was für uns ganz besonders wichtig ist.

Kanon zur Jahreslosung

Gespräch
In der Jahreslosung heißt es: Euer Herz erschrecke nicht! Wie könnte denn ein erschrockenes Herz aussehen? Könnt ihr euch Situationen vorstellen, in denen das Herz erschrocken ist?

Erzählung
In einer fremden Stadt unschuldig im Gefängnis sitzen – was für ein Albtraum! Früher, als er noch Saulus war, wäre er am Boden zerstört gewesen. Doch das war lange her. Den Schrecken seines Lebens hatte er hinter sich. Damals, als Gott ihn plötzlich zu Boden geworfen und geblendet hatte, da war er bis ins Herz erschrocken. Das hatte sein Leben verändert. Er war ein anderer Mensch geworden – Paulus. Jetzt war er in Gottes Auftrag unterwegs, um überall auf der Welt den Menschen von Jesus zu erzählen. Dabei war er schon oft angefeindet worden. Doch er wusste: Jesus ist mit mir. Was auch geschieht – es wird sich zum Guten wenden. Mit dieser Gewissheit konnte ihm auch das Gefängnis nichts anhaben, ihm nicht, und auch seinem Freund Silas nicht. Auch hier waren die beiden von ihrer Botschaft erfüllt. So fingen sie mitten in der Nacht an zu singen und zu beten. Ein Loblied nach dem anderen stimmten sie an. Die anderen Gefangenen horchten auf. Was waren das für Menschen, die noch im Gefängnis Loblieder sangen?

Plötzlich bebte die Erde. Die Mauern zitterten. Es krachte. Die Türen sprangen auf. Erschrocken fuhr der Wächter aus dem Schlaf. Ihm rutschte das Herz bis in die Hose. Was würde mit ihm passieren, wenn jetzt die Gefangenen alle weg waren? Er schrie laut: „Ich bin verloren! Die Gefangenen sind geflohen!" Er zog sein Schwert und wollte sich selber töten.

„Halt!", hörte er da. „Halt! Steck dein Schwert weg! Wir sind doch alle noch da!" Paulus war es, der da rief.

Der Wächter konnte es gar nicht glauben. Zögernd griff er nach seiner Lampe. Er ging los. Tatsächlich! Die Gefangenen waren noch in ihren Zellen – trotz der offenen Türen. Der Wärter verstand das nicht. Wenn er selbst hier gewesen wäre – er wäre sofort geflohen. Da wäre es ihm ganz egal gewesen, was mit den Wärtern passiert. So einem Mann wie Paulus war er noch nie begegnet. Der stand da, als sei er der Herr, dabei war er der Gefangene!

Der Wärter fiel vor Paulus und Silas auf die Knie. „Jetzt sehe ich, dass Gott mit euch ist. Nichts kann euch erschrecken – nicht das Gefängnis, nicht das Erdbeben! Was kann ich tun, damit auch ich gerettet werde?" Paulus und Silas antworteten: „Glaube an Gott und an Jesus Christus, dann wirst du selig werden! Dann wirst du deine Angst überwinden!"

Der Wärter erhob sich. Er führte Paulus und Silas aus dem Gefängnis heraus in seine Wohnung. Heute begann für ihn ein neues Leben. Er ließ

1. Januar 2010

sich von Paulus und Silas noch viel von Jesus Christus erzählen. Dann ließ er sich und seine Familie taufen. Von jetzt an glaubte er an Gott und an Jesus Christus.

Kanon zur Jahreslosung wiederholen

Gebet
Lieber Gott, wir sind hier in deinem Namen zusammen.
Manchmal können wir von Herzen lachen.
Manchmal rutscht uns das Herz in die Hose.
Manchmal nehmen wir uns etwas zu Herzen.
Manchmal fassen wir uns ein Herz.
Hilf uns, dass wir von Herzen glauben können.
Sei bei uns, so dass nichts uns erschrecken kann. Amen

Segenslied: Gott, dein guter Segen

Kreative Vertiefung
Jetzt kann mit den Kindern eine Karte mit der Jahreslosung gestaltet werden. Unser Vorschlag ist eine Klappkarte. Auf der Vorderseite ist ein Herz zu sehen. Dieses kann so eingeschnitten werden, dass man es nach oben aufklappen kann. Wenn man es aufklappt, sind dahinter Linien, auf die die Kinder die Jahreslosung schreiben können (vgl. S. 10). Für die Jüngeren sollten Karten vorbereitet sein, auf denen die Jahreslosung schon steht, so dass die Kinder nur das Herz gestalten müssen.

Bettina Plötner-Walter
und Hanna de Boor

Wer ist der?

Zeichnung: Sabine Meinhold

Lied: Wer ist denn dieser Jesus, Kinder-Kirchen-Hits 21, Mit dem Friedenskreuz durch das Kirchenjahr 48

Liturgischer Text: Jesaja 9,5-6

Wer ist der?

Sonntag	Text/Thema	Art des Gottesdienstes Methoden und Mittel
3.1./6.1. 2010 2. Sonntag nach dem Christfest/ Epiphanias	Taufe Jesu Markus 1,1.9–11 Ganz bei Gott, ganz bei den Menschen	Gottesdienst mit Kindern (und Erwachsenen); Erzählung, Wortkarten, goldene Bänder beschriften, Stifte, goldene Herzen, blaues Tuch, Gespräch, Schüssel mit Wasser, Papierwolke
10.1.2010 1. Sonntag nach Epiphanias	Jüngerberufung Markus 1,14–20 Ganz neue Wege	Gottesdienst mit Kindern; verschiedene Handschuhe, Tischdecke, Bibel, Kerze, Kreuz, Körner, Klebezettel, Erzählung als Stegreifgeschichte, Gespräch
17.1.2010 2. Sonntag nach Epiphanias	Heilung des Gelähmten Markus 2,1–12 Ganz unten	Gottesdienst mit Kindern; Biegepüppchen oder stehende Pappfiguren, Schaschlickspieße, kleiner Stoffrest, Erzählung, Gespräch, Erfahrungsspiel, Matte flechten, Buntpapier
24.1.2010 Letzter Sonntag nach Epiphanias	Sturmstillung Markus 4,35–41 Ganz da	Gottesdienst mit Kindern; Erzählung (interaktiv), Gespräch, blaue Mülltüte, halbe Walnussschale, Kissen

Monatlicher Kindergottesdienst im Januar
In Angst und Verzweiflung nicht allein, Markus 4,35-41   S. 35

3./6. Januar 2010
2. Sonntag nach dem Christfest/
Epiphanias

Taufe Jesu

Markus 1,1+9–11

Ganz bei Gott, ganz bei den Menschen

Lieder: Der Himmel geht über allen auf, EG regional, Dir sing ich mein Lied 352, LJ 364, LfK1 B19, LB 3; Wie in einer zärtlichen Hand, KG 196, Amen 92 (neuer Text s. S. 22); Licht der Morgensonne (Tauferinnerungslied), Mit dem Friedenskreuz durch das Kirchenjahr 116; (mit Erwachsenen:) Jesus ist kommen, EG 66, Str. 1,7,8; Christ, unser Herr, zum Jordan kam, EG 202, Str. 1–4

Liturgischer Text: Jesaja 9,5–6

Zum Thema

Das Epiphaniasfest wird bis heute in den östlichen (orthodoxen) Kirchen am 6. Januar als großes Weihnachtsfest begangen. In unseren Landen feiern wir Weihnachten am 25.12. (bzw. am Vorabend 24.12.) als Kommen Gottes in die Welt. Zu unserem Weihnachtsfest gehört die Geburtsgeschichte Jesu, wie wir sie im Lukas- und Matthäusevangelium lesen. Zum Epiphaniasfest (Epiphanie = Erscheinung Gottes) gehören drei Texte, die dem Fest ihre Prägung und teils ihren Namen geben: Die Anbetung der Weisen, die Taufe Jesu und die Hochzeit zu Kana. Die Weisen an der Krippe (deshalb heißt der 6.1. auch Dreikönigstag) zeigen Gott im Kind, vor dem sich alle Welt und alle Mächte beugen. Die Geschichte von der Hochzeit zu Kana erzählt, wie Jesus zum ersten Mal öffentlich göttlich handelt.

Die Taufe Jesu oder: Wie wird man „Sohn Gottes"? Kirchen und Gemeinderäume sind noch weihnachtlich geschmückt, denn anders als in den Schaufenstern der Geschäfte hat die eigentliche Weihnachtszeit erst begonnen! Weihnachten ist der Versuch zu begreifen: das große Geheimnis Gott, der heilige Unnahbare, die Welt verwandelnde Kraft, dieser Gott kommt uns Menschen nahe. Ganz nahe. So unvorstellbar nahe, dass wir dazu Bilderworte und Geschichten erzählen müssen. Das Lukasevangelium erzählt es in einer Familiengeschichte. Ein kleines Kind wird geboren, beschützt und bewahrt von seinen Eltern Maria und Josef. Es kommt – wie in jedem Neugeborenen – etwas Neues in die Welt. Gott erscheint der Welt in einem kleinen Kind. Zu dieser hintergründigen Glaubensgeschichte kommt hinzu, dass es den Menschen Jesus aus Nazareth wirklich und wahrhaftig gegeben hat. Später wird das erwachsen gewordene Kind von den ersten Christ/innen „Sohn Gottes" genannt werden. Es vereinen sich im Lukasevangelium also historische mit tiefen Glaubenswahrheiten. Das macht unsere Dezember-Weihnachtsgeschichte so ergreifend und gleichzeitig so schwer zu begreifen.

Die Erzählung von der Taufe Jesu durch Johannes den Täufer, wie sie im Markusevangelium erzählt wird, kommt aufgeklärten Zeitgenoss/innen und fragenden Kindern sehr entgegen. Sie geht vom Menschen Jesus aus Nazareth aus, als Mensch, den Menschen ganz nahe. Zu diesem Menschen bekennt sich Gott in einmaliger Weise, indem er zu ihm sagt: Du bist mein Sohn. Damaligen Leser/innen war die Bezeichnung „Sohn Gottes" nicht fremd. Sie waren mit der jüdischen Messiaserwartung vertraut und kannten die sog. Thronbesteigungspsalmen, in denen der König im Moment der Thronbesteigung zum „Sohn Gottes" eingesetzt wird. Dieser Gedanke findet sich auch in anderen Religionen wieder. Neben diesem damals bekannten theologischen Hintergrund spiegelt Gottes Annahme Jesu als Sohn einen Gedanken wider, der uns allen sehr vertraut ist: Sohn, Tochter, Kind eines Vaters oder einer Mutter wird ein Mensch nicht allein durch Geburt und Abstammung sondern vielmehr durch das Bekenntnis der Eltern zum Kind: Du bist mein Kind! Heutigen mit Adoption vertrauten und in Patchworkfamilien lebenden Menschen ist damit schnell bewusst, dass es auf Beziehung ankommt, auf das „Band der Liebe" zwischen Vater und Sohn, Mutter und Tochter.

DU. „Im Anfang ist die Beziehung", sagt der große jüdische Theologe Martin Buber. Unser Gott ist ein Gott, der in Beziehung tritt zu den Menschen, ihnen ganz nahe kommen will. Buber sagt sogar: „Dass du Gott brauchst, mehr als alles, weißt du allezeit in deinem Herzen; aber nicht auch, dass Gott dich braucht, in der Fülle seiner Ewigkeit dich?" Und die amerikanische Theologin Carter Heyward folgert: „Wenn Gott uns liebt, braucht Gott uns. Ein Liebender braucht Beziehung – wenn aus keinem anderen Grund, dann um zu lieben." Gott ist für sie „das Band, das uns miteinander verbindet". Spätestens im Menschen Jesus aus Nazareth ist das klar geworden, der Welt erschienen. Zu ihm hat Gott ein deutliches *Du* gesprochen: „Du bist mein Sohn. *Du* verkörpere mich unter den Menschen. *Du* sei sichtbar das Band, dass mich mit den Menschen verbindet."

Epiphanias sollte wiederentdeckt werden als zweites Weihnachtsfest.

Das Thema und die Kinder

Auf den ersten Blick ist der Text für die Kinder leicht verständlich. Er erzählt von der Taufe Jesu. Jesus wird am Jordan getauft. Er zeigt sich ganz als Mensch, der sich aufmacht, um getauft zu werden, der einen Weg dafür in Kauf nimmt, der sich klar entscheidet, ja, ich will getauft werden und der einen anderen Menschen um die Durchführung der Taufe bittet. *Jesus ist selbst Mensch und damit ganz nah bei den Menschen.* Vielleicht können sich nur wenige Kinder an ihre eigene Taufe erinnern, entweder, weil sie schon als Kind getauft worden sind oder weil nur wenige Kinder überhaupt getauft sind. Aber alle Kinder kennen Menschen, die von ihrer oder der Taufe des Kindes erzählen können; sicher gibt es auch Gegenstände der Erinnerung, Taufkerzen, Fotos usw. Der Faden der Erzähltradition ist damit wieder aufgenommen. Und der Hauptinhalt der Erzählung ein der eigenen Lebenswelt zugehöriges Ereignis.

Auf den zweiten Blick entdecken die Kinder mehr. Aus der Zeit der Weihnachtsgeschichte kommend wissen sie von Jesus als einem besonderen Kind (nicht Mann). Zum großen zeitlichen Sprung (ein Menschenleben betreffend) müssen sie noch einen weiteren Gedanken zulassen. Jesus, bisher Kind von Maria und Josef, bekommt die Verbindung mit Gott als Vater hörbar zugesprochen. In die für Kinder des Vorschul- und Grundschulalters wichtige Familienzuordnung Mutter – Vater – Kind tritt Gott mit dem Anspruch ein, auch Vater zu sein. Zwischen ihm und Jesus nach Ähnlichkeiten zu suchen, wenn Gott doch nur Stimme am geöffneten Himmel ist, ist für Kinder schnell erfolglos. Auf diesem Gedankenweg müssen sie durch die Frage, worin diese Eltern-Kind-Beziehung zwischen Gott und seinem Sohn besteht, begleitet werden. Die Gesellschaft schärft noch immer den Blick der Kinder auf die Äußerlichkeiten von Familienzugehörigkeit: „Du hast die Augen der Mutter, die Haarfarbe des Vaters ...". Sie reduziert Familienzugehörigkeit oft auf Merkmale wie „von der Mutter geboren, die gleichen Gene vererbt bekommen" etc. Da für Kinder in diesen ersten Lebensphasen Familienzugehörigkeit die Grundlage für Sicherheit im Leben bedeutet, brauchen sie Hilfe, um zu erkennen, dass die Liebe in einer Familie entscheidend ist und dass sie verschiedene Formen haben kann. Die Liebe Gottes zu Jesus verdeutlicht sich in der bedingungslosen Annahme Jesu als Sohn Gottes, ähnlich der Adoption von Kindern in die eigene Familie: „*Dich* habe ich gewollt!". Und weil eine Adoption offene Türen braucht, öffnet sich sichtbar der Himmel. Damit wird auch für Kinder die Verbindung zwischen Gott und Jesus spürbar: Jesus also nicht nur ganz Mensch, sondern auch ganz nah bei Gott.

Wir empfehlen, den Kindern eine sichtbare, verständliche Verknüpfung beider Blickwinkel durch die Erzählung der Taufe Jesu vor einem besonderen Geschehnis mit Jesus und den Menschen, z. B. vor dem Hintergrund der Heilung des Gelähmten (siehe Erzählvorschlag) und durch Symbole (siehe Gestaltungsvorschlag) aufzuzeigen.

Gestaltungsvorschlag für Kinder und Erwachsene

Vorbereitung
Den Altar mit einem blauen Tuch schmücken, auf welchem ein goldenes Band liegt; Wortkarten „Du bist mein lieber Sohn, dich hab ich lieb" bereithalten; goldene Bänder für jedes Kind, Stifte

Erzählung
An einem heißen Sommerabend sitzen zwei Freunde am Ufer des Sees Genezareth beieinander. Es ist ganz still. Gemeinsam schauen sie auf das Wasser. Sie lauschen dem leisen Plätschern der kaum sichtbaren Wellen. Jeder denkt an das, was gestern in der Stadt Kapernaum passiert ist. Plötzlich bricht Jakob das Schweigen. „Du, Benjamin, wer ist dieser Jesus eigentlich, dass er so etwas zu tun vermag?" Benjamin bekräftigt ihn: „Ja, das habe ich mich auch schon gefragt. Und nun, wo wir es mit eigenen Augen gesehen haben: Er kann Gelähmte heilen!" „Ja, Benjamin, unglaublich! Ich konnte gestern lange nicht einschlafen. So sehr habe ich an ihn denken müssen. Da hörte ich, wie meine Eltern auch über Jesus erzählten. Mutter hatte neulich beim Wasserholen am Brunnen gehört, dass Jesus selbst

3./6. Januar 2010

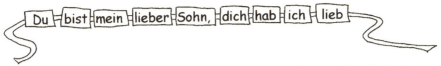

Zeichnung: Sabine Meinhold

am Jordan getauft worden sei. Das war ihr bislang gar nicht in den Sinn gekommen. Und weißt du, die Leute erzählen sich seitdem, dass bei seiner Taufe eine Stimme am Himmel zu hören war: *Du bist mein lieber Sohn, dich hab ich lieb.* Mutter meinte sogar, der Himmel sei in diesem Augenblick offen gewesen. „Also ist Jesus ganz nah bei Gott", hat sie Vater noch zugeflüstert. Und der meinte vorsichtig: „Und ganz nah bei den Menschen!" Jakob hört auf zu erzählen und schaut wieder auf das Wasser und in die Ferne. Da nimmt Benjamin ein Stöckchen und schreibt in den Sand: „Jesus – nah bei den Menschen und nah bei Gott." Es sieht aus wie eine Matheaufgabe. Aber es ist vielleicht die Lösung auf all ihre Fragen. Jakob nickt entschieden. Ja, so muss es sein. Ganz sicher.

Bänder beschriften

Auf das goldene große Band am Altar gemeinsam die Worte legen: „Du bist mein lieber Sohn, dich hab ich lieb." Kleine goldene Bänder und Stifte austeilen. Jeder soll sich zur Erinnerung daran, dass Gott ihn/sie angenommen hat, das goldene Bändchen beschriften mit: „Gott spricht: Du bist mein Kind."

Kanon zum Abschluss: Wie in einer zärtlichen Hand

Gestaltungsvorschlag für jüngere Kinder
Thema: Dich hab ich lieb, spricht Gott.

Benötigtes Material
Erzählfiguren, blaues Tuch, goldene Herzen

Lied zur Einstimmung: Wie in einer zärtlichen Hand

Erzählung
Die Taufe Jesu mit biblischen Erzählfiguren erzählen (siehe Erzählung oben). Am Ende der Erzählung, wenn sich der Himmel öffnet, ein blaues Tuch über die Figur Jesu halten, aus der goldene Herzen auf Jesus herabfallen. Auf ein Herz wird der Name „Jesus" geschrieben.

Aktion und Gespräch
Jedes Kind darf sich ein goldenes Herz aus der Mitte nehmen, darauf wird der Name jedes Kindes geschrieben. Im Gespräch wird die Aussage der Erzählung vertieft: Dich hab ich lieb, spricht Gott.

Gestaltungsvorschlag für ältere Kinder

Thema: Der Himmel geht über allen auf.

Benötigtes Material
Schüssel mit Wasser, zusammengefaltete Wolke (s. u.), Kopien „Wolke"

Lied zu Beginn: Der Himmel geht über allen auf

Erzählung (s. o.)

Wer ist der?

Aktion und Gespräch
In der Mitte steht eine Schüssel mit Wasser. Darauf wird nun eine zusammengefaltete Wolke (Achteck mit acht Wolkenteilen drum herum, ähnlich der bekannten Blütenmethode) gelegt. Sie öffnet sich nach einer Weile (der blaue Himmel wird sichtbar) und alle können lesen: „Du bist mein lieber Sohn." Jeder kann sich nun nach einer Vorlage selbst eine solche Wolke in kleinerem Papierformat basteln, in der steht: „Gott spricht: Du bist mein Kind."

Lied zum Schluss: Wie in einer zärtlichen Hand (neuer Text:)

1. Gott rief Jesus einst in der Taufe zu: Du bist mein Sohn, ich lieb dich, du!
2. Gott ruft auch uns durch die Taufe zu: Du bist mein Kind, ich lieb dich, du!

Ruth-Elisabeth Schlemmer und Friederike Wulff-Wagenknecht

---

10. Januar 2010
1. Sonntag nach Epiphanias

Jüngerberufung
Markus 1,14–20

Ganz neue Wege

Lieder: Gott mag (ruft) Kinder, Du bist Herr Kids 58; Komm und feier, Du bist Herr Kids 2 144; Lass dich hören, lass dich sehen, Lebenslieder plus 101; Das tut gut, Lebenslieder plus 84, Wer ist denn dieser Jesus, Kinder-Kirchen-Hits 21, Mit dem Friedenskreuz durch das Kirchenjahr 48

Liturgischer Text: Jesaja 9,5–6

Zum Text

Mit kurzen, knappen Worten springt Markus mitten hinein in sein Evangelium. Die Geschichte Jesu beginnt mit seinem öffentlichen Auftreten in Galiläa, angekündigt durch Johannes den Täufer. „Die Zeit ist erfüllt!" Wir würden sagen: „Die Zeit ist reif. Es ist soweit!" In Jesu Wirken kommt Gott zum Zug. Gottes Reich wird sichtbar. Es wächst. Menschen sollen daran bauen, Menschen, die von Gott erfüllt, gelenkt und inspiriert sind. Das meint Markus mit „Menschenfischer". Umkehr (Buße) gehört dazu. Altes überdenken, offen sein für neue Wege – ich staune darüber, wie die vier Jünger ohne mit der Wimper zu zucken ihr altes Leben verlassen und mit Jesus mitgehen. Bisher hatte die Sorge um das leibliche Wohl sie getrieben. Jetzt geht es um die Menschen, nicht mehr um die Dinge. Mich würde interessieren, wie oft die Jünger in den drei Jahren, die sie mit Jesus durchs Land zogen, ihre Familien gesehen haben. Wer hat die Familien ernährt? Wir erfahren es nicht. Für den Evangelisten Markus ist das nicht wichtig. Er erzählt nicht nur eine Geschichte, sonst hätte er nicht in so knappen Worten geschrieben. Er predigt: „Kehrt um! Werdet Menschenfischer!"

Der Text und die Kinder

Da kommt einer, sagt: „Alle her zu mir!" und „sogleich" gehen vier Männer mit. Erklären wir nicht mühsam unseren Kindern, sie sollen mit keinem Fremden weggehen? Ich denke, wir sollten mit diesem Text behutsam umgehen. Die meisten Kinder kennen die Geschichte der Jüngerberufung. Deshalb fällt mir der Vergleich mit einem Handschuh ein. Er transportiert die alte Geschichte in unser Leben hinein. Mein roter Faden für diesen Kindergottesdienst:
1. Wir Menschen sind wie Handschuhe. Wir brauchen etwas, was uns erfüllt, antreibt und leitet.
2. Von welcher Kraft ein Mensch getrieben wird, zeigt sich an seinem Verhalten.
3. Für uns soll Gottes Liebe die Antriebskraft sein.

Auch Kinder spüren schon, wovon sie angetrieben werden. Wenn der große Bruder die kleine Schwester beim Kopf packt und anschreit, dann spürt sie die Wut und Gewalt. Wenn die Mutter nach der Mütze fragt, hört der Junge die Sorge heraus. Wenn Eltern ihre Kinder abends segnen, spüren sie die Liebe der Eltern und bekommen eine Ahnung von Gottes Liebe.

Von welchen Gefühlen Menschen beherrscht werden, spüren Kinder ziemlich genau. Sie leiden unter Gewalt, Hektik, übertriebener Sorge, Lüge und Streit und sehnen sich nach Geborgenheit, Zuwendung, Verständnis, Achtung und Liebe. Auch ich muss mich immer wieder fragen: „Welche Kraft treibt mich an? Wer lenkt mich? Ist es noch Gottes Liebe?" Destruktive Gefühle zu beherrschen und sich von Gottes Liebe leiten zu lassen, das können Kinder und Erwachsene lernen.

Gestaltungsvorschlag für jüngere und ältere Kinder

Benötigte Materialien
Tischdecke, Bibel, Kreuz, Kerze, Körner, verschiedene Handschuhe, Süßigkeiten, Bleistifte, Buntstifte, Zettel, Papier zum Falten, kleine Notizblocks

Liturgischer Beginn
Zu Beginn des Kindergottesdienstes schmücken wir gemeinsam mit den Kindern einen Tisch/Altar. (Es geht auch ein Hocker.) Wir verteilen Tischdecke, Bibel, Kreuz, Kerze und Körner und den dazugehörenden Text an die Kinder. Sie lesen dann die Texte oder sprechen sie nach. Zusätzlich habe ich heute ein Paar Handschuhe mitgebracht. Sie führen schon zum Thema hin. Dieser liturgische Beginn und evtl. eine Handpuppe helfen uns, einen guten Start in den Kindergottesdienst zu finden.
– Ich bringe die *Tischdecke*.
Der Gottesdienst soll festlich sein.
– Ich bringe die *Bibel*.
In der Bibel lesen wir, dass Gott uns lieb hat.

Wer ist der?

– Ich bringe das *Kreuz*.
Jesus ist am Kreuz gestorben.
Zu Ostern ist er auferstanden.
Jesus lebt.
– Ich bringe die *Kerze*.
Kerzen leuchten und wärmen.
Jesus will unser Leben hell und warm machen.
– Ich bringe die *Körner*.
Gott kann aus Kleinem Großes, aus Unscheinbarem Wunderbares und aus Totem neues Leben machen.
– Ich bringe die *Handschuhe*.
Sie halten unsere Hände im Winter warm.
Danke, Gott, dass wir nicht frieren müssen.

Begrüßung
(mit Handpuppe, evtl. mit Schal, Mütze, Handschuhen)

Lied: Gott mag Kinder

Einstieg
Eine Handpuppe oder ein Mitarbeiter bringt mindestens fünf Paar verschiedene Handschuhe. „Schaut mal, die hab' ich alle gefunden. Die hier sind von der Leonie und die von Max" (legt die Handschuhe in die Mitte). „So, und jetzt will ich mit euch ein Experiment machen." (Legt Gummibärchen oder andere Süßigkeiten daneben) „Wer von euch kann machen, dass die Handschuhe sich Gummibärchen nehmen? (Kinder schlüpfen in die Handschuhe hinein und essen Gummibärchen) „Na klar, mit einer Hand drin ist das ganz einfach." (Handpuppe weglegen)

Gespräch
(mit jüngeren Kindern) Was denkt ihr, was wir alles mit unseren Händen tun können? (Kinder machen mit)
Ist das gut oder schlecht? Was fühlt der Mensch, wenn seine Hand streichelt?
– streicheln: jemanden lieb haben
– drohen, Faust schütteln (Kinder machen mit): wütend sein
– sammeln, Hände zusammenhalten: nichts hergeben wollen
– festhalten, keine Freiheit lassen: Angst haben, sich sorgen
– bauen, helfen: fleißig sein
Eine zornige Hand (zorniger Mensch) kann schlagen, eine fleißige Hand kann helfen und eine Hand mit Gottes Liebe kann etwas wirken, was Gott gefällt.

(mit älteren Kindern) Wir Menschen sind wie Handschuhe. Es gibt große, kleine, bunte oder einfarbige, dünne, dicke ... Wir brauchen etwas, was uns lenkt, was uns antreibt. Was kann das sein? Was ist im Menschen drin, wenn Schimpfworte herauskommen, wenn er singt, wenn er nur herumsitzt usw.?
– Gemeinsam überlegen: Wut, Ärger, Freude, Forscherdrang (will alles wissen), will immer der Beste sein, Gewalt, Liebe, Glück, keine Geduld, Sorge, Eifersucht, Geiz, Hoffnungslosigkeit ...
– Die gefundenen Begriffe auf Klebezettel (Heftaufkleber o. ä.) schreiben, verdecken, mischen, jedes Kind darf sich einen Klebezettel aussuchen, auf den Handrücken kleben und in einen weichen Handschuh hineinschlüpfen. Dann darf jeder mit seinem Handschuh vorspielen, von was er getrieben (bewegt) wird, die anderen raten. Beispiel: Forscherdrang – Hand untersucht Nase, Ohren und Haare eines Kindes „aha, eine Nase, zwei Ohren, aber wie viele Haare sind das nun? Ich muss das genau wissen!"

Was in uns ist, was uns antreibt, zeigt sich in unseren Taten. Wenn uns Gottes Liebe antreibt, dann können das die anderen spüren.

Stegreifgeschichte
(die Kinder spielen pantomimisch mit, machen das, was erzählt wird)
Wir wollen jetzt eine Geschichte aus der Bibel spielen, ohne Worte, aber mit Bewegungen. Ihr spielt das, was ich erzähle (langsam vorlesen). Wir brauchen Jesus, Simon, Andreas, Jakobus, Johannes, Volk, Menschen (Rollen verteilen, evtl. Zettel mit Name auf die Brust kleben)
Jesus war erwachsen geworden. Johannes hatte ihn getauft. Jesus legte die Faust auf seine Brust. Er spürte die Liebe Gottes in sich. Da sah er viele Menschen. Sie liefen geschäftig hin und her. Einige schimpften und zankten sich. Andere erzählten und umarmten sich. Jesus wusste, jetzt war die richtige Zeit. Er sah zum Himmel. Dann stellte er sich auf einen Holzklotz, hielt die Hände wie einen Trichter vor den Mund und rief: „Gott will jetzt seine Herrschaft aufrichten, mit euch." Dabei zeigte er auf die Menschen. „Überdenkt euer Leben! Glaubt an Gott! Lasst euch von seiner Liebe erfüllen!" Jesus legte seine geöffneten Hände auf die Brust, dann streckte er sie den Menschen entgegen. „An euren Taten wird man sehen, dass ihr Kinder Gottes seid." Die Leute sahen sich und ihre Hände an. Sie waren neugierig geworden. Sie folgten Jesus. So kamen sie an das Ufer des Sees. Einige zeigten mit dem Finger aufs Wasser. Da waren zwei Boote. Im ersten Boot erkannten sie die Brüder Simon und Andreas. Sie warfen gerade ihre Netze aus. Auf Simons Gesicht konnte man deutlich die Sorgenfalten sehen. Würden sie heute etwas fangen? Er musste Medizin für seine kranke Schwiegermutter kaufen. Er kratzte sich am Kopf und seufzte. Andreas legte die Hand über die Augen. Er hatte Jesus schon gesehen. Im anderen Boot standen Jakobus und Johannes. Die Leute lachten, denn die beiden gingen gerade mit den Fäusten aufeinander los. Die Menschen am Ufer sahen sich an und dachten: „Es gibt wieder einmal ein Donnerwetter bei den Donnerbrüdern." Jesus stand nahe am Ufer. Er rief laut und deutlich: „Simon, Andreas, Jakobus, Johannes! Kommt mit mir mit!" Er winkte sie ans Ufer. „Lasst euch von Gott erfüllen. Es gibt Wichtigeres als die Sorge und die Wut. Ich brauche euch. Ihr sollt Menschen für Gott gewinnen." Die Freunde sahen sich an und dachten: „Die Sorge und die Wut beherrschen uns oft. Andere merken das. Wenn nun Gottes Liebe in uns ist, ob die anderen das auch merken? Vielleicht können wir etwas für Gott tun. Vielleicht verändern wir uns. Es wäre schön, wenn die anderen das merken. Kommt, das ist die Chance! Wir gehen mit Jesus mit!" Sofort ruderten sie ans Ufer, ließen sie ihre Netze liegen und gingen mit Jesus mit.

Lied: Gott ruft Kinder

Gebet
Lieber Gott, Simon und Andreas Jakobus und Johannes haben auf dich gehört. Sie sind einfach mitgegangen und haben sich von dir führen lassen. Wir wollen auch solche Menschen sein, die von dir gelenkt werden.

Bitte komme du in unsere Herzen. Lass uns das tun, was du willst. Amen

Kreative Ideen (bitte auswählen)
- die eigenen Hände abmalen, hineinschreiben „Gott, leite mich in meinem Tun!"
- ein Bild malen, z.B. die Jünger verlassen ihre Netze
- überlegen, was in mir ist, was nicht mit Gottes Liebe zusammenpasst; einen Flieger falten, darauf schreiben, was nicht passt: das will ich wegwerfen; Flieger starten (Papier, Stifte)
- „Ich bin ein Nachfolger Jesu. Ich will heute ...". Wir verschenken kleine Notizblocks. Die Kinder können sich für jeden Tag etwas vornehmen (z.B. ich will heute nicht mit den Füßen an die Tür treten, ich will meine Schwester einmal loben ...)

Marit Seidel

---

17. Januar 2010
2. Sonntag nach Epiphanias

Heilung des Gelähmten
Markus 2,1–12

Ganz unten

Lieder: Kindermutmachlied, KG 150, LZU 55, LH 26, MKL 100, LJ 624; Das wünsch ich sehr, MKL 5, LfK1 C2, LJ 488, LZU 10, LH 86; Wer ist denn dieser Jesus, Kinder-Kirchen-Hits 21, Mit dem Friedenskreuz durch das Kirchenjahr 48

Liturgischer Text: Psalm 40,1–4

Zum Text

In den ersten Versen der Geschichte wird eine Handlung erzählt, die sich gut bildhaft vorstellen lässt: Jesus ist zu Gast in einem Haus und so viele Menschen sind gekommen, dass sie sich schon draußen vor der Tür drängen. Vier Männer bringen ihren gelähmten Freund, doch sie kommen wegen der Menge nicht zu Jesus durch. Also steigen sie aufs Dach und lassen den Gelähmten auf seiner Matte durch ein Loch im Dach zu Jesus hinunter. Die Häuser in Palästina bestanden nur aus einem Raum. Sie hatten ein flaches, begehbares Lehmdach, zu dem meist eine Außentreppe hinaufführte.

Beim Lesen der Heilungsgeschichte fällt jedoch auf, dass die Betonung weniger auf der Heilung des Gelähmten liegt, als auf dem Streitgespräch, das sich zwischen Jesus und den Schriftgelehrten entwickelt. Es geht um die Vollmacht Jesu, Sünden zu vergeben. Dieser Anspruch Jesu wird durch das Heilungswunder bestätigt. Heilung und Sündenvergebung stehen bei Jesus in einem ganzheitlichen Zusammenhang. Im Aufrichten des Gelähmten wird Sündenvergebung erfahrbar. Etliche Ausleger bezeichnen allerdings die Verse 5b–10, in denen es um die Sündenvergebung geht, als einen späteren Einschub, der schon vor Markus hinzugefügt wurde.

Der Text und die Kinder

Für jüngere Kinder ist das Thema „Sündenvergebung" nicht geeignet. Sie haben noch keine Beziehung zum Begriff Sünde und seiner Bedeutung. Gut und böse werden moralisch als Gehorsam bzw. Ungehorsam gegenüber Eltern und Erzieherinnen aufgefasst. Auch halte ich es für wichtig, Sünde und Krankheit nicht in einen kausalen Zusammenhang zu stellen, nach dem Motto: Er ist krank, weil er gesündigt hat. Da die Verse 5b–10 als späterer Zusatz angesehen werden und sie für Kinder zu schwierig sind, schlage ich vor, auf den Aspekt der Sündenvergebung weitgehend zu verzichten und die Geschichte als Vertrauensgeschichte zu erzählen. Dabei geht es um die Not des Gelähmten, um das Vertrauen seiner Freunde zu Jesus und um Jesus, der sich derer annimmt, die zu ihm kommen oder zu ihm gebracht werden. Wer ist der? Er ist der, der heilt.

Mit älteren Kindern ist es möglich, sich einer symbolischen Deutung des Gelähmtseins zu nähern und so einen direkten Bezug zu ihrer eigenen Erfahrungswelt zu ermöglichen. Dass mich etwas lähmt und mich zurück aufs Lager wirft, das kennen auch Kinder, wenn sie sich zum Beispiel in der Schule überfordert fühlen, sich vor einer Aufgabe fürchten oder wenn sich die Eltern gestritten haben.

Gestaltungsvorschlag für jüngere und ältere Kinder

Vorbereitung
Bodenbild: kleinerer Pappkarton als Haus mit ausgeschnittenen Fenstern und Tür und Loch im Dach, das zunächst zugedeckt ist; Biegepüppchen

Für das Haus nimmt man einen kleinen Pappkarton und schneidet Fenster, Tür und Loch im Dach aus.

oder stehende Pappfiguren (s. Kopiervorlage) und Trage aus zwei mit Stoffrest verbundenen Schaschlickspießen

Einstieg
Beim Betrachten des Mannes auf der Trage wird mit der Gruppe die Situation des Gelähmten herausgearbeitet. Wie sieht vermutlich sein Alltag aus? Was kann er tun? Wo ist er auf die Hilfe seiner Freunde angewiesen? Worauf muss er verzichten?

Erzählung mit Bodenbild
In einem kleinen Haus in Kapernaum lebte ein Mann, der konnte seine Beine nicht bewegen. Sie waren gelähmt. Seine Mutter kümmerte sich um ihn, denn er konnte sich nicht selbst ver-

Wer ist der?

sorgen. Er lag zu Hause auf einer Matte und wartete darauf, dass irgendetwas passierte. Manchmal kamen seine vier Freunde zu Besuch. Das war beinahe die einzige Freude, die er hatte. Sie brachten Neuigkeiten und erzählten, was sie gerade erlebt hatten. Aber irgendwann gingen auch sie wieder und er blieb allein zurück. Dann fühlte er sich ganz verlassen.

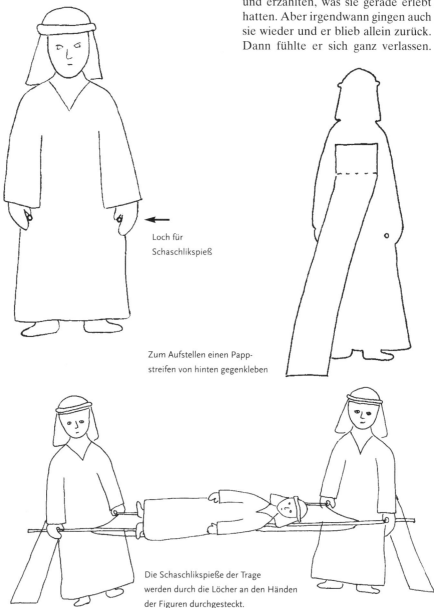

Loch für Schaschlikspieß

Zum Aufstellen einen Pappstreifen von hinten gegenkleben

Die Schaschlikspieße der Trage werden durch die Löcher an den Händen der Figuren durchgesteckt.

„Hat mich Gott vergessen?", fragte er sich.

Eines Tages brachten die Freunde große Neuigkeiten. „Jesus ist in der Stadt! Es heißt, er hat schon viele Menschen gesund gemacht. Vielleicht kann er auch dir helfen? Komm schnell, wir bringen dich zu ihm!" Die vier Freunde hoben den gelähmten Mann auf seiner Matte hoch. Sie liefen, so schnell sie konnten, zu dem Haus, wo Jesus war. Doch sie kamen zu spät. Vor dem Haus drängten sich viele Leute. Alle wollten zu Jesus. Das Haus war schon überfüllt. Keiner kam mehr hinein. Was sollten sie jetzt tun? Umkehren? Nein, nur das nicht. Sie hatten eine andere Idee. Vorsichtig kletterten sie die enge Treppe zum Dach hoch. Das war mühsam, denn die Matte mit ihrem gelähmten Freund war schwer. Endlich waren sie oben angekommen. Aber was nun? Sie wussten, Jesus war in dem Raum direkt unter ihnen. Aber es gab kein Fenster in dem flachen Dach, keine Luke, durch die sie hinunter schauen konnten. Da entdeckte einer eine Hacke. Damit hackte er ein Loch in das Dach. Jetzt konnten sie hinuntersehen. Da waren Jesus und viele Leute, die erschrocken zu ihnen hochblickten. Aber das Loch war noch zu klein. Sie hackten immer weiter, bis das Loch groß genug war. Dann hoben sie die Matte mit dem gelähmten Freund hoch und ließen sie an Schnüren vorsichtig durch das Loch hinunter.

Schließlich hatten sie es geschafft. Der gelähmte Mann lag direkt vor Jesu Füßen. Jesus beugte sich zu ihm hinunter. Er schaute ihn an. „Du hast gute Freunde", sagte Jesus, „Freunde, die für dich da sind und dir helfen. Auch Gott ist dein Freund. Er hat dich nicht vergessen. Steh auf, nimm dein Bett und geh nach Hause." Und tatsächlich, als der gelähmte Mann versuchte aufzustehen, gelang es ihm. Zum ersten Mal stand er aufrecht und auf eigenen Füßen. Er merkte, wie groß er war. Jetzt konnte er den Menschen ins Gesicht sehen. Ganz froh und leicht war ihm auf einmal zumute. „Danke", sagte er und blickte Jesus an. Dann schaute er nach oben und sah durch das Loch im Dach die lachenden Gesichter seiner Freunde. Alle Augen waren staunend auf ihn gerichtet, als er auf eigenen Beinen nach Hause ging.

Vertiefung

Gespräch mit älteren Kindern

– Was wirft mich aufs Lager?
Manchmal geht es mir ein bisschen so wie dem Mann in der Geschichte. Es gibt dann etwas, das mich lähmt, das mir das Aufstehen schwer macht, und ich möchte am liebsten im Bett bleiben. Kommt euch das bekannt vor? ... Es gibt viele Dinge, die Menschen lähmen können (Streit, aus Versehen etwas Dummes angestellt haben, zu viele Hausaufgaben, schlechte Zensuren, allein sein, gehänselt und ausgegrenzt werden ...).
Viele schlechte Erfahrungen und Erlebnisse können mich aufs Lager werfen. Dann ist es gut zu wissen, dass Jesus mich nicht links liegen lässt. Er ist nah, ganz unten, ganz bei mir. Das soll in der folgenden Kreativarbeit deutlich werden.

– Wer ist dieser Jesus? Für mich ist Jesus der, der ... Was haben die Zuschau-

Wer ist der?

*Jesus sagt: Steh auf, hab Mut,
mit Dir und Gott ist alles gut.*

enden von Jesus gedacht? Was haben sie zueinander über Jesus gesagt?

Eine Matte flechten

Die Vorlage sollte auf 141% vergrößert werden. Mit einem Cutter oder einer spitzen Schere werden die inneren Linien eingeschnitten. Durch die Schlitze fädeln die Kinder farbige Papierstreifen, so dass ein gewebtes Muster entsteht. Vor dem Einfädeln können die Kinder auf die Papierstreifen schreiben, was sie lähmt. Das Geschriebene ist nach dem Einfädeln nicht mehr zu lesen. Es ist sozusagen von der Zusage Jesu durchbrochen.

Jesus hilft mir wie ein Freund – Erfahrungsspiel mit jüngeren Kindern

Der gelähmte Mann vertraut seinen Freunden und die Freunde vertrauen Jesus. Das Gefühl, von der Gruppe getragen zu sein und zu vertrauen, können die Kinder bei der folgenden Aktion selbst erleben. Wegen der Sicherheit sollten bei dieser Übung mindestens zwei Erwachsene dabei sein.

Nacheinander darf sich jedes Kind auf eine Decke legen. Die anderen Kinder stellen sich um die Decke herum und heben sie auf ein Zeichen gemeinsam langsam ein Stückchen vom Boden auf. Wenn das Kind es mag, kann die Decke leicht geschaukelt werden. Dabei wird gemeinsam ein Spruch gesagt: „Jesus sagt: Steh auf, hab Mut! Mit dir und Gott ist alles gut." Dann wird das Kind wieder vorsichtig abgelegt und das nächste Kind darf an die Reihe kommen.

Friederike Creutzburg

24. Januar 2010
Letzter Sonntag nach Epiphanias

Sturmstillung

Markus 4,35–41

Ganz da

Lieder: Meinem Gott gehört die Welt, EG 480, KG 152, LJ 226; Ein Schiff, das sich Gemeinde nennt, LJ 376, EG regional, LB 239 (neuer Text „Das Leben ist ein Fischerboot, s. S. 35), Wer ist denn dieser Jesus, Kinder-Kirchen-Hits 21, Mit dem Friedenskreuz durch das Kirchenjahr 48

Liturgischer Text: Jesaja 9,5–6b

Zum Text

Jesu erste Jünger waren Fischer. Kapernaum, Betsaida und andere seiner Wirkungsorte lagen am See Genezareth. So spielt in den Evangelien das Boot als Fortbewegungsmittel eine große Rolle. Zu seinen Predigtorten rund um den See Genezareth gelangte Jesus häufig per Boot und nutzte das Boot auch als Kanzel. Zweimal berichten die Synoptiker (die Evangelisten Markus, Matthäus und Lukas) von den Gefahren dieser Art des Verkehrs, den heimtückischen Fallwinden aus den umliegenden Bergen, die den sonst so ruhig wirkenden See in ein gefährlich tosendes Meer verwandeln können.

Interessant ist, wie unterschiedlich die Evangelisten in unserer Erzählung das Verhalten der Jünger schildern: Nach Markus sind sie ärgerlich darüber, dass Jesus ruhig schläft, während die Wellen über dem Boot zusammenschlagen. Ihr sicherer Untergang, klagen sie, sei ihm offenbar egal. Bei Lukas und Matthäus fehlt dieser Vorwurf.

Und auch die Reaktionen hinterher sind verschieden: Zunächst Jesu Kritik: Noch keinen Glauben hätten sie wohl, fragt er sie nach Markus. Wo ihr Glaube hin sei, bei Lukas; laut Matthäus schließlich nennt Jesus das Verhalten der Jünger Kleinglauben. Dem entspricht, dass die Jünger bei Lukas und Markus in Furcht geraten vor diesem Jesus, der göttliche Kräfte zu haben scheint, bei Matthäus sind es andere Menschen, die sich über die Vollmacht Jesu wundern.

Was heißt das für uns? Schon in die frühesten Traditionen trugen Menschen ihre eigenen Glaubenserfahrungen mit ein: Markus vielleicht die, dass nach Jesu Tod Verfolgungswellen über die junge christliche Gemeinde kamen und dass sich in die Bitten um Beistand manchmal auch Vorwürfe mischten: Warum dauerte es so lange, dass Gott eingriff, dass Jesus wiederkam? War es nicht, als ob er zwar auferstanden war, aber dennoch nicht ganz da, nicht ganz Ohr für ihre Not? Wenn Matthäus es Kleinglauben nennt, dann steckt die Erfahrung darin, dass sogar Christen

manchmal in Zweifel und Ängste geraten.
Die letzte Frage: Wer ist Jesus? war ja sowieso die zentrale Frage nach Karfreitag und Ostern. Ein Ketzer, ein Prophet, der Messias – oder noch näher an Gott? Wenn von „Furcht" ihm gegenüber die Rede ist, wird damit in biblischer Tradition gesagt: In den Taten Jesu begegnet Gott selbst (vergleiche die Furcht des Mose am Dornbusch, 2. Mose 28).

Der Text und die Kinder

„Wer ist der?" Wer ist Jesus? Für die Kinder ist diese Frage nicht als philosophische oder dogmatisch trinitarische relevant, sondern als existenzielle. Das Gefühl allein zu sein mit ihren diversen Ängsten kennen Kinder. Die Frage, ob da irgendwo Gott ist und mich nicht nur hört, wenn ich bete, sondern auch noch hilft, kennen sie oft auch schon. Kümmert sich Gott überhaupt um meine Angst? Gut, dass wir die Fassung der Geschichte nach Markus zur Grundlage haben. Hier ist dieser Zweifel am kräftigsten ausgedrückt. Und in unserer Zeit, in der der Glaube nicht mehr zum Standard gehört, treffen viele Kinder schon früh bei anderen und in sich selbst auf diesen Zweifel, auch auf Unglauben.

Deswegen muss uns die Frage, was es mit Jesu Vollmacht auf sich hat, woher sie kommt, womöglich eben die Frage nach seinem Verhältnis zu Gott, nach der Gottessohnschaft für den Kindergottesdienst nicht weiter berühren. Gerade für kleine Kinder ist es meiner Erfahrung nach völlig legitim, Gott und Jesus im Erzählen einfach undiskutiert in eins zu setzen.

Die Antwort der Geschichte und die Verkündigung des Kindergottesdienstes ist dann ebenso existenziell: Jesus lässt seine Freunde nicht untergehen. Gott ist ganz da, auch wenn es manchmal nicht so scheinen mag. Gott ist ganz für mich da und hat auch die Macht, mir zu helfen.

Gestaltungsvorschlag für jüngere und ältere Kinder

Der folgende Vorschlag ist mit Kindergartenkindern erprobt, kann aber gut auch für Kinder im Grundschulalter verwendet werden. Die Grundidee besteht darin, die Kinder die Ängste der Jünger nachspielen zu lassen, ihre Fragen nachzusprechen, dann auch das Gefühl durch Jesus gerettet zu werden, nachzuerleben. Dadurch kann die ganze Geschichte als Mustergeschichte für Angsterlebnisse der Kinder fungieren.

Vorbereitung
Die Stühle für die Kinder sind im großen Kreis aufgebaut. In der Mitte liegt auf dem Fußboden ein großer blauer aufgeschnittener Müllsack (etwas zurechtgeschnitten), man braucht später zusätzlich eine halbe Walnussschale und ein Kissen.

Wir beginnen mit **Gebet, Lied, Psalm**, wie es die Kindergruppe gewohnt ist.

Kurzes Gespräch
Findet ihr nicht auch? Manchmal wäre es ganz schön, wenn man Gott sehen könnte. Dass man ganz sicher wüsste, er ist wirklich hier. Besonders, wenn es einem nicht so gut geht. Wenn man Angst hat. Habt ihr manchmal Angst? Wenn man Angst

hat, wäre es gut, wenn man sehen könnte: Ah, ja, Gott ist hier und hilft mir sofort. So, wie wenn die Eltern da sind und man sie sieht, da ist die Angst gleich weg. Heute hören wir auch eine Geschichte von Angst.

Erzählung
(Die Geschichte wird interaktiv erzählen, das heißt, die Kinder werden in das Geschehen mit eingebunden, erst als Fallwind, dann als Jünger, deren Ausrufe sie jeweils ein- oder mehrfach wiederholen. Manches ist in die Kreativität des/der Erzählers/in gelegt.)
Was ist das in der Mitte? Ja, eine Mülltüte, aber was könnte es noch sein? Ein See, ein großer See, fast ein kleines Meer. Es ist der See Genezareth. Habt ihr den Namen schon mal gehört? Genezareth, das war der See, an dem Jesus zu Hause war. Und seine Freunde. Die waren ja Fischer, und im See Genezareth gab es viele Fische.

Der See Genezareth ist ein großer See, fast so etwas wie ein Meer. Die Falten, die der Kunststoff wirft, sind die Wellen. Jetzt ist es noch ziemlich ruhig. Ich glaube, wir können ein Boot hinausschicken. Das hier ist das Boot. Erkennt ihr, was es ist? Ja, eine Nussschale. Auf so einem großen See wie dem See Genezareth ist ein Fischerboot wie eine Nussschale. Setzen wir es drauf. Vielleicht wollen die Fischer ein paar Fische fangen, vielleicht nur einfach auf die andere Seite. Jetzt aber geschieht es. Wir, wir sind die Berge um den See herum. Da gibt es nämlich Berge, da kann man im Winter sogar manchmal Ski fahren. Jetzt aber kommt Wind von den Bergen, starker Wind, Fallwinde. Los, lasst den Wind von den Bergen kommen. Ja, wenn wir alle pusten, gerät das Meer in Bewegung. Pustet ein bisschen unter die Tüte, dann wird die Nussschale, dieses Fischerboot, ganz schön hin und her geworfen. Den Fallwinden macht das Spaß, die Nussschale richtig in Bewegung zu bringen.

Aber halt, wer ist da eigentlich im Boot? Die Freunde von Jesus sind im Boot. Moment mal, sind wir nicht Freunde von Jesus? (Achtung, Perspektivwechsel!) Klar, also wir sitzen im Boot, da in dieser Nussschale. Unsere Stühle sind der Rand des Bootes. Merkt ihr auch, wie es schwankt, jetzt nach rechts (alle kippen mit dem Oberkörper nach rechts, dann plötzlich nach links). Nicht zu stark, sonst fallt ihr gleich ins Wasser. Huch, was für ein Wind, von oben, von vorn, von hinten! Haltet euch fest, sonst gehen wir unter! Die Wellen sind schon über uns, ich werde ganz nass. Jetzt, alle Wasser rausschöpfen! Wir haben nur unsere Hände als Schöpfkellen. Ja, noch mehr! Sonst läuft das Boot voll, und dann sind wir alle verloren. Der See ist tief! Ich habe Angst, ihr auch? Aber halt mal! Wo ist eigentlich Jesus? Seht ihr ihn? Er müsste doch da sein, wo wir, seine Freunde sind! Lasst uns mal alle rufen, vielleicht hört er uns: „Hilfe, Jesus, Hilfe!" Noch einmal: „Hilf uns, Jesus!" Nichts, nur noch mehr Sturm. Schöpft schneller! Aber guckt mal, da liegt er ja. Hier auf diesem Kissen (Kissen in den Kreis legen, ein Kind auswählen, das den schlafenden Jesus spielt). Könnt ihr verstehen, dass der da so ruhig schlafen kann? Dabei schwankt doch das ganze Boot, halb nass ist er auch schon! Kommt, wir machen ihn wach: „Jesus, wach auf!" Nach mehrfachem Rufen, einer darf ihn auch mal rütteln, wacht Jesus langsam auf und fragt: „Was ist denn los?" „Das fragst du noch?" „Merkst du nicht, wir gehen unter!" „Und du schläfst einfach so gemütlich!" „Dich stört es wohl gar nicht, dass wir alle ertrinken!"

Wie sie alle so durcheinanderschreien, steht Jesus auf. Was macht er? Kann er nicht rauskippen? Aber nein, er steht einfach da und sagt zu dem Wind und dem Meer: „Schweig und verstumme!" Sag es mal, ganz laut und bestimmt: „Schweig und verstumme!" Und was denkt ihr, was passiert? Ja, der Wind legt sich plötzlich und das Meer wird wieder glatt und still wie ganz am Anfang (wir ziehen den Müllsack glatt). Das Boot, die Nussschale kann ganz gemütlich an Land fahren. Und wie geht es uns, den Freunden von Jesus?

Gespräch
An dieser Stelle steigen wir aus der Geschichte aus und überlegen ein wenig, wie man sich fühlt nach überstandener Gefahr ...

Den Abschluss bildet die **Verkündigung**: Warum wir die Geschichte erzählt haben? Immer wieder kommen wir in Angst, habt ihr ja selbst gesagt. Und immer wieder denken wir dann vielleicht nicht an Gott, weil die Wellen oder was es ist, uns zuviel Angst machen. Oder wir denken, Gott kümmert sich nicht um uns, der schläft vielleicht nicht wie Jesus. Aber vielleicht hat er anderswo zu tun. Wir sehen ihn ja nicht. Die Geschichte erzählt uns: Gott ist trotzdem ganz nah. Auch wenn es alles ziemlich schlimm steht: Gott ist nah – und kann und will uns helfen. Manchmal hilft er uns anders, als wir es uns vorstellen. Und wir können dann schon auch mal so schreien wie die Jünger damals.

Lied: Meinem Gott gehört die Welt

Ein zusätzlicher Liedvorschlag
Evt. könnte man noch eine Variante des bekannten Liedes „Ein Schiff, das sich Gemeinde nennt" (EG regional) probieren, wobei ich den Kehrvers bewusst in der bekannten Weise gelassen habe, auch wenn er zur Geschichte vielleicht nicht hundertprozentig passt. Das Problem ist der viele Text, aber vielleicht singen die Kinder vorwiegend den Kehrvers.

Benigna Carstens

Das Leben ist ein Fischerboot
Melodie nach „Ein Schiff, das sich Gemeinde nennt"
Text: Benigna Carstens

1. Das Leben ist ein Fischerboot, wir fahren übern See,
die Sonne lacht, die Wolken ziehn, wir rufen laut: Juchhee!
Doch plötzlich kommt ein Sturmwind auf, die Wellen werden groß,
der Spaß ist aus, wir fragen bang: Wie schaffen wir das bloß?
Wir schöpfen Wasser, rudern hart und sind in großer Not,
bis einem einfällt: Ist nicht auch der Jesus mit im Boot?
Refrain: Bleibe bei uns, Herr, bleibe bei uns, Herr,
denn sonst sind wir allein auf der Fahrt übers Meer.
O bleibe bei uns, Herr!

2. Und wirklich, er ist da und schläft, als könnte nichts geschehn.
Da schreien wir mit letzter Kraft: Lass uns nicht untergehn!
Da steht er auf, da spricht er: Schweig! Da liegt das Meer ganz still.
Da wissen wir, Gott hilft uns raus, es komme, was da will.
Im nächsten Sturm, der nächsten Not, da rufen wir ihn gleich:
Da sagen wir ihm: Ohne dich komm' wir nicht übern Teich.
Refrain

3. So fahren wir bei Tag und Nacht und wissen: Gott ist da,
auch wenn wir ihn nicht sehn noch hörn: Er ist uns immer nah.
Die Sonne lacht, die Wolken ziehn, wir fürchten keinen Wind,
wir wissen, dass Gott Hilfe bringt, wenn wir in Nöten sind.
Das Leben ist ein Fischerboot, doch wir sind nie allein,
und laufen schließlich ganz gewiss in Gottes Hafen ein.
Refrain

Monatlicher Kindergottesdienst im Januar
In Angst und Verzweiflung nicht allein, Markus 4,35–41

Kinder kennen das Gefühl, alleingelassen zu sein. Sie haben Angst erlebt. Kinder erleben Aussichtslosigkeit und die Vergeblichkeit von Bemühungen, diese Situation zu verändern. Sie erfahren, wie Menschen erleben, dass Jesus Christus in Sturm und Nacht mit uns im Boot ist und uns treu zugewandt bleibt – bis zum Tod und darüber hinaus.

Der **Gestaltungsvorschlag für den 24. Januar** (S. 31) bietet eine interaktive Erzählung zur Geschichte von der Sturmstillung. Im Kreis der ganzen Gruppe oder in kleinen „Murmelgruppen" können die Kinder ihre **Angstgeschichten** erzählen. Jedes Kind malt oder schreibt in einem Satz auf, in welcher Angstsituation Jesus „ganz da" sein soll. Dazu können „Wellen" als Untergrund dienen, die dann um das Boot mit Jesus geklebt werden. Überschrift: Jesus ist da. Das Angstmeer wird still.

Der Sündenbock – Wohin mit der Schuld?

Zeichnung: Silvia Gützkow

Lied: Ich lobe meinen Gott, der aus der Tiefe mich holt, LfK1 A18, KG 112, LZU 45, LJ 560, EG regional

Liturgischer Text: Psalm 32,1–5 (Gute Nachricht)

II

Der Sündenbock – Wohin mit der Schuld?

Sonntag	Text/Thema	Art des Gottesdienstes Methoden und Mittel
31.1.2010 Septuagesimä	In die Wüste geschickt: der Sündenbock 3. Mose 16,20–22. (29–34)	Gottesdienst mit Kindern; Erzählung, Gespräch, Pantomime, Symbolhandlung
7.2.2010 Sexagesimä	Der werfe den ersten Stein Johannes 8,1–11	Gottesdienst mit Kindern; Bildbetrachtung „Hände" (Kopie), Gespräch, Erzählung, Bilder (Junge, Ehebrecherin), Hände mit Symbolen gestalten oder beschriften, Tonpapier, Faden, Collage
14.2.2010 Estomihi	Siehe, das ist Gottes Lamm! Johannes 1,29–34	Gottesdienst mit Kindern; Erzählung, Gespräch mit Bodenbild, Sprechblasen, Bilder: Lamm, Wölfe, Frau, Jesus, Bild „Jesuslamm"

31. Januar 2010
Septuagesimä

In die Wüste geschickt: der Sündenbock
3. Mose 16,20–22.(29–34)

Lieder: Du verwandelst meine Trauer in Freude, MKL 9, LJ 508, LH 64, KG 198; Wie ein Fest nach langer Trauer, LJ 636, Amen 63, EG regional; Aus der Tiefe rufe ich zu dir, LJ 359, ML B117; Wo Menschen sich vergessen, MKL2 132, Amen 68, LH 27, LB 2

Liturgischer Text: Psalm 32,1–5 (Gute Nachricht)

Der Text und das Thema

Im 3. Buch Mose gibt es fast nur Texte, die sich mit den Opfern und Reinheitsvorschriften am Heiligtum befassen. Ich lese 3. Mose 4 zum Stichwort Sündopfer und merke, wie genau das alles festgelegt ist. Jede Abweichung ist tödlich (vgl. 3. Mose 10,1–2). Wer ist der Verfasser dieser Texte und in welcher Situation befindet er sich? Diese Gesetze wurden zusammengestellt in Priesterkreisen in der Zeit des Exils und nach dem Exil. Den Exilanten stellt sich in Babylon die Frage: Hat Gott uns verlassen? Wir sind doch sein auserwähltes Volk. Er hat uns aus der Knechtschaft Ägyptens befreit, einen Bund mit uns geschlossen. Die Propheten sagen: Ihr habt seine Gebote nicht gehalten, seid anderen Göttern nachgelaufen. Darum sitzt ihr nun im Elend. Wenn ihr umkehrt zu Gott, seine Gebote haltet, kann es so werden wie früher. Im wiederaufgebauten Tempel werdet ihr Gottes Nähe erfahren, aber nur, wenn alles in genauer kultischer (Kult bedeutet hier Gottesverehrung) Ordnung stattfindet. Sind sie wirklich in der Lage nach Gottes Willen zu leben? Gott selbst schafft eine Möglichkeit, die Verbindung zwischen sich und dem Volk aufrecht zu erhalten. Gott ordnet an, Mose gibt es an den Priester Aaron weiter (V. 34b).

Nach unserem allgemeinen Verständnis ist eine böse Tat Privatsache eines Einzelnen, die er mit sich abmachen muss. Die Folgen sind mehr zufällig. Nach alttestamentlichem Verständnis setzt ein böses Tun immer einen Mechanismus in Gang, der sich früher oder später gegen den Täter oder die Gemeinschaft wendet. Die böse Tat endet in Tod und Verderben. Das Unrecht verhindert die Gemeinschaft mit Gott, die Kultfähigkeit ist bedroht. Sie wird wiederhergestellt, indem der Täter aus der Gemeinde ausgeschlossen wird oder das Todesurteil z.B. durch Steinigung von der Gemeinde ausgeführt wird. Auch unwissentlich kann der Gläubige schuldig werden. Dann entscheidet der Priester, ob die Schuld vergeben werden kann. So schwebt der Gläubige in ständiger Bedrohung. Durch den Sündenbockritus wird die zerstörerische Unheilswirkung der Tat aufgehoben. Der Priester überträgt sie durch Aufstemmen der Hände auf den „Sündenbock". Ein Mann, der sich bereithält, führt den Bock in die Wüste und übergibt ihn dem Asasel (vielleicht der Name eines Wüstendämons). Nach V. 29 soll in dieser vorgeschriebenen Ordnung jedes Jahr einmal bis in alle Ewigkeit der so genannte Versöhnungstag gefeiert werden. An diesem Tag geschieht die Entsühnung des Volkes von seinen Sünden. Noch heute ist der Versöhnungstag (Jom Kippur) in den jüdischen Gemeinden der höchste Feiertag des Jahres. Er findet im September oder Oktober statt (18. September 2010) und folgt dem Neujahrsfest. Die Zeit zwischen diesen beiden Festen ist eine Zeit der Besinnung und Umkehr (Buße). Nach Jesaja 53 wird künftiges Heil für Israel und die »Vielen« nur dadurch möglich, dass der Knecht Gottes die Schuld stellvertretend auf sich nimmt. Christen haben Jesus mit diesem Gottesknecht gleichgesetzt.

Der Text und die Kinder

Wo trifft der Text auf die Erfahrungswelt der jüngeren Kinder? Sie lernen, dass es Regeln gibt und dass sie gegen diese verstoßen. Oft können sie nicht einschätzen, was richtig oder falsch ist. Dann verstehen sie nicht, warum sie bestraft werden. Sie leiden darunter, wenn Eltern zornig auf sie sind. Sie sind glücklich, wenn die Eltern sie wieder in den Arm nehmen und alles wieder gut ist. Ich finde es wichtig, mit den Kindern über ihre Erfahrungen zu reden. Da soll der Schwerpunkt für die Erzählung bei den Jüngeren liegen.

Bei älteren Kindern sieht es etwas anders aus. Sie haben etwas angestellt und wissen nicht, wie sie es wieder auf die Reihe bekommen oder es ihren Eltern sagen sollen. Manchmal verstricken sie sich dabei in Lügen, die sie nicht mehr überblicken. Eine schwere Last liegt auf ihnen. In besonderen Fällen kann es zu Kurzschlusshandlungen kommen, wenn sie keinen Ausweg mehr wissen (z.B. Weglaufen). Manche Kinder haben kein Unrechtsbewusstsein. Hierbei spielen die unzureichend vermittelten ethischen Werte zur Gewissensbildung eine Rolle. Dabei geht es aber nicht darum, die Kinder mit Vorschriften einzudecken. Doch sie müssen lernen, bestimmte Regeln einzuhalten, die ihr Leben und das ihrer Mitmenschen schützen.

Es ist den meisten Kindern fremd, dass ihr Handeln etwas mit Gott zu tun hat. Allerdings möchte ich ihnen sagen, dass eine böse Tat auch Gott etwas angeht. Er bestraft zwar nicht den kleinsten Fehler, aber er will, dass wir bereit sind zur Veränderung in unserem Handeln. Andererseits gibt es vielleicht heute noch Eltern oder Großeltern, die Gott als Drohmittel benutzen, um ihre Forderungen durchzusetzen. Dabei kann das Verhältnis der Kinder zu Gott Schaden nehmen. Das Opfern eines Tieres findet bei den Kindern kein Verständnis, es erzeugt Mitleid mit dem „armen" Tier.

Wichtiger Aspekt ist bei den älteren Kindern: Habe ich mein Unrecht als solches erkannt, kann mich das sehr belasten. Scham und Furcht vor Strafe hindern mich daran, es einzugestehen und um Verzeihung zu bitten. Ich werde erst wieder froh, wenn es jemanden gibt, dem ich meine Schuld erzählen kann. Das sind z.B. die Eltern oder Menschen, denen ich Unrecht getan habe. Dann fällt mir ein Stein vom Herzen und ich kann wieder durchatmen. Wenn Kinder mit den Erwachsenen den Gottesdienst beginnen, hören sie das Sündenbekenntnis (Rüstgebet) und den Gnadenspruch. Es wäre auch schön, wenn Kinder bei der Feier des Abendmahls den Aspekt der Vergebung spüren.

Gestaltungsvorschlag für jüngere Kinder

Geschichte: Tina hat etwas angestellt

Draußen wird es dämmrig, Tina spielt im Kinderzimmer mit ihrem Flummi (Springball). Sie hat ihn von ihrer Freundin geschenkt bekommen. Wenn er auf die Erde geworfen wird, dann springt er im Zimmer hin und her. Das sieht lustig aus. Ihn zu fangen ist nicht leicht. Man muss ihn erwischen, bevor er still liegt. Wenn du ihn vorher fängst, hast du gewonnen. Die Mutter ruft aus der Küche, Tina geht mit ihrem Ball zu ihr. Die Mutter hat das Abendbrot fast fertig vorbereitet, aber sie hat vergessen Brot einzukaufen und muss noch einmal einkaufen gehen. „Ich bin gleich wieder da, mach keine Dummheiten!", ruft die Mutter.

Tina sieht sich in der Küche um. Was wird es zum Abendbrot geben? Da sieht sie die Wiener Würstchen liegen, und voller Vorfreude wirft sie den Flummi auf den Küchenboden. Hier springt er besonders gut. Er springt hierhin und dahin, Tina kann ihn nicht fangen. Dann macht es klirr, und die Blumenvase zerspringt auf dem Boden. O weh, sie haben sie im Urlaub gekauft, und alle drei haben zugesehen, wie der Glasbläser sie geformt hat. Tina ist sehr erschrocken. Das gibt Ärger. „Ein Flummi gehört nicht in die Küche!", hat die Mutter gesagt. Was soll sie jetzt tun? Gleich wird die Mutter wiederkommen. Schnell nimmt Tina Handfeger und Kehrblech und fegt die Scherben zusammen. Sie kippt sie in den Mülleimer. Dann geht sie wieder ins Kinderzimmer.

Kurze Zeit später rasselt der Schlüssel im Schloss. Die Mutter guckt zur Tür herein. „Wenn Vati kommt, können wir essen", sagt sie, und dann geht sie wieder in die Küche. Noch ein paar Minuten, dann ist Vati auch da. Tina, die ihn sonst stürmisch begrüßt, rührt sich nicht von der Stelle. Doch dann kommt der Vater zu ihr. „Hallo", sagt er, „was ist denn heute los, bekomme ich keinen Kuss?" Tina lächelt ein wenig, und der Vater bekommt seinen üblichen Begrüßungskuss. Da ruft Mutti die beiden zum Abendessen. Die Eltern erzählen miteinander, doch Tina sagt nichts, bekümmert knabbert sie an ihrer Wurst. „Was ist denn mit dir los?", wundert sich die Mutter. „Du sagst ja kein Wort. Bist du krank? Vorhin warst du noch ganz vergnügt." „Nein", sagt Tina, „ich bin nicht krank, ich bin nur müde. Ich gehe in mein Bett."

Als sie dann in ihrem Bett liegt, sagen ihr die Eltern Gute Nacht. Tina würde jetzt gern über die zerbrochene Vase reden, aber sie bringt es einfach nicht fertig. Die Eltern setzen sich an den Küchentisch. Sie reden noch ein wenig über Tina. Die Mutter sagt: „Sie schläft jetzt sicher und morgen ist ein neuer Tag." Aber Tina schläft nicht. „Hätte ich es doch gleich gesagt, die Eltern werden die Vase vermissen. Lieber Gott, was soll ich tun?" Sie wälzt sich von einer Seite auf die andere. Es ist ihr, als wäre auf ihr eine schwere Last, schwer wie ein Stein.

Gespräch
Frage an die Kinder: Wie soll das enden? Vorschläge anhören.

Fortsetzung der Geschichte
Die Mutter räumt in der Küche auf, Vater macht das Frühstück für den nächsten Tag. Die Mutter entdeckt auf dem Fußboden etwas Glitzerndes. Es ist ein Stück Scherbe, das Tina übersehen hat. Mutter sieht in den Mülleimer. Nun wissen die Eltern Bescheid. Die Mutter öffnet leise die Tür zu Tinas Zimmer. Das Bett ist leer. – Tina ist auf der Toilette. Mutti nimmt Tina mit ins Wohnzimmer, der Vater legt eine warme Decke um Tina. Sie weint und erzählt von dem Flummi und der kaputten Vase. Die Mutter sagt, dass sie vor dem Flummi in der Küche gewarnt hat. Der Vater bringt Tina ins Bett zurück. Sie ist froh, ihr ist jetzt ganz leicht zumute. „Danke, lieber Gott, dass meine Eltern mir nicht böse sind." Tina schläft beruhigt ein.

Gespräch
Erfahrungen der Kinder. Es ist herrlich, wenn alles wieder gut ist. Gemeinsam überlegen, wie der Schaden wieder gutgemacht werden kann. Gott ist wie der Vater, der Tina die Decke umlegt. Ihm können wir auch alles sagen. Er will uns vergeben.

Lied: Du verwandelst meine Trauer in Freude

Kreatives
Die Kinder malen oder gestalten eine Blumenvase mit Blumen (z.B. durchscheinendes Papier in kleine Stücke reißen und ein Glas bekleben).

Gestaltungsvorschlag für ältere Kinder

Erzählung
Inhalt: Martin hat den Fotoapparat der Schwester zum Klassenausflug mitgenommen und verloren.

Gespräch
Die Kinder versuchen sich mit dem Jungen zu identifizieren. Dabei können sie erzählen, ob sie selbst schon einmal in ähnlicher Lage waren. Wie habt ihr euch gefühlt?
– Ich habe ein schlechtes Gewissen.
– Ich schlafe schlecht.
– Ich gehe meinen Eltern aus dem Weg.
– Ich versuche aus eigener Kraft den Schaden zu beheben.
– Ich verstricke mich in Lügen. Das macht alles noch schlimmer. Es belastet mich sehr.

Pantomime
Die Kinder gehen nacheinander eine Strecke, als hätten sie einen schweren Stein auf der Schulter.

Gespräch
Wie soll Martin da wieder rauskommen. Was hat euch geholfen? Wie ist es wieder gut geworden? Fazit: Von allein wird es nicht wieder gut. Ich muss das Unrecht eingestehen. Die Eltern können mir dabei helfen, wenn sie mir in Ruhe zuhören und meine Entschuldigung annehmen. Gemeinsam suchen wir nach einer Lösung, den Schaden zu beheben.

Der Sündenbock – Wohin mit der Schuld?

Wie geht es euch, wenn alles wieder gut ist?

Aktion

Denkt an die Last auf eurer Schulter. Was hat sich verändert? Die Kinder stellen sich in einer Reihe auf, schließen die Augen, jedes Kind bekommt eine zarte Feder in die Hand gelegt. Sie öffnen die Augen und versuchen diese Feder durch sanftes Pusten in der Luft zu halten, ganz leicht schwebt sie dann über ihnen. So kann es ihnen zumute sein, wenn alles wieder gut ist.

Erzählung (3. Mose 16,20-22.29-34)

Eines vergessen wir meistens: Wenn Menschen Unrecht tun, so verstoßen sie gegen die Gebote Gottes. So war das zu den Zeiten, als Mose das Volk Israel aus Ägypten führte, so ist das noch heute. Für sie war das eine ernste Sache. Sie sagten sich: Wir können nicht am Heiligtum Gottesdienst feiern. Dort ist uns Gott ganz nahe. Wir müssen vorher unsere Schuld loswerden, aber wohin damit? Gott selbst zeigte ihnen den Ausweg. Er redete mit Mose und schickte ihn zu Aaron. Der arbeitete als Priester am Heiligtum. Mose sagte ihm die Anweisungen weiter: „Aaron, wenn ihr hier alle versammelt seid, dann nimm du einen lebendigen Ziegenbock, leg deine beiden Hände auf den Kopf des Tieres und sprich über ihm alle bösen Taten aus, die die Israeliten begangen haben. Ein dafür ausgewählter Mann soll den Bock, beladen mit eurer Schuld, in die Wüste forttragen (s. Zeichnung S. 36). Dann seid ihr frei von eurer Schuld. In Zukunft sollt ihr jedes Jahr einmal diesen großen Versöhnungstag (Jom Kippur) feiern."

So ist es noch bis heute. Zwar gibt es keinen Bock mehr, der in die Wüste gejagt wird, doch überall auf der Welt feiern Juden dieses Fest. In diesem Jahr wird es am 18. September sein. Der Feiertag geht von einem Abend zum anderen. In dieser Zeit darf nicht gearbeitet werden, auch nicht irgendeine Hausarbeit. Der Tag ist ein Fastentag. Im Gottesdienst bedenken die Menschen ihr Handeln und bekennen ihre Schuld. Die Last wird von ihnen genommen und ihnen wird Versöhnung mit Gott zugesprochen. Voller Freude gehen sie in ihre Wohnungen zurück.

Symbolhandlung

Die Kinder nehmen sich aus einem Korb einen Stein. Jeder sagt oder denkt, was er gerne loswerden möchte, und legt seinen Stein in eine mit Sand gefüllte Schale. Wir sprechen gemeinsam. „Gott, nimm du, was uns belastet!" Die Steine werden bedeckt (mit Sand oder mit einem Tuch).

Lied: Wie ein Fest nach langer Trauer

Brigitte Donath

7. Februar 2010

Sexagesimä

Der werfe den ersten Stein

Johannes 8,1–11

Lieder: Wenn einer sagt, ich mag dich, KG 150, LJ 624, MKL 100, LZU 55, LH 26; Ich lobe meinen Gott, der aus der Tiefe, LfK1 A18, KG 112, LZU 45, LJ 560, EG regional; Gib uns Ohren, die hören, KG 195, LH 25, Amen 2, MKL 38, LJ 534; Herr, gib uns deinen Frieden, EG 436, LJ 247, KG 125; Gottes Liebe ist wie die Sonne, LJ 539, MKL 47, KG 153, LfK1 B31, EG regional

Liturgischer Text: Psalm 32,1–5 (Gute Nachricht)

Zum Text

Innerhalb des Johannesevangeliums erzählen die Kapitel 2–12 von Jesu Wirken in der Öffentlichkeit. In Kap. 8 befindet sich Jesus in Jerusalem. Er geht zum Ölberg. Am nächsten Morgen geht er wieder zum Tempel. Die Leute kommen zu ihm, er setzt sich und lehrt sie. Das ist eine idyllische Szene. Sie wird unterbrochen durch Schriftgelehrte und Pharisäer. Im Johannesevangelium (ca. 100 n. Chr.) schildert der Evangelist Pharisäer bzw. Juden als die Gegner Jesu. Er überträgt die Verhältnisse zwischen der christlichen Gemeinde und den jüdischen Gemeinden in die Jesuszeit.

Schriftgelehrte gibt es zur Zeit Jesu überall im Lande. Sie haben die Tora (5 Bücher Mose) studiert und beraten das einfache Volk in Fragen der Gebote. Sie stehen Jesus skeptisch gegenüber.

Pharisäer sind bestrebt, die Gebote genauestens zu erfüllen und versuchen ihren Glauben mit ihrem Leben in Übereinstimmung zu bringen. Sie arbeiten als Rechtssprecher, Synagogenvorsteher, Lehrer. Priester sind sie nicht. Viele von ihnen sitzen im Hohen Rat in Jerusalem. Jesus ist nicht grundsätzlich gegen sie, aber er lehnt ihre Selbstgerechtigkeit ab. Anders als sie stellt er die Liebe über die strenge Auslegung der Gesetze.

Die Pharisäer und Schriftgelehrten bringen eine Frau zu Jesus, die auf frischer Tat beim Ehebruch ertappt wurde. Nach dem Gesetz des Mose sollen beide Partner (3. Mose 20,10) durch Steinigung getötet werden. *Steinigung* war die Art der Todesstrafe bei Gotteslästerung, Götzendienst, Sabbatschändung, Wahrsagerei, Ehebruch. Nach 5. Mose 17,6–7 findet die Steinigung außerhalb des Ortes statt. Mindestens zwei Zeugen des Vergehens sind nötig. Der erste Zeuge wirft den ersten Stein, danach wirft die gesamte Gemeinde. Im Neuen Testament wird mehrmals eine Steinigung erwähnt. In Joh 10,31 wird Jesus selbst wegen „Gotteslästerung" mit Steinigung gedroht. Jesus soll sich zu der Anschuldigung der Kläger äußern. Nach V. 6 setzen sie dabei voraus, dass Jesus ihrem Urteil nicht folgt. Damit hätten sie einen Grund Jesus zu verklagen als einen, der das Gesetz des Mose nicht befolgt. Er wäre selbst schuldig und müsste bestraft werden. Jesus bückt sich und schreibt etwas mit dem Finger auf die Erde. Er scheint an dem Fall nicht interessiert zu sein. Oder will er Zeit gewinnen, denn von seiner Antwort hängt viel für ihn ab. Was er schreibt, wird nicht gesagt. Die Ankläger geben nicht auf und bedrängen ihn weiter mit ihren Fragen. Da erhebt sich Jesus. Kurz und knapp sagt er: „Wer ohne Sünde ist, der werfe den ersten Stein" Dann schreibt er weiter. Seine Worte haben eine erstaunliche Wirkung. Die Menge zerstreut sich. Warum gehen die Ältesten zuerst? Vielleicht haben sie größere Erfahrung mit eigener Schuld. Jesus und die Frau bleiben allein zurück. Jesus verurteilt die Frau nicht. Dazu ist er nicht in die Welt gekommen. Aber er beschönigt das Unrecht auch nicht. („Gehe hin, und sündige hinfort nicht mehr"). Seine Hinwendung ermöglicht ihr einen neuen Anfang.

Der Text und die Kinder

Die Kinder finden sich in dieser Geschichte verhältnismäßig leicht wieder. Andere zu beschuldigen, das kommt in ihrer Lebenswirklichkeit vor. Im Kindergarten oder im Geschwisterkreis „petzen" schon die Jüngsten. Ich bin das liebe Kind, der andere soll bestraft werden. Bei den älteren Schulkindern kommt es zum gezielten Schlechtmachen anderer, mitunter sogar zu Mobbing im Zusammenschluss mit anderen. Dabei laden Kinder Schuld auf sich, die sie mitunter bis ins Alter bedrücken kann. Wenn sie über andere herziehen, tun sie das, weil sie sich dabei selbst ins beste Licht setzen wollen, sich in der Gruppe hervortun wollen oder zu feige sind, sich dem Unrecht entgegenzustellen.

Andererseits erleben es Kinder, so „vorgeführt" zu werden wie die Frau in der Geschichte. Das sind Situationen bei denen sie versagen und nun die Augen vieler auf sich gerichtet sehen (in einer Sportgruppe den Sieg vermasseln, das Musikstück nicht zu Ende bringen, nicht die gängige Kleidung tragen usw.). Wenn diese Erfahrungen zur Sprache kommen, können sie sich mit der Frau leichter identifizieren und erahnen, was Jesus für sie tut. Wenn man sie daran erinnert, wie schmerzlich es für sie selbst ist, wenn andere auf sie zeigen, sind die Kinder vielleicht eher bereit, mit „Versagern" Mitgefühl zu empfinden. Was die Schuld der Frau anbelangt, ist die Sache wegen der familiären Verhältnisse der Kinder mit Fingerspitzengefühl zu behandeln. Die Art der Todesstrafe braucht bei den jüngeren Kindern nur durch das Jesuswort angedeutet zu werden. Wegen der Bezugnahme Jesu in seiner entwaffnenden Antwort kann die Steinigung bei den Älteren näher erläutert werden. Die Schwere der Strafe wird die Kinder verwundern. Sie zeigt aber, wie wichtig gutes Zusammenleben in der Familie ist. Kinder, die betroffen sind, wissen, wie schmerzlich eine zerbrochene Ehe gerade auch sie selbst trifft.

Vers 6a, der die wahren Absichten der Ankläger benennt, wird am nächsten Sonntag ins Gespräch gebracht, um zu zeigen, welches Risiko Jesus auf sich nimmt.

7. Februar 2010

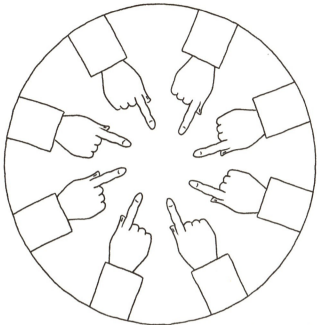

Zeichnung: Sabine Meinhold

Gestaltungsvorschlag für jüngere Kinder

Einstieg
Die Zeichnung stark vergrößern oder einzelne Hände ausschneiden und im Kreis anordnen. Die Kinder versuchen das Bild zu deuten. Dabei bringen sie ihre eigenen Erfahrungen ein. Danach legt man in die Mitte der Zeichnung ein Bild von Tim.

Hinführung
Das ist Tim. Tim ist in der ersten Klasse. Er lebt mit seiner Mutter allein. Sie verschlafen die Zeit. Tim kommt eine viertel Stunde zu spät zum Unterricht. Er sagt höflich Guten Morgen und will sich setzen. Doch das erlaubt ihm die Lehrerin nicht, sondern er muss an der Tür vor den Kindern stehen bleiben. Das ist ihm sehr peinlich. Er weiß gar nicht, wohin er gucken soll. Alle schauen auf ihn. Manche tuscheln, andere grinsen schadenfroh oder zeigen mit dem Finger auf ihn. Auch Benni tut das, obwohl er selbst schon öfter zu spät gekommen ist. Nach einer Weile schickt die Lehrerin Tim auf seinen Platz.

Gespräch
Was denkt Tim, wie fühlt er sich? Wer von euch möchte Tim sein?
(Nun wird die Frauengestalt in die Mitte gelegt.) Das ist nicht Tims Lehrerin. Diese Frau lebte zu der Zeit, als Jesus durch das Land wanderte, aber ihr ging es noch schlimmer als Tim. Hört ihre Geschichte!

Der Sündenbock – Wohin mit der Schuld?

Erzählung (Joh 8,1-11)

Jesus begegnet vielen Menschen. Er erzählt ihnen von Gott. Immer wieder sagt er ihnen: Gott hat euch lieb, er will, dass ihr behutsam miteinander umgeht. Jesus redet nicht nur, er zeigt den Menschen, dass Gott sie lieb hat. Vielen hilft er wieder froh zu werden. Er hilft auch denen, die Unrecht tun, damit sie wieder zurechtkommen. Niemals lacht er jemanden aus oder zeigt mit dem Finger auf ihn.

Eines Tages hört er Lärm und Geschrei. Da bringen Menschen eine Frau zu ihm. Sie stoßen sie vorwärts, bis sie vor Jesus steht. Dann zeigen sie mit dem Finger auf sie und sagen: „Jesus, diese Frau hat Schlimmes getan. Sie muss schwer bestraft werden. Sie darf nicht weiterleben. Was sagst du dazu?" Jesus sieht auf die Frau. Sie hat große Angst und sie schämt sich. Jesus sieht auch die zornige Menge vor sich. Jeder von denen hat schon Unrecht getan. Keiner ist ohne Schuld. Darum sagt er zu ihnen: „Wer von euch nie etwas Böses getan hat, der darf die Frau bestrafen." Da wird es ganz still. Jedem fällt etwas ein, wofür er sich schämt. Einer nach dem anderen verlässt den Ort. Nur die Frau steht noch da und auch Jesus. Er sagt zu ihr: „Ich zeige nicht mit dem Finger auf dich, ich freue mich nicht über dein Unglück. Vergiss es nicht, Gott liebt auch dich. Geh jetzt nach Hause. Was du getan hast, war schlimm. Tu es nicht wieder."

Gespräch

Stellt euch vor, Jesus wäre Tims Lehrer gewesen? (Die Kinder können Tims Geschichte spielen.)

Kreatives

Zwei Kinder arbeiten jeweils zusammen. Ein Kind legt die geöffnete Hand mit der nach oben geöffneten Handfläche auf ein Blatt Papier und das andere umrundet diese mit einem Bleistift (evtl. Handlinien einzeichnen). Die geöffnete Hand steht zeichenhaft für Hilfsbereitschaft, Freundlichkeit usw. Die Kinder malen Symbole (Smily, Herz, Blumen) dafür in die Hand.

Lied: Wenn einer sagt, ich mag dich

Gestaltungsvorschlag für ältere Kinder

Einstieg

Bild betrachten (s. Einstieg S. 45; Zeichnung) Die Kinder erzählen, was da vorgeht. Sie suchen aus bereitgelegten Zeitungsausschnitten einen Menschen heraus, auf den andere mit dem Finger zeigen könnten und legen ihn in die Bildmitte. Was hat er getan? Was werfen sie ihm vor? Die Kinder stellen das Motiv nach. „Wer von euch stellt sich in die Mitte? Wie hast du dich gefühlt? oder: Warum wollte keiner von euch in der Mitte stehen?" Die Kinder äußern sich. Könnt ihr euch an solch ein Erlebnis erinnern? Habt ihr selbst einmal so ähnlich in der Mitte gestanden oder wart ihr bei den Anklägern im Kreis? (Diese Fragen werden die Kinder kaum beantworten wollen. Nicht drängen – die Kinder sollen aber zum Nachdenken angeregt werden).

Erzählung (Joh 8,1-11; ohne V. 6a)

(Ich lege das Bild einer Frau, der Jesus das Leben gerettet hat, in die Mitte, vgl. S. 45.) Hört, was sie erlebt hat.

Schon sehr früh am Morgen war Jesus im Tempel in Jerusalem. Als die

Menschen ihn sahen, kamen sie zu ihm mit ihren Sorgen und Fragen. Jesus setzte sich und redete mit ihnen. Da war plötzlich ein Lärm und Geschrei um sie. Die Leute kamen direkt auf Jesus zu. Jesus sah, dass die meisten von ihnen Pharisäer und Schriftgelehrte waren. Die achteten auf die Einhaltung der Gebote. Sie hatten großen Einfluss im Volk. Sie stießen eine Frau vor sich her und stellten sie vor Jesus auf. Sie bildeten einen Kreis um sie herum, sodass die Frau nicht weglaufen konnte. Dann zeigten sie mit den Fingern auf sie und sagten zu Jesus: „Diese Frau hat ihren Ehemann betrogen. Sie hat einen anderen Mann. Ihre Ehe hat sie damit zerstört. Wir wissen es ganz genau. Nach dem Gesetz des Mose muss sie sterben. Was sagst du dazu?"

Jesus sah auf die brüllende Menge. Manche hielten schon den Stein in der Hand, der die Frau treffen sollte. Jesus sah auf die Frau. Sie schämte sich und hatte den Blick gesenkt. Sie war voller Angst, denn sie wusste, was auf sie zukam. Die Ehe zu zerstören, das wurde mit der Steinigung bestraft. Man würde sie vor die Tore der Stadt zerren und die Ankläger würden den ersten Stein auf sie werfen. Und alle, die jetzt mitschrien, würden es dann genauso tun. Das wäre ihr Ende. Was sollte Jesus dazu sagen? Die Frau hatte gegen das Gebot verstoßen. Musste sie da nicht bestraft werden?

Jesus hockte sich auf die Erde. Mit dem Finger malte er vor sich hin, als wollte er sagen: Ihr langweilt mich, habt ihr noch immer nicht begriffen, dass ich den Menschen Gottes Liebe zeige? Gerade die schuldig Gewordenen brauchen meine Hilfe.

Aber dann stand er auf. So laut, dass es alle hören konnten, sagte er zu den Anklägern: „Wer von euch nie Unrecht getan hat, wer ohne Sünde ist, der werfe den ersten Stein. Dann hockte er sich auf den Boden und malte seelenruhig weiter. Nach einer Weile war es ganz still um ihn. Alle waren gegangen. Nur die Frau war noch da. Jesus fragte sie: „Wo sind sie geblieben, die dich bestrafen wollten? Es ist niemand mehr zu sehen. Wenn dich keiner von denen verurteilt hat, dann tue ich das erst recht nicht, denn ich bin für die Menschen da, so wie Gott für sie da ist. Geh jetzt nach Haus. Was du getan hast, war falsch. Ändere dein Leben und vergiss nicht, dass Gott dich liebt."

Gespräch

Was Jesus gesagt hat, das ist auch für uns heute noch gültig. Bei dieser Geschichte wird das recht deutlich. Heute ist vieles anders als damals, aber auch wieder ganz ähnlich. Wo kommen wir in der Geschichte vor (vgl. Einstieg)? Was will uns Jesus sagen?

Es gibt dafür eine einfache Gedächtnisstütze: Streckt euren Zeigefinger aus und zeigt nach vorn. Der und sicher auch der Daumen zeigen in diese Richtung, aber die drei übrigen Finger zeigen auf euch selbst. Was bedeutet das im Zusammenhang mit dieser Geschichte? (Wenn ihr mit dem Finger auf jemanden zeigt, um ihn auszulachen oder anzuklagen, dann bedeuten die drei Finger: Denkt daran, ihr macht auch Fehler, ihr tut auch Unrecht oder blamiert euch.)

Jesus sagt: „Wer ohne Schuld ist, der werfe den ersten Stein." Die Kinder versuchen den Satz in ihre Sprache zu übertragen.

Der Sündenbock – Wohin mit der Schuld?

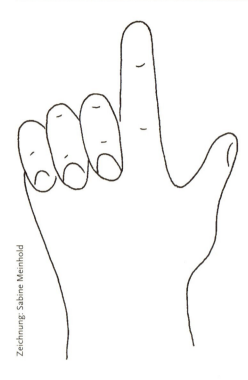

Zeichnung: Sabine Meinhold

Lied: Ich lobe meinen Gott, der aus der Tiefe mich holt

Kreatives
Eine Hand mit ausgestrecktem Finger wird auf Tonkarton gezeichnet, so dass die nach hinten gekrümmten Finger zu sehen sind (vgl. Zeichnung). Die Hand ausschneiden, einen Faden zum Aufhängen befestigen und beschriften: Wer ohne Schuld ist, der werfe den ersten Stein. *Oder:*

Collage (als Gemeinschaftsarbeit)
Geöffnete Hände gestalten. Daraus einen Kreis legen und aufkleben. In die Mitte werden Zeitungsbilder (s. Einstieg S. 46) geklebt. Die Collage erhält eine Überschrift.

Brigitte Donath

---

14. Februar 2010
Estomihi

Siehe, das ist Gottes Lamm!
Johannes 1,29–34

Lieder: Siehe die Liedvorschläge zum 7.2.2010 (S. 43); Christe, du Lamm Gottes, EG 190.2, LJ 134

Liturgischer Text: Psalm 32,1–5 (Gute Nachricht)

Zum Text

Nach Joh 1,28 befindet sich Johannes der Täufer in Bethanien jenseits des Jordans. Die anderen Evangelien berichten anschaulich von der Bußpredigt und der anschließenden Taufe der Menschen. Im Johannesevangelium ist der Täufer nur die Stimme eines Predigers in der Wüste, der den Weg des Kommenden vorbereitet. Selbst seine Taufhandlung ist von geringerer Wertigkeit. Dabei klingt der Täufer nicht deprimiert. Er hat eine ganz wichtige Funktion: Er ist Augenzeuge. (Dreimal kommt in diesen Versen das Wort „sehen" vor.) Als solcher bezeugt er Jesus als den von Gott gesandten Messias. Dazu ist er berufen. Die Taufe Jesu wird nicht erwähnt. Johannes sieht, wie der Geist Gottes vom Himmel herab auf Jesus kommt und auf ihm bleibt. Gott selber deutet ihm das Geschehen. Zeichen der einzigartigen Beziehung Jesu zu Gott: Er wird nicht nur mit Wasser taufen, sondern mit dem heiligen Geist.

Jesus war seit dem Anfang der Zeiten bei Gott, seinem Vater. So wird es im Prolog Joh 1,1ff ausgeführt. Jesus war also vor Johannes da. Vorher kannte er ihn nicht, aber jetzt erkennt er in Jesus den Gottessohn, von dem er Zeugnis ablegen soll. Damit wird von Anfang an klargestellt, unter welchem Gesichtspunkt Jesus zu sehen ist. Der Leser bzw. Hörer bekommt schrittweise immer mehr Indizien an die Hand, die verdeutlichen, dass Jesus und Gott in einer ganz engen Verbindung stehen. Schon im nächsten Kapitel auf der Hochzeit in Kana gibt Jesus ein Zeichen seiner Gottessohnschaft. Als der Sohn Gottes ist er nicht der Herrschende, sondern der Dienende. Darauf weist das Wort des Johannes: Siehe, das ist Gottes Lamm, das die Sünde der Welt trägt (wegträgt, auf sich nimmt).

Zum Stichwort Lamm im übertragenen Sinn gibt es im Alten Testament zwei Bezüge. Einer der großen jüdischen Feiertage ist das Passafest. Es erinnert an den letzten Abend vor dem Auszug aus Ägypten. Der Todesengel geht durch das Land. Wessen Pfosten der Hütte mit dem Blut des Passalammes gezeichnet sind, der wird nicht sterben. Er entkommt der ägyptischen Knechtschaft. Der Anfang eines neuen Lebens wird ermöglicht (2. Mose 11; 12,12–14). In Joh 19,14 wird Jesus zu der Zeit zur Kreuzigung geführt, als die Passalämmer für das Fest zur Schlachtung in den Tempel gebracht werden. Nach 2. Mose 12,46 durfte dem Passalamm kein Knochen gebrochen werden. Als Schrifterfüllung wird angeführt, dass, anders als üblich, Jesus nach dem Tod nicht die Schenkel gebrochen wurden (Joh 19, 33+36). So könnte hier Jesus als das neue Passalamm gesehen werden, das Rettung aus der Knechtschaft und neues Leben ermöglicht.

Ein weiterer Bezug findet sich in den „Gottesknecht-Liedern" des Propheten Jesaja. Es lohnt sich, die Texte zu lesen (Jes 52,13; 53,2b.3.4.7). Wir finden hier eine Deutung des Todes Jesu. Das „Lamm Gottes", Jesus Christus, opfert sich für die Menschen am Kreuz, um sie mit ihm durch den Tod zur Auferstehung zu führen. Zu ihrem Heil lag die Strafe auf ihm, durch seine Wunden sind sie geheilt. Doch der Herr fand Gefallen an seinem zerschlagenen Knecht, er rettete den, der sein Leben als Sühneopfer hingab. Nachdem er so vieles ertrug, erblickt er das Licht. Mein Knecht, der gerechte, macht die Vielen gerecht; er lädt ihre Schuld auf sich. Denn er trug die Sünden von vielen und trat für die Schuldigen ein. (Jes 5b.10a. 11a.c.12c).

Auch in anderen Religionen hat das Lamm eine besondere Bedeutung. Es ist Symbol der Unschuld. Es wurde zum bevorzugten Opfertier. Durch sein Opfer erlangt der schuldig gewordene Mensch Versöhnung. Deshalb wurde schon sehr früh Jesus Christus als das

Der Sündenbock – Wohin mit der Schuld?

(Opfer-)Lamm dargestellt. Besonders in der Offenbarung des Johannes ist das Lamm ein Bild für den gekreuzigten und auferstandenen Christus (als Bild oder in Stein gehauen mit der Siegesfahne).

Das Thema und die Kinder

Der Text hat kaum Handlung und ist daher für eine Erzählung wenig geeignet. Durch die Überschrift über der Kindergottesdienstreihe wird deutlich, dass der Schwerpunkt auf V. 29 liegt. Es geht um Schuld und Versöhnung, und so steht der V. 29 vom Gotteslamm, das hinwegträgt die Sünde der Welt, im Zentrum. Im Blick auf die Kinder schlage ich vor, den Schwerpunkt auf die Liebe Gottes zu legen. Ich stütze mich dabei auf folgende Johannestexte: „Also hat Gott die Welt geliebt, dass er seinen einzigen Sohn gab, damit alle, die an ihn glauben, nicht verloren werden, sondern das ewige Leben haben" (Joh 3.16). „Ich bin der gute Hirte. Der gute Hirte lässt sein Leben für die Schafe" (Joh 10,11). „Niemand hat größere Liebe als die, dass er sein Leben lässt für seine Freunde" (Joh 15,13). Auffällig ist, wie oft das Wort Liebe vorkommt. Deshalb möchte ich weniger den Tod Jesu als Sühnopfer Jesu betonen, sondern mehr seine opferbereite Liebe zu den Menschen. Jesus erzählt von der Liebe Gottes, die in seinem Handeln deutlich wird. Wo er die Gesetzesvorschriften übertritt, macht er deutlich: Ich und der Vater sind eins. Das bringt ihn in Konflikt mit den Mächtigen seines Volkes und schließlich ans Kreuz. Dem hätte er sich entziehen können, aber konsequent bleibt er bei seinem Auftrag unter Einsatz seines Lebens. Dies möchte ich deutlich machen an der Geschichte des letzten Sonntags, indem ich den Schwerpunkt setze auf die Beweggründe der Ankläger (Joh 8,6a). Sie suchen Gründe, um Jesus auszuschalten.

Wenn Jesus mit dem Lamm verglichen wird, dann sind seine Gegenspieler die Wölfe (vgl. Mt 7,15; 10,16) Das Lamm ist genau das Gegenbild zu allen demonstrativen Bildern von Macht, Kraft und Gewalt. Kinder tragen ein Bild vom Wolf in sich. In mindestens zwei bekannten Grimmschen Märchen kommt er als Bösewicht vor. Die Furcht vor dem Wolf hat sich uns tief eingeprägt. Es ist schwer, dieses Bild zu korrigieren. Das Lamm dagegen ist bei den Kindern beliebt, es ist sanft, weich, kuschelig, „unschuldig", nicht gewalttätig. Bei den jüngeren Kindern werde ich das Lamm als ein Zeichen für Jesus einführen. Dazu benutze ich eine Darstellung in einer Kirche (Gemälde oder eine Arbeit in Stein). Am besten wäre es, wenn die Kinder so etwas in der eigenen Kirche finden könnten.

Bei den älteren Kindern werde ich die Geschichte vom letzten Sonntag aufgreifen. Diesmal erzähle ich sie aus der Sicht eines Gegners Jesu. Dabei werden die Motive der Ankläger betont.

Gestaltungsvorschlag für jüngere Kinder

Einstieg

Wolf und Lamm gegenüberstellen. Die Kinder erzählen. Der Wolf und Rotkäppchen, Menschen haben Angst vor ihm. Der Wolf tötet Schafe (Wir sollten das Tier nicht verteufeln.) Auch der Wolf hat Angst vor den Menschen, nur wenn er nichts zu fressen findet, geht er in die Nähe der Dörfer. Er ist stark und ein sehr schneller Verfolger. Er ist den Menschen unheimlich und hat einen schlechten Ruf (der „böse" Wolf). „Hat jemand von euch einen Wolf als Kuscheltier? Ein Wolf und Kuscheln das passt nicht zusammen. Wer von euch hat ein Schäfchen als Kuscheltier. Wer möchte darüber etwas erzählen?"

Erzählung

Im letzten Frühjahr war Lisa mit den Eltern im Urlaub. Da haben sie einen Schäfer mit seiner Herde gesehen. Am schönsten waren die Lämmer. Bei dem Schäfer durfte Lisa ein Lämmchen streicheln. Wie weich das weiße Fell war. Man musste es einfach gern haben. Niemand musste sich vor ihm fürchten. Es tat keinem etwas Böses.

Ein paar Tage später sahen sie sich eine Kirche an. Lisa staunte über die große Kirche. Sie hatte viele geschmückte Säulen und auch viele Bilder. Da entdeckte Lisa das Lamm (siehe Abbildung, Kunstpostkarte oder am besten ein Lamm in der eigenen Kirche). Sie fragte ihren Vater nach der Bedeutung. Der Vater antwortete: „Du weißt, dass das Kreuz ein Zeichen für Jesus ist. Das Lamm ist auch ein Jesuszeichen. Es erzählt uns ebenfalls etwas über ihn. Ein Lamm macht keinem Angst – so ist Jesus. Er will den Menschen helfen, wenn sie Unrecht getan haben. Alles soll wieder gut werden. (Die Geschichte vom letzten Sonntag aufgreifen oder gerafft erzählen.)

Kreatives

Ein Lamm aus Pappe von beiden Seiten mit Watte oder Schafwolle bekleben und als Jesuszeichen mit nach Hause geben.

Lied

Gestaltungsvorschlag für ältere Kinder

Erzählung oder Spiel

(Joh 8,1–11 mit Handpuppen spielen; *oder* Mitarbeiter spielen die Geschichte *oder* das Spiel als Erzählung verwenden.)
Personen: Erzähler (E), Schriftgelehrter Ruben (M), seine Frau Rahel (F)

E: Ruben ist ein Schriftgelehrter, bei einem Lehrer hat er die heiligen Schriften studiert. Sehr genau weiß er über die Gebote Gottes Bescheid. Da nicht alle schreiben können, hilft er diesen Menschen, wenn sie ein Schriftstück brauchen. Ruben ist ein angesehener Mann, er darf sich „Rabbi" nennen. Für gewöhnlich ist er ein ruhiger, besonnener Mensch. Als er nach Hause kommt, merkt seine Frau Rahel sofort, dass etwas Besonderes vorgefallen sein muss.
F: Setz dich, Ruben, hier steht ein Krug mit Wasser. Du bist ja ganz aus der Puste.
M: O, war das ein Tag, nein, das war ein Tag!!! Beinahe hätten wir ihn ertappt. Dann wäre er fällig gewesen, dieser Jesus.
F: Was habt ihr nur gegen ihn? Mir gefällt, was er sagt und tut. Ich versteh nicht, warum ihr Schriftgelehrten und Pharisäer so wütend auf ihn seid.
M: Liebe Frau, davon verstehst du nichts. Aber ich will es dir noch einmal erklären. Du kennst die 10 Gebote, die uns Gott gegeben hat. Und weil ich ein Schriftgelehrter bin, kenne ich die vielen einzelnen Vorschriften, die es außerdem gibt. Die Gebo-

te müssen gehalten werden, und wer das nicht tut, der wird bestraft. So will es Gott. Und nun kommt dieser Jesus und sagt: Ich kenne Gott besser als ihr, er hat mich geschickt, Gottes Liebe zu zeigen. Gott lässt den nicht im Stich, der schuldig geworden ist. Er verzeiht.
F: Na und, was ist da so schlimm?
M: Frau, du hast keine Ahnung! Dieser Jesus hat nicht einmal studiert. Er bringt alles durcheinander, was Jahrhunderte bei uns richtig war. Heute haben wir ihn erst wieder erlebt.
F: Da müsstest du mir schon mehr erzählen.
M: Also, pass auf. Eine Frau hat ihre Ehe zerstört. Sie hat ihren Mann betrogen. Dabei ist sie erwischt worden. Die zwei Zeugen haben die Frau ergriffen und es wurden immer mehr Menschen, die die Frau durch die engen Gassen trieben. Wir Schriftgelehrten und die Pharisäer waren auch dabei. Nach dem Gesetz wartete auf sie eine schreckliche Strafe. Sie würde gesteinigt werden.
F: Wie schrecklich, die arme Frau! Aber was hat Jesus damit zu tun?
M: Wir brachten die Frau zu Jesus. Er sollte sie schuldig sprechen. Er konnte sich nicht gegen das Gesetz stellen, er musste sie verurteilen. Wenn er es nicht tat, machte er sich selbst schuldig. Dann würden wir ihn schwer bestrafen und wir wären ihn los.
F: Und hat Jesus sie an die Menge ausgeliefert, habt ihr die Frau gesteinigt?
M: Wir waren sehr gespannt. Wir erzählten Jesus, was sie getan hatte, und forderten Jesus auf, die Angelegenheit zu beurteilen. Wir wollten ihn mit unserer Frage in eine Falle locken.
F: Na und weiter!
M: Jesus tat, als ginge ihn das ganze nichts an. Er hockte auf der Erde und malte wie in Gedanken im Sand. Vielleicht wollte er Zeit gewinnen. Ich denke, er wusste, wie wichtig die Antwort für seine eigene Sicherheit war. Dann stand er plötzlich auf. Er sagte zu den Anklägern: Wer nie Unrecht getan hat, wer ohne Sünde ist, der werfe den ersten Stein.
F: Wer hat denn da zuerst geworfen? Jeder Mensch tut immer wieder etwas, was Gott nicht gefällt.
M: Du hast recht. Nach den Worten von Jesus wurde es ganz still. Die Männer ließen die Frau los und einer nach dem anderen verließ den Platz. Jesus stand neben der Frau. Er sagte zu ihr:
„Haben die dich nicht verurteilt, so verurteile ich dich erst recht nicht. Geh nach Haus und ändere dein Leben. Vergiss nicht, dass Gott auch für dich da ist."

Gespräch mit Bodenbild und Sprechblasen
(Bilder von Lamm, Wölfen, Frau, Jesus) Die Leute haben der Frau sehr zugesetzt. Sie haben sie gehetzt wie Wölfe. Habt ihr mal gesehen, wie Wölfe das machen? (Wölfe und Frau in die Mitte legen) Sprechblasen: (Was die Wölfe schreien:) „Tötet sie!" (Was die Frau denkt:) „Hilf mir!"

Johannes der Täufer hat gesagt: „Jesus ist Gottes Lamm, das der Welt Sünde trägt." (Lamm hinlegen, zur Frau) Warum hat Johannes das so gesagt? (Jesus ist nicht in die Welt gekommen, um zu kämpfen.) Sprechblase (Was Jesus sagt:) „Ich will nicht kämpfen. Ich

14. Februar 2010

Zeichnung: Sabine Meinhold

will den Menschen die Schuld tragen helfen. Ich nehme sie dir ab. Du bist frei. Damit will ich dir zeigen, dass Gott dich liebt. Auch wenn es mich mein Leben kostet, werde ich für die Menschen da sein."

Foto von einem Lamm in einer Kirche zeigen (vgl. Schluss der Erzählung S. 51).

Lied

Brigitte Donath

Jesus setzt Zeichen

Zeichnung: Silvia Gützkow

Lied: Eines Tages kam einer, KG 45, LJ 454, LB 257

Liturgischer Text: Weise mir, Herr, deinen Weg (nach Psalm 86,11–15), Sagt Gott I 46

III
Jesus setzt Zeichen

Sonntag	Text/Thema	Art des Gottesdienstes Methoden und Mittel
21.2.2010 Invokavit	Markus 2,13–17 Jesus sitzt zu Tisch mit Zöllnern und Sündern	Gottesdienst mit Kindern (und Erwachsenen); Erzählung, Sündenbekenntnis, Besinnung zum Abendmahl, szenisches Spiel oder Pantomime
28.2.2010 Reminiszere	Markus 3,1–16 Jesus heilt an einem Sabbat	Gottesdienst mit Kindern (und Erwachsenen); Tabelle: Das kann ich gut/nicht, Fragenkatalog „Behindert?", Erfahrungsspiele, Erzählung (für 2 Sprecher), Gespräch
7.3.2010 Okuli	Markus 11,15–19 Jesus wirft Händler und Wechsler aus dem Tempel	Gottesdienst mit Kindern; Gespräch, Erzählung, Plakat mit Tabelle

Monatlicher Kindergottesdienst im Februar
Jesus sitzt zu Tisch mit Zöllnern und Sündern, Markus 2,13–17

Der Zöllner Levi lässt sich in die Gemeinschaft mit Jesus rufen. Es eröffnen sich für ihn ganz neue Möglichkeiten, sein Leben zu gestalten. Jesus macht dabei den ersten Schritt und geht auf Levi zu. Niemand soll ausgegrenzt sein. Damit sind die Pharisäer und Schriftgelehrten nicht einverstanden. Aber Jesu Wirken gilt nicht den Gesunden und Gerechten, sondern den Kranken und Sündern. In der Tischgemeinschaft können die Kinder erfahren, dass auch sie von Jesus gerufen sind und zu ihm gehören dürfen.

Der *Gestaltungsvorschlag für den 21. Februar* (S. 56) bietet eine Erzählung und vielfältige Vorschläge, die Geschichte mit Worten oder als *Pantomime* zu spielen (z.B. in verschiedenen Gruppen). Im *Gespräch* wird das Befreiende des Rufes Jesu in die Nachfolge für Levi thematisiert aber auch das für Pharisäer und Schriftgelehrte ungewöhnliche Verhalten Jesu. Dabei kann die *Zeichnung* S. 54 verwendet werden. Das *Essen* am festlich gedeckten Tisch wird gemeinsam mit den Kindern vorbereitet. Wo es möglich ist, kann mit den Kindern *Abendmahl* gefeiert werden (Texte dazu s. S. 57).

> 21. Februar 2010
> Invokavit
>
> Markus 2,13–17
>
> **Jesus sitzt zu Tisch mit Zöllnern und Sündern**

Lieder: Holz auf Jesu Schulter, EG 97; Jesus nimmt die Sünder an, EG 353; Selig seid ihr, LJ 608, KG 127, MKL 96, EG regional; Wenn einer sagt: Ich mag dich, du, KG 150, LJ 624, MKL 100, Amen 62, LZU 55; Dass du mich einstimmen lässt, EG regional, LJ 484; Das Festmahl, LH 39, LZU 9; Heute ist ein schöner Tag, LH 34; Eingeladen zum Leben, LH 37; Komm, sag es allen weiter, KG 204, LJ 142, MKL 56 EG 225

Liturgischer Text: Psalm 86 (EG)

Zum Text

V. 13: Mit „See" ist der See Genezareth gemeint; die Erzählung ist in Galiläa verortet. V. 14: „Levi" ist ein hebräischer Name, der Zöllner gehört also zum Volk Israel. Damit nimmt er Zoll von seinen Landsleuten zugunsten der römischen Besatzungsmacht. Eigentlich muss zwischen der Erhebung von Zöllen und Steuern unterschieden werden. Die Steuern kommen unmittelbar dem römischen Reich zugute, während die Zölle in Galiläa an Herodes Antipas abzuführen sind, der jüdischer König von Roms Gnaden und Roms Günstling ist. Darum ist es im Ergebnis fast belanglos, ob man Zolleinnehmer oder Steuereintreiber ist. Beiden wurde unterstellt, dass sie neben der Kollaboration mit der Besatzungsmacht auch noch kräftig in die eigene Tasche wirtschafteten.

Nachfolge heißt nicht, einen Toten in seinem Amt zu beerben und irgendwie in seinem Sinne weiterzuwirken, sondern in der Gemeinschaft mit dem lebendigen Christus zu leben. Der Ruf Jesu ist keine unverbindliche Einladung, sondern ein vollmächtiger Befehl. Doch darf das Befreiende und Zugewandte dieser Aufforderung nicht übersehen werden.

V. 15: Tischgemeinschaft ist im ganzen Orient, speziell in der Tradition des Alten Testamentes, ein Geschehen von höchster Bedeutung, wovon in unserem Lebensgefühl nur noch Reste enthalten sind. Sie bringt (Gast-)Freundschaft und Schutz (2. Mose 2,15–21), Achtung und Ehrerbietung (1. Mose 14,18), Vergebung und Versöhnung (1. Mose 43,25–34), Frieden und Begnadigung (2. Könige 25,27–30) zum Ausdruck. Wenn Jesus, in dem ja Gott selbst handelt, an dieser Tischgemeinschaft teilnimmt, werden den Mahlteilnehmenden alle genannten Aspekte von Gott selbst zugeeignet.

V. 16: Der sofort laut werdende Protest richtet sich nicht nur gegen das ungewöhnliche zwischenmenschliche Verhalten Jesu, er betrifft auch den zuvor genannten religiösen Aspekt.

V. 17: Jesus ist bemüht, auch seine Gegner zu gewinnen. Mit einem eigentlich einleuchtenden Bildwort rechtfertigt er sein Tun und versucht, Gegner zu überzeugen. Im Bildwort klingt 2. Mose 15,26 an („Ich bin der HERR, dein Arzt").

Der Text und die Kinder

Eine Nachfolge Jesu Christi im radikalen Sinn (alles verlassen und mit Jesus unterwegs sein) Kindern zuzumuten, wäre eine törichte Überforderung. Selbstverständlich brauchen Kinder verlässliche Bezugspersonen und eine vertraute Umgebung. Nachfolge wäre in unserem Zusammenhang so zu akzentuieren, dass Jesus jeden vorbehaltlos annimmt, dass jeder ihm wichtig ist, dass Jesus da ist und mitgeht. Nachfolge bedeutet, sich der Einladung Jesu nicht zu verschließen.

Zur elementaren Lebenswelt der Kinder gehören Mahlzeiten. Sie sind wichtig, allerdings keineswegs überall selbstverständlich und das nicht nur in fernen Ländern. Gut sind geordnete Mahlzeiten, die „feste Bräuche" (Antoine de Saint Exupéry) prägen und die mit Gebet verbunden sind. Das Gebet betrifft nicht nur das Essen und Trinken, es verbindet mit Gott und vor Gott. Dass Jesus mit Zöllnern und Sündern isst und trinkt, wird Kinder unmittelbar und elementar berühren.

Zur Lebenswelt der Kinder gehört sodann der Wunsch nach dem Heilen und Ganzen. Krankheiten sollen überwunden, verletzte menschliche Beziehungen wieder hergestellt, Schuld vergeben werden. Auch dieser Aspekt lässt die Kinder die vorliegende Erzählung als eine ihnen nahe empfinden.

Gestaltungsvorschlag für Kinder und Erwachsene

Die vorliegende Erzählung legt nahe, an diesem Sonntag gemeinsam das Heilige Abendmahl zu feiern, wenn das in der Gemeinde möglich ist. Selbstverständlich kann das in der üblichen Form geschehen, in die Kinder hineinwachsen. Möglich wäre aber auch, die Texte so zu gestalten, dass sie dem kindlichen Verständnis entgegenkommen. Der Text Markus 2,13–17 sollte dann als Lesung verwendet werden. Vorgeschlagen werden im Folgenden ein Sündenbekenntnis, ein Abendmahlsgebet, eine Abendmahlsbesinnung und ein Abendmahlsschlussgebet.

Sündenbekenntnis

Gott ist uns freundlich zugewandt. Ihm dürfen wir sagen, was uns bedrückt:

Guter Gott, mir tut leid, dass Menschen sich so oft nicht verstehen, dass sie einander wehtun. Auch ich mache manches falsch. Herr Jesus Christus, du rufst uns zu dir, schenkst uns Gottes Liebe und Vergebung. Darum dürfen wir beten: Herr, erbarme dich. Amen

Es kann ein **Kyrie** folgen (EG 178) oder auch „Christe, du Lamm Gottes ..." (EG 190.2) gesungen werden.

Abendmahlsgebet

Gott, unser Vater, du hast die ganze Welt geschaffen, Länder und Meere, Menschen, Tiere und Pflanzen. Auch uns hast du das Leben gegeben und es bis heute erhalten. Von deiner Güte leben wir. Dein Wort gibt uns Trost und Kraft. Wir danken dir für Brot und Wein (Traubensaft), Früchte deiner Erde, Zeichen deines Segens.

Herr, Jesus Christus, du bist zu uns Menschen als Bruder gekommen, bist unser Freund geworden. Alles teilst du mit uns – das Helle und das Dunkle, das Leichte und das Schwere. Wir

danken dir für dein Leiden und Sterben, für dein Auferstehen. Du hast den Tod besiegt. Du bist für uns da als Heiland und Helfer.
Gott, Heiliger Geist, du machst unser Leben hell. Du erneuerst die Erde. Du weckst unseren Glauben, entzündest unsere Hoffnung, befähigst uns zur Liebe. Öffne unsere Herzen für Jesus Christus, dessen Gäste wir sein dürfen.
Ewiger Gott, Vater, Sohn und Heiliger Geist, dich preisen wir, dich loben wir. Amen

Abendmahlsbesinnung
Wenn du Geburtstag hast, feierst du ein Fest. Du bist die Gastgeberin oder der Gastgeber. Du lädst Gäste ein: Angehörige, Freundinnen, Freunde. Und dann sitzt ihr alle um einen Tisch und esst und trinkt. Wer eingeladen ist und da sitzt, der weiß: Hier mag man mich, hier ist man gut zu mir. Der Gastgeber ist mein Freund, die Gastgeberin meine Freundin. Wir gehören zusammen und wir halten zusammen.

Wir haben hier in unserer Kirche (unserem Gemeindehaus) den Tisch (Altar) gedeckt. Da ist das Brot, da ist der Wein (Traubensaft). Wir sind eingeladen zu einem Mahl. Wir stehen (sitzen) um einen Tisch. Der Gastgeber ist unser Herr Jesus Christus. Wir wissen, dass er für uns am Kreuz gestorben ist, dass sein Leib für uns gebrochen, sein Blut für uns vergossen wurde. Wir denken an Jesus, wenn wir das Brot brechen und essen, den Wein (Traubensaft) in den Kelch gießen und aus dem Kelch trinken.

Jesus Christus ist vom Tod auferstanden. Er lebt. Wir können ihn nicht sehen und doch ist er in der Kraft des Heiligen Geistes unter uns. Er lädt uns an seinen Tisch. Er reicht uns Brot und Wein (Traubensaft). Sie zeigen, dass Jesus da ist und uns lieb hat. Er sagt: Schön, dass du zu mir gekommen bist. Ich mag dich, ich bin dir gut.

Wenn du Brot und Wein (Traubensaft) schmeckst, dann weißt du: Jesus ist mein Freund und hält zu mir.
Du bist nicht allein. Andere stehen (sitzen) mit dir um den Tisch des Herrn. Wir sind die Gemeinde Jesu. Um seinen Tisch herum haben wir Gemeinschaft mit Jesus und untereinander. Wir gehören zusammen, wir halten zusammen.

Abendmahlsschlussgebet
Guter Gott, jetzt waren wir Gäste am Tisch deiner Gnade in dieser Kirche (diesem Gemeindehaus). Einmal werden wir Gäste sein am Tisch in deinem Reich. Wir warten auf dein Reich, den neuen Himmel und die neue Erde. Wir sehnen uns nach Gerechtigkeit und Frieden, nach Freiheit und Freude. Du wirst abwischen alle Tränen von unseren Augen und der Tod wird nicht mehr sein. Du wirst sein alles in allem. Dich werden wir schauen von Angesicht zu Angesicht. Mit deinem ganzen Volk loben und preisen wir dich von Ewigkeit zu Ewigkeit. Darum rufen wir: „Amen, ja, komm, Herr Jesus!" Amen

Gestaltungsvorschlag für jüngere und ältere Kinder (parallel zur Predigt)

Erzählung
Levi ist ein Mann aus dem Volk Israel. Er lebte in der Zeit, in der auch Je-

sus auf dieser Erde im Volk Israel lebte. Levi wohnte am See Genezareth. Dort hatte er ein eigenes Haus. Levi konnte sich das leisten. Er verdiente gut, denn er war ein Zolleinnehmer. Er war zuständig für ein bestimmtes Zollgebiet. Das hatte er von den Römern gepachtet. Die Römer waren die Herren im Land, denn Israel gehörte zum Römischen Reich. Die jüdischen Leute in Israel mussten tun, was die Römer sagten. Vor allem mussten sie Steuern bezahlen, viele Steuern. Denn das Römische Weltreich war groß und teuer. Verwaltung, Soldaten und ein angenehmes Leben in Rom kosteten viel Geld. Levi half mit, dieses Geld zu besorgen. Und dann berechnete er den Zoll noch so hoch, dass für ihn genug übrig blieb. Er wollte auch angenehm leben.

Seine jüdischen Landsleute allerdings nahmen ihm richtig übel, dass er gemeinsame Sache mit den römischen Feinden machte, dass er seinen jüdischen Landsleuten Geld abnahm und damit die brutale Macht der Römer unterstützte. Sie mochten ihn nicht. Sie grüßten ihn nicht. Sie luden ihn nicht zu ihren Festen ein. Sie ließen ihn links liegen. Und die frommen Leute sagten: „Levi ist ein Sünder. Er handelt gegen Gottes Gebote. Gott ist böse auf ihn."

Ging es Levi gut? Er hatte ein Haus, er konnte leben. Aber war er zufrieden, war er glücklich? Freunde hatte er nicht. Er war einsam. Und wenn er an Gott dachte? Auch Levi meinte, dass Gott wohl böse auf ihn ist: Er kannte die Gebote seines Volkes, doch er brach sie.

Eines Tages aber geschah etwas ganz Merkwürdiges. Jesus kam an den See Genezareth, genau in den Ort, in dem Levi lebte. Zuerst hat Jesus den Leuten dort von Gott, seinem himmlischen Vater, erzählt. Und viele Leute kamen zu ihm und hörten ihm zu. War Levi auch dabei? Vielleicht hat er sich nicht getraut. Vielleicht hat er aber auch von weitem zugehört. Wir wissen das nicht genau. Jedenfalls, als Jesus aufgehört hat von Gott zu erzählen und durch den Ort hindurch fortgehen wollte, da sitzt Levi in seinem Zollhaus. Levi sieht Jesus kommen. Er denkt: „Das ist Jesus, von dem so viel erzählt wird. Von dem gesagt wird, dass er kranke Menschen heilt, dass er Traurige tröstet und dass er von Gottes Liebe und Vergebung redet. Ob Jesus einfach an mir vorbeigehen wird?" Aber da bleibt Jesus auch schon stehen und schaut Levi an. Er sieht ihn in seiner Zollbude sitzen. Aber er sieht auch sein Herz, das sich nach Freundschaft und Liebe sehnt, das frei sein möchte von dem Bösen, das Gottes Nähe und Liebe spüren möchte. Jesus schaut Levi immer noch an. Er schaut nicht weg wie die anderen, er geht auch nicht weiter. Und jetzt sagt er etwas zu Levi, nur einen ganz kurzen Satz: „Folge mir nach!" Doch Levi versteht sofort, was das bedeutet. Mit diesem kurzen Satz sagt Jesus: „Lass deine Zollbude zurück, geh mit mir! Ich möchte, dass du in meiner Nähe bist, dass wir beide unser Leben miteinander teilen. Ich will dein Freund sein und ich werde dich nie alleinlassen." Und Levi steht auf, verlässt seine Zollbude und folgt Jesus nach. Er hört auf, ein Zolleinnehmer zu sein, geht mit Jesus, hört zu, was er sagt, und sieht, was er tut.

Doch er will selbst auch etwas tun. Er freut sich doch so, Jesus getroffen zu haben und gemeinsam mit anderen in Jesu Nähe zu sein. Darum lädt er in sein Haus ein. Er lädt Jesus und seine Freunde ein, aber auch viele andere, die einmal Zöllner waren oder die irgendwie anders die Gebote Gottes übertreten hatten. Er lud zu einer Mahlzeit ein. Und da sitzt nun Jesus mit seinen Freunden, mit den Zöllnern und Sündern an einem Tisch. Das ist nun etwas ganz Besonderes. Menschen essen und trinken gemeinsam, gewiss. Aber sie sagen auch: „Wir an diesem Tisch gehören zusammen. Wir sind Freundinnen und Freunde. Und wenn wir Streit haben, dann vertragen wir uns wieder. Und wenn einer etwas falsch gemacht hat, dann verzeihen wir das. Dieses Haus und dieser Tisch ist ein Ort des Friedens. Und das alles hat auch ganz viel mit Gott zu tun. Denn am Anfang der Mahlzeit bitten wir Gott um seinen Segen, und am Ende danken wir ihm für seine Gaben."

Und das ganz Besondere ist nun, dass Jesus am Tisch sitzt. Und dass in Jesus Christus ja Gott selbst spricht und handelt. Jesus sagt: „Ihr seid meine Freunde. Wir gehören zusammen. Das Falsche und das Böse werden vergeben. Ihr dürft leben im Frieden Gottes." Die am Tisch saßen, freuten sich. Doch das gefiel nicht allen. Da waren fromme Leute, sie werden Pharisäer genannt. Sie nahmen es ernst und wichtig mit dem Glauben und allen Geboten Gottes. Sie hielten Abstand von denen, die das nicht so taten. Und erst recht saßen sie nicht mit ihnen an einem Tisch. Denn ganz bestimmt wurden nicht alle Reinheitsgebote, wie sie in den heiligen Schriften überliefert wurden, eingehalten. Diese frommen Leute also fragten die Jünger Jesu: „Isst Jesus wirklich mit Zöllnern und Sündern?" In dieser Frage war Zweifel, aber auch ein Vorwurf, ja eine Anklage enthalten: „Das darf Jesus nicht, das macht er falsch." Die Jünger konnten die Frage nur mit „Ja" beantworten. Wirklich, Jesus isst mit Zöllnern und Sündern.

Die Jünger erzählen Jesus, was die Pharisäer gefragt haben. Jesus ist nicht böse auf die Pharisäer. Er möchte, dass auch die Pharisäer verstehen: Gott wendet sich nicht von den Menschen ab, die etwas falsch gemacht haben. In seiner Liebe möchte er ihnen helfen, ein neues, ein gutes Leben zu führen. Um das zu sagen und zu zeigen, dafür ist Jesus da. Und er muss es ertragen, wenn er beschimpft, vielleicht sogar verachtet wird. Aber Jesus möchte die Pharisäer gewinnen. Darum verwendet er ein Beispiel. Er sagt: „Wenn jemand krank ist, braucht er einen Arzt. Der Arzt will heilen und helfen. Die Zöllner und Sünder sind wie Kranke und ich will heilen und helfen." Ob die Pharisäer Jesus verstanden haben und jetzt einverstanden sind mit dem, was Jesus tut? Wohl nicht, sie blicken böse auf Jesus.

Aktion/Vertiefung

Szenisches Spiel
Die Erzählung legt nahe, sie nachzuspielen. Das darstellende Spiel kann nur pantomimisch (für Kinder leichter) oder auch mit Sprache sein. Vier Szenen werden gespielt:
1. Zollerhebung durch Levi: An einem Tisch sitzt der Zöllner Levi. Menschen kommen vorbei, die etwas verkaufen

wollen. Levi fordert Zoll, der widerwillig und ärgerlich hingeknallt wird.
2. Jesu Ruf in die Nachfolge: Jesus, begleitet von einigen Jüngern, kommt zum Zöllnertisch, bleibt stehen, schaut Levi an und fordert ihn auf, mit ihm zu gehen. Levi steht auf und geht mit.
3. Das Gastmahl: Der Zöllnertisch wird zum Festmahlstisch. Levi deckt ihn, einige können helfen. Levi geht und lädt ein: Jesus, seine Jünger, ehemalige Kollegen, andere „Sünder". Sie nehmen Platz, beten, essen und trinken, sprechen das Dankgebet.
4. Nach dem Gastmahl verlassen einige Jünger den Tisch; die anderen bleiben. Pharisäer, die aus einiger Entfernung das Gastmahl beobachtet haben, gehen auf die Jünger zu, zeigen auf das Gastmahl und sind entrüstet. Die Jünger gehen zurück und erzählen Jesus von der Empörung der Pharisäer. Jesus geht zu den Pharisäern und spricht mit ihnen.

Gemeinsames Essen und Trinken

Kann nicht mit der ganzen Gemeinde das heilige Abendmahl gefeiert werden, sollte mit den Kindern zumindest ein kleines Mahl gehalten werden, das dann aber deutlich vom Abendmahl unterschieden ist: Kekse oder Brot werden gegessen, Saft oder Wasser getrunken. Wichtig sind das Segensgebet vor und das Dankgebet nach dem Mahl.

Alfred Mengel

---

28. Februar 2010
Reminiszere

Markus 3,1–6
Jesus heilt an einem Sabbat

Lieder: Da berühren sich Himmel und Erde (Wo Menschen sich vergessen), MKL2 132, LH 27, Amen 68, LB 2; Einander brauchen, MKL2 29, GoKi 2004, LJ 371, KG 120; Wir haben Gottes Spuren festgestellt, MKL2 121, LJ 642, LfK1 A5, LB 230

Liturgischer Text: Weise mir, Herr, deinen Weg (nach Psalm 86,11–15), Sagt Gott I 46

Zum Text

Der Abschnitt lässt sich aus meiner Sicht in mehrere Richtungen für die Gemeinde erschließen. In diesem „Streitgespräch" Jesu mit seinen Gegnern werden aus heutiger Sicht Fragen zur Sonntagsheiligung, von Streiten und Versöhnen oder vom Leben mit und ohne „Behinderungen" ausgelöst. Ich entscheide mich als Schwerpunkt für den letzten Aspekt. Schließlich wird hier ein Mensch mit einer Behinderung in den Mittelpunkt gestellt. Der ist für Jesus kein „Demonstrationsobjekt", sondern bekommt seine von seinen Zeitgenossen verloren gegebene Menschen- und Gotteswürde zurück. Darin zeigt sich Gottes Barmherzigkeit. Ganz passend zum Sonntag „Reminiszere" (= Gedenke, Herr, an deine Barmherzigkeit und an deine Güte, die von Ewigkeit her gewesen sind. Psalm 25,6).

Markus 3,1–6 steht als letztes in einer Reihe von vier sogenannten „Streitgesprächen" mit Gegnern Jesu, die sich in ihrer Intensität steigern. Vordergründig geht es um die Sabbatgebote. Am Ende des Abschnittes fassen die Gegner Jesu den Beschluss, ihn zu töten. Jesus geht am Sabbat in eine Synagoge, wie er es häufig getan haben wird. Die jüdische Gemeinde feiert ihren Gottesdienst mit Schriftlesung und -auslegung, es besteht im Anschluss Gelegenheit zu Gespräch oder Diskussion.

Dort – wo, ist hier unerheblich – an oder in der Synagoge befindet sich auch ein Mann mit einer „verdorrten" Hand. Was sich genau hinter diesem Wort verbirgt, ist nicht klar. Es handelt sich um einen Menschen, der seine Hand oder den ganzen Arm nicht mehr bewegen kann. Seine Gegenspieler „lauern" Jesus auf. Schon die Wortwahl macht ihre Absicht deutlich: Es geht ihnen um „Beweissicherung" für eine Anklage wegen Sabbatschändung, Urteil: Tod.

Der Mann mit seiner Behinderung wird von Jesus in die Mitte gebeten. Dann beginnt Jesus die offene Diskussion; im Gegensatz zu seinen Gegnern. Natürlich war es am Sabbat verboten zu arbeiten, auch zu heilen. Dazu gab es in der Auslegung der Gesetze viele fein gesponnene Beispiele, die das Erlaubte oder Verbotene darstellten. Die richtige Entscheidung zu treffen, war eine Kunst der Schriftgelehrten bzw. Rabbis. Für Jesus stellt sich die Frage der Heilung allerdings anders. Es geht ihm um Gottes Liebe und Barmherzigkeit, die nicht durch einzelne Gesetzesvorschriften eingeengt werden dürfen: Es kann nicht Gottes Wille sein, dass das Gesetz Mose verhindert, dass einem Menschen mit solcher Behinderung geholfen wird. Jesus setzt klare Zeichen in Wort und Tat.

Krankheit oder Behinderung sind in der damaligen Welt nicht ohne den religiösen Hintergrund zu deuten. Sie werden häufig als Makel gesehen, weil hierin Gott ein Fehlverhalten bestraft (Ausnahme: Hiob). Am deutlichsten sichtbar wird das an den Vorschriften zur „Aussatz-Krankheit". Die Kranken werden aus der Gemeinschaft der Glaubenden ausgegliedert, müssen getrennt von den Übrigen leben und dürfen erst wieder an den Gottesdiensten und am Gemeinschaftsleben teilnehmen, wenn ihre Krankheit von einem Priester als geheilt festgestellt wird.

Jesus heilt viele Kranke und zeigt als Gottessohn damit, dass Gott trotzdem auf ihrer Seite steht. Sein Leiden am Kreuz ist schließlich das Gegenargument zu den Vorstellungen, die von einem schweren Schicksal auf besondere Sündhaftigkeit schließen. Mit seinem Verhalten stellt er Gottes Barmherzigkeit dar, durchbricht eine Argumentationskette, die Menschen nur bei ihren Einschränkungen behaftet, und befreit zu einem neuen Leben. Er führt Menschen wieder in die Nähe zu Gott, und die können ebenfalls wieder am öffentlichen Leben teilhaben. So erweist sich Jesus als Heiland und Retter.

Der Text und die Kinder

Anna bleibt klein, Simon ist langsam, Leon hat eine Brille, Tom eine kranke Hand. Schon Kinder im Kindergarten sehen genau, was anderen fehlt. Und ebenfalls: Sie sehen sehr genau, wer

Hilfe nötig hat und wie sie helfen können. Sie kennen Menschen mit Behinderung und machen sich ihre Gedanken über deren Leben. Die Erzählung kann Kinder wie Erwachsene an das Problem heranführen und ihnen helfen, es aus der Sicht Jesu zu bewerten.

Gestaltungsvorschlag für Kinder und Erwachsene

Einstieg

(In einem Kindergottesdienst eignen sich als Einstieg die Erfahrungsspiele S. 65.)
In eine Tabelle wird eingezeichnet oder geschrieben: *Das kann ich gut, das kann ich nicht.* Im Gespräch darüber werden die Ergebnisse vorgestellt und die Beteiligten erkennen, wie unterschiedlich und vielfältig ihre Fähigkeiten sind.
Frage: Wer oder was ist eigentlich „behindert"? Der folgende Fragenkatalog kann gut in einem Gottesdienst eingesetzt werden. Nach einer (kurzen) Einführung zu den Fragen und zum Vorgehen werden die Fragen gestellt. Nach einer (kurzen) Phase für spontane Äußerungen mit den Sitznachbar/innen folgt eine „Abstimmung": „Wer meint, dass es sich hier um eine Behinderung handelt?". Die Zustimmung oder Ablehnung kann durch Winken oder Aufstehen signalisiert werden. Die Fragen führen in lockerer Form an das Thema heran und verdeutlichen gleichzeitig, wie fließend die Übergänge zwischen „normal" und „behindert" sind.

„Ich kann ohne meine Brille nur Schemen erkennen." Ist Kurzsichtigkeit, eine Behinderung? Ja oder nein? (Eine ähnliche Alternative bei den weiteren Fragen formulieren.)

„Ziemlich oft fallen mir die richtigen Namen erst sehr spät ein."
„Wenn jemand schnell aus der Puste kommt und sich auf dem Weg zwischendurch auf eine Bank setzen muss."
„Bei den Paralympics (Olympische Spiele der Menschen mit Behinderung) laufen Menschen mit einem Bein schneller als ich je war oder sein werde."
„Ich kann auf grobem Kopfsteinpflaster nur sehr schwer laufen und habe Angst, umzuknicken."
„Ich habe verlernt, mit meiner linken Hand zu schreiben."
„Ich habe Angst, in einen Fahrstuhl zu steigen."
„Ich traue mich nicht, vom Balkon des Kirchturms zu schauen."
„Auf großen Plätzen gehe ich lieber am Rand entlang als mitten drüber."
„Nach einer Chemotherapie sind mir die Haare ausgegangen und ich trage immer eine Mütze."
„Ich kann nur sehr langsam lesen."

Erzählung

(für zwei Sprecherinnen/Sprecher)
1: Die Synagoge in Kapernaum ist nicht besonders groß oder klein oder hässlich. Ein ganz normales Gebäude für die Gottesdienste eben. Heute ist Sabbat, der Gottesdienst kann gleich beginnen. Als Jesus den Raum betritt, verstummen auch die letzten Gespräche der Banknachbarn.
2: Worüber sie sich unterhalten hatten? Na, ich denke die Erwachsenen reden über das Wetter, die Weizenpreise, den schmerzenden Rücken und die Heilung, die neuesten Erlebnisse, die Enkelkinder … Worüber sprecht ihr vor dem Gottesdienst? Worüber man sich so unterhält? Wie es in der

Schule gewesen ist, wer wen verpetzt hat, warum „Stefanie" oder „Leon" so blöd ist und dass Rihanna von ihrem Freund verprügelt wurde?
1: Jedenfalls: Auch in der Synagoge wird es erst mit Beginn des Gottesdienstes still. Nur heute ist es anders. Jesus ist da. Einer von ihnen und doch nicht einer von ihnen. Wie andere auch, war er schon einmal als Vorleser an der Reihe und hat sogar das Wort ergriffen und den Abschnitt ausgelegt. Außerdem wusste man, dass er schon Kranke geheilt hatte. Die Schwiegermutter von Simon hatte er von ihrem Fieber befreit, einem anderen das Augenlicht wiedergeschenkt. Das hat für einigen Aufruhr gesorgt, auch weil er anders von Gott sprach, als der Rabbi oder die Pharisäer.
2: Wer das ist, fragt ihr? Der Rabbi war ein schriftgelehrter Mann, der sich in seiner „Bibel" gut auskannte und in Streitfragen schlichten konnte. Pharisäer waren sehr ernsthafte Männer, die sich in den Gesetzen ihrer Bibel sehr gut auskannten und sich ganz strikt an Gottes Gesetze halten wollten. Meist kontrollierten sie auch, ob andere genauso ernsthaft waren. Ob am Sabbat nicht gearbeitet wurde, ob das Essen nur aufgewärmt oder – und das war verboten – frisch gekocht wurde. Sie achteten darauf, dass die Bewohner in den Städten und Dörfern keine ausgiebigen Spaziergänge oder Ausflüge machten, dass die Schafe nur getränkt wurden, aber das nicht etwa die Wolle geschoren wurde. Es durfte nichts gekauft oder verkauft werden. Sogar das Tragen von Lasten war verboten und es gab einen Streit darüber, ob dann etwa das Taschentuch, das in der Tasche getragen wird, eine Last ist oder nicht.

1: Als Jesus eintritt, gehen die Augen hin und her. Sie wenden sich zu den Pharisäern und dem Rabbi und den übrigen Schriftgelehrten und suchen nach einer Reaktion auf ihren Gesichtern. Werden sie etwas sagen? Darf Jesus bleiben? Und dann geht er auch noch nach vorn in die Mitte. „Seid doch endlich still", zischen einige. „Setzt euch hin, ich kann nichts sehen", flüstern andere. Und jetzt? Jesus ruft Matthias zu sich. Der steht ganz hinten in der Ecke. Matthias hat einen gelähmten Arm. Als Hausbauer konnte er nun nicht mehr arbeiten. Deshalb bettelte er vor den Gottesdiensten. Manche warfen ihm eine kleine Münze zu, so konnte er überleben und sie hatten ein reines Gewissen. Aber was machte er jetzt hier drinnen zum Gottesdienst? Hatte Jesus ihn mitgenommen?
2: (Hier kann ein Abschnitt über „Krankheit" eingefügt werden, s. S. 62 die letzten beiden Abschnitte „Zum Text")
1: Jesus holt Matthias nach vorn. „Ihr wisst, am Sabbat darf man nicht arbeiten. Aber was meint ihr, darf man einem etwas Gutes tun oder Böses? Wenn ein Schaf in den Brunnen gefallen ist, darf man es herausholen oder muss man es am Sabbat ertrinken lassen? Darf man Leben erhalten und retten, oder zerstören und töten?" – Keiner antwortet, alles ist mucksmäuschenstill. Man hätte hören können, wie eine Stecknadel auf den Boden fällt. Manche halten die Luft an. Alle warten, was die Pharisäer sagen würden. Aber auch sie schweigen. Wie hätten sie auch antworten sollen? Jesus hatte ihnen wieder einmal eine Frage gestellt, die sie unmöglich beantworten konnten. Eigentlich, so wissen sie, darf man nicht helfen, ge-

28. Februar 2010

rade am Sabbat nicht. Andererseits gilt auch: „Liebe deinen Nächsten wie dich selbst!" und es muss geholfen werden. Die Stille ist unerträglich geworden. Jesus wird zornig über sie, weil sie nicht verstehen wollen: „Gott ist auf der Seite der Menschen", sagt er. „Immer und in jedem Fall. Auch wenn einer krank ist, muss ihm geholfen werden. Keiner hat das Recht, andere auszuschließen, etwa weil sie anders aussehen oder eine Hand nicht benutzen können. Alle Menschen sind von Gott geschaffen und ihm wichtig." Jetzt wird es in der Synagoge laut. Alle reden wieder durcheinander: „Was sagt der?" „Was werden die Pharisäer jetzt machen?" „Geschieht ihnen ganz recht, diesen Nörglern!" Jesus aber wendet sich ganz ruhig Matthias zu. Alles ist wieder still. Was wird geschehen? Jesus sagt zu ihm: „Strecke deine Hand aus." Und er streckt sie aus; und seine Hand wird gesund.
2: Und die Pharisäer? Ihr wisst, dass Jesus gekreuzigt und getötet wurde. An diesem Tag fassten sie den Entschluss, ihn zu töten. – Muss noch gesagt werden, wie Matthias sich gefreut hat? Ganz ungläubig hat er gestaunt. Er wusste gar nicht, wie ihm geschah. Jetzt konnte er ein ganz anderes Leben beginnen. Er konnte arbeiten, eine Familie haben, ganz normal zum Gottesdienst gehen.

Text lesen: Normal
Lisa ist zu groß. Anna zu klein. Daniel ist zu dick. Emil ist zu dünn. Fritz ist zu verschlossen. Flora ist zu offen. Cornelia ist zu schön. Erwin ist zu hässlich. Hans ist zu dumm. Sabine ist zu clever. Traudel ist zu alt. Theo ist zu jung.

Jeder ist irgendwas zu viel. Jeder ist irgendwas zu wenig. Jeder ist irgendwie nicht normal. Ist hier jemand, der ganz normal ist? Nein, hier ist niemand, der ganz normal ist. Das ist normal.
(Quelle anonym, aus: Diakoniewoche 2008 – Anregungen für die Gemeindearbeit, S. 45, Herausgeber: Diakonisches Werk der Evangelisch-lutherischen Landeskirche Hannovers, Ebhardtstraße 3A, 30159 Hannover, Tel.: 0511/3604-0, Telefax: 0511/3604-108)

Gebet
Guter Gott, wir danken Dir, dass wir so sind, wie wir sind. Du hast uns lieb und alle Menschen. Wir bitten dich, gib uns Kraft, anderen zu helfen: Schenke uns Ideen, wie wir das tun können. Lass uns immer wieder zu ihnen gehen und fragen, ob sie etwas brauchen. Amen

Erfahrungsspiele in einem Gottesdienst mit jüngeren und älteren Kindern

Zur Hinführung einige **Spiele mit Einschränkungen:**
– Den Arm mit der Schreib- oder Malhand auf den Rücken oder an der Seite festbinden, sodass er nicht benutzt werden kann. Mit der anderen Hand etwas schreiben oder malen, oder z. B. getrocknete Erbsen von einem Teller in ein Glas löffeln.
– Mit einer Hand eine Jacke zu- und wieder aufknöpfen. Eine Banane aus der Schale lösen und in Stücke schneiden.
– **Dreibein-Laufen:** Jeweils zwei Personen stellen sich dicht nebeneinander, dann werden ihnen die Beine

65

zwischen ihnen zusammengebunden und sie müssen einen Parcours gemeinsam bewältigen.
- Je nach Anzahl der Kinder lässt sich aus unterschiedlichen Aufgaben auch eine Stafette mit verschiedenen Gruppen gestalten. Die „Verlierer" sind auch „Gewinner", wenn auch vielleicht etwas langsamer.
- **Blindenführung**: Eine Person mit verbundenen Augen oder mehrere hintereinander in einer Schlange, werden von einer sehenden Person durch einen Raum (Kirche, Gemeindehaus) oder draußen herumgeführt. Die mit den geschlossenen Augen sollen auf alle Geräusche achten, die sie wahrnehmen.
Über alle Erfahrungen wird anschließend in der Gruppe gesprochen.

Frank Niemann

7. März 2010
Okuli

Markus 11,15–19

Jesus wirft Händler und Wechsler aus dem Tempel

Lieder: Eines Tages kam einer, KG 45, LJ 454

Liturgischer Text: Hosea 6,6; Weise mir Herr, deinen Weg (nach Psalm 86,11–15), Sagt Gott I 46

Zum Text

Die sogenannte Tempelreinigung – sogenannte deshalb, weil Jesus den Tempelvorhof und nicht den Tempel gereinigt hat – muss im Zusammenhang mit seinem Einzug in Jerusalem gesehen werden. Dieser Einzug in die politische und religiöse Hauptstadt der Juden macht den Anspruch Jesu als Christus/Messias deutlich. Allerdings konnte dieser Anspruch missdeutet werden, auch wenn Jesus einen Esel als Reittier benutzt, um seine Friedfertigkeit zu unterstreichen. Denn der Einzug in die Hauptstadt musste für die Menschen in Jerusalem etwas ganz Besonderes sein, so wie heute ein Einzug ins Weiße Haus oder in den Kreml, was gleichbedeutend mit Machtfülle ist. Jesus aber war nicht der nationale Christus/Messias, der die Römer vertreibt und das alte Reich Davids wiedererstehen lassen wird. Jesus ist der Christus/Messias für alle Völker. Darum musste er zwangsläufig mit dem Tempelkult als der wahren und einzigen Gottesverehrung im religiösen Judentum brechen, um durch seine Hingabe am Kreuz den Glauben an Gott für alle Völker zu öffnen.

Wer als Pilger nach Jerusalem kam, um im Tempel für seine Sünden Opfer darbringen zu lassen, musste entweder ein makelloses Opfertier selbst mitbringen oder er konnte sich eines im Tempelvorhof kaufen, um sich auf der Reise zum Tempel nicht noch mit einem Tiertransport zu beschweren. Weil die Tiere nicht mit heidnischem Geld gekauft werden durften, musste das Geld zuvor in tyrische oder althebräische Währung mit einem Aufpreis von 2,1% oder 4,2% umgetauscht werden. Im Tempelvorhof waren also Geldwechsler und Tierverkäufer versammelt, um allen Pilgern die Voraussetzung für das Opfern zu schaffen.

In der historischen Überlieferung wird nur von einem einzigen Missbrauchsfall berichtet, dass ein Händler als Wucherer aufgetreten ist. Dieser wurde aber sofort von Rabbi Simeon ben Gamaliel zurechtgewiesen. Das bedeutete aber auch, dass es bei diesem Handel immer gesittet zuging und demzufolge es keinen Anstoß zu irgendeinem Ärgernis gab. Damit wird aber deutlich, dass Jesus mehr im Auge hatte, als nur die Tische der Wechsler umzuwerfen und die Händler aus dem Tempelvorhof zu treiben und so „für Ordnung" zu sorgen. Jesus ging es um einen grundsätzlichen Angriff auf die gesamte Praxis des Opferkultes. Mit Jesus als Messias, der sich selbst opfert und damit ein für alle Mal Folgeopfer überflüssig macht, ist der alte Opferkult nicht mehr nötig. Die Hohenpriester und Schriftgelehrten haben dies ja auch gleich verstanden und darum den Beschluss gefasst, diesen so einflussreichen Menschen zu beseitigen (V. 18).

Der Text und die Kinder

In unserem Text erleben die Kinder einen Jesus, der wütend und zornig auf das Geschehen im Tempel reagiert. Jesus, der sich sonst immer den Menschen zuwendet, der Geschichten erzählt, wenn er etwas deutlich machen will, reagiert völlig anders als wohl jedermann erwartet. Ich denke, auch Kinder kennen solche Situationen von ihren Eltern oder anderen Erwachsenen: Es geschieht etwas vollkommen Unerwartetes, Schimpfen, Brüllen, unangemessene Strafe für etwas, was sonst mit ruhigen Worten gerügt wurde. Die Mutter/der Vater waren gestresst, der berühmte Tropfen, der das Fass zum Überlaufen gebracht hat. Oft wird dann auch über die konkrete Ursache gesprochen. Und ich glaube, Kinder verstehen solche Reaktionen gut, auch wenn sie sehr erschrocken darüber sind. Vielleicht macht es ihnen Jesus „menschlicher", wenn er dieses Mal nicht so „heilig, fromm oder verständnisvoll" daherkommt. Gleichwohl hat ja Jesus Gründe, sich so im Tempel zu verhalten und sein Verhalten ist ein weiterer Anlass für die Hohenpriester, seinen Tod zu fordern.

Ich schlage vor, in einem ersten Gesprächsgang mit den Kindern über das Verhalten im Kirchengebäude nachzudenken. Schon häufig habe ich beobachtet, dass gerade Kinder, die in der Kirche „zu Hause" sind, den Kirchenraum nicht mehr als besonderen Ort wahrnehmen, sondern sie rufen laut, rennen überall herum, fassen alles an. Kirche ist für sie nur noch ein Versammlungsraum, weniger ein Ort der Stille und der Anbetung. Wieder stärker ins Bewusstsein zu rufen, dass die Kirche ein besonderer Ort ist, könnte ein Aspekt dieses Textes sein.

Im zweiten Teil möchte ich einfach die Geschichte deutend nacherzählen. Die Hinwendung Jesu zu den Außenseitern (den Zöllnern, den Kranken) und sein Verhalten gegenüber dem jüdischen Gesetz macht ihn für die Pries-

Jesus setzt Zeichen

ter und Pharisäer suspekt. Durch sein Verhalten im Tempel bringt Jesus ihre Welt schon wieder durcheinander. Mithilfe des Bildes vom Tempel können die einzelnen Bereiche des Tempels erklärt werden.

Gestaltungsvorschlag für jüngere und ältere Kinder

Gespräch und Aktion
Was habt ihr selbst bisher in einem Kirchengebäude erlebt?
Auf einem Plakat wird in einer Tabelle gesammelt:
– Was passiert dort? Linke Spalte: z.B. Gottesdienst, Konzert, Ausstellung, Stilles Gebet, Reinigung mit Staubsauger, Adventsbasar, Touristenführung)
– In der rechten Spalte Verhaltensweisen den Ereignissen von der linken Spalte zuordnen: z.B. singen, umhergehen, beten, lachen, klatschen, still sein, rennen, anschauen, musizieren, sich ausruhen, rufen.
Zusammenfassend wird festgestellt: Es kommt auf die Situation und den Anlass (auch das Land o. Ä.) an, wie man sich in einer Kirche verhält.

Erzählung
Als Jesus lebte, stand in Jerusalem der prächtige Tempel (s. Abbildung). König Herodes hatte ihn nach der Zerstörung des ersten Tempels wieder aufbauen lassen, noch größer und prächtiger als vorher. Er war aus weißem Marmor gebaut und mit viel Gold verziert. Das Wichtigste am Tempel war das „Allerheiligste", ganz im Inneren des Tempels. Nur einmal im Jahr durfte der Hohepriester diesen Teil betreten. Hier, dachten die Menschen, war Gott ganz gegenwärtig, denn hier befand sich die Bundeslade mit den zehn Geboten.

Im „Heiligen" davor stand der siebenarmige Leuchter und der Räucheraltar. Dorthin durfte nur der Priester, der den täglichen Tempeldienst verrichtete. Davor wiederum befand sich der „Vorhof der Juden". Hier hatten Menschen anderer Religionen keinen Zutritt. Der Mittelpunkt war der Brandopferaltar, auf dem die Tiere geopfert wurden. Und ganz außen herum schließlich befand sich der „Vorhof der Heiden", er war für alle zugänglich und so etwas wie ein großer Marktplatz. Hier konnten die Tiere gekauft werden, die für die

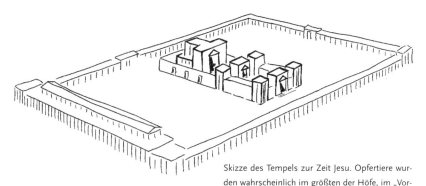

Zeichnung: Sabine Meinhold

Skizze des Tempels zur Zeit Jesu. Opfertiere wurden wahrscheinlich im größten der Höfe, im „Vorhof der Heiden" (Tempelplatz) verkauft.

Opferungen nötig waren: Da standen Käfige mit gurrenden Tauben, nebenan waren Ziegen und Schafe in ein großes Gatter eingepfercht, die laut blökten und durcheinander liefen. In einer Ecke gab es sogar einen Stand mit großen kräftigen Stieren. Der Lärm ließ sich kaum beschreiben, denn zwischendurch lockten die Händler mit lauter Stimme Käufer an.

Gleich neben der Eingangstür wurde das Geld gewechselt, mit dem die Opfertiere gekauft werden mussten. Fremdes Geld durfte im Tempel nicht verwendet werden, sonst waren die Opfer ungültig. Jeder musste auch eine Tempelsteuer zahlen und auch dafür musste besonderes Tempelgeld benutzt werden. Laut und lebhaft ging es auch in diesem Teil des Tempels zu. Man hörte Menschen in verschiedenen Sprachen reden, dazu das Klingen der Münzen, wenn sie auf den Tischen gezählt wurden. Auf der Treppe, die zum inneren „Vorhof der Juden" führte, sang der Tempelchor. Kinder spielten miteinander und rannten über den großen freien Platz. Die Opfertiere wurden hinüber zum „Vorhof der Juden" getragen, wo der Opferaltar stand. So war das jeden Tag hier im Vorhof. Niemand störte sich daran.

Jesus war mit seinen Jüngern nach Jerusalem gekommen. Viele Menschen hatten ihn begeistert begrüßt, als er auf dem Esel in die Stadt eingeritten war. Nun waren sie zum Tempel gekommen. Und plötzlich geschieht etwas Unglaubliches: Jesus geht auf die Tische der Geldwechsler und kippt einen Holztisch, auf dem sich richtige Münztürme befinden, einfach um und die Münzen prasseln auf den Boden und rollen über die Steinplatten. Und schon ist Jesus bei den Taubenhändlern und öffnet die Käfige und die Tauben fliegen über den weiten Platz. Starr vor Überraschung und Schreck stehen die Händler da. Was soll das bedeuten? Aber da ruft Jesus laut: „Steht nicht in den heiligen Büchern: Mein Haus soll ein Haus des Gebetes sein für alle Menschen? Was habt ihr bloß daraus gemacht? Eine Räuberhöhle, einen Jahrmarkt!" Viele Leute hörten zu, manche nickten. Sie hatten auch schon manchmal so etwas Ähnliches gedacht. Gut, dass dieser Jesus es einmal ausspracht. Aber dann ging Jesus einfach weg, raus aus dem Tempel und am Abend verließ er mit seinen Jüngern die Stadt.

Schnell sprach sich herum, was Jesus im Tempel getan und gesagt hatte. Auch die Hohenpriester und die Schriftgelehrten hörten davon und sie beschlossen, nach einer Möglichkeit zu suchen, Jesus umzubringen, denn dieser Jesus brachte ja alles durcheinander, was bisher gut und richtig war. Wie kommt er dazu, sich so im Tempel aufzuführen?

Gesprächsimpulse
Könnt ihr mir sagen, warum Jesus sich so verhält? (Für Jesus ist das Opfern nicht so wichtig.)
Wie möchte Jesus, dass Menschen zu Gott kommen? (beten, den Nächsten lieben, helfen, teilen, zur Ruhe kommen)
Was ist in einer Kirche das Wichtigste? Was darf nicht fehlen?
Wir tragen zusammen, warum Menschen in die Kirche gehen und was sie dort tun (zu Gott beten, Geschichten aus der Bibel hören, nachdenken, ausruhen und Ähnliches).

Utta Lucke

Stark! Josef von Arimathäa, Petrus, ein römischer Hauptmann und eine unbekannte Frau

Paula Jordan
© Verlag der Lutherischen Buchhandlung, Groß Oesingen

Lied: Ich möcht', dass einer mit mir geht, EG 209, KG 211, LJ 137, LfK1 A27, MKL 82

Liturgischer Text: Mein Gott, hast du mich vergessen? (Sagt Gott I 21, II 45)

IV

Stark! Josef von Arimathäa, Petrus, ein römischer Hauptmann und eine unbekannte Frau

Sonntag	Text/Thema	Art des Gottesdienstes Methoden und Mittel
14.3.2010 Lätare	Die salbende Frau Markus 14,3–9	Gottesdienst mit Kindern; Erzählung, Gespräch, Klage mit Kerzen, Teelichte, evtl. Rhombenleuchter, Salbungshandlung, Salböl
21.3.2010 Judika	Der treue Petrus Markus 14,66–72	Gottesdienst mit Kindern; Pantomime, Erzählung, Gespräch, Tränen gestalten, blaues Papier, Filzstifte/Füller, Schüssel mit Wasser, Bildbetrachtung „Der Hahnenschrei" (Otto Dix)
28.3.2010 Palmarum	Der römische Hauptmann Markus 15,20–39	Gottesdienst mit Kindern; Erzählung, Kreuz, schwarzes Tuch, meditative Musik von CD, Gespräch, Kerze, „leichtes" Tuch, Bildbetrachtung „Kreuzigung" (Paula Jordan), ausgeschnittene Speere beschriften
2.4.2010 Karfreitag	Josef von Arimathäa Markus 15,42–46	Gottesdienst mit Kindern; Gespräch, Erzählung, Grabhöhle, Rollstein, Naturmaterialien

Monatlicher Kindergottesdienst im März
Stark!, Markus 14,66–72   S. 89

14. März 2010
Lätare

Die salbende Frau
Markus 14,3–9

Lieder: Ich möcht, dass einer mit mir geht, EG 209, KG 211; LJ 137, MKL 82, LfK1 A27; Du, Gott, stützt mich, LJ 501, LfK2 143, LH 66, Die Kerze brennt 24

Liturgischer Text: Geborgen ist mein Leben in Gott (Sagt Gott I 104, II 70)

Zum Text

Unser Text steht zwischen der Schilderung des Todesbeschlusses durch die Hohenpriester und Schriftgelehrten und dem Verrat des Judas. Die Erzählung führt uns in den Ort Betanien nicht weit von Jerusalem entfernt. Die genaue Bezeichnung des Ortes „Haus Simon des Aussätzigen" deutet darauf hin, dass Jesus hier bei Freunden zu Gast war. Das Gastmahl selbst ist eine reine Männerrunde. Man liegt auf Polstern am flachen Tisch. Frauen haben hier nur zur Bedienung Zutritt. Dahinein tritt die Frau, ohne Namen, und salbt Jesus. Das ist nicht nur ungewöhnlich, Ehrengäste wurden gesalbt. Aber vor Beginn des eigentlichen Gastmahls, das ist ungeheuerlich. Diese Frau verstößt nicht nur gegen Regeln, nein, sie verschwendet auch noch Geld, indem sie das teuerste Öl benutzt, das es damals gab. Der Preis des Öls entsprach in etwa dem Jahreseinkommen eines Tagelöhners. Diese Handlung löst den Unwillen einiger Männer aus. Jesus ergreift Partei für die Frau. Er stellt sich auf ihre Seite. Ihr Handeln ist für ihn nicht Verschwendung. Er sieht darin die vorgezogene Salbung, die zu einem Begräbnis gehörte, zu seinem Begräbnis. Darum der Hinweis an die Männer „Arme habt ihr immer bei euch und könnt ihnen Gutes tun, wenn ihr wollt. Mich aber habt ihr nicht allezeit." Die Frau hat etwas getan, das sich nicht mit Hilfsmaßnahmen verrechnen lässt, die mit Geld möglich gewesen wären. Ihre Handlung war eine Handlung der Liebe. Liebe darf sich verschwenden.

Die Handlung der Frau wird zu einer Zeichenhandlung. Die Deutung auf seinen Tod hin ist Jesu eigene Deutung. Und so ist es auch konsequent, wenn Jesus darauf hinweist, dass überall da, wo das Evangelium gepredigt wird, man auch von ihr erzählen wird, was sie getan hat.

Der Text und die Kinder

„STARK" steht über dieser Einheit. Stark ist diese Frau, die sich vorgegebenen Konventionen widersetzt und tut, was für sie an der Zeit ist. Stark möchten Kinder sein, sich durchsetzen und bestätigt fühlen. Aber manchmal endet dies mit Niederlagen. Sie kennen das Gefühl als Freund/Freundin abgelehnt zu werden, das Verlustgefühl, wenn eine Freundschaft zerbricht. Ja, eigentlich wollten sie den Eltern (Lehrern, Verwandten, Freunden) eine Freude machen und werden beschimpft, ihr Anliegen wird nicht verstanden. Sie haben das Gefühl, gescheitert zu sein und ganz allein dazustehen. Dann ist es wichtig, dass sie die Erfahrung machen, jemand wendet sich mir zu und stärkt mich. Kinder kennen, je nach Altersstufe, annähernd die Passionsgeschichte. Sie wissen, dass Jesus Verrat, Angst und Schmerzen erlebt hat, aber auch Momente des Trostes und der Stärkung. Unsere Geschichte rückt in den Blick, dass Jesus im Tun der Frau Stärkung für seinen Weg ans Kreuz erfährt. Für die Kinder sagt die Geschichte: Jesus ist nicht „Superman", der alles meistert, Jesus braucht die Zuwendung anderer, um seinen Weg gestärkt zu gehen.

Deshalb sind mir drei Dinge für diesen Kindergottesdienst wichtig. Das Erzählen der Geschichte, die Möglichkeit für die Kinder auszusprechen, was sie bewegt, wo sie sich verletzt fühlen, und die Möglichkeit für die Kinder zu spüren, was ihnen wohltut. Da in den meisten Gemeinden wohl Frauen den Kindergottesdienst übernehmen, sollte eine Frau die Geschichte aus ihrer Sicht, z.B. der Hausfrau oder einer Freundin der Hausfrau, erzählen. Sind Erzählfiguren vorhanden, kann die entsprechende Figur aus ihrem Erleben erzählen. Ansonsten legt sich die Leiterin ein Tuch um und schlüpft für die Kinder sicht- und hörbar in die Rolle der Frau des Hauses. In einem zweiten Teil des Kindergottesdienstes können die Kinder an sich selbst erleben, wie gut es tut, von anderen liebevoll berührt zu werden. Ein Fläschchen gut duftendes Salböl sollte bereitstehen.

Gestaltungsvorschlag für jüngere und ältere Kinder

Raumgestaltung
Stuhlkreis, in der Mitte ein kleiner Tisch, auf dem Blumen und die Kindergottesdienstkerze stehen. Außerdem ist (aus Rhombenleuchtern) mit Teelichten ein Kreuz gelegt (eine Anzündekerze liegt dabei und Zusatzlichte, falls viele Kinder etwas sagen wollen). Dazu kommen ein Fläschchen Duftöl, wenn möglich die Erzählfigur oder das Tuch zum Umlegen für die Erzählerin an einem anderen Ort.

Begrüßung

Lied

Psalm

Klage
Manchmal ging es mir in der letzten Woche nicht gut. Ich hatte das Gefühl, nicht verstanden zu werden und bekam Vorwürfe für Dinge, die ich gut gemeint hatte. Dieses Gefühl kennt ihr sicher auch und dann seid ihr traurig. Wir können Gott sagen, was uns so traurig oder mutlos gemacht hat. Wer etwas sagen möchte, zündet mit der Anzündekerze ein Teelicht an und spricht seinen Kummer aus. (Falls die Kinder sehr zurückhaltend sind, beginnt die Mitarbeiterin mit ihrer Klage. Meine Erfahrung ist allerdings, dass die Kinder froh sind, in einem geschützten Raum ihre Anliegen aussprechen zu können.)

Lied (zwischen den Klagen): Du, Gott, stützt mich

Erzählung
(Die Mitarbeiterin legt sich das Tuch um oder stellt die Erzählfigur auf den Tisch und erzählt aus der Sicht der Frau des Hauses.)
Stellt euch vor, was ich vor kurzem erlebt habe. Mein Mann, Simon, hatte Gäste eingeladen. Jesus und seine Freunde waren auch dabei. Ich wusste, was zu tun war. Brot backen, Gemüse vom Feld holen, Fleisch zubereiten, Wein und Wasser kühl stellen und natürlich das Haus saubermachen. Alles sollte blitzblank und in Ordnung sein. Die Polster um den Tisch, an dem Gäste lagerten, mussten ausgeklopft werden und der Tisch festlich geschmückt sein. Aber das tat ich gern. Ich habe gern Gäste und freue mich, wenn sie sich bei mir wohlfühlen. Nur schade, dass ich nie wirklich dabei sein kann. Mein Platz ist in der Küche und ich muss die Gäste bedienen. So ist es nun mal bei uns. Eine Frau hat in einer Männerrunde nichts zu sagen. Aber diesmal kam es ganz anders. Die Männer lagen auf den Polstern am Tisch und ließen sich die köstlichen Speisen schmecken und tranken den Wein.

Da kam plötzlich eine Frau ins Haus und ging geradewegs in den Raum der Männer. Ich kannte sie nicht. Mir stockte der Atem. Die hatte Mut, einfach in die Runde der Männer zu gehen. Etwas trug sie in der Hand. Ich konnte es nicht erkennen. Und dann geschah es. Die Frau ging auf Jesus zu. Sie nahm das Fläschchen in ihrer Hand und brach den Flaschenhals ab. Ein herrlicher Duft durchströmte den Raum, Nardenöl, das kostbarste und teuerste Öl, was ich kenne, war in dem Fläschchen. Und langsam goss die Frau das Öl über Jesus aus, direkt auf seinen Kopf und massierte es sanft ein. So salbte man früher die Könige Israels. So salbte sie Jesus wie einen König. Sie ließ sich nicht stören. Denn jetzt brach ein Strom der Entrüstung los. Die Männer hatten ihre Sprache wiedergefunden und schimpften los. „So eine Verschwendung! Was tust du da? Mit dem Geld, das du ausgegeben hast, könnte man vielen armen Menschen helfen. Manche müssen dafür ein ganzes Jahr arbeiten! Was hast du dir nur dabei gedacht?" Die Frau sah plötzlich ganz traurig aus.

Mir tat sie leid, aber ich konnte ihr nicht helfen. Da stand Jesus auf und sagte: „Lasst die Frau in Ruhe. Beschimpft sie nicht. Sie hat mir etwas Gutes getan. Ja, Arme werden immer bei euch sein und ihr könnt ihnen Gutes tun, soviel ihr wollt. Aber mich werdet ihr nicht mehr lange bei euch haben. Die Frau hat getan, was ihr möglich war. Sie hat mich für mein Begräbnis gesalbt." Das klang seltsam für mich. Die Männer sahen still vor sich hin. Keiner sagte mehr ein Wort. Die Frau nahm ihr leeres Ölfläschchen und ging aus dem Haus. Und noch etwas sagte Jesus: „Von dem, was diese Frau getan hat, wird man überall dort sprechen, wo meine gute Nachricht weitergesagt wird." Das waren starke Worte. Und ich fand, auch Jesus machte einen gestärkten Eindruck. Aber was Jesus von dem Begräbnis gesagt hatte, das machte mir Angst.

Das Gastmahl war bald beendet. Die Gäste gingen nach Hause. Aber der Duft des kostbaren Öls hing noch lange in allen Räumen des Hauses. (Tuch ablegen und Reaktionen der Kinder abwarten)

Gespräch und Salbungshandlung
- Impuls: Die Frau war ganz schön mutig. Und die Männer? (die haben nicht gemerkt, dass man manchmal eine Stärkung nötig hat ..., dass einem etwas Gutes getan werden muss, auch wenn das etwas ganz Ausgefallenes ist ..., dass man manchmal ganz schön stark sein muss und Mut braucht etwas zu tun ...)
- Erinnert ihr euch an eure Sätze beim Kerzenanzünden? Da war vieles dabei, wo ihr eine Stärkung nötig habt, wo euch jemand Gutes tun kann.
- Wenn ihr mögt, können wir uns jetzt gegenseitig Gutes tun und uns stärken. Ich gieße etwas Salböl in die Schale. Sucht euch eine(n) Partner/Partnerin. Nehmt ein wenig Salböl auf den Finger und streicht ihm/ihr damit sanft über die Stirn, den Arm oder die Hand. Sagt dazu einen aufmunternden Satz (Es soll dir gut gehen. Jesus stärke dich. Gott schenke dir Mut). Einigt euch, wer von euch beginnt und wer als Zweiter dran ist. Sagt auch, wo ihr das Salböl haben möchtet, ob auf der Stirn, der Hand, auf der Wange oder am Arm. Die Partner, die fertig sind, setzen sich ruhig in den Stuhlkreis zurück.
- (wenn alle Kinder wieder sitzen) Ihr habt gespürt, wie wohl es tut, von einem Menschen berührt zu werden, der es gut mit uns meint. So hat es Jesus auch gespürt und er weiß, wie nötig wir es haben, dass uns jemand im Alltag begleitet.

Lied: Ich möcht', dass einer mit mir geht

Gebet
Jesus, du siehst, wo wir stark sein wollen und wo es schief geht.
Du siehst, wenn wir traurig und verzagt dastehen und weinen.
Gib uns Menschen, die das sehen, die uns lieb haben und trösten.
Gib uns Kraft für die neue Woche im Kindergarten, in der Schule und zu Hause. Amen
Vaterunser

Segen

Gudrun Naumann

21. März 2010

Judika

Der treue Petrus

Markus 14,66–72

Lieder: Wenn du glücklich bist (If you're happy), MKL1 141, Du bist Herr Kids 198; Versuchung (aus: Musical „Petrus"; zebe publishing Berlin, ZE 2141, S.12, als CD: ZE 2147); Die Reue (aus: Musical „Petrus" S. 15); meditative Musik; Filmmusik von CD

Liturgischer Text: Prediger 3 (Übertragung in MKL2, S.145); Mein Gott, hast du mich vergessen? (Sagt Gott I 21, II 45)

Zum Text

Das Markusevangelium hat eine besondere „geographische" Ausrichtung. Der erste Teil kann grob mit „von Jerusalem nach Galiläa" beschrieben werden, während der zweite Teil des Evangeliums „von Galiläa nach Jerusalem" weist und ein Passionsweg ist. Der Knackpunkt dieses Evangeliums, an dem sich die Erzählrichtung umkehrt, ist im Kapitel 8, Vers 25, als Petrus auf die Frage Jesu „Ihr aber, was sagt ihr, wer ich bin?" mit seinem Bekenntnis „Du bist der Christus" antwortet. Nach diesem Bekenntnis ist offenbar, dass Jesus für Petrus der Messias (christos – griech. = maschiach – hebr.) ist. Das ruft aber auch die Gegner Jesu auf den Plan und das Markusevangelium erzählt von da ab hin zum Leiden nach Jerusalem.

In Jerusalem selbst wird Petrus, der immer wieder eng mit Jesus in Verbindung gebracht wird, zum Verleugner. Diese Geschichte gehört von Anfang an zur urchristlichen Überlieferung, weil in ihr deutlich wird, dass Jesus auch die Schuld, die Petrus (petros – griech.: Fels) mit seiner Verleugnung auf sich lädt, mitträgt. Jesus hat zu Petrus gesagt: „Du bist der Fels, auf den ich meine Gemeinde bauen will." (Matthäus 16,18) Dieser Fels, der treue und unbeirrbare Jünger, bröckelt und schwankt.

Die Geschichte der Verleugnung spielt zur Nachtzeit im Hof und im Vorhof des hohenpriesterlichen Hauses. Jesus tritt dabei nicht auf. Sein Name wird auch von Petrus in der ganzen Szene nicht benutzt. Er scheint im Haus des Hohenpriesters „oben" zu sein, denn von Petrus wird ausdrücklich gesagt, dass er „unten" im Hof war. Dort wird er von einer Magd erkannt und geradeheraus angesprochen. Sie ordnet ihn dem „Nazarener Jesus" zu. Das zeugt von der Bekanntheit, die Jesus damals als Wanderprediger in Jerusalem hatte. Petrus redet sich heraus: (hier steht im griechischen Text ein Satz in schlechtem Griechisch, den man am besten übersetzt mit) „Ich weiß nicht, verstehe auch nicht, was du sagst." Dann aber verrät sich Petrus insofern, als er aus dem Hof in den Vorhof (wohl eine Art Torbogen) flieht. Hier erkennt ihn die Magd wieder und spricht die Umstehenden an. Nach jüdischem

Recht bedarf es zwei oder drei Zeugen, um einer Aussage volles Gewicht zu verleihen. Eine Frau war normalerweise zum Ablegen eines juristischen Zeugnisses unfähig. Petrus aber leugnet wieder. Zum dritten Mal wird er angesprochen. Nun wird er an seiner Herkunft, wohl an seinem Dialekt, von den Umstehenden als Galiläer erkannt. Petrus verflucht sich und schwört „Ich kenne diesen Menschen nicht, von dem ihr redet." Sein Vergehen wird ihm mit dem zweiten Hahnenschrei bewusst. Er erinnert sich an die Worte Jesu und kann nicht anders als weinen. So verlässt Petrus das Geschehen der Passionsgeschichte unter Tränen vor den anderen Jüngern, die später fliehen. Jesus wird alleingelassen.

Über die Motivation der Verleugnung ist viel spekuliert worden. Es ist möglich, dass der enthusiastische Petrus, der Jesus als Messias bekannt und damit auf eine große Veränderung gehofft hatte, enttäuscht von Jesus ist, der sich gefangen setzen und verhören lässt, ohne seine Macht zu zeigen. Petrus ist hin- und hergerissen zwischen dem Nicht-glauben-können und Doch-glauben-wollen.

Der Text und die Kinder

Die Kinder haben Erfahrungen mit guten Freunden, die einen enttäuschen. Und sie kennen es, dass sie selbst sagen: „Das war ich nicht.". Nach solchen Sätzen meldet sich schnell das, was wir Erwachsenen „schlechtes Gewissen" nennen. Wie gehen Kinder damit um? Petrus war von seinem Freund Jesus enttäuscht. Er hat sich das Auftreten Jesu in Jerusalem anders vorgestellt. Und er bekommt Angst, als man ihn enttarnt. Diese Angst kennen Kinder. Wie äußert sich solche Angst? Die Reaktion des Petrus, als er erkennt, was er getan hat, ist so menschlich: Er weint. Wie hilfreich diese Tränen sind und dass Kinder und Erwachsene bei Jesus weinen dürfen und aufgehoben sind, kann im Kindergottesdienst thematisiert werden. Tröstendes Aufeinanderzugehen kann im Kindergottesdienst eingeübt werden. Musik eignet sich hervorragend, um die Emotionen der Kinder zu wecken. Dazu sollte man die Reaktionen der Kinder einschätzen können.

Gestaltungsvorschlag für jüngere Kinder

Lied: Wenn du glücklich bist (pantomimisch können die Kinder die verschiedenen Gemütszustände darstellen)

Psalm: Mein Gott, hast du mich vergessen?

Erzählung
Petrus ist ein enger Freund von Jesus. Er hat sein ganzes bisheriges Leben aufgegeben, um mit Jesus zu ziehen. Früher war er Fischer gewesen, aber das zählt nicht mehr. Er ist mit Jesus nach Jerusalem gekommen. Gern denkt er daran, wie Jesus vor ein paar Tagen in Jerusalem begrüßt wurde. Wie ein König ist er empfangen worden. Bei dem Gedanken muss Petrus lächeln. Ja, so hat er sich das vorgestellt: Alle Welt soll merken, dass Jesus ein König ist. Alle sollen sehen, dass er große Macht hat. Jesus ist ein Held.

Aber dann wird das Gesicht von Petrus finster. Er denkt zurück. Gestern hat sich Jesus einfach gefangen nehmen lassen. Er hat sich nicht gewehrt. Das wäre die beste Gelegenheit gewesen, den römischen Soldaten zu zeigen, was er kann. Er hätte sie alle niederschmettern sollen! Er hätte ihnen seine Macht um die Ohren hauen sollen! Aber was passiert? Nichts! Jesus lässt sich gefangen nehmen. Die Soldaten bringen ihn zum Hohenpriester. Petrus ist ihnen nachgelaufen. Er steht unten im Hof, während sie oben Jesus verhören. Dort wird er verhört. Petrus merkt, wie er langsam wütend wird! Das kann doch nicht wahr sein!

Hier kann das Lied „Versuchung" aus dem Musical „Petrus" von CD gespielt werden oder eine andere „wütend machende" Musik (Filmmusik eignet sich gut)

Kurzes Gespräch
Die Kinder sollen sich in Petrus hineinversetzen. Wie fühlst du dich? Was würdest du machen?
Hier können sich die Kinder auch zu der Musik im Raum bewegen und ihren Gefühlen Ausdruck verleihen.

Fortsetzung der Erzählung
Im Hof brennt ein Feuer. Petrus schleicht Richtung Feuer. Eine Frau beobachtet ihn im Halbdunkel und sagt: „Hey, du warst auch mit diesem Jesus aus Nazareth unterwegs!" Da fährt Petrus sie an: „Ich verstehe überhaupt nicht, was du meinst!" und läuft weg. Draußen im Vorhof stehen die Diener beieinander. Der Hahn kräht. Die Frau sieht Petrus bei ihnen stehen und ruft den Dienern zu: „Der da ist einer von ihnen! „So ein Unsinn!", schreit Petrus. Plötzlich fangen die Diener an zu tuscheln: „Du bist doch aus Galiläa – du bist einer von denen!" „Verflucht noch mal, ich schwöre euch, ich kenne diesen Menschen nicht!", platzt Petrus heraus. In diesem Moment kräht der Hahn. Petrus fällt ein, was Jesus gesagt hat: „Bevor der Hahn zweimal kräht, wirst du mich dreimal verleugnen!" „Nein!", denkt Petrus, „Jesus, nein! Das ist nicht wahr! Was habe ich getan? Ich wollte dein Freund sein! Ich wollte mit dir gehen. Und nun ..."

Petrus beginnt zu weinen. Eine Träne nach der anderen rollt über sein Gesicht. Er schluchzt: „Das habe ich nicht gewollt!", als er sich in eine dunkle Ecke verzieht und Weinkrämpfe seinen ganzen Körper schütteln. So sitzt Petrus bis zum Morgengrauen.

Kurzes Gespräch
Wie geht es Petrus? Was kann ihm helfen? Wo zeigt sich die Stärke des Petrus? (Eine Schwäche zeigen und eine Niederlage eingestehen ist auch eine Stärke. Petrus war mutig in der Nähe von Jesus).

Pantomime
Die Kinder können zu sanfter Musik (Filmmusik, Meditationsmusik) helfende und tröstende Haltungen pantomimisch darstellen.

Gebet
Guter Gott! Du hast Jesus einen treuen Freund geschenkt. Dafür danken wir dir. Aber manchmal sind wir wie Petrus. Wir sind wütend und schreien und schimpfen. Das tut unseren Freunden weh. Bitte tröste uns, wenn wir traurig sind. Mache uns stark, zu unseren Freunden zu stehen. Amen

21. März 2010

Otto Dix, Der Hahnenschrei
© VG Bild-Kunst, Bonn 2009

Gestaltungsvorschlag für ältere Kinder

Benötigtes Material
Für die Tränen: blaues Papier, Scheren, Filzstifte oder Füller zum Beschriften mit Tinte, die in Wasser verläuft; eine Schüssel mit Wasser, Bild „Der Hahnenschrei" von Otto Dix.

Lied: Versuchung (von CD Kindermusical „Petrus")

Psalm: Prediger 3 (Übertragung)

Erzählung
(siehe S. 77; ohne Unterbrechung lesen oder Bibeltext Markus 14,66–72)

Bildbetrachtung und Gespräch zu Otto Dix „Der Hahnenschrei"
Wie ist Petrus dargestellt? Warum?
Wie ist der Hahn dargestellt? Warum?
Worüber weint Petrus?
Worüber weint ihr?
Im Gespräch sollte die Frage angesprochen werden, ob Weinen ein Zeichen von Schwäche ist. Wo ist Petrus stark? (Er gesteht sich seine Niederlage ein.)

Lied: Die Reue (aus Kindermusical „Petrus")

Kreative Vertiefung
Die Kinder basteln eigene Tränen und beschriften sie mit dem, worüber sie weinen und wo sie versagen. Dabei sollte jede/r für sich schreiben können, ohne dass andere die Aufschrift lesen. Diese Tränen werden am Ende mit der Schrift nach unten in ein großes „Tränenmeer", in eine Schüssel mit Wasser, gelegt. Dort verwischen die Tränenbeschriftungen und keiner kann die Träne des anderen lesen.

Gebet
Guter Gott! Wir können mit unseren Tränen zu dir kommen. Dafür danken wir dir. Wir bitten dich für alle, die traurig sind: Schicke ihnen Menschen, die sie trösten. Wir vertrauen darauf, dass unsere Tränen bei dir aufgehoben sind! Amen

Segen
Zum Abschluss kann jede/r seine/n Nachbar/in mit dem Kreuzzeichen auf die Stirn segnen.

Cornelia Georg

28. März 2010
Palmarum

Der römische Hauptmann

Markus 15,20–39

Lieder: Als Jesus gestorben war, LfK2 72; Ihr Freunde, lasst euch sagen, LfK2 67; Menschen warten in den Straßen, LfK2 76; Bleib mit deiner Gnade bei uns, EG 789/7; Es geht ein Weinen um die Welt, KG 55,1+3; Seht das Zeichen, seht das Kreuz, Dir sing ich 179, Mitten unter uns 73, GoKi 2009

Liturgischer Text: Mein Gott, hast du mich vergessen? (Sagt Gott I 21, II 45); Geborgen ist mein Leben in Gott (Sagt Gott I 104, II 70)

Musikhinweise: „Gestorben, begraben", CD zum Kindergesangbuch Nr. 13 oder „Kanon" von Pachelbel anspielen, CD „Flötenzauber" von Hans-Jürgen Hufeisen Nr. 1 o. Ä.)

Zum Text

So schnell kann ein Mensch in den Mittelpunkt einer Geschichte rücken. Eigentlich wird von diesem römischen Hauptmann nur „am Rande" berichtet. Dieser römische Beamte gehörte ganz einfach dazu, damit die Hinrichtung ordnungsgemäß und ohne Zwischenfälle vollzogen werden konnte. Nur deshalb wird er zu einem „Menschen unter dem Kreuz". Er ist dienstlich, nicht freiwillig, da. Er wird gezwungenermaßen zu einem Augenzeugen. Es ist nicht klar, ob er schon den Kreuzweg begleitet hat. Es ist eher anzunehmen, dass er die Verurteilten – oder nur Jesus? – erst an der Hinrichtungsstätte übernommen hat.

Zuvor hatte es Jesus mit anderen Menschen in sehr unterschiedlicher Weise zu tun. Da sind die Kriegsknechte, die ihn verspotteten und schlugen. Da wird ein Ausländer genötigt (oder gar gezwungen?), ihm das Kreuz tragen zu helfen. Dieser Mann ist so wichtig, dass er zu den wenigen Randfiguren der Evangelien gehört, deren Name ausdrücklich genannt wird. Da sind die zwei Verbrecher, die durch die Kreuzigung Jesus gleichgestellt werden. Da sind die Vorübergehenden und die Neugierigen, die sich dieses Schauspiel ansehen wollen. Die einen lästern ihn und machen ihn lächerlich, die anderen schütteln rat- und sprachlos ihre Häupter. Da sind die Hohenpriester und Schriftgelehrten, die ihn verspotteten. Die Strafe der Hinrichtung genügte ihnen nicht, sie mussten noch „eins drauflegen". Da sind später die zuschauenden Frauen, die auch namentlich benannt werden. Zumindest nach dem Markusevangelium waren die Zeugen des Sterbens Jesu die Frauen, die Jesus schon in Galiläa nachgefolgt waren (und die später die erste Begegnung mit dem Auferstandenen hatten).

Dazu kommen die „Begleiterscheinungen": Die letzten Worte Jesu (bei Markus ist es nur ein Satz und ein Schrei). Jesus bekommt zu trinken gereicht. Der Vorhang im Tempel zerreißt. Es ist sicherlich kein Zufall, dass bei allen drei Evangelisten vor dem Bekenntnis des heidnischen Hauptmanns davon berichtet wird, dass der Vorhang im Tempel zerreißt. Hier – im Sterben am Kreuz – offenbart sich Gott, zeigt sich Gott unverhüllt. Wenn der Vorhang zerreißt, der das Allerheiligste des Glaubens eigentlich verhüllt und von den Gläubigen trennt, dann ist damit Gott den Menschen näher gekommen. In Jesus können die Menschen sehen, wer Gott ist. Und deshalb kann der Hauptmann auch erkennen, dass Jesus Gottes Sohn war.

Markus schreibt von dem ersten heidnischen Bekenntnis zu Jesus, als dem Sohn Gottes. Dabei wird der römische Hauptmann als „Gegenstück" zu den jüdischen Führern ganz bewusst positiv dargestellt. Der Heide steht Jesus unter dem Kreuz näher als die mit Jesus im gemeinsamen jüdischen Glauben verbundenen Führer des Volkes. So wird der Hauptmann zum wichtigsten Zeugen des Glaubens unter dem Kreuz. Er bekennt stellvertretend für die ganze heidnische und auch christliche Welt die Gottessohnschaft Jesu. In diesem Satz des Hauptmanns ist die ganze Geschichte Jesu zusammengefasst und sein Leben, Wirken und Leiden auf den Punkt gebracht.

Der Text und die Kinder

Kinder und die Kreuzigung Jesu – dieses Thema wirft immer wieder in jedem Jahr Fragen auf und wird zum Problem. Einerseits sehen die Kinder in den Kirchen, in Wohnungen, an Wegen Kruzifixe – ein Zeichen, an dem wir nicht einfach vorübergehen können. Andererseits wollen und dürfen wir sie nicht mit den Grausamkeiten einer Kreuzigung schrecken und ängstigen. Die meisten (guten) Kinderbibeln erzählen nur ganz knapp von der Kreuzigung und dem Sterben Jesu. Sie verzichten zumindest auf Ausschmückungen. Markus schreibt nur ganz schlicht: „Sie kreuzigten ihn." Das ist auch für unser Erzählen gut und richtig. Wir sollten uns darum bemühen, das Geschehen durch unsere Erzählung nicht zu dramatisieren, sondern so sachlich wie möglich bleiben. Den Schwerpunkt für den Kindergottesdienst bildet ohnehin der Vers 39. Trotzdem sollten wir nicht der Gefahr erliegen, dass der römische Hauptmann zu sehr im Mittelpunkt steht und Jesus an den Rand gedrängt wird.

Eine ausgleichende Alternative wäre, meinem Vorschlag zu folgen und den Hauptmann einzureihen unter die „Menschen unter dem Kreuz". So können sich die Kinder mit einreihen und überlegen bei welcher Gruppe unter dem Kreuz sie gestanden hätten. Dadurch würden wir diese Geschichte nicht als bestens bekannt innerlich abhaken.

Die Kinder werden – sicherlich auch ihrem Alter entsprechend – unterschiedlich reagieren: Die Jüngeren haben Mitleid mit Jesus, vielleicht sogar auch mit den beiden Mit-gekreuzigten (oder zumindest mit dem einen – dem Einsichtigen). Die Älteren empfinden eher Zorn über die Ungerechtigkeit und Grausamkeit, mit der Jesus behandelt wird. Kinder im Vorschulalter tun sich meist leichter mit den biblischen Geschichten von Tod und Auferstehung. Für sie ist es aber besonders wichtig, dass – so kurz vor dem Osterfest – die Auferstehung durchleuchtet. Wir dürfen also nicht mit dem Tod enden, auch wenn im nächsten Kindergottesdienst vor Ostern erst noch die „Grablegung" kommt. Wir brauchen schon an diesem Sonntag einen Ausblick auf die Auferstehung. Es genügt schon, dass wir, während wir die Geschichte des Leidens und Sterbens Jesu erzählen, die Christuskerze auslöschen bei den Worten: „... er verschied." Während des anschließenden Gebetes oder vor dem Segen entzünden wir sie wieder mit den Worten: „Jesus hat aber seinen Freunden versprochen, sie nicht allein zu lassen. Er hat ihnen gesagt: Am dritten Tage werde ich auferstehen. Daran konnten seine Jünger jetzt nicht denken. Ihre Trauer war zu groß und verdunkelte ihre Gedanken. Aber wir wissen das und deshalb wollen wir schon heute die Christuskerze wieder entzünden" (und sie in einiger Entfernung vom Kreuz wieder hinstellen).

Gestaltungsvorschlag für jüngere Kinder

Das Kruzifix steht in der Mitte unseres Stuhlkreises auf einem schwarzen Tuch. Dazu stellen wir die brennende Jesus-Kerze.
Bevor ich zu erzählen beginne, bitte ich die Kinder ganz eng zusammenzurücken. „So tun wir es, wenn wir vor etwas Angst haben, wenn uns etwas beunruhigt. Das, was ich euch heute über Jesus zu erzählen habe, ist sehr traurig, aber es muss uns nicht Angst machen."

Erzählung
(Ich erzähle den „Kreuzweg Jesu" aus der Sicht des römischen Hauptmanns, und zwar so, als hätte er den Kreuzweg schon begleitet – aber ohne dienstliche Verpflichtung:)
Nun stehe ich hier. Wir sind auf dem Hinrichtungsplatz angekommen.

Jetzt kommt für mich der unangenehme Teil. Ich muss nämlich die Kreuzigung der drei Verurteilten überwachen. Schließlich muss alles seine Ordnung haben. Das habe ich schon oft getan. Aber diesmal ist es irgendwie anders. Das habe ich schon auf dem Weg hierher gemerkt. Besonders der eine – dieser Jesus – ist mir aufgefallen. Es ging so eine große Ruhe von ihm aus. Er hatte sehr schwer an dem Kreuzesbalken zu tragen und ist mehrmals zusammengebrochen. Die ihn begleitenden Soldaten sind ja auch nicht zimperlich mit ihm umgegangen. Schließlich dauerte ihnen das alles zu lange und sie zwangen einen Ausländer, Simon von Kyrene nannten ihn die Leute, ihm beim Tragen zu helfen. Viele Leute standen am Straßenrand und wollten sich das Schauspiel nicht entgehen lassen. Einige sind auch mit bis hierher gegangen und stehen nun bei den Kreuzen.
Ganz fachmännisch und schnell haben die Soldaten die Kreuzigung vollzogen. Ein bisschen haben sich ja die zwei Verbrecher gewehrt. Es hat ihnen aber nichts genützt. Der in der Mitte, der Wichtigste, der, wegen dem die meisten Leute mitgezogen sind, hat alles geduldig erlitten. Er hat nur noch einen Satz gesagt – fast geschrien –, den ich erst einmal nicht verstanden habe. Es klang, als ob er mit Gott sprechen würde. „Mein Gott, warum hast du mich verlassen..." oder so ähnlich hat er gesagt. Ein Soldat gab ihm noch ein Betäubungsgetränk. Dann schrie er ganz laut – die Schmerzen am Kreuz sind ja auch unerträglich. Und als ich wieder hinschaute, war er schon gestorben. (Kerze ausblasen) Das ging alles so schnell – ungewöhnlich schnell. Und wie er starb – das

war auch so ungewöhnlich. Das hat mich tief ergriffen. Ich spürte: Heute war alles anders als sonst. Das war kein gewöhnlicher Mensch, den sie verurteilt hatten. Und ich konnte meinen Mund nicht halten. Ich musste es aussprechen. Ich musste sagen, was ich dachte: „Dieser Mensch ist Gottes Sohn gewesen." So etwas zu sagen, war sehr gefährlich. Schließlich hatte ich mich damit auf die Seite des Verurteilten gestellt. Aber ich konnte nicht anders. Ich konnte es nicht für mich behalten.

Wenn ich nun bald nach Hause gehen kann, werde ich versuchen, seine Freunde zu finden. Von ihnen möchte ich wissen, was dieser Jesus bisher gesagt und getan hat. Ich muss mehr über ihn erfahren.

Vertiefung
Nach der Erzählung halten wir inne und hören eine leise meditative Musik (z.B.: „Gestorben, begraben...", CD zum Kindergesangbuch Nr. 13 oder „Kanon" von Pachelbel anspielen, CD „Flötenzauber" von Hans-Jürgen Hufeisen Nr. 1 o. Ä.). Dabei entzünden wir wieder die Jesus-Kerze mit dem Hinweis, dass die „Geschichte" noch nicht zu Ende ist. Wer mit symbolischen Handlungen gut umgehen kann, verhüllt das Kreuz mit einem „leichten" Tuch (als Brücke zum nächsten Kindergottesdienst – der Grablegung).

Gespräch und Aktion
Wir erinnern an Jesus. Was können wir von Jesus sagen? Zu jeder Aussage kann von den Kindern ein Teelicht an der Jesuskerze angezündet werden.

Mit *Gebet* und *Segen* beenden wir den Kindergottesdienst.

Gestaltungsvorschlag für ältere Kinder
Erzählung (s. S. 83)

Bildbetrachtung und Gespräch
Wir legen in die Mitte eine Kreuzigungsdarstellung (z.b.: von Paula Jordan, s. Abbildung S. 70 oder aus der Elementarbibel S. 473).
Nach der Erzählung überlegen wir, wer die Kreuzigung Jesu miterlebt hat, und finden diese Personen auf dem Bild wieder. (Um auf den Hauptmann hinzuweisen, kann diese Figur schon ausgemalt sein.) Wir beschränken uns auf die bei Markus benannten Personen. (Wenn wir die Bildfolge/Dias: „Menschen um den Gekreuzigten" zur Verfügung haben, wählen wir die entsprechenden Portraits aus, ab Bild 8.)

Aktion
Auf ausgeschnittene Speere werden Sätze geschrieben, die die Menschen unter dem Kreuz und die beiden Mitgekreuzigten über Jesus gesagt haben könnten. Zum Abschluss überlegen wir: Was würden wir über Jesus zu sagen haben? Schön, aber nicht zwingend notwendig, wäre es, wenn diese Sätze dann im Schlussgebet aufgenommen werden könnten.

Abschluss mit den Erwachsenen
Sollten die Kinder zum Abschluss des Gottesdienstes wieder zu den Erwachsenen gehen, könnten sie einen großen Speer mit den Aufschriften der Kinder mitnehmen und mit der Spitze auf dem Altar (in Richtung Kruzifix) liegend, schräg ablegen.

Horst Ramsch

2. April 2010

2. April 2010
Karfreitag

Josef von Arimathäa

Markus 15,42–46

Lieder: Holz auf Jesu Schulter, EG 97; Korn, das in die Erde, EG 98, LB 409, LJ 74; Nun gehören unsre Herzen, EG 93; Gestorben, begraben, KG 62; Du großer Schmerzensmann, KG 63

Liturgischer Text: Psalm 90

Zum Text

Unser Textabschnitt setzt mit zwei Zeitangaben ein: Es wird Abend und es ist der Rüsttag, d.h. der Vortag des Sabbat. Es handelt sich also um die Zeit, noch bevor der Sabbat begonnen hat. Das ist für den Erzählfortgang nicht unwichtig, denn die Beisetzung Jesu muss zeitnah erfolgen. So ist es Brauch und wegen der vorherrschenden Temperaturen auch angezeigt. Aber darf der Leichnam so ohne weiteres abgenommen und beigesetzt werden? Ein frommer Mann namens Josef von Arimathäa ergreift die Initiative, um den Bestattungsbräuchen Geltung zu verschaffen. Alle vier Evangelien nennen ihn. Er wird als Ratsherr und reicher Grundbesitzer vorgestellt, nach Lukas gehört er sogar dem Hohen Rat an. Er steht Jesus und dessen Bewegung wohl positiv gegenüber, gehört aber nicht zum weiteren Jüngerkreis. Das wäre sicher vermerkt worden.

Das Eintreten des Josef von Arimathäa für ein würdevolles Begräbnis Jesu ist nicht ohne Risiko für ihn selbst. Als angesehener Jude kommt er in Verbindung mit den als Aufwieglern und Gotteslästerern übel beleumundeten Jesusnachfolgern. Die Römer dürften sich für jüdische Bestattungsriten wenig interessieren und kaum Nachsicht zeigen. Das Volk, das so vehement die Hinrichtung Jesu gefordert hatte, bringt sicher kein Verständnis auf. So ist Josef gleich mehrfach isoliert. Von den Jüngern ist keine Hilfe zu erwarten und die Frauen erscheinen hier auch nur als Zeugen des Begräbnisses.

Pilatus ist erstaunt, dass Jesus schon tot sein soll. Oft hingen die Gekreuzigten mehrere Tage am Kreuz, ehe sie starben. Also bestellt der Prokurator sich den Hauptmann ein, der das Ableben Jesu bezeugen soll. Mit dieser gleichsam offiziellen Ermittlung durch Henker und Herrscher wird der Tod festgestellt. Pilatus gibt den Leib Jesu zur Bestattung frei. Die Freigabe des Leichnams gilt als Gnadenerweis, denn ein Anspruch auf Aushändigung eines Hingerichteten besteht nicht.

Vor der Abnahme des Leibes vom Kreuz erwirbt Josef von Arimathäa ein Leinentuch, in das der Verstorbene dann eingewickelt wird. (Nackt bestattet zu werden, galt als Schande.) Dann legt er ihn in ein typisches Felsengrab, das aller Wahrscheinlichkeit nach ihm selbst und seiner Familie gehörte. Am

Ende wälzt er den runden Verschluss-Stein vor die Öffnung. Von Waschen oder Salben des Leichnams ist nicht die Rede, auch nicht davon, ob Josef von Arimathäa bei der Abnahme, dem Transport oder der Grablegung Jesu Helfer hatte.

Der Text und die Kinder

Grundsätzliche Überlegungen: Ob am Karfreitag Kindergottesdienst ist, hängt sehr von den örtlichen Gegebenheiten ab. In unserer Gemeinde gibt es den traditionellen Abendmahlsgottesdienst am Vormittag nicht, sondern eine Andacht zur Todesstunde am Nachmittag. Wo aber Kinder mit dem Karfreitag in Berührung kommen, sollte ihnen Tod und Begräbnis Jesu nicht vorenthalten werden, denn sonst ist die Auferstehung nicht plausibel zu machen. Sicher muss dabei beachtet werden, dass die Hinrichtung Jesu nicht als bluttriefendes Massaker dargeboten wird. Die Kinder bekommen auch so genug Grausamkeiten im Alltag mit. Aber die Tatsache, dass Jesus richtig gestorben ist und begraben wurde, darf nicht verschwiegen werden. Dabei ist es möglich, wenn dafür Zeit ist, auch auf Begräbnisbräuche einzugehen. Was geschieht mit den toten Körpern? Hier könnte das Buch „Die besten Beerdigungen der Welt" von Nilsson/Eriksson (Moritz Verlag Frankfurt/Main 2006) gut eingesetzt werden.

Ich habe mich dafür entschieden, dem Geschehen des Karfreitags Vorrang zu geben und die Geschichte von Kreuzigung, Sterben und Grablegung Jesu aus der Sicht des Josef von Arimathäa zu erzählen. In diese Geschichte fließen dann Erklärungen damaliger Beisetzungsriten ein. In welcher Hinsicht Josef von Arimathäa stark ist, erhellt sich aus den Begegnungen mit den verschiedenen Figuren in der Geschichte, die in ihrer ganzen Ambivalenz geschildert werden. Zur Veranschaulichung kann ein Stein zum Verschließen des Grabes Verwendung finden oder ein Bild von der Höhle mit dem Verschlussstein gemalt werden. (Das könnte z.B. in die Grafik einfließen, wenn diese denn realisiert wird.)

Heranwachsende identifizieren sich sehr bald in Musikgeschmack, Kleidung und Benehmen mit der ihnen vertrauten Gruppe. Gerade ältere Kinder und Jugendliche grenzen sich damit deutlich von den Erwachsenen ab. Im Prozess der Selbstfindung ist dies ein unverzichtbares Stadium. Dabei wird es wichtig sein, ihnen einen kritischen Blick auf angebotene Muster zu erhalten. Das macht sie stark gegen Gruppendruck und Abhängigkeit von den Urteilen und Zielen der jeweiligen Clique. Ganz sicher ist für die Kinder aller Altersstufen die Identifikation mit einem Außenseiter eher schwierig, aber sie bringen Sympathie für Mutige auf. Darum schildere ich Josef von Arimathäa in seiner ganzen inneren Zerrissenheit aber auch sichtbaren Stärke. Er ist nicht der klassische Held, aber er wagt es aus tieferer Einsicht und liebevollen Motiven mit seiner Herkunftsgruppe in Konflikt zu kommen. Der Einblick in sein Denken ist daher nicht psychologisierend, sondern soll die durchaus vorhandenen Entscheidungskämpfe offenlegen. Dass Josef von Arimathäa mit seinem Verhalten überkommene Traditionen (Beisetzungspraxis) wahrt und ganz selbstlos das Familiengrab zur Verfügung stellt, ist nicht nur der Treue zur Tora geschuldet, sondern hat auch ganz deutlich ein Motiv der Zuneigung zu Jesus. Seine Verurteilung konnte er nicht verhindern, ein anständiges Begräbnis aber kann er ausrichten. Einsicht in die eigenen Möglichkeiten und Grenzen ist auch ein Zeichen von Stärke.

Gestaltungsvorschlag für jüngere und ältere Kinder

Beginn
Nach einem ritualisierten Beginn mit Lied, Schriftlesung und Gebet könnte eine Lesung des 90. Psalms stehen. Menschen und Tiere sterben, der Psalm sagt, dass die Lebensspanne bemessen ist. In einem Gespräch (und evtl. anhand des Bilderbuches) kann bei genügend Zeit auf Begräbnisbräuche in unserem Kulturkreis eingegangen werden.
Am Karfreitag ist Jesus gestorben und begraben worden. Dazu wird die Geschichte aus der Sicht des Josef von Arimathäa erzählt. Der folgende Erzählvorschlag sollte nicht vorgelesen, sondern so angeeignet und mit eigenen Worten wiedergegeben werden, dass die inneren Kämpfe und Beweggründe des Josef von Arimathäa nachvollziehbar werden.

Erzählung
Josef von Arimathäa kämpfte sich die steilen Gassen zur Burg Antonia hoch. Schwer keuchend und fast außer Atem gingen ihm aber so viele Gedanken durch den Kopf, dass es in ihm summte, wie in einem Bienenschwarm. Hätte er doch früher den Mut aufgebracht, nicht nur zuzusehen. Aber zuerst sah es doch so aus, als würde der Prokurator Pilatus auf der Seite des Angeklagten stehen. Er wollte ihn sogar freilassen, wie er so oft beim Fest einen Verurteilten begnadigt hatte. Da hatte er wohl nicht mit der Tücke der Hohenpriester gerechnet. Die mussten die Leute aufgestachelt haben, denn sie wollten lieber den Mörder Barabbas freigelassen sehen. Warum sind Menschen so, dachte er, so grob, so gemein. Der Rabbi aus Nazareth hatte doch nur Gutes getan. Er hat Menschen geheilt, er hat viel von der Liebe Gottes gesprochen. Und jetzt so ein Ende! Wie einen Schwerverbrecher haben sie ihn behandelt. Und so viele haben zugesehen. Haben gesehen, wie die Soldaten ihn verspottet haben, ihm seine Kleider weggenommen, ihn angespuckt, ausgepeitscht und mit einer Krone aus Dornen gekrönt haben.

Schwer atmend blieb Josef von Arimathäa stehen und lehnte sich an eine Hauswand. Ich muss mich beeilen, durchfuhr es ihn. Wenn der Abend hereinbricht, beginnt der Sabbat. Dann darf ich nicht mehr tun, was ich vorhabe. Schnaufend setzte er sich wieder in Bewegung. Er war sich nun seiner Sache sicher. Ja, er würde zum Prokurator gehen und ihn um den Leib des Gestorbenen bitten. Kein leichtes Unterfangen, denn Pilatus galt als grausam und launisch. Womöglich konnte man ihn mit etwas Geld bestechen. Einen Versuch wäre es wert. Was werden die anderen Vornehmen sagen? Er war sicher, dass seine eigenen Leute kein Verständnis haben würden. Ein vornehmer Ratsherr nimmt keine Verbrecher vom Kreuz. Dabei steht in den Heiligen Schriften, dass auch ein Gehenkter am Tag seines Todes beerdigt werden soll.

Es war nicht mehr weit bis zum Tor der Burg, dem Sitz des Prokurators Pilatus. Aber würde man ihn überhaupt vorlassen? Einen Moment lang hielt er sich am Torflügel fest, um wieder zu Atem zu kommen. Dann schritt er erhobenen Hauptes und mit sicherem Schritt an den Wachen vorbei. Niemand hielt ihn auf und so gelangte er in das Innere der Burg. Einer der Hauptleute führte ihn zu Pontius Pilatus. Der Römer saß in legerer Kleidung und hielt einen Becher Wein in der Hand.

Auf die Bitte des Josef von Arimathäa entfuhr ihm ein Laut des Erstaunens: „Was, er ist schon tot, euer komischer König, manchmal hängen die Kerle doch tagelang am Kreuz, ehe sie sterben! – Wache!", schrie er laut, „der Centurio der Hinrichtungskohorte soll sofort zu mir kommen, aber zügig."

Pilatus lud Josef ein, Platz zu nehmen. „Was willst du denn mit seiner Leiche?", fragte er ihn. „Tot nützt er dir doch nichts mehr. Oder willst du dich bei seinen Anhängern beliebt machen?" Joseph gab zur Antwort: „Der Rabbi aus Nazareth hat ein anständiges Begräbnis verdient. Bei uns ist es Brauch, dass man jemanden, der gestorben ist, spätestens am nächsten Tag begräbt. Aber morgen ist Sabbat. Da darf man nicht beerdigen, auch nicht einen gerade Gestorbenen. Wenn du ihn mir überlässt, werde ich ihn in mein Familiengrab legen. Ich habe es erst vor kurzer Zeit aus dem Fels schlagen lassen. Und es liegt ganz in der Nähe von Golgatha. Da schaffe ich es heute noch, ihn in die Begräbnishöhle zu legen. Und du tust ein gutes Werk, Pilatus. Jetzt, wo er tot ist, kann er dir ja nicht mehr schaden." Pilatus erwiderte: „Wenn er wirklich tot ist. Aber das werden wir ja bald wissen. Da kommt der Hauptmann der Hinrichtungskohorte. Lass hören, Hauptmann, ist der Galiläer tatsächlich schon tot?"

„Ja, Herr", antwortete der Hauptmann. „Er ist schon am Nachmittag gestorben". „Dann nimm ihn", sagte Pilatus zu Josef. „Ich schenke ihn dir, mach mit ihm, was du willst. Mir ist egal, was aus dem sogenannten König der Juden wird. Mir hatte er genug Ärger mit euren Hohenpriestern und Ältesten gemacht. Ich bin froh, ihn los zu sein. Geh jetzt!" Und Josef von Arimathäa ging, so schnell er konnte, und eilte den Hügel hinab, hinaus vor die Stadt zur Schädelstätte. Auf dem Weg dorthin hielt er beim Tuchhändler Benjamin an und kaufte ein Leinentuch. Darin wollte er Jesus einwickeln. Nackt bestattet zu werden galt als Schande.

Es blieb ihm gerade noch genug Zeit, um den Leichnam Jesu vom Kreuz zu nehmen und in die Grabhöhle zu tragen. Er wickelte ihn in das Tuch und legte ihn auf die Steinbank in der Grabkammer. Dann wälzte er den großen Türstein vor die Öffnung. Außer ein paar Frauen war niemand in der Nähe. Josef kannte sie nicht. Es waren Maria aus Magdala und Maria, die Mutter des Jose. Sie sahen, was er getan hatte und merkten sich den Ort, an den er Jesus gebracht hatte.

Josef von Arimathäa aber ging mit dem guten Gefühl in sein Haus, ein gutes Werk getan zu haben. Der Sabbat konnte beginnen. Gelobt sei der Herr, der Gott Israels.

2. April 2010

Foto: Adelheid Schnelle

Vertiefung

Je nach Alter der Kinder und örtlichen Möglichkeiten könnte nun ein Heiliges Grab angefertigt werden. Ein Schuhkarton, in den ein rundes Loch als Eingang geschnitten wird, ein Rollstein aus einer Holzscheibe oder einer beklebten Camembert-Verpackung. Auch könnten Naturmaterialien (Gras, Erde, Steine) Verwendung finden. Sie müssten vorher zusammengetragen und bereitgestellt werden.

Wo eine längere Bastelarbeit zeitlich nicht möglich ist, kann sich auf die Darstellung der Öffnung der Grabstätte und des Rollsteins beschränkt werden.

Mit **Gebet, Vaterunser** und **Segen** findet der Kindergottesdienst seinen Abschluss.

Bernd Dechant

Monatlicher Kindergottesdienst im März
Stark!, Markus 14,66–72

Die Personen der Passionsgeschichte sind nicht nur grausame Täter oder wehrlose Opfer. Manche zeigen überraschendes Verhalten. Petrus ist nicht nur der Verleugner seines Herrn, sondern auch einer, der den Mut hat, Jesus bis zum Verhör zu folgen. War die Verleugnung Feigheit oder Klugheit? Seine Tränen und sein Eingeständnis der Niederlage sind auch Zeichen seiner Stärke.

Der **Gestaltungsvorschlag für den 21. März** (S. 76) mit **Erzählung, Bildbetrachtung** (Otto Dix, Der Hahnenschrei) und **kreativen Angeboten** eignet sich für einen monatlichen Kindergottesdienst. Mit älteren Kindern können Lieder aus dem **Musical „Petrus"**, zebe publishing Berlin, ZE 2141, CD (ZE 2147) gehört oder gesungen werden.

Rollstein im Kloster Helfta bei Eisleben

Foto: Hauke Meinhold

Lied: Er ist erstanden, Halleluja, KG 66,
EG 116, LJ 88, LB 413, LfK2 78

Liturgischer Text: Psalm 118,1.14–17.
22–25 (Osterpsalm)

Ostern bei Markus

Sonntag	Text/Thema	Art des Gottesdienstes Methoden und Mittel
4./5.4.2010 Ostern	Vom Entsetzen zum Schweigen Markus 16,1–8	Gottesdienst mit Kindern (und Erwachsenen); Osternacht feiern, Erzählung mit Bodenbild, Tücher, Chiffontücher, Tonkarton (schwarz, gelb)
11.4.2010 Quasimodogeniti	Unglaubliche Ostern! Markus 16,9–13	Gottesdienst mit Kindern; Erzählung mit Playmobilfiguren, Tücher, Fladenbrot, Holzbausteine, Steine
18.4.2010 Misericordias Domini	Das Grab loslassen und zum Leben zurückfinden! Markus 16,14–18	Gottesdienst mit Kindern; Erzählung mit Flachfiguren, Gespräch, Karten in Wolkenform, 1 große aufgeklappte Sonne mit Innenschrift, kleine Sonnen zum Mitnehmen oder Basteln, Triangel

Monatlicher Kindergottesdienst im April
Unglaubliche Ostern! Markus 16,1–13

In unterschiedlicher Weise reagieren die Frauen am Grab und die Jünger auf die Nachricht, dass Jesus auferstanden ist: Entsetzen hatte die Frauen ergriffen, so dass sie zunächst niemandem etwas davon erzählten und schwiegen. Trauer und Unglaube bei den Jüngern und schließlich Freude, als sie Jesus am Brotbrechen erkennen. Die Kinder können mit den Menschen der Ostergeschichte den Weg von der Trauer zur Freude über Jesu Auferstehung mitgehen.

Die Erzählungen in den **Gestaltungsvorschlägen zum 4./5. April** (S. 92) und **11. April** (S. 97) bieten die Ostergeschichte zum einen aus der Perspektive der Maria Magdalena und im zweiten Teil aus der Sicht der Emmausjünger. Mit **Playmobilfiguren** (oder anderen Figuren) wird die Geschichte veranschaulicht und von den Kindern nachgespielt. Mithilfe einer einfachen **Bastelarbeit** (S. 95) können die Kinder die Ostersonne „aufgehen" lassen.

4./5. April 2010
Ostern

Vom Entsetzen zum Schweigen
Markus 16,1–8

Lieder: Vom Aufgang der Sonne, KG 169, EG 456, LB 442, LZU 90; Aufstehn vom Tod, MKL2 7; Du verwandelst meine Trauer in Freude, MKL 9, LJ 508, KG 198

Liturgischer Text: Psalm 118,1.14–17. 22–25 (Osterpsalm)

Zum Text und zum Thema

„Vom Entsetzen zum Schweigen" – Im ersten Teil der Ostergeschichte (Mk 16,1–8) schildert der Evangelist Markus, wie die Frauen für sich das leere Grab erleben. Noch haben sie Jesus, den Auferstandenen, nicht gesehen. Sie sind noch weit entfernt von der *äußerlichen* Wahrnehmung des Auferstandenen. Aber sie spüren, wie sie die Botschaft von der Auferstehung *innerlich* packt. Sie sind entsetzt, dass sie am Ort des Todes keinen Toten finden, sondern von dem Engel auf das Leben verwiesen werden. Diese Umkehr der Lebens-Perspektive weg vom Tod hin zum Leben reißt sie heraus aus allem gewohnten Begreifen der Welt. Erst einmal entsetzen sie sich, d.h. sie reagieren mit äußerer Abwehr auf das, was da geschieht. Es folgt die Angst. Die Angst wächst von innen.

Die Angst aber lähmt die Frauen nicht. In ihrer Angst gehen sie ins Schweigen. In der Stille sortieren sie ihre Gedanken und ihr Fühlen. In der Stille beginnen sie auferstehendes Leben zu verstehen.

Auf ihrem Weg, den Tod zu suchen und das Leben zu finden, werden sie begleitet von der aufgehenden Sonne. Die aufgehende Sonne deute ich als Zeichen: Die aufgehende Sonne führt die Frauen heraus aus dem Dunkel des Todes und der Trauer hin zu neuem auferstehenden Leben. Die aufgehende Sonne löst das Dunkel der Nacht *behutsam* auf und führt *achtsam* hin zum Licht. So erlebe ich die Oster-Verkündigung des Markus: Er führt uns behutsam und achtsam aus dem Dunkel hin zum Licht der Auferstehung.

Der Text, das Thema und die Kinder (/Erwachsenen)

Dieser behutsame Weg des Markus hin zur Auferstehung Jesu begleitet von der aufgehenden Sonne führt mich direkt zu dem Gedanken, mit Kindern und Erwachsenen zusammen die Feier der Osternacht zu erleben. Kinder sind sehr „spürig" für ein behutsam sich entfaltendes Licht in der dunklen Kirche mit der Osterkerze. Auch mit der für sie ungewohnten Dunkelheit in der Kirche werden die Kinder in die Angst der Frauen im leeren Grab hineingenommen. Mit dem Hineintragen der Osterkerze in die dunkle Kirche werden sie genau den von Markus vorgezeichneten achtsamen Weg vom Dunkel zum Licht gut miterleben können.

Ich werde den Erzählvorschlag der Markus-Ostergeschichte aber so gestalten, dass er nicht nur in einer Osternachtfeier, sondern auch im Kindergottesdienst verwendbar ist. Leiten lasse ich mich dabei von dem für mich tragenden Symbolverstehen der aufgehenden Sonne, die das Dunkel durchbricht und den Blick auf das Licht auferstehenden Lebens ermöglicht.

Gestaltungsvorschlag für Kinder (und Erwachsene)

Einbindung der Erzählung in die Feier der Osternacht
Die Gemeinde versammelt sich am Ostermorgen (ca. um 6 Uhr) auf dem Kirchplatz um das Osterfeuer. Dort wird die Osterkerze angezündet (Bild). Mit der brennenden Osterkerze ziehen wir in die dunkle Kirche ein. An der Osterkerze werden mit der Lesung der Ostergeschichte (Mk 16,1–8) die Altarkerzen angezündet. Das Licht wird vom Altar aus mit Handkerzen für alle Teilnehmenden weitergegeben. Es folgt die Erzählung zu Mk 16,1–8.

Erzählung zu Mk 16,1–8: Vom Entsetzen zum Schweigen unter der aufgehenden Ostersonne
(Ich erzähle aus der Perspektive von Maria Magdalena:)
Es ist Abend. Der Sabbat ist zu Ende. Die Menschen kommen aus der Ruhe

und gehen wieder hinein in den Alltag. Ich bin an diesem Abend unterwegs, ich: Maria Magdalena, zusammen mit meinen beiden Freundinnen Maria und Salome. Wir gehen einkaufen. Aber für uns ist es alles andere als ein normaler Alltag. Wir wollen Öl besorgen, wohlriechende Salben, um damit den Leichnam Jesu einzusalben.

Am nächsten Morgen ganz früh brechen wir auf zum Grab. Noch ist es dunkel draußen. Als wir auf dem

Weg sind, geht gerade die Sonne auf. Im Licht der ersten Sonnenstrahlen kommen wir zum Grab. „Ach, der Stein, den haben wir ganz vergessen. Wer wälzt ihn weg, damit wir in das Grab hineinkönnen?" Als wir näher kommen, spüre ich, da ist etwas anders, als ich es erwartet habe. „Der Stein! Er ist weg. Der Zugang zum Grab ist frei!" Langsam gehen wir näher. Vorsichtig betreten wir die dunkle Grabeshöhle. „Nein, da ist es nicht dunkel, im Grab ist Licht!" Dann sehe ich die Erscheinung: eine Erscheinung in einem langen, weißen Gewand. Ein Engel! Ich halte meine Hände schützend vor das Gesicht. Dann kommt die Angst, ganz tief innen hinein geht die Angst. Die Angst macht mich zittern.

Dann geschieht die Stimme: „Fürchtet euch nicht!" Ja, die Stimme des Engels spricht Vertrauen erweckend zu uns. Meine Angst geht ein wenig weg. So kann ich weiter zuhören, was der Engel sagt: „Ihr sucht einen Toten, den gekreuzigten Jesus von Nazareth. Ihr findet hier keinen Toten, ihr werdet das Leben finden. Jesus ist auferstanden. Er ist nicht hier im Grab."

Der Engel hat noch weiter geredet. Doch das habe ich nicht so recht verstanden. Wir sollen weggehen vom Grab und den anderen davon erzählen, was wir hier gesehen haben. Nein, so weit bin ich noch nicht. Schweigend stehe ich da. Ich spüre noch das Zittern in meinem Körper. Auch meine beiden Freundinnen sind ganz still. Vorsichtig verlassen wir die Grabeshöhle. Dann laufen wir. Schnell weg hier! Wir laufen der aufgehenden Sonne entgegen. Wir sind ganz still. Niemand von uns spricht ein Wort. Ich muss das erst verarbeiten, was ich gesehen habe. „Ihr sucht einen Toten, aber ihr werdet das Leben finden", sagte der Engel. Das lässt mich nicht los. „Das Leben finden." Ich spüre das Licht des Lebens in den Sonnenstrahlen. Ob wir ihm begegnen? Ob er wirklich lebt?

Bausteine für einen Gottesdienst mit Kindern

Erzählung mit Bodenbild

Wird die Geschichte im Rahmen der Osternacht-Feier erzählt, entfällt die Bodenbildgestaltung, weil dieser Gottesdienst in sich genug Symbolelemente enthält.
Material: weißes, schwarzes, gelbes Tuch, Chiffontücher, gelbes und schwarzes Quadrat aus Tonkarton, Scheren

1. **Lied** „Vom Aufgang der Sonne" singen mit Gebärden: den Aufgang der Sonne mit einem Kreis der Arme beschreiben; zum Niedergang der Sonne in der zweiten Liedzeile die Handflächen in Richtung Boden führen; zur dritten Liedzeile die Hände ausbreiten, nach oben öffnen.

2. Die Sonne wird mit gelben Tüchern als **Bodenbild** gelegt. Rundgespräch mit den Teilnehmenden über die wohltuende Kraft der Sonne: Wärme und Licht ...

3. Die **Geschichte** vom leeren Grab wird erzählt (s. S. 93). Parallel dazu werden die **Symbole** entfaltet: Die Sonne wird mit schwarzen Tüchern zugedeckt als Zeichen für den Gang zum Grab. Einen Stein (Zeichen für den

4./5. April 2010

Stein, der die Grabeshöhle verschließt) herumgeben und seine Schwere spüren.

Der Engel wird mit einem aufgestellten weißen Tuch dargestellt. Als Zeichen des Lebens an der Stätte des Todes wird ein schwarzes Tuch ein wenig aufgedeckt, so dass das gelbe Tuch als Zeichen für das Leben, für die aufgehende Sonne zum Vorschein kommt.

Von der Mitte aus können die Kinder (und Erwachsenen) mit Chiffontüchern Strahlen zu den einzelnen Teilnehmenden legen. Sie können dazu den Satz sprechen: „Das Osterlicht strahle auf auch für dich."

4. **Lied**: Aufstehn vom Tod

5. Das **Bodenbild auflösen**. Dabei stehen die Teilnehmenden im Kreis und können ihre Hände von der Mitte (dem Bodenbild zugewendet) zum Herzen führen. Mit dieser Geste wird die äußere Gestalt des Bildes nach innen geführt.

(Einige Ideen zur Anschauung der Ostergeschichte sind angelehnt an Erfahrungen von einer Kindergottesdienst-Fachtagung der Evangelischen Kirche in Hessen und Nassau in Schönberg im Taunus mit dem Referenten Jochem Westhoff.)

Kreative Vertiefung

Eine einfache Bastelarbeit kann das Ostererleben der Kinder vertiefen: Alle Kinder bekommen ein gelbes und ein schwarzes ca. 15 cm großes Papp-Quadrat aus Fotokarton (s. Abbildung). Aus dem gelben Fotokarton schneiden sie eine Sonne. Das Schwarze bleibt in der Quadratform und wird über die Sonne gelegt. Die Teilnehmenden können nun mit dem „Aufgehen der Ostersonne" spielen, indem sie die Sonne in je verschiedener Weise „aufgehen" lassen.

Ostern bei Markus

Gebet

Gott, bitte lass die Ostersonne über uns aufgehen!
Gott, danke, dass der Ostermorgen nicht dunkel bleibt, dunkel wie der Tod.
Gott, bitte lass die Ostersonne über uns aufgehen!
Gott, danke, dass dein Sohn Jesus Christus auferstanden ist zum Leben.
Gott, bitte lass die Ostersonne über uns aufgehen!
Gott, wir bitten dich: Schicke deine Engel zu uns, die uns den Weg zum Licht des Lebens weisen.
Gott, bitte lass die Ostersonne über uns aufgehen!
Gott, wir bitten dich: lass uns mit der aufgehenden Ostersonne dem Licht des Lebens entgegengehen.
Gott, bitte lass die Ostersonne über uns aufgehen!
Lass es in den Herzen von uns Menschen warm werden und hell; überall in der Welt.
Amen

Gerhard Kurmis

11. April 2010
Quasimodogeniti

Unglaubliche Ostern!

Markus 16,9–13

Lieder: Wir wollen alle fröhlich sein, KG 65, EG 100, LJ 78, MKL 118; Er ist erstanden, KG 66, EG 116, LJ 88, LfK2 78, LB 413; Zu Ostern in Jerusalem, KG 74, MKL 119, LJ 340; Alle Knospen springen auf, LJ 472, MKL 112, LfK2 86, Amen 44, KG 78; Komm, sag es allen weiter, MKL 56, KG 204, LJ 142, EG 225; Wir haben Gottes Spuren festgestellt, LJ 642, MKL2 121, LB 230, LfK1 A5

Liturgischer Text: Psalm 118,1.14–17

Zum Text und zum Thema

In den Evangelien gibt es mehrere Berichte über Ostern. Die ersten Zeugen der Auferstehung sind in allen Berichten Frauen, die zum Grab kommen. Sie reagieren unterschiedlich auf das, was sie sehen. Die einen packt Furcht und Entsetzen und sie schweigen vorerst – so bei Markus. Bei Lukas reagieren die Frauen zunächst traurig über das leere Grab, gehen jedoch los und verkündigen es den Jüngern. Diese glauben ihnen nicht. Petrus geht selbst zum Grab, sieht, dass es leer ist und bleibt verwundert zurück. Im Johannesbericht ist es Maria Magdalena, die den Stein vom Grab weggerollt sieht und sofort die Jünger alarmiert. Auch hier reagieren die Jünger überrascht. Sie überzeugen sich selbst davon, dass das Grab leer ist. Als sie es mit eigenen Augen sehen, glauben sie dies, mehr jedoch nicht. Es ist einfach zu unglaublich und sprengt alles menschliche Verstehen, das mit der Auferstehung.

Die Texte für den Kindergottesdienst gehen für heute noch einmal vom Grab weg und berichten davon, wie für einige das Unglaubliche doch glaubhaft geworden ist. Die Osterberichte werden von Lukas 24,13ff her gesehen. Den beiden Jüngern, die schon wieder in ihren Alltag, in ihre Resignation gehen, gehen die Augen auf, als sie Jesus den Auferstandenen erkennen. Für die Zurückgebliebenen in Jerusalem wird es erst glaubhaft, als sie den Bericht der Emmausjünger erhalten. Die Erzählung der Frauen am Grab bekommt auf einmal einen anderen Stellenwert. Am Ende bleibt die wunderbare Erfahrung, dass die Menschen durch/mit Jesus dem Unglaublichen vertrauen können. Diese Leistung erfüllt die Jünger und die Hörer aller Zeiten mit einem Hochgefühl – der Osterstimmung, die immer wieder neu Menschen ergreift. Zum leeren Grab muss nun keiner mehr zurück.

Der Abschnitt Markus 16,9–13 stellt einen Zusatz zum ursprünglichen Markusevangelium dar, das mit 16,8 endet. Als etwa im 2. Jahrhundert das Johannes- und das Lukasevangelium bekannt waren, wollte man auch dem Markusevangelium einen einheitlichen Abschluss geben, in dem Jesus bestimmten Menschen erscheint (Mk 16,9f: Maria von Magdala wird in Joh 20 erwähnt; Mk 16,12f setzt die Emmausgeschichte Lk 24 voraus). In Mk 16,9 wird noch einmal der erste Tag der Woche betont, das Schweigen der Frauen aus 16,8 wird korrigiert und Maria Magdalena nun als erste Zeugin genannt. Vermutlich war sie „die bekannteste Jüngerin", Petrus wird hier nicht direkt erwähnt. Exegetisch interessant ist, dass das Markusevangelium (ca. 70 n. Chr.) den Verfassern des Matthäus- und Lukasevangeliums bekannt war, dass sich jedoch der späte Markusschluss des Johannes- und Lukasevangeliums bediente. Für die Gestaltung des Kindergottesdienstes ist das ein Indiz, dass biblische Traditionen in Zusammenschau bearbeitet werden „dürfen".

Der Text und die Kinder

Auferstehung ist unglaublich. Für Erwachsene wie für Kinder gleichermaßen ist dies eine der größten Herausforderungen des Glaubens und zugleich zentrales Anliegen unseres Glaubens. Kinder und Erwachsene machen Erfahrungen mit Tod und Trauer und deren Bewältigung, sei es in der Familie oder im Kontext von Konflikten und Kriegen weltweit. Das sind Dinge, die mitten im Leben geschehen. Auch die Passionstexte bis zur Grablegung Jesu bergen für Kinder eine ungeheure Spannung und Aufnahmebereitschaft. Über Symbolik und Sprache, in Verbindung mit eigenen Erfahrungen, reagieren Kinder entsprechend betroffen, mitfühlend, traurig. Mit der Auferstehung ist das nicht so einfach. Diese Erzählungen wirken fantastisch und sind nicht einfach zu verstehen, zu begreifen.

Für die Erschließung von Ostern bietet Lukas 24 einen Erfahrungshorizont in elementarer Sprache an. Kinder gehen in der Erzählung mit den beiden Jüngern den Weg gemeinsam. Sie verstehen die Trauer der beiden und erleben den Fremden, der ihnen das Wort von Leiden und Sterben Jesu aufschließt. Den Kindern wird das Kreuz nicht verheimlicht, da in Kreuz *und* Auferstehung Gottes Nähe erfahrbar ist.

Wie die Jünger damals erkennen sie Jesus in der Art des Brotbrechens, in der Art des Redens und Lehrens („Brannte nicht unser Herz in uns, als er mit uns redete auf dem Wege und uns die Schrift öffnete?"). Der Glaubende, die Jüngerinnen und Jünger, wir, die Kinder erleben Auferstehung im fantasievollen Leben, im Entdecken von Möglichkeiten, im Öffnen von Türen und Wegrollen von Steinen, die Ansichten einengen und festlegen.

Im Erzählen der Ostergeschichte würde ich die kraftvollen, elementaren Worte einbauen, die die Ostererzählungen bieten: wir hofften, ihre Augen wurden mit Kraft davon abgehalten, ihn zu erkennen, die Frauen haben uns erschreckt, sie haben ihn nicht gesehen, er ist uns erschienen, er hat sich sehen lassen, sie haben ihn selbst gesehen, deshalb müssen sie davon reden, er wurde auferweckt, ihnen wurden die Augen aufgetan, sie erkannten ihn, die Jünger sind aufgerichtet worden, sie konnten wieder aufrecht stehen und zurückgehen, aus Verzweifelten werden Mutige. Kinder, wie alle Menschen, sind für die Auferstehungsbotschaft zu gewinnen, wenn sie keine Zuhörer bleiben und selbst etwas von der Lebendigkeit und Wirkung des Auferstandenen wahrnehmen können.

11. April 2010

Der heutige Kindergottesdienst arbeitet nur im ersten Teil mit einem „fertigen Text". Im zweiten Teil erzählen die Kinder die Ostergeschichte selbst. Sie werden „Unglaubliches" entdecken, sich vielleicht selbst in die Ostergeschichte einbauen oder Menschen, die ihnen wichtig sind, Ostern erleben lassen. Das freie, unvorhersehbare Erzählen soll darum heute ein Experiment sein.

Gestaltungsvorschlag für jüngere und ältere Kinder

Liturgischer Anfang
Lied: Er ist erstanden
Psalm 118,1 und Psalm 118,14-17 jeweils mit Hallelujavers des Liedes: Wir wollen alle fröhlich sein

Gesprächsimpulse
- Habt ihr schon erlebt, dass ihr Mama, Papa, Geschwister oder Großeltern etwas erzählt habt und sie es nicht glauben wollten?
- Warum glaubten sie es nicht?
- Was half ihnen, es doch noch zu glauben? (Vermutlich erzählen die Kinder hier Dinge wie: nachdem sie es mit eigenen Augen gesehen hatten oder ein Zeuge war dabei.)
- Kennt ihr unglaubliche Dinge?
- Mit älteren Kindern kann man sich darüber unterhalten, welchen Unterschied es zwischen glauben und wissen gibt.

In einer kurzen Überleitung klärt die Leiterin, ob die Kinder vom Karfreitagsgeschehen informiert sind. Alle Kinder versammeln sich im Gemeinderaum nun am oder unter dem Kreuz. Sollte keines vorhanden sein, legt die Leiterin zwei braune Tücher als Kreuz in die Mitte. Die Kinder sitzen drum herum. Die Leiterin bespricht mit den Kindern die Geschehnisse am Kreuz. Dann benennt sie zwei Kinder, die sich aus der Gruppe lösen. Ein drittes Kind bleibt noch etwas abseits stehen.

Material für die Erzählung Teil 1:
- Tuch, auf dem ein Brett mit Fladenbrot liegt
- 3 Playmobilfiguren (Männer mit schlichter Kleidung)

Erzählung Teil 1
(Während der Erzählung bewegt die Leiterin die Figuren entsprechend in Richtung Tuch.)
Zwei Freunde Jesu gehen Ostern von der Stadt Jerusalem zum Dorf Emmaus. Diese beiden Jünger sprechen leise und traurig über Jesus. Er musste so viel leiden. Er wurde ans Kreuz geschlagen und starb. Sie meinen: Jetzt ist alles aus, obwohl sie so gehofft hatten. Vor drei Tagen wurde er ins Grab gelegt und ein dicker Stein davor gerollt. Heute Morgen aber ha-

Bild 1

Ostern bei Markus

Bild 2

Bild 3

Bild 4

ben die Frauen sie erschreckt. Sie haben erzählt, das Grab ist leer.

Da kommt ein Mann zu den Freunden (Bild 1). Er geht mit ihnen. Sie kennen ihn nicht. Ihre Augen werden mit Kraft davon abgehalten, ihn zu erkennen. Der Mann fragt: „Worüber redet ihr?" Die Jünger schauen sich ratlos an und sagen bedrückt zu ihm: „Weißt du denn nicht, was in Jerusalem mit Jesus geschehen ist?" Der fremde Mann erinnert die Jünger an Worte aus der Heiligen Schrift. Er erklärt ihnen alles: „Jesus musste leiden und sterben. Aber es ist nicht alles aus."

Inzwischen sind die drei Männer in Emmaus. Es wird Abend. Der Fremde will weitergehen. Die Jünger laden ihn ein: „Bleibe bei uns. Es wird gleich dunkel." Sie gehen ins Haus und setzen sich an den Tisch (Bild 2). Ihr Gast nimmt das Brot in die Hände und betet. Dann bricht er das Brot. Er gibt jedem ein Stück. Da wird den Jüngern plötzlich klar: So hat Jesus mit uns Mahl gehalten. Ihnen werden die Augen aufgetan und sie erkennen ihn. „Das ist ja Jesus!" Die Jünger springen auf. Sie können wieder aufrecht stehen. Aber da sehen sie ihn nicht mehr. Sie sagen: „Ganz warm wurde uns das Herz, als er mit uns sprach. Jesus ist auferstanden! Wir haben ihn selbst gesehen, er ist uns erschienen. Jesus lebt!" Voller Freude laufen sie noch in der Nacht zurück nach Jerusalem. Dort treffen sie die anderen Freunde Jesu. Sie müssen ihnen davon erzählen, was sie unterwegs erlebt haben und wie sie Jesus erkannten, als er das Brot brach. Sie alle wissen jetzt: Jesus lebt. (erzählt in Anlehnung an: Emil Maier-Fürstenfeld, Bilderbuch-Bibel, Katholisches Bibelwerk Stuttgart, 5. Auflage 1995, ISBN: 978-3-460-24200-5)

Lied: Komm, sag es allen weiter

Aktion
Gemeinsam wird nun ein Fladenbrot geteilt.

Leiterin: „Stellt euch vor, wie die Jünger nun zusammengesessen und sich die Ostergeschichte immer wieder erzählt haben. Wir wollen die Geschichte nun zusammenbauen und nachspielen."

Freie Erzählung Teil 2

Material
gelbes und rotes Tuch, Playmobilfiguren: 1–3 Frauen, 1 Engel, 1 Soldat, Jünger, Holzbausteine und Steine, Tücher

Bild 5

Die Kinder beginnen mit der Kulisse: Tücher für den Sonnenaufgang, Holzbausteine/Steine für das Felsengrab, die (Playmobil-)Figuren. Nun beginnt die Geschichte mit der Grablegung Jesu (Bild 3). Die Leiterin kann die Geschichte auch selbst nacherzählen, wenn die Kinder noch jünger sind. (Sie haben dann die Aufgabe, die Figuren zu benennen).
Dann kommen die Frauen/Maria Magdalena zum Grab. Sie fragen: „Wer wird uns den Stein wegrollen?" Die Geschichte wird eine Eigendynamik erhalten. Die Aufgabe der Leiterin ist es, auf die Inhaltsstränge zu achten: die Frauen kommen zum Grab, erschrecken über das offene Grab (Bild 4), ein Engel sagt ihnen: „Jesus ist nicht hier, er ist auferstanden, er ist euch vorausgegangen." (Bild 5) Die Frauen rennen oder gehen erschrocken und schweigend davon. Maria Magdalena bleibt am Grab, sie sieht einen Mann sitzen und denkt, es ist der Gärtner, sie erkennt ihn nicht (Bild 6). Sie fragt: „Hast du meinen Herrn weggetragen?" Er sagt: „Maria!" Da erkennt sie Jesus. Sie geht zu den Jüngern und erzählt ihnen, was sie gesehen hat, die Jünger gehen zum Grab, finden es leer, sie sind verunsichert, sie glauben es nicht. Die beiden aus Em-

Bild 6

Bild 7

maus kommen und erzählen ihre Geschichte, die Jünger glauben, dass Jesus lebt (Bild 7).
Die Kinder werden eine ganze Weile spielen. Es wird Varianten der Ostergeschichte geben. Möglicherweise glaubt am Ende auch der Soldat, der das Grab bewachte, und alle halten ein Mahl zusammen. Das ist völlig in Ordnung. Binden Sie den Kindergottesdienst mit einem liturgischen Abschluss zusammen.

Gebet
Herr Jesus Christus, danke, dass du den Freunden aus Emmaus neuen Mut geschenkt hast. Sie haben den anderen von ihrem Glauben erzählt. Danke, dass es bis heute Menschen gibt, die uns von ihrem Glauben berichten.
Herr Jesus Christus, danke, dass die Frauen am Grab ihre Worte wiederfanden, dass sie nicht stumm geblieben sind. Danke, dass auch heute Menschen mutig werden und den Mund aufmachen, um anderen beizustehen.
Herr Jesus Christus, segne und behüte uns, damit wir nicht vergessen, dass du bei uns bist und lebst. Amen

Lied mit jüngeren Kindern: Ich möcht, dass einer mit mir geht
Lied mit älteren Kindern: Wir haben Gottes Spuren festgestellt

Jetzt kann man für jedes Kind noch ein **Foto** mit der Sofortbildkamera von der aufgebauten Ostergeschichte machen. Eine andere Möglichkeit ist, die Bilder auszudrucken und als Osterszenen im Raum aufzuhängen.

Katrin Lange

---

18. April 2010
Misericordias Domini

Das Grab loslassen und zum Leben zurückfinden!
Markus 16,14–18

Lieder: Kindermutmachlied, KG 150, LJ 624, MKL 100, LZU 55, LH 26; Wo zwei oder drei in meinem Namen versammelt sind, KG 182, LZU 100, LJ 470, EG regional, LfK1 A37; Geh mit Gottes Segen, KG 214

Liturgischer Text: Psalm 121 (KG, S. 283)

Zum Text

Das Markusevangelium endet eigentlich in Kapitel 16,8 mit den Worten: „... und sie gingen hinaus und flohen von dem Grab; denn Zittern und Entsetzen hatte sie ergriffen. Und sie sagten niemandem etwas; denn sie fürchteten sich." Diese letzte Geschichte erzählt vom Unverständnis, von Angst und der Flucht vor den Tatsachen. Ganz anders als in den anderen Evangelien fehlen hier Berichte von Erscheinungen Jesu bei seinen Jüngern. Die Bibelstelle Mk 16,14–18 gehört zu einem Nachtrag (Mk 16,9–20) von zweiter Hand, einem Ergänzungsteil aus dem 2. Jahrhundert eines unbekannten Verfassers. Dieser Verfasser konnte wohl dieses Ende des Markusevangeliums nicht so stehen lassen. Er sah sich genötigt, verschiedene Auferstehungserlebnisse aus anderen Evangelien in komprimierter Form in seinen Bericht aufzunehmen und es somit „abzurunden".

Es bleibt in den Geschichten offen, an welchem Ort sie handeln. Die um den toten Jesus klagenden Jünger können nicht glauben. Die Nachrichten über die Auferstehung Jesu durch Maria von Magdala und durch die beiden Emmausjünger erreichen nicht ihr Herz. Sie können damit nichts anfangen. So sind Maria von Magdala und die anderen Frauen, die die Passionsgeschichte bewusst miterlebten, Jesus näher als die Mehrzahl der Jünger.

Nun spricht Jesus ein Machtwort. Er schickt sie mit Nachdruck auf den Weg. Nicht einschüchtern lassen sollen sie sich, nicht zurückschrecken, sondern der Welt, so wie sie ist, widerstehen. Kranke sollen sie nicht meiden, sondern sich ihnen zuwenden, sie berühren und heilen. Vor der Welt sollen sie sich nicht verstecken, sondern den Menschen von ihren Erlebnissen mit Jesus berichten, über ihren Glauben erzählen und ihn leben. Und sie hören: Es kann etwas Neues entstehen, Menschen werden glücklich leben, wenn sie auf Gott vertrauen, in Gottes Namen handeln und an ihn glauben (V. 14).

Nach seinem persönlichen Eingreifen wird Jesus aus ihrer Mitte heraus, vor den Augen der Jünger, in den Himmel gehoben. Er ist die Hauptperson in dieser Geschichte. Es gibt nur eine wichtige Nachricht, alles andere wird zur Nebensache. Jesus konzentriert sich auf die Jünger, die die Wichtigkeit begreifen sollen, um nicht stecken zu bleiben in Angst, Zweifel und Trauer, sondern um ihr Wissen allen Menschen zugänglich zu machen.

Der zweite Schluss des Markusevangeliums bildet aus dreierlei Sicht eine deutliche Abrundung mit dem Anfang des Evangeliums.

1. Jesus kommt auf die Welt und verlässt sie wieder.
2. Anfangs fordert Jesus auf, dem Evangelium zu glauben. Im zweiten Teil fordert Jesus auf, nach dem Evangelium zu handeln, es zu verkünden.
3. Zu Beginn spielen die Taufe des Johannes und die Taufe Jesu eine wichtige Rolle. Im späteren Teil gibt Jesus die Wichtigkeit der Taufe weiter, indem er den elf Jüngern sagt: Wer glaubt und sich taufen lässt, kann damit rechnen, gerettet zu werden.

Besonders deutlich wird die Verwobenheit des zweiten Schlusses mit dem ganzen Markusevangelium in V. 18. Dort ist die Rede vom Auftrag an die Jünger, Kranken die Hände aufzulegen, während in Mk 6,5 Jesus dies tut. Auch von der Verkündigung der frohen Botschaft in der Welt können wir an früherer Stelle im Buch erfahren. Schließlich gehen die Jünger doch los und verkündigen überall die Frohe Botschaft. Sie werden aktiv. Erzählen sie von ihrem Glauben? Dem Text nach wohl eher nicht. Sie scheinen unemotional und distanziert bei der Sache zu sein. Vom eigenen Glauben, der sich in Wort und Tat ausdrückt, ist nicht die Rede.

Wunderzeichen sollen all denen offenbar werden, die an Jesus glauben und danach handeln (V. 17 und 18).

Gottes Segen ist also denen gewiss, die in seinem Sinn unterwegs sind, die sich taufen lassen. Für getaufte Menschen kann das bedeuten: Ich gehöre zur großen Gemeinschaft derer, die an Gott glauben. Gott schenkt mir die Kraft, dunkle Mächte zu überwinden, aus meiner Ecke herauszutreten und mit Jesu Worten zu reden. Ich kann Gutes tun und mich für andere Menschen einsetzen.

Der Text und die Kinder

Beim Lesen des Bibeltextes wurden mir die Jünger bald sympathisch. Reagieren wir Menschen nicht ähnlich in solchen Situationen? Wenn unangenehme Dinge vor uns liegen und wir uns kraftlos diesen Aufgaben gegenüber sehen? Wenn ein langer Schul- und Arbeitstag schon am Morgen drückt, dann fällt es doch manchmal schwer, aufzustehen und diesen Tag in Angriff zu nehmen. Oder vielleicht, wenn man von seinem Glauben erzählen oder dafür eintreten soll? Und wenn das Erschrecken oder die Trauer über schlimme Nachrichten uns erfüllen, dann fühlen wir uns gelähmt, unfähig, in dem Moment aktiv zu werden.

Es kann uns dann trösten und stärken zu hören: Ich bin nicht allein mit meinen Sorgen. Ich bin von Gott geliebt. Er ist bei mir, ganz besonders in den Momenten, in denen ich mich verlassen fühle. Ich denke an die unzähligen Ermahnungen von uns Eltern an die Kinder, sich endlich in Bewegung zu setzen und die unangenehme Aufgabe zu erledigen oder sich in der Schule stark zu machen und sich für andere einzusetzen. Oder nach dem Streit den ersten Schritt zu tun zur Versöhnung, zu trösten oder sich für schwächere Kinder zu engagieren. Sicherlich kommt das auch den Kindern bekannt vor. Auch kennen die Kinder solche Situationen, in denen sie Stärkung und Zuspruch brauchen. Und sie haben schon erfahren, dass es gut tut, wenn einer da ist, der ihnen auf ihrem Weg Mut zuspricht und der sich Zeit nimmt für ihre Sorgen und mit ihnen an einer Lösung arbeitet. Beispiele für solche Sorgen sind: Angst vor Versetzungsgefährdung in der Schule, Angst vor der Klassenarbeit, Angst vor Ausgrenzung und Mobbing, Zukunftsängste, Angst vor Trennung, Krankheit, Streit oder Tod der Eltern.

Vielleicht können die Kinder die Gefühle der Jünger gut nachvollziehen: sich wie zugeschüttet fühlen, gelähmt sein, leer, orientierungslos, ziellos, verlassen, krank, nicht ansprechbar, vielleicht sogar lebensunfähig. Jesus spricht in solche Gefühle, in solche dunklen Situationen hinein. Er ermutigt zum ersten Schritt: „Ich bin da", sagt er. „Ich habe dich bei deinem Namen gerufen. Du bist mein. Du brauchst keine Angst zu haben." Dies erfahren wir Menschenkinder in der Taufe. Wir werden eingeladen, es Jesus gleich zu tun: sich für andere stark zu machen, zu heilen und zu helfen, sich an den vermeintlich kleinen Dingen des Lebens zu freuen und andere an dieser Freude teilhaben zu lassen.

Gestaltungsvorschlag für jüngere und ältere Kinder

Vorbereitung
Für die Erzählung der Geschichte müssen vorher die elf Jüngerfiguren (eine Seite traurige Gesichter – andere Seite Ge-

18. April 2010

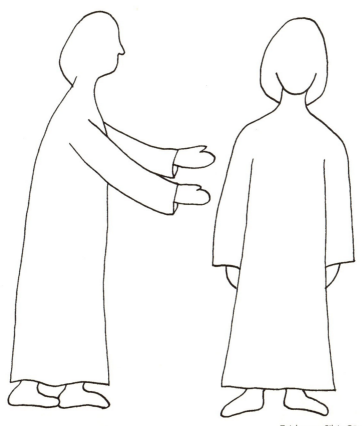

Zeichnung: Silvia Gützkow

sichter, die sich verändert haben: fröhlich, sprechend, singend, nachdenkend...) und die große Sonne gebastelt werden (siehe Zeichnung S. 106, Innenschrift: Jesus spricht: Ich bin bei dir) sowie die Wolken mit Aufforderungen (z. B. Beweg dich! Mach doch endlich! Wird's bald? Beeil dich! Gib dir einen Ruck! Kannst du nicht hören? Ich bitte dich, steh auf! Geh doch los!). Eine Figur als Maria von Magdala gestalten.
Evtl. auch kleine Sonnen mit Innenschrift für die Kinder zum Mitnehmen vorbereiten oder die Kopien zum Basteln. In der Mitte des Stuhlkreises liegt ein dunkles Tuch (grün, blau oder braun). Darauf steht eine brennende Kerze.

Begrüßung

Lied: Kindermutmachlied

Psalm 121 (gemeinsam lesen)

Einstieg

Die Mitarbeiterin legt die Wolken auf das Tuch. Sie liest dabei die kurzen Sätze vor. Im folgenden Gespräch werden nun die Fragen geklärt:

Ostern bei Markus

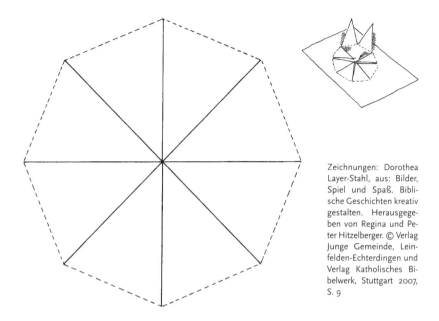

Zeichnungen: Dorothea Layer-Stahl, aus: Bilder, Spiel und Spaß. Biblische Geschichten kreativ gestalten. Herausgegeben von Regina und Peter Hitzelberger. © Verlag Junge Gemeinde, Leinfelden-Echterdingen und Verlag Katholisches Bibelwerk, Stuttgart 2007, S. 9

Kommt euch das bekannt vor?
Wer sagt so etwas?
Wann hört ihr diese Aufforderungen?

Warum? Zeichnung: Sabine Meinhold
Wie geht es euch in solchen Situationen?
Warum zögert ihr?
Was ist hilfreich, um
dann in Bewegung zu kommen?

Erzählung

(Die Mitarbeiterin betont, dass manchmal Überwindung und großer Mut nötig sind, um sich in Bewegung zu setzen. Sie legt die elf Jünger mit den traurigen Gesichtern nach oben auf das Tuch und erzählt:)
Jesus hatte Geduld mit seinen Jüngern. Immer wieder gab er ihnen Zeichen seiner Liebe, um sie zu stärken. Die Jünger vertrauten Jesus. Nun aber fühlen sie sich im Stich gelassen. Denn Jesus ist tot. Es fällt ihnen schwer, klar zu denken und den Weg allein weiterzugehen. Ganz schlimm war es. Sie haben es miterlebt. Ihr Freund Jesus wurde ans Kreuz geschlagen. Und sie, seine Freunde, konnten nichts tun. Nun ist er tot. Auch ihre Hoffnungen, ihre Zukunft sind damit gestorben. Alles wird anders werden. Aber wie soll es weitergehen? Sie wissen es nicht. Sie sind erschrocken und traurig. Und ratlos. Was sollen sie nur tun? Maria von Magdala war ganz aufgeregt angerannt gekommen und hatte von Jesu Auferstehung erzählt. Vom Stein, der vom Grab weggerollt war und von Gottes Boten, der diese Nachricht gesagt hatte. (Bild der Maria hinlegen und auch die Auferstehungssonne mit den zugefalteten Strahlen) Doch die Jünger können daran nicht glauben. Ihre Sorgen sind zu groß.

Auch die beiden Emmausjünger haben ihnen von ihrer Begegnung mit Jesus erzählt. (2 Jüngerfiguren umdrehen, die traurigen Gesichter sind verändert) „Jesus lebt!", so haben die beiden gerufen. „Wir haben ihn gesehen!" Die Jünger können auch das nicht glauben. Sie verstehen nicht, was gemeint ist. Sie fühlen sich verlassen und enttäuscht. Sie wissen nicht, wie es weitergehen soll.

Nun kommt Jesus ganz persönlich zu ihnen. Auch er ist enttäuscht. Er dachte, ihr Vertrauen zu ihm wäre größer. Nun spricht Jesus ein Machtwort. Er gibt ihnen einen klaren Auftrag. „Geht hin in alle Welt und erzählt von Gott! Erzählt, was ihr mit mir erlebt habt! Traut euch! Seid nicht so orientierungslos und ängstlich! Wer zu mir gehört und sich taufen lässt, braucht keine Angst zu haben. Der kann mutig sein und etwas in der Welt verändern." Und Jesus sagt weiter: „Ich gehe mit euch auf eurem Weg." (Strahlen der Sonne auseinanderbiegen, die Innenschrift wird lesbar: Jesus spricht: Ich bin bei dir.)

Nun endlich machen sich die Jünger auf den Weg. (die anderen Jüngerfiguren umdrehen) Überall erzählen sie von Jesus. Sie kümmern sich um kranke und ausgestoßene Menschen. Sie trösten Traurige und Einsame. Genau wie Jesus es immer getan hat. Und die Menschen hören ihnen zu. Viele lassen sich taufen. Sie wollen mehr von Jesus hören. Sie wollen zur Gemeinschaft der Christen gehören.

Lied: Wo zwei oder drei

Gebet

(Das Gebetsanliegen kann mit einem Triangelschlag T unterstützt werden.)

Gott, ich bitte dich: Erhöre mein Gebet. (T)
Ich bitte dich für alle Menschen, die keine Kraft haben, um ihr Leben zu verändern.
Stärke sie. (T)
Ich bitte dich für alle Menschen, die sich wie gelähmt fühlen, weil sie etwas Schlimmes erlebt haben.
Lass sie in ihrer Not nicht allein. (T)
Ich bitte dich für alle Menschen, die unter Verfolgung und Kriegen leiden.
Gib Frieden. (T)
Ich bitte dich für alle Menschen, die traurig sind und nicht weiter wissen.
Tröste und stärke sie. (T)
Ich bitte dich für alle Menschen, die Angst haben.
Ermutige sie. (T)
Ich bitte dich für alle Menschen, die ...
Amen

Basteln

Nun können Kopien von kleinen Sonnen an den durchgezogenen Linien zur Mitte aufgeschnitten und die Strahlen aufgeklappt werden. Die Öffnung wird mit einem Blatt hinterklebt und die Strahlen werden ausgemalt. Die Mitarbeiterin hält dafür die vorbereiteten Kopien, Scheren/Papiermesser und Stifte bereit. Entweder ist die Innenschrift (Jesus spricht: Ich bin bei dir) schon aufgedruckt oder wird von den Kindern aufgeschrieben.
Steht weniger Zeit zur Verfügung, bekommt jedes Kind eine kleine Sonne mit auf den Weg.

Lied: Geh mit Gottes Segen
(Alle fassen sich an den Händen und gehen während der Liedstrophe im Kreis.)

Beate Jagusch

Siehe, ich sende einen Engel vor dir her

Reisesegen im Kanon für drei Stimmen   Musik und Text: Siegfried Macht

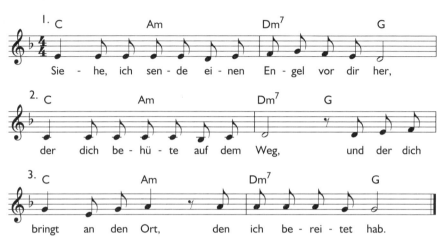

aus: Gesangbuch-Lieder als Tänze entdecken,
© Strube Verlag, München (incl. Playback-CD)

Zeichnung: Sabine Meinhold

Lied: Siehe, ich sende einen Engel vor dir her (s. S. 108)

Liturgischer Text: Psalm 148, 1–4,7–11. 13 (Gute Nachricht)

VI Musik sprengt Mauern

Sonntag	Text/Thema	Art des Gottesdienstes Methoden und Mittel
25.4.2010 Jubilate	Jubeln: Das verheißene Land öffnet sich Josua 6,1–20	Gottesdienst mit Kindern; Lied mit Pilgerschritt, Erzählung als Bewegungsspiel mit Musik und Tanz, Rhythmus-Instrumente, Gespräch
2.5.2010 Kantate	Singen: Die Glaubenstoleranz bekommt Raum Daniel 3,1–30	Gottesdienst mit Kindern; Lied mit Pilgerschritt, Erzählung, Bewegungsspiel zum Lied, Gespräch, Zeichnung, Stifte, Papier (A 3)
9.5.2010 Rogate	Beten und Singen: Die frohe Botschaft kann weitergehen Apostelgesch. 16,16–34	Gottesdienst mit Kindern; Singspiel, Lied mit Pilgerschritt, Erzählung, Bewegungsspiel, Gespräch

Zum Thema der ganzen Einheit

„Musik sprengt Mauern", so dass sich das „verheißene", aber vorerst verschlossene Land öffnet. Aber es ist nicht allein die Musik, die quasi aus sich heraus immer und überall solche Kraft hat. Dass „böse Menschen" keine Lieder kennen, stimmt ebenso wenig wie manch andere die Musik verklärende Behauptung. Ja, ich meine sogar, es „belastet" die Musik, wenn wir ihr alles, das heißt zuviel zutrauen – so wie es auch einen geliebten Menschen belasten würde, wenn wir ihn vergöttern. Eine solide Begrenzung derartig übertriebener Begeisterungen ist also sowohl eine theologisch bedingte Bescheidung (Keine Abgötter! Wer oder was „be-geist-ert"?) wie auch die Chance für den oder das andere als Gegenüber oder Sache sich dem eigenen Wesen nach zu entfalten.

Dann aber soll die mögliche Wirkung der Musik (obwohl wir nicht so tun wollen als gäbe es undifferenziert DIE Musik) auch nicht unterschätzt werden: Wieder ist es die Bibel, die schon zu berichten weiß, dass einzig Davids Harfenspiel Sauls bösen Geist zu vertreiben mochte. Auch Jesus kann sich anscheinend kein Versöhnungsfest (im Himmel wie auf Erden) ohne Singetanz vorstellen – warum sonst gehört der im Gleichnis vom verlorenen Sohn so charakteristisch benannt dazu?

Und gerade auch das Kraftvolle der Musik hat immer zwei Seiten, ist brauchbar und missbrauchbar wie jede andere menschliche Äußerung. Als Gott am Sinai mit Mose sprach, begleiteten gewaltige Naturereignisse die Szenerie – eine kraftvolle kosmische Musik. Als Elia auf der Flucht vor den Häschern vielleicht ein ähnliches Gotteserlebnis erhoffend denselben Gottesberg aufsucht, enttäuscht Gott solche Erwartungen und erscheint – im stillen sanften „Säuseln"(?!) Enttäuscht Gott wirklich? Wenn „Ent-Täuschung" dem Wortsinn nach erst einmal die Fortnahme einer Täuschung ist, dann geht es wieder darum, Gott nicht festzulegen auf die eine oder andere Erscheinungsweise: „Gott kann mehr" will der Text sagen: „Gott kann mehr – zu deinem eigenen Nutzen!"

So erübrigt sich mancher (wenn auch nicht jeder) Streit über Art und Beschaffenheit „wahrer" Musik. Stattdessen sollten wir vermehrt auf Zusammenhänge und Widmungen schauen: Dient sie Gott und/oder den Menschen – ist sie vielleicht gerade dann bei sich selbst, wenn sie selbstlos ist? Auch die Angst vor Funktionalisierung (der Musik, der Kunst usw.) tritt zu kurz: Wirkt nicht oft gerade das, was nicht auf Wirkung bedacht war?

Martin Luther King hat einmal gesagt, dass „Joshua fit the battle of Jericho" zu seinen Lieblingsliedern gehöre: Es besingt den Fortfall von Mauern zwischen Menschen. Es erzählt die Geschichte einer Musik, die mehr vermochte als Rammböcke. Es ist eine differenzierte Geschichte: Sie weiß, dass es Zeiten zum Schweigen gibt und Zeiten zum Schreien, zum Jubeln und Musizieren (vgl. Josua 6,10). Und es ist eine Geschichte vom langen Atem: Sechs Tage lang den gleichen Umzug um die Stadt, am siebten Tag sogar sieben Mal mit allem Volk um die ganze Stadt und dann erst fielen die Mauern.

„Musik" und „Mauern" – zwei in alldem ebenso konkret wie symbolisch über sich hinausweisende Begriffe: Es geht nicht nur (aber auch) um Mauern aus Stein. „Mauern zwischen Menschen", Mauern, die Leben in der Fülle (das heißt „in Beziehung") verhindern, sind der eigentliche Angriffspunkt. „Musik" wiederum steht hier auch stellvertretend für andere Künste, vielleicht für Kommunikation generell und für den Blick auf das Ungewöhnliche: Sprengstoff sprengt – aber Musik? Mit Arbeit lässt sich etwas erarbeiten – aber mit Spiel und Tanz?

Siegfried Macht

25. April 2010
Jubilate

Jubeln: Das verheißene Land öffnet sich
Josua 6,1–20

Lieder: Siehe, ich sende einen Engel vor dir her, s. S. 108; Siebenmal vor Jericho gesungen, s. S. 114

Liturgischer Text: Psalm 148

Zum Text

Die Erzählung von der Eroberung Jerichos markiert den Beginn des Einzugs in das gelobte Land. In größeren biblischen Zusammenhängen gedacht, handelt es sich um die Rückkehr in die eigentliche Heimat: Wie das schon dem Abraham versprochene und von ihm und seinen Nachfahren bewohnte Land zwischenzeitlich verlassen wurde, erzählt die Josefs-Novelle. Die sich daran anschließende Entwicklung liest sich wie ein Gleichnis menschlicher Lebenswege (oder deren Abschnitte) in drei geradezu klassischen Akten:
– Aufbruch (aus Ägypten)
– Unterwegssein (in der Wüste)
– Ankommen (in der fremden Heimat).
Nach dem Tod Moses führt Josua (der bisherige „Diener" und Vertraute des Mose) das Volk weiter. Ihm hat Gott versprochen: „Es soll dir niemand widerstehen dein Leben lang", denn „ich will dich nicht verlassen" (Josua 1,5).

So erweist sich Josua in der Folge als gleichermaßen umsichtiger wie auf Gott vertrauender Führer des Volkes: Er tut, was er tun kann, und lässt Gott den Weg bereiten, wo menschliches Denken und Handeln an Grenzen stößt. Er verzichtet nicht auf das Vorausschicken von Kundschaftern, aber er lässt Gott den Weg bahnen durch den Jordan und in die befestigte Stadt.

Ob sich die Dinge wörtlich wie im vorliegenden Text zugetragen haben oder nicht – so oder so liegt die verdichtete Erfahrung vor: Was hier geschah, wäre uns aus eigener Kraft nicht möglich gewesen. Hier musste etwas Starkes, Übermächtiges, Abweisendes einer noch stärkeren Kraft weichen ... und wir – durften nachsetzen!

Der vorgeschlagene Textabschnitt reicht bis Vers 20. Konsequent weitergedacht kann der Verzicht auf die Verse ab 21 auch ein Ausklammern der Verse 17–19 nach sich ziehen: Das Problem des „Bannes" würde hier den Rahmen sprengen, ist aus neutestamentlicher Perspektive schwer vermittelbar und auch aus entwicklungspsychologischen Gründen hier nicht zu vertiefen.

Der Erzählfaden um die „Hure" Rahab ist weniger verzichtbar und dies nicht etwa nur aus dem methodischen Grund der Spannungssteigerung. Hier wird an einem die ganze Bibel durchziehenden roten Faden weitergestrickt:

Rahab, der man allerlei nachsagen konnte, aber nicht, dass sie ihre Chance verstreichen lässt, sich einem Gott zuzuwenden, von dem sie Großes gehört hat. Diese Rahab wird als „Urgroßmutter" Jesu wieder auftauchen im bei Matthäus (1,5ff) mitgeteilten Stammbaum. Der Gott, der sich über Rahab also viel mehr erbarmt, als nur dass er sie und ihre Familie leben lässt, dieser Gott ist generell eben auch gerade ein Gott der Fremden, der anderen. Gott ist ein Gott der Verachteten – er stürzt die Großen und erhöht die Niedrigen. Gerade diese Erfahrung, die immer wieder insbesondere auch biblischen Frauengestalten widerfährt (Mirjam, Hanna, Maria!) lässt die Betroffenen singend jubeln!

Der Text, das Thema und die Kinder

Die Jüngsten kennen meist noch die geschlossene Einheit des Spielens und Vor-sich-hin-Singens. Später kommt hier und da das bewusste Singen, nachahmend und unter Anleitung von Eltern, Erzieherinnen, Lehrern hinzu. Insgesamt jedoch geht trotz aller pädagogischen Reaktivierungsversuche in vielen Bevölkerungsschichten das aktive Singen und Musizieren zurück. Entsprechend müssen Äußerungen menschlicher Grundbefindlichkeiten wie Klage und Jubel verarmen – es fehlt an Ausdrucksmöglichkeiten für intensive Gefühle. Man findet es schon in jüngsten Jahren dann eben „echt stark" oder gar „geil" – aber „Jubel" ist etwas anderes. Hier erwächst dem Kindergottesdienst über unser aktuelles Thema hinaus eine (allein kaum zu leistende) Verantwortung Ausdruckspaletten wachzuhalten: Singend, spielend, tanzend jubilieren ... das sollte auch jenseits der Fußballweltmeisterschaft bekannt bleiben.

Kinder kennen Verschlossenes: Der Blick durch das Loch im Bretterzaun in den verbotenen Garten hat nichts vom Reiz früherer Generationen verloren. Neugier und Vorfreude, Fenster (selbst der PC hat „windows") und Türen (auch symbolisch wie beim Adventskalender) zu öffnen sind ungebrochen. Jenseits von Tür und Fenster scheinen Mauern besonders unüberwindlich. Sie sagen: „Du darfst hier nicht hinein!" Manchmal reichen Schilder, um solche Mauern zu bauen.

Zum Glück sind da aber auch die anderen Erfahrungen: Hoffnungen, unser Thema sagt „Verheißungen", die sich erfüllen. Bei Papa oder Mama auf der Schulter lässt es sich über die Mauer gucken. Eine Urlaubsfahrt der Wasserratte zum ersten Mal an den tollen Strand. Oder der erste Besuch auf dem Dachboden von Opa und Oma: Das verheißene Land öffnet sich.

Der folgende Vorschlag läuft auf ein Bewegungsspiel zu, das ältere und jüngere Kinder gemeinsam ausführen können: Erfahrungsgemäß lassen sich gerade die (beim Singen und Tanzen) sonst schwer zu motivierenden neun- und zehnjährigen Jungen von der rhythmischen Dynamik begeistern und reißen auch die viel Jüngeren mit. Statt abstrakter Tanzschritte steht eine spontan nachzuvollziehende Erzählhandlung im Vordergrund, deren spielerische Umsetzung viele der o. g. Aspekte berücksichtigt: Gemeinschaft erfahren – singen, schreien, schweigen (alles zu seiner Zeit) – Ausdauer beweisen – vor Mauern stehen – Einlass finden ...

Gestaltungsvorschlag für jüngere und ältere Kinder

Lied: Siehe, ich sende einen Engel vor dir her

Erzählung und Bewegungsspiel
Was wir eben gesungen haben, hat Gott zu Mose gesagt. Mose war mit vielen Menschen auf dem Weg durch die Wüste. Sie wollten zurück in die Heimat ihrer Urgroßeltern. Der Weg war weit und es hat sehr lange gedauert. Als Mose starb, waren sie immer noch nicht am Ziel. Aber Gott erneuerte sein Versprechen. Jetzt führte ein Mann namens Josua das Volk und Gott versprach wieder:

Lied und Pilgerschritt: Siehe, ich sende einen Engel vor dir her
Wir ziehen dazu in einer langen Reihe durch den Raum – wie die Menschen damals durch die Wüste. Oft geht es vorwärts, aber manchmal auch rückwärts. Gott hat uns in der Wüste zehn gute Spielregeln gegeben. Manche kann man auch so wiedergeben: Schaue dich nach den andern um, ob sie mitkommen. Tritt keinem auf die Füße. Mach auch hier und da Rast, feiere, freue dich über Gott und die anderen Menschen ... Deswegen gehen wir immer drei Schritte vorwärts und einen zurück, das ist die Rast. Dann wieder drei vor und einen zurück (Pilgerschritt: 3 vor und auf 4. Zählzeit zurückwiegen! Zügig singen und langsam gehen, dann passt je ein Schritt auf eine halbe Note, 4 Schritte = 2 Takte).

Eines Tages aber war es mit dem Vorwärtskommen vorbei. Josua schüttelte nachdenklich den Kopf. Das waren doch Fußspuren von fremden Soldaten, richtig tiefe Spuren wie von Männern mit schwerer Rüstung ...

Dialog (2–3 Personen aus dem Team, evtl. nur 1 Kundschafter als Sprechrolle)
Josua: Ich brauche Kundschafter, die uns voranziehen und einen Eingang in das Land suchen, das vor uns liegt. Sie sollen herausbekommen, ob das Land bewohnt ist oder leer – und wo der beste Weg hineinführt, ohne steile Felsen und tiefe Flüsse. Wer will das für uns tun?
Kundschafter 1 und 2 melden sich: ... Wir, wir gehen freiwillig!
Josua: Dann los, wir werden hier auf euch warten.
(Die beiden Kundschafter verschwinden. Einen Moment lang ertönt als Zeichen der verstreichenden Zeit entweder die Playbackmusik des später folgenden Tanzliedes „Siebenmal um Jericho ..." oder die beiden Helfer musizieren in einer mehr oder weniger verborgenen Ecke des Raumes, eventuell Trommel und Flöte oder lediglich Rhythmusinstrumente.
Die beiden Kundschafter kommen nach dem Verklingen der Musik zurück.)
Josua: Seid gegrüßt. Es hat lange gedauert. Wir dachten schon, ihr kommt nicht mehr zurück.
Kundschafter 1: So wäre es auch fast gewesen. Ach, Josua, es ist schrecklich. Da ist eine riesengroße Stadt mit hohen Türmen und dicken Mauern.
Kundschafter 2: Und diese Stadt, die steht wie eine riesige Festung genau da, wo wir sonst so gut in das Land hinein könnten. Genau da, wo man durch den Jordan, den großen Fluss hindurchkommt.

Siebenmal vor Jericho

Melodie und Tanz: aus Südwestdeutschland
Text und Satz: Siegfried Macht

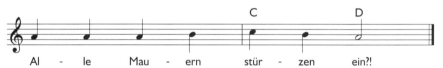

Sie - ben - mal vor Je - ri - cho ge - sun - gen,
Sie - ben - mal das Hin - der - nis um - sprun - gen
hört, wie un - ser Tanz - ge - klun - gen!
und beim sieb - ten Mal be - zwun - gen!
Tanz den Tanz, kann das denn sein:
Al - le Mau - ern stür - zen ein?!

Precussion-Begleitung (bzw. Solotanz-Background)

Statt Bass-Drum auch große Pauke mit Tuch gedämpft

aus: Siegfried Macht. Kinder tanzen ihre Lieder. © Strube Verlag, München.
(Die CD dazu enthält Playback zum Tanzspiel)

Kundschafter 1: Aber die Wachsoldaten oben auf den Mauern sahen nicht aus, als ob sie uns einfach hineinlassen wollten.
Kundschafter 2: Fast hätten sie uns erwischt. Da hat uns eine Frau versteckt. Rahab heißt sie. Die hatte keinen guten Ruf. Aber uns hat sie geholfen. Die wusste schon etwas von Gott und dass wir unterwegs hierher sind. Die scheinen auch Kundschafter zu haben.
Kundschafter 1: Jedenfalls war das alles sehr gefährlich. Rahab hat uns dann heimlich die Stadtmauer herabgelassen, so dass wir entkommen konnten. Wir haben ihr dafür versprochen, dass wir ihr und ihrer Familie nichts tun werden, wenn unsere Leute die Stadt einnehmen.
Kundschafter 2 (skeptisch): *Wenn* wir die Stadt einnehmen.
Kundschafter 1: Oh Josua, du hast ja keine Ahnung, wie dick und hoch diese Mauern sind. Da kommen wir nie und nimmer durch ...
Josua: Wir vielleicht nicht. Aber Gott. Gott wird wissen, wie es geht. Gott hat uns versprochen, dass dies unsere neue Heimat wird. Gott wird sein Versprechen halten.

Lied: Siebenmal vor Jericho
(Die Helfer singen das Lied vor, dessen Melodie nun ja schon ein wenig bekannt ist. Die Kinder beginnen nach und nach mitzusingen.)

Bewegungsspiel
Josua: Gott lässt uns nicht im Stich. Er will, dass wir alle zusammen um die große Stadt herumziehen.
(Im Folgenden wird nun Zeile für Zeile das Bewegungsspiel zum Lied „Siebenmal um Jericho" so erklärt, dass es die Geschichte vom Fall der Mauern Jerichos erzählt. Dabei ist zu beachten, dass nach dem letzten gesungenen Takt ein rhythmischer Background/Percussionsteil musiziert wird: (4 x das zweitaktige Notenbild, s. o.). Dazu zählen alle (lautstark!) die unten (im Percussionsteil) beschriebenen Bewegungen mit: Eins – und – zwei – und ... (bis) ... sieben (und – hoch)!
Josua ordnet die Kinder also entsprechend der Aufstellung zum Liedtanz: Aufstellung zur Strophe im Kreis mit linker Seite zur Mitte.)
Josua: Wir umzingeln die Stadt ...

Strophe

Takt	Zeit	Bewegung
1–3		6 Hüpfschritte rechtsherum (mit rechtem Fuß beginnen)
4	1–3	mit drei Stampfschritten Wendung nach links; während der drei Stampfer rufen alle (die nicht mitsingen): „Je-ri-cho!"
5–8		8 Hüpfschritte links herum (links beginnt)
9	1–3	3 Stampfer auf der Stelle (li–re–li), dabei Wendung (um rechte Seite) zur Mitte. Dieses Mal sind die Nichtsänger ganz still!
10	1–3	3 Klatscher auf der Stelle
11	1–3	3 Stampfer auf der Stelle (re–li–re)
12	1–3	3 Klatscher auf der Stelle

Josua: Sieben Tage lang sollen wir so jeden Tag einmal um die Stadt ziehen und sicher auftreten (stampfen!) als Zeichen, dass wir keine Angst haben und hier bleiben wollen. Und ihr werdet hören, wie von den großen Mauern ein Echo (Klatschen!) zurückkommt.
Und wenn der siebte Tag gekommen ist, dann sollen wir siebenmal um die Stadt ziehen. Und nach dem siebten Mal, werden wir unsere Hörner und Posaunen blasen und alles Volk wird ein großes Geschrei machen und dann – ob ihrs glaubt oder nicht – dann werden all die dicken Mauern einstürzen.

(Im Folgenden übt Josua – die Geschichte weiter erzählend – mit den Kindern den folgenden Percussionsteil des Liedes; siehe Playback auf der Kindergottesdienst-CD „Kinder tanzen ihre Lieder, Strube Verlag, Pettenkoferstr. 24, 80336 München" VS 1912 CD oder eigenes Trommeln).
Josua: Erst werden die Wachsoldaten auf den Mauern Jerichos noch angeberisch ihre Muskeln zeigen ... aber dann werden schon bald die ersten Steine aus der Mauer fallen und nach und nach werden die stolzen Muskelprotze zu Boden sinken. Dann werden sie erkennen, dass Gott stärker ist als jede Mauer und wir werden jubelnd in die Stadt hineinspringen:

Zum Percussionsteil (Rhythmisches Zwischenspiel)

Takt	Zeit	Bewegung
		Mit einer Folge von 7 Bewegungseinheiten (1.–7. Takt) nach und nach „zu Boden gehen":
1	1	Mit rechtem Arm „Muskeln zeigen" und rechtes Knie anheben,
	3	rechten Fuß abstellen,
2	1	Mit linkem Arm „Muskeln zeigen" und dabei linkes Knie anheben
	3	linken Fuß abstellen
3	1	(Hände in die Hüften und) mit dem rechten Knie niederknien,
	3	(warten)
4	1	Mit dem linken Knie niederknien,
	3	(warten)
5	1	den rechten Ellenbogen auf den Boden stützen,
	3	(warten),
6	1	den linken Ellbogen auf den Boden stützen,
	3	(warten),
7	1	mit der Stirn den Boden berühren,
	3	(Hände neben dem Kopf aufstützen,
8	1	auf die Füße und
	3	hoch in den Stand springen)

Alle tanzen miteinander zur Übung den soeben von Josua gelernten Percussionsteil (= Rhythmusteil).

Nun folgt quasi als **inszenierte Erzählung** das gesamte Bewegungsspiel mit siebenmaliger Wiederholung (immer erst die Singstrophe, dann der Rhythmusteil mit lautem Mitzählen). Nach der siebten Runde fassen sich alle bei den Händen und stürmen in die Mitte (evtl. auch mehrfach hin und zurück), dann fallen alle um und setzen sich auf den Hosenboden – als Zeichen, dass die Mauern nun endgültig eingestürzt sind.

Im Anschluss an diese „glückliche Erschöpfung" je nach Zeit und Alter – evtl. noch auf dem Boden sitzend – abschließendes **Gespräch** (eigene Erfahrungen mit Ausgeschlossensein, Reindürfen ...) und/oder Fragen der Kinder

Gebet

Auszug mit Pilgerschritt zum Lied: Siehe, ich sende einen Engel vor dir her. Gott hat das nicht nur Mose und Josua versprochen, sondern auch uns ...

Siegfried Macht

2. Mai 2010
Kantate

Singen:
Die Glaubenstoleranz
bekommt Raum
Daniel 3,1–30

Lieder: Siehe, ich sende einen Engel vor dir her, s. S. 108; Wir alle sind ein Leib, s. S. 121; Himmel, Erde, Luft und Meer, EG 504 (als Alternative zu: Gesang der Männer im Feuerofen; dazu tanzspielerische Ausgestaltung auch für Erwachsene im Familiengottesdienst in: Gesangbuch-Lieder als Tänze entdecken, Strube Verlag, Editionsnr. 6401, Werkheft mit CD)

Liturgischer Text: Gesang der drei Männer im Feuerofen (Apokryphen zu Daniel, s. S. 119, oder Ps. 148 i. A.)

Weiterer Liedvorschlag: Lobe den Herren, du meine Seele (Textierung von Psalm 104 zur Melodie von „Morning has broken" in: Noch lange nicht ausgedient, Liederbuch und Doppel-CD, Strube Verlag München.)

Zum Text und zum Thema

Die Sonntage der (nach)österlichen Freudenzeit haben lateinische Namen:

Jubilate = jubelt! Kantate = singt! Rogate = betet! Wo aber wird in Daniel 3,1–30 gesungen, so dass dieser Text den Ausgangspunkt eines „Singesonntages" bilden könnte?

Vielleicht haben die Juden des zweiten Jahrhunderts vor Christus ähnlich gedacht: In einer Zeit schwerer Glaubensverfolgung unter der Fremdherrschaft der vielen unbedeutenden aber grausamen Könige, die sich das Erbe von Alexander dem Großen teilten, war das Buch des Propheten Daniel ein beliebter, trostreicher Lesestoff. Unser drittes Kapitel beispielsweise berichtet von den Freunden des Propheten Daniel, die der König Nebukadnezar in einen Feuerofen werfen ließ, weil sie ein von ihm gesetztes Götzenbild nicht anbeten wollten. Gott aber bewahrt sie vor den Flammen und Nebukadnezar muss die Größe Gottes anerkennen. Für die gläubigen Hörer eine Mut machende Geschichte, eine Herausforderung, die vielen kleinen und großen „Feuerproben" des eigenen Lebens zu bestehen. Aber wird Gott ausreichend dafür gedankt – in dieser Erzählung? Kann das denn angehen, dass nach der Rettung das erste und einzige Gotteslob ausgerechnet von Nebukadnezar kommt? So mögen die frommen Hörer gedacht haben, die den hebräischen Text ins Griechische übertrugen und hier und da zum Beispiel ein Gebet oder ein Loblied hinzufügten: So findet sich in der griechischen (und in der noch späteren lateinischen) Bibel zwischen Vers 23 und 24 eingeschoben der „Gesang der drei Männer im Feuerofen". Weil Luther aber bei seiner Übersetzung ins Deutsche wieder aus dem Hebräischen übersetzte, stellte er solch „nützliche, aber der heiligen Schrift nicht gleichzusetzende" spätere Ergänzungen als „Apokryphen" quasi in den Anhang. (Die Apokryphen sind in manchen Bibelausgaben auch heute zu finden.)

So hat sich dieser an Psalm 148 erinnernde Gesang auch hier und da in den Kirchen der Reformation gehalten – in der Tradition des festlichen liturgischen Singens insbesondere der nachösterlichen Zeit.

Bei näherem Hinsehen ist Nebukadnezar allerdings kaum als echtes Vorbild für gewährte Glaubenstoleranz zu sehen. Im vorangegangenen 2. Kapitel hatte Daniel dem König einen schweren Traum gedeutet und ihm so schon einmal das Bekenntnis abgerungen: „Euer Gott ist ein Gott über alle Götter ..." (Daniel 2,47). Was Nebukadnezar nicht hindert, besagtes Götzenbild aufstellen zu lassen. So scheint sein beständiges Umschwenken eher ein Taktieren, ein Nachgeben vor dem Stärkeren. Züge von Toleranz (im heutige Sinne) zeigen sich so wohl eher in der geduldigen Güte Gottes gegenüber einem selbstherrlichen Nebukadnezar als in dessen staatlich verordneter „Toleranz" für die bestenfalls gilt: Gott schreibt auch auf krummen Linien grade.

Und noch eines ist wichtig: Die thematische Einordnung des Textes in unserer Reihe betont alles andere als seine Einordnung als „Durchhalteparole". Hier geht es nicht um den möglicherweise missverständlichen *Anspruch*, sich im Feuer zu bewähren, sondern vorrangig um den *Zuspruch*, im Feuer bewahrt zu bleiben und die Ermunterung dies wissend, das Singen nicht zu verlernen.

Der Text, das Thema und die Kinder

Sicher kennen die Kinder das spontane Gefühl der Erleichterung nach überstandener Gefahr: Freude, die bei der einen oder dem anderen auch schon einmal ins Singen münden kann. Im Gesang der drei Männer im Feuerofen ist die Freude so überschwänglich, dass sogar die „unbelebte" Natur zum Lob Gottes aufgefordert wird. Das ist nun aber vor allem für die Vorschulkinder gar nicht so befremdlich: Sie leben ohnehin noch in einer magisch-mythischen Welt, in der die Dinge beseelt vorgestellt werden. So darf beim gemeinsamen Ausschmücken des liturgischen Sprechgesanges die alle Grenzen sprengende Außergewöhnlichkeit dieses Lobes durchaus mit extremen Formulierungen betont werden.

Schwierigkeit bereiten würde wohl selbst den etwas Älteren eher der Toleranzbegriff. Andererseits haben sie schon erfahren, wie das ist, wenn ein Starker die anderen nicht anders sein lässt, sondern sie seinem Willen untertan macht. Aus der Spielplatz-Perspektive liest sich unsere Geschichte dann etwa so: Neunjähriger drangsaliert Fünfjährige – Mutter (der Fünfjährigen?) greift ein – Neunjähriger beschützt seitdem Fünfjährige (gegen Siebenjährige aus Angst vor Mutter!?) Müsste nicht stattdessen an Erfahrungen der Kinder angeknüpft werden, wo dieses Schema durchbrochen wird und nicht einfach der Stärkere siegt? Dass der Gott Daniels und seiner drei Freunde, der Gott Jesu und unser Gott nicht nur unser Wohl im Sinn hat, sondern auch das der anderen, das unterscheidet ihn von allen anderen „Großen".

Die Erfahrung bzw. Zusage, dass bei Gott alle willkommen sind, bietet sich insofern als kindergottesdienstgemäße Übersetzung des Toleranzbegriffes an und verbindet diesen Sonntag zudem mit dem vorangegangenen. Die Vertiefung über das Liedspiel „Wir alle sind ein Leib" (nach 1. Korinther 12) blickt voraus ins Neue Testament (zu Paulus) und schlägt damit die Brücke zum folgenden Sonntag. Toleranz wird hier kindgemäß verdeutlicht im Bild der *verschiedenen* Körperteile, die doch zusammen *ein* Leib sind.

Gestaltungsvorschlag für jüngere und ältere Kinder

Liturgischer Einstieg

Evtl. **Einzug mit Lied und Pilgerschritt** (s. S. 113): Siehe ich sende einen Engel vor dir her

In unserer heutigen Geschichte kommt ein ganz geheimnisvoller **Lobvers** vor. Hört mal:

All ihr Regenwolken, lobet den Herrn
Preiset und rühmet ihn ewiglich
Sonne und Mond, lobet den Herrn
Preiset und rühmet ihn ewiglich
Alle Sterne am Himmel, lobet den Herrn
Preiset und rühmet ihn ewiglich
Regen und Tau, lobet den Herrn
Preiset und rühmet ihn ewiglich

Kurzes Gespräch

Wen könnte man noch auffordern, Gott zu loben? Selbst „weiterdichten" und auch Extreme nicht vermeiden: Das ganze Weltall lobe den Herrn ... Liturgisch im zeilenweisen Wechsel sprechen: Einer schlägt einen neuen Lobvers vor, die anderen antworten „Preiset und rühmet ihn ewiglich". Zu diesem Lob gehört die folgende ...

Erzählung

Nebukadnezar war ein großer König. Er hatte die Menschen im Land von Mose und Josua besiegt. Viele von ihnen hatte er als Diener zu sich nach Babylon verschleppt. Sogar andere Namen hatte er ihnen gegeben. Trotzdem taten sie ihre Arbeit klug und fleißig. Daniel war einer von ihnen. Mit Gottes Hilfe konnte er dem König Nebukadnezar einen schweren

Traum deuten. Zum Dank machte der König Daniel und seine drei Freunde zu wichtigen Männern im Land.
Aber in seinem Reich gab es so viele unterschiedliche Menschen, Sprachen und Religionen, dass Nebukadnezar immer Angst hatte, das Reich könne auseinanderfallen. Das wollte er auf keinen Fall. Sein Reich sollte das größte bleiben. So ließ er ein großes Bild bauen und befahl allen: „Das müsst ihr anbeten, alle, ohne Unterschiede. Das ist euer Gott. Das vereint uns. Ich will es so!"
Daniels drei Freunde hatten bislang alles mitgemacht. Aber das ging zu weit! Das hatte mit dem wirklichen Gott ganz und gar nichts zu tun. Hatte Nebukadnezar das immer noch nicht verstanden? Sie weigerten sich. Nebukadnezar schnaubte vor Zorn und ließ die drei in eine riesige Ofengrube werfen. Das Feuer war so heiß, dass die Heizer verbrannten ... Aber was war das? Alle, die um den König herum standen, sahen es genau: Die drei Freunde fielen in den Ofen und ... verbrannten nicht. Ja, sie gingen munter auf und ab und ... lobten Gott mitten im Feuer:

All ihr Regenwolken, lobet den Herrn
Preiset und rühmet ihn ewiglich
Sonne und Mond, lobet den Herrn
Preiset und rühmet ihn ewiglich
Alle Sterne am Himmel, lobet den Herrn
Preiset und rühmet ihn ewiglich
Regen und Tau, lobet den Herrn
Preiset und rühmet ihn ewiglich

Ja gibt's das denn, die sagten sogar (mitten im heißen Ofen!):

Feuer und Hitze, lobet den Herrn
Preiset und rühmet ihn ewiglich

Da bekam es König Nebukadnezar mit der Angst zu tun und alle, die um ihn standen, auch. Außerdem hatten sie *drei* Männer in den Ofen geworfen, aber wenn sie jetzt genau hinschauten, ja was war das ...? (eventuell Kinder vermuten und ergänzen lassen). Waren da nicht vier Männer zu sehen? (Kinder wieder vermuten lassen: Daniel? Ein Engel? Gott selber?)
Jedenfalls ließen sie die Freunde aus dem Ofen. Von Verbrennungen konnte man nichts sehen und nichts riechen. Nebukadnezar war bestürzt: „Euch muss ein Engel geholfen haben. Niemand soll euch mehr etwas tun. Glaubt ruhig an euren Gott. Es gibt keinen anderen, der so helfen kann."

Thematische Vertiefung

Zeichnung

Material: 1 Zeichenstift (o. Ä.) pro Kind und für je etwa 7 Kinder ein gemeinsames Blatt (DIN-A4, besser größer). Nebukadnezar wollte der Größte sein. Und die anderen sollten ohne Unterschiede nur machen, was er wollte. Aber etwas Großes und Ganzes entsteht doch ganz anders, oder? Das probieren wir jetzt aus: Immer (etwa) sieben Kinder bekommen einen gemeinsamen großen Papierbogen. Darauf malt ihr einen großen Menschen(leib). Aber jeder darf nur einen Körperteil malen, dann ist die Nächste dran. (Wenn ihr anschließend noch nicht zufrieden seid, dürft ihr eine zweite Runde zum Ergänzen machen, aber wieder abwechselnd.)

2. Mai 2010

Jetzt legen wir das Ergebnis in die Mitte: Viele Teile sind ein Körper – früher sagte man „Leib". Alle ergänzen sich prima. Alle werden gebraucht. Alle Körper – wir alle – zusammen sind wieder ein Ganzes: die (Kindergottesdienst)gemeinde. Das kann man nicht nur zeichnen, sondern auch singen und spielen.

Lied und Bewegungsspiel

Aufstellung im Kreis mit Blick zur Mitte, Hände beider Nachbarn locker herabhängend fassen, Schritte usw. stets im Tempo der Viertelnote, sehr langsam mit Lied und korrespondierender Bewegung beginnen:

Wir alle sind ein Leib

Kanon für zwei Stimmen Musik und Text: Siegfried Macht

aus: Siegfried Macht. Kleine Leute – große Töne. © Strube Verlag, München
(korrespondierende CD enthält Playback zum Spiellied)

Wir alle sind ein Leib	4 Schritte zur Mitte auf die Zeichnungen zu (rechts beginnt)
ein Leib hat viele Glieder	4 Schritte zurück Variante für Ältere: den letzten Vorwärtsschritt (links) stampfen (links dann im Halbkreis nach hinten führen) und den ersten Rückwärtsschritt so gleich wieder mit links weiter.

ob Hand	1 x klatschen
ob Fuß	1 x Sprung auf beide Füße
ob Mund	1 x Handbewegung zum Mund
ob Ohr	1 x beide Hände hinters Ohr halten (um besser zu hören)
man braucht sie immer wieder	beide Nachbarn fassen (und evtl. seitwärts kl. Schritte hin und her)

Von vorn, dabei von Wiederholung zu Wiederholung schneller werden.

Den Text von unserem Lied, den Text von allen, die sich brauchen und zusammengehören, hat Paulus geschrieben. Von dem werden wir nächsten Sonntag noch mehr hören. Bis dahin soll Gott euch behüten. So wie Daniels Freunde behütet wurden. Das wünsche ich euch mit dem Lied, das uns jetzt als Segen hinausbegleiten soll:

Auszug zum Segenslied: Siehe, ich sende einen Engel vor dir her (mit Pilgerschritt, s. S. 113)

Siegfried Macht

9. Mai 2010
Rogate

Beten und Singen: die frohe Botschaft kann weitergehen
Apostelgeschichte 16,16–34

Lieder: Siehe, ich sende einen Engel vor dir her (s. S. 108); Hab geträumt und den Himmel und die Erde gesehn (s. S. 124); Gott hilft Grenzen überwinden (s. S. 127)

Liturgischer Text: Psalm 148 i. A.

Zum Text und zum Thema

In den Versen vor dem für heute gewählten Ausschnitt spürt Paulus, dass es ihm verwehrt wird, das Wort Gottes zu verkünden. Das Erstaunliche ist: Es ist der Geist Gottes selbst, der sich ihm in den Weg stellt. Eine absurde Situation. Vielleicht fühlt sich der eine oder die andere von uns an Momente erinnert, in denen auch unsere Verkündigung scheinbar nur noch auf unfruchtbaren Boden fiel – als wolle Gott selbst nicht mehr, dass wir weitermachen. Der biblische Text bleibt hier knapp und gewährt keinen Blick in die Abgründe, die auch Paulus womöglich zu spüren bekam. Doch der darauf folgende Traum, in dem er sich nach Europa (Mazedonien) gerufen weiß, muss ihm wie eine Erlösung erschienen sein: Es war also keine Missachtung der bisherigen Arbeit, sondern nur der Fingerzeig, dass sie woanders fortgesetzt werden soll: Die frohe Botschaft soll *weiter*gehen, weiter noch als wir (und Paulus) es in unserer begrenzten Sicht vorhatten.

Deshalb werden wir auch in diesem Gottesdienst die Erzählphase wieder beginnen mit dem Lied, das uns nun Anspruch und Zuspruch als „Reisesegen für Paulus" zusammenfasst: „Siehe, ich sende einen Engel vor dir her ... der dich bringt an den Ort, den ich bereitet hab."

Kaum aber, dass Paulus (und zumindest noch Silas) angekommen waren an dem Ort wo Gott sie haben wollte, kaum dass sich die erste Mazedonierin (Lydia) dem neuen Glauben zuwandte und taufen ließ – da gibt es schon wieder einen Rückschlag: Paulus heilt eine Magd von ihrem bösen Geist und wird dafür ins Gefängnis geworfen. Wir kennen das: Man will nur Gutes tun und – Undank ist der Welt Lohn. Böse war der Geist nämlich nur in der Wahrnehmung von Paulus und der Magd. Keinen Moment ließ der Geist die Frau in Ruhe, immerzu drängte er sie zu reden, ja zu schreien, anderen die Wahrheit ins Gesicht zu schleudern. Im Rückblick auf den Text des letzten Sonntags möchte ich sagen: Ein intoleranter Geist! Kein Eigenleben des Menschen duldend. Die Magd musste schreien. Die Hörer mussten hören und glauben! Denn was sie sagte, war in diesem Fall wahr – ob du es wahrhaben wolltest oder nicht. Wahrsagen kann eine Qual sein. Aber eben auch ein Gewinn für schon damals gewiefte Geschäftsleute. Die wussten sich nun um ihre Einnahmemöglichkeit betrogen, brachten Paulus und Silas vor Gericht und ins Gefängnis.

Muss Paulus nicht langsam mit seinem Gott gezürnt haben? Erst war er als frommer Pharisäer bemüht, es seinem Gott recht zu tun, der aber lässt ihn in einer Vision erkennen, dass all sein Eifer bisher in die falsche Richtung ging, ja dass er seinen Gott selbst verfolge ... Dann dieses an die Wand-Laufenlassen vor dem erlösenden Traum. Und nun Auspeitschen und Gefängnis ... Aber Paulus betet und lobt Gott und nach jüdischer Praxis könnte dies auch bedeuten: Paulus singt – im Gefängnis, die Füße eingeschlossen im Stock! Wie sicher muss Paulus inzwischen geworden sein, dass all dies nur ein Ziel hat: Die frohe Botschaft soll weitergehen, bis in die Gefängnisse, bis zu den Kerkermeistern – auch sie bekommen ihre Chance.

Der Text, das Thema und die Kinder

DIE frohe Botschaft weitersagen – erfahren, dass sie angenommen oder abgelehnt wird. Manche der älteren Kinder werden auch das erfahren haben; ansatzweise vielleicht, wenn sie Freunde und Freundinnen zum Kindergottesdienst eingeladen haben. Aber gerade für die Jüngeren ist der Anknüpfungspunkt erst einmal, überhaupt „EINE gute Nachricht, ein liebes Wort" weiterzugeben und damit Erfahrungen zu machen. Wie ist das, wenn ich gerufen werde – nicht zur Ermahnung und nicht als Aufforderung ein schönes Spiel zu beenden, sondern, weil jemandem eine tolle Einladung für mich hat.

Wie ist das, wenn ausgerechnet ich von jemand ausgewählt werde? Und wie, wenn ich das weitergebe. Kann man nur Sachen weitergeben oder auch Nettigkeiten, Freude ...?

Noch bevor wir uns mit dem Reisesegen zu Paulus auf den Weg machen, werden wir deshalb in einem einfachen Liedspiel all die oben genannten Erfahrungen wachrufen, neu machen, vertiefen ...

Gestaltungsvorschlag für jüngere und ältere Kinder

Spielerische Hinführung (vor allem für jüngere Kinder)
Sind heute neue Kinder da? Von wie vielen anderen kennt ihr eigentlich die Namen? Geht einmal alle durcheinander, begrüßt euch und lernt dabei mindestens zwei neue oder vergessene Namen ... Sobald ich zu singen anfange, stellt ihr euch alle in den Kreis, aber mit Blick nach außen.

Lied: Hab geträumt und den Himmel und die Erde gesehn

Spielverlauf
Aufstellung im Kreis ohne Fassung, nur die Spielleitung schaut zur Mitte. Alle wiegen hin und her und singen nach und nach gemeinsam bis zur Lücke; hier setzt die Spielleitung – alleine fortfahrend – den Namen eines Kindes ein. Das dreht sich nun ebenfalls um und übernimmt am Ende des zweiten Durchlaufs das Einsetzen eines neuen Namens. So geht es weiter, bis alle sich umgedreht haben.

Für das Füllen der Lücke gibt es neben dem Einsetzen eines Namens

Hab geträumt und den Himmel und die Erde gesehn

Musik und Text: Siegfried Macht

aus: Siegfried Macht. Kinder tanzen ihre Lieder. © Strube Verlag, München.

eine weitere wichtige Regel, die den Kindern vorher erläutert werden sollte: Man darf auch singen „... und alle solln sich drehn!" So ist es möglich, das Spiel in großen Gruppen abzukürzen, ehe es langweilig wird – und es lieber an einem der folgenden Sonntage neu zu spielen. Ebenso ist aber auch dem Kind geholfen, das sich umdreht und feststellt, dass es keines der noch aufzurufenden Kinder beim Namen kennt. Jetzt kann es das Spiel beenden, ohne sich zu blamieren: Ob es keinen mehr kennt oder einfach keine Lust zum Weiterspielen hat, vielleicht auch nur die neue Spielregel ausprobieren will – das bleibt sein Geheimnis.

So oder so: Wer aufgerufen wurde, freut sich. Warum hat das andere Kind gerade mich ausgewählt? Jetzt darf ich jemand aussuchen. Wer nicht singen mag, spricht einfach den Namen in die Lücke.

Nachdenken über das Singspiel
Was haben wir eigentlich gesungen? ... Wie sieht der Himmel denn aus? Und wann kommt er? Das wird alles gar nicht beantwortet in dem Lied! Aber es wird verraten, wer dazu eingeladen ist: Ich und du und du auch ... Und dass wir die Einladung weitergeben sollen und dürfen ...
(Pointierter Satz für ältere Kinder und Erwachsene im Familiengottesdienst: Der neue Himmel und die neue Erde – das sind die einander zugewandten Menschen.)

Lied und Pilgerschritt
Um diese Einladung weiterzugeben, war auch Paulus unterwegs. Aber nicht nur bei sich zuhause und in der näheren Umgebung. Gott hatte ihn auf eine weite Reise geschickt, damit noch viele andere von Jesus erfahren sollten. Wir begleiten ihn bis an sein Ziel und singen einen Reisesegen für ihn und uns:

Lied: Siehe, ich sende einen Engel vor dir her (mit Pilgerschritt s. S. 108)

Erzählung
Als Paulus und sein Freund Silas an ihrem Ziel angekommen waren, begannen sie sofort all das Gute, was sie von Gott wussten, weiterzuerzählen. Eine Frau namens Lydia hatte besonders gut zugehört. Sie ließ sich taufen. Und sie wollte das Gute auch gleich weitergeben. Als Erstes hat sie den Paulus und den Silas in ihr Haus eingeladen. Die wollten erst gar nicht. Aber Lydia ließ nicht locker: „Ihr seid doch fremd hier. Also kommt. Was ihr erzählt habt, hat mich froh gemacht. Jetzt beleidigt mich nicht und lasst euch auch von mir Gutes tun."

So blieben Paulus und Silas und gingen Tag für Tag zu den Stellen, wo man betete. Da müssten doch noch viele andere sein, die ihnen gerne zuhören würden. Aber unterwegs lief ständig eine seltsame Frau hinter ihnen her. Die zeigte auf sie und schrie wie wahnsinnig: „Diese Menschen sind Diener Gottes. Sie können euch sagen, wie ihr gerettet werdet. Diese Menschen sind Diener Gottes. Sie können euch sagen, wie ihr gerettet werdet." Ihre Stimme überschlug sich fast. So ging das Tag für Tag. Was sie sagte, war zwar die Wahrheit, aber sie schien nicht glücklich damit. Sie war wie ein Radio, das ein anderer an und ausschaltete. Dem Paulus tat das so weh, dass er sagte: „Du bist krank. Das soll aufhören. Im Namen Jesu ist jetzt Schluss damit." Und so war es dann auch.

Aber was Paulus nicht wusste: Diese Frau, eine Sklavin, hatte ihren Herren viel Geld eingebracht mit ihrem Wahrsagen. Das war nun auch vorbei und so verklagten die Männer den Paulus und den Silas und ließen sie ins Gefängnis stecken. (Kurze Pause, z. B., damit die Kinder ihrer Empörung Luft machen können ...)

Der Gefängnisvorsteher bekam sogar den Befehl, besonders gut auf sie aufzupassen und legte ihnen harte Fesseln an. Plötzlich um Mitternacht hörten die Mitgefangenen, wie die zwei begannen zu beten und zu singen. Ja gibt's denn so was? Dann krachte es auch noch furchtbar und ein großes Erdbeben riss die Türen auf und löste allen Gefangenen die Fesseln. Der Gefängnisvorsteher wachte natürlich auch auf. Als er die offenen Türen sah und daran dachte, dass er doch besonders aufpassen sollte, griff er nach seinem Schwert. (Wieder kurze Pause, was denken die Kinder? Will er die Gefangenen erschlagen?)

Er hatte Angst, dass alle entflohen waren und wollte sich selbst töten. Paulus aber rief schnell: „Tu dir nichts – wir sind alle noch da!" Aber jetzt fing der Mann erst recht zu zittern an und dachte wohl: Was sind das nur für Gefangene? Die haben einen Gott, der schickt Erdbeben zu ihrer Befreiung – und dann bleiben sie doch noch seelenruhig in meinem kaputten Gefängnis und sorgen sich um mein Leben?! Da brauchte es gar keine Wahrsagerin, da merkte man selbst, das müssen Boten Gottes sein. Wie es wohl weiterging? (Kinder ergänzen selbst, vgl. Verse 31–34)

Thematische Vertiefung im Bewegungsspiel

(vor allem für ältere Kinder) Erst sah es so aus, als wenn die Reise im Gefängnis zu Ende wäre. Da waren die Gefängnismauern. Da war auch der Gefängnisvorsteher. Er stand auf der anderen Seite. So wie wir uns jetzt auch auf zwei Seiten stellen und spielen, wie alle Grenzen fortfallen können, wie man einander näher kommen kann, wenn Gottes gute Botschaft weiterläuft: (Die Kinder stehen einander in zwei Reihen mit etwa 2 – 3 kleinen Schritten Abstand gegenüber. In jeder Reihe sind die Hände beider Nachbarn locker herabhängend gefasst. Schrittmaß zum Singen ist durchgängig die halbe Note, hier also 2 ruhige Schritte pro Takt. Alle Schritte werden eher klein ausgeführt.)

Lied: Gott hilft Grenzen überwinden

Die Reihen stehen jetzt wieder in etwa in der Entfernung der Ausgangsstellung (aber auf der anderen Seite), so dass alles nach Belieben wiederholt werden kann; zu jedem Neueinsatz wird wieder zu Grenzen durchgefasst, die dann überwunden werden ...

Kurzes Gespräch

U. a. anhand der Gestalt des Gefängnisvorstehers verdeutlichen, wer mit „ferner Nächster" gemeint sein kann. Und wie ist das eigentlich mit den Torbögen und dem Drunter-durch-Bücken: Bücken sich immer dieselben Kinder oder immer die, die von einer bestimmten Seite kommen? Das geht beides – man muss sich nur einig sein – aber was ist denn (inhaltlich) passender?

9. Mai 2010

Gott hilft Grenzen überwinden

Musik und Text: Siegfried Macht

2. Gott hilft Mauern überwinden.
Gott macht, dass die Fesseln schwinden.

Gottes Geist hilft uns verstehn
und zum fernen Nächsten gehen.

(aus: Siegfried Macht. Gemeinsam durch das Kirchenjahr, Persen Verlag.
Die gleichnamige CD enthält ein schönes Playback für den Liedtanz)

Gott hilft Grenzen	2 Schritte rückwärts *(Grenzen bzw. Gräben aufbauen!)*
überwinden	2 Schritte vorwärts, Reihe A hebt die Hände zu Torbögen
Gott macht, dass die	2 Schritte weiter: Reihe B löst die Fassung und geht unter den Torbögen hindurch
Mauern schwinden.	2 Schritte weiter, Reihe A senkt die Hände
Gottes Geist hilft	2 Schritte weiter
uns verstehn	mit 2 Schritten halbe Drehung (auch Reihe A löst dazu die Fassung), so dass sich alle wieder anschauen
und zum fernen	4 Schritte aufeinander zu
Nächsten gehen.	

Gebet
Lieber Gott, lass uns lernen aufeinander zuzugehen. Hilf uns, von dir weiterzuerzählen. Lass uns wissen, dass du uns dabei nie allein lässt. Amen

Auszug mit Lied als Reisesegen:
Siehe ich sende einen Engel vor dir her (mit Pilgerschritt)

Siegfried Macht

„Nach dem Abschied: Neues entsteht!" – Jesus sendet Gottes Geist

Himmelfahrt, Kanzel St. Annen, Eisleben   Foto: Hauke Meinhold

Lied: Ein neuer Tag beginnt, s. S. 132

Liturgischer Text: Wir bitten, Herr, um deinen Geist, Bei dir bin ich zu Hause 107, Sagt Gott II 94

„Nach dem Abschied: Neues entsteht!" – Jesus sendet Gottes Geist

Sonntag	Text/Thema	Art des Gottesdienstes Methoden und Mittel
13./16.5.2010 Himmelfahrt/ Exaudi	Johannes 14, (15–20.)25–26 „Weißt du noch ..."? – Gottes Geist erinnert uns an Jesus	Gottesdienst mit Kindern; Karten mit kurzen Sätzen, Erzählung, Gespräch, gemalte Bilder zur Collage zusammenfügen
23./24.5.2010 Pfingsten	Johannes 16,16–22 „ Er ist da!" – Gottes Geist verwandelt unsere Traurigkeit in Freude	Gottesdienst mit Kindern (und Erwachsenen); Liedzettel mit Psalm, Besinnung (4 Sprecher), Erzählung, Glaubens-bekenntnis (4 Sprecher) Aktion „Sonnenblumenkerne", Gespräch
30. 5. 2010 Trinitatis	Johannes 15,26–16,13.33 „Wer steht uns bei"? – Gottes Geist tritt für uns ein	Gottesdienst mit Kindern; Spiel, Erzählung, Gespräch, Karte mit „Vorher-Nachher-Effekt" gestalten

Monatlicher Kindergottesdienst im Mai
Gottes Geist verlässt uns nicht, Johannes 16,16–22   S. 139

13./16. Mai 2010
Christi Himmelfahrt/Exaudi

Johannes 14,25–26

„Weißt du noch ...“? – Gottes Geist erinnert uns an Jesus

Lied: Ein neuer Tag beginnt, S. S. 132; Ich lobe meinen Gott von ganzem Herzen, EG 272, KG 161, LJ 160

Liturgischer Text: Wir bitten, Herr, um deinen Geist, Bei dir bin ich zu Hause 107, Sagt Gott II 94

Zum Text

Der Text Joh 14,25–26 steht im zweiten Teil des Johannesevangeliums. Während es im ersten Teil um das Wirken Jesu in der Welt geht, wird anschließend Jesu Offenbarung vor den Seinen, vor den Insidern sozusagen, thematisiert.

Die Gemeinde, die der Evangelist Johannes um 100–110 n. Chr. vor Augen hat, muss sich mit der ungläubigen Welt auseinandersetzen. Der Glaube der Christinnen und Christen ist gefährdet – und damit auch ihre Identität. In diese Situation hinein platziert der Evangelist die Abschiedsreden Jesu. Dem Heiligen Geist, der bei Johannes auch „Paraklet" genannt wird, was „der Herbeigerufene/Herbeigekommene" bedeutet und von M. Luther mit „Tröster" übersetzt wird, kommt eine wesentliche Rolle zu. Durch ihn nämlich kann die Gegenwart (die Zeit des Johannes) mit der Vergangenheit (die Zeit Jesu) verbunden und der Gemeinde eine Perspektive für die Zukunft gegeben werden: Die Gemeinschaft der Glaubenden mit Gott und Jesus bleibt bestehen – obwohl Jesus weggehen wird.

In den Abschiedsreden geht es, wie der Name schon verrät, um den Abschied Jesu. Aber, Gott sei Dank, nicht nur das! Es geht in diesem Abschied vor allem auch um einen Nachfolger, der nach dem Tod Jesu die Verbindung zwischen Gott, Jesus und den Glaubenden hält. Dieser Nachfolger Jesu ist Gottes Geist. Er bringt den Glaubenden die Person Jesu Christi nahe. Er ist Lehrer, Zeuge und Interpret, Beistand, Anwalt und Fürsprecher und begleitet sie in die Zukunft. Dies wird in Joh 14,25–26 noch konkretisiert: Die Zeit des Evangelisten Johannes ist bestimmt durch die Anwesenheit des Geistes, den Gott im Namen Jesu gesandt hat. Der Geist repräsentiert nun Gott und Jesus Christus und gehört zu ihnen. Indem er alles lehrt und an alles erinnert, was Jesus gesagt hat, holt er seine Botschaft in die Gegenwart und macht sie der Gemeinde verständlich. So, wie Jesus in seinem Leben geredet hat, so tut es nach dessen Tod der Geist für ihn und in seinem Namen.

Joh 14,25–26 ist ein Abschiedswort. Ein Wort des Abschieds. Ein Wort vom Ende, und zugleich ein Wort vom Anfang der Zeit nach Jesus. Ein Wort davon, dass es weitergeht mit dem Wort und der Geschichte Gottes mit seinen Menschen. Dass Gottes Geist dafür da ist. Dass er zum Leben verhilft – indem er an Jesus erinnert und von Gott erzählt. Nicht ein für allemal, sondern immer wieder. Nicht nur zur Zeit des Evangelisten Johannes, sondern zu allen Zeiten. Das ist das Testament, das Jesus seinen Jüngerinnen und Jüngern macht: Obwohl er weggeht, bleibt er bei ihnen. Gott kommt zu denen, die an ihn glauben. Er ist da, wo von seinem Wort lebendig erzählt wird. Eine tröstliche und ermutigende Aussicht – damals und heute.

Der Text und die Kinder

Ein spröder Text! Kurz und abstrakt. So gar nicht anschaulich. Kaum Eindrücke, die beim bloßen Hören hängen bleiben. Für Erwachsene nicht, und für Kinder erst recht nicht. Es braucht also eine Veranschaulichung und Konkretisierung. Gemäß der Theologie des Johannes, dass Gott nur da zu uns kommen kann, wenn andere uns von Gott erzählen, soll eine Erzählung im Mittelpunkt stehen, in der erinnernd vergegenwärtigt wird, was Jesus in seinen Abschiedsreden versprochen hat. Die Erzählung geht dabei über die beiden Verse Joh 14,25–26 hinaus und versucht so, aus den Abschiedsworten eine Abschiedssituation zu machen, die von den Kindern nachempfunden werden kann. Abschiede sind den Kindern vertraut – seien es die kleinen alltäglichen oder die großen Abschiede, die an Umbrüchen im Leben notwendig werden (z.B. Tod von Großeltern, Trennung der Eltern, Umzug und neue Umgebung). Sie kennen damit verbundene Abschiedsgefühle wie Trauer und Schmerz, Ärger und Wut, Vorfreude und Hoffnung. Was an den Abschiedsworten Jesu das Besondere ist: Der Abschied ist nicht das Ende. Und so gipfelt die Erzählung dann in einer für die Jünger neuen und beglückenden Erfahrung, der gespürten Anwesenheit von Gottes Geist: Es war, als wäre Jesus mitten unter uns. So haben es Menschen immer wieder erlebt – Gott sei Dank!

Gestaltungsvorschlag für ältere (und jüngere) Kinder

Begrüßung

Lied: Ein neuer Tag beginnt, Str. 1+2

Hinführung

Auf dem Boden liegen mehrere Karten, die nacheinander ohne Kommentar aufgedeckt werden. Auf ihnen stehen verschiedene Sätze, die man sagt, wenn man sich von jemandem verabschiedet:

Zeichnung: Sabine Meinhold

Auf Wiedersehen! Bis bald!
Komm gut wieder!
Vergiss mich nicht!
Ich denke an dich!
Lass es dir gut gehen!
Schade, dass du nicht noch länger bleiben kannst!

Ein neuer Tag beginnt

Melodie und Text: Helga Poppe
Rechte: © VG Musikedition, Kassel

2. Noch ist alles um mich still,
und ich kann dich hören.
Was mir heut' begegnen will:
Du bereitest mich vor.

3. Was mir Angst und Sorgen macht,
das kann ich dir sagen.
Du selbst gibst mir deine Kraft,
denn ich bin zu schwach.

4. Deinen Frieden schenkst du mir,
ich kann dir vertrauen.
Ich bin dein, gehöre dir.
Du lässt mich nicht los.

Die Kinder werden gefragt, wann man so etwas sagt, und welche anderen Sätze ihnen noch einfallen. Diese Ideen werden aufgeschrieben und zu den Karten gelegt.

Gemeinsam wird überlegt, was es leichter machen kann, sich von jemandem zu verabschieden (z.B. Vorfreude auf ein Wiedersehen, gemeinsame Erinnerungen, kleine

Erinnerungsstücke wie Fotos, Geschenke).

Erzählung
Heute kriegen wir Besuch von jemandem, der auch einen Abschied erlebt hat – einen ganz besonderen.
(Ein Jünger tritt auf.)
War das ein Tumult damals! Alle haben durcheinandergerufen. Wir waren so aufgeregt, und wir hatten solche Angst. Wenn ich nur daran denke, klopft mein Herz wieder so laut wie damals. Ich dachte, ich würde zerspringen (springt dabei auf)! Dabei hatte Jesus nur einen Satz gesagt (setzt sich wieder). Drei Worte ... Aber die hatten es in sich! „Ich werde weggehen." Weggehen? Jesus? Ohne uns? Das geht doch nicht, haben wir gedacht. Schon sprang einer meiner Freunde auf. Einen hochroten Kopf hatte er. „Entschuldige, Jesus, vielleicht waren wir manchmal anstrengend. Vielleicht haben wir uns zu oft gestritten und nicht verstanden, was du von uns wolltest. Aber du kannst uns doch nicht allein lassen! Wir brauchen dich doch. Und ich verspreche dir, dass wir uns bessern werden, also, ich zumindest ..." Ein anderer rief: „Wegen dir, Jesus, habe ich meine Familie verlassen. Alles, was ich hatte. Wegen dir! Und jetzt willst du ohne uns weiterziehen? Wo sollen wir denn hin?" Die letzten Worte schluchzte er fast. Er war wütend, aber mindestens genauso traurig. Da kamen drei Jünger angelaufen. Sie hatten ein Bündel über der Schulter und waren ganz außer Atem. „Kein Problem, Jesus, wir kommen mit. Wir sind vorbereitet. Brot, Wasser, Decken. Proviant für dich haben wir auch schon eingepackt. Wo soll's denn hingehen?"
Jesus sah sie lange an. Er war merkwürdig still. Eine Weile sagte er nichts. Aber dann: „Meine lieben Freunde, ich gehe nicht in ein anderes Dorf. Auch nicht in eine andere Gegend. Ich gehe wirklich weg. Ich gehe weg von euch. Nicht sofort, aber bald. Da, wo ich hingehe, könnt ihr nicht mitkommen. Keiner von euch. Aber ich werde wiederkommen, und dann will ich euch zu mir nehmen. Und ich sage euch das alles jetzt schon, damit ihr mich versteht und mir vertraut."
Wir sahen uns an. Keiner sagte etwas, und das kam eigentlich nie bei uns vor! Jesus würde weggehen und wir sollten hierbleiben. Bis irgendwann später. Wenn ich an unsere Gesichter denke ... Traurig waren wir, und ratlos. Wir hatten immer noch nicht verstanden, wo er hin wollte. Scheinbar waren wir mal wieder etwas schwer von Begriff. „Aber, Jesus, wo gehst du hin?" „Macht euch keine Sorgen um mich, meine Freunde. Ich gehe zu Gott, meinem Vater. Da gehöre ich hin. So wie ich auch zu euch gehöre. Aber dann kann ich für alle Menschen da sein. Ich weiß, es klingt etwas kompliziert. Aber ich bitte euch, mir zu vertrauen."
Da bin ich aufgestanden (steht auf), habe meinen ganzen Mut zusammengenommen und gesagt: „Jesus, wie oft hast du uns gesagt, dass wir deine Geschichten den Menschen erzählen sollen. Das haben wir gemacht. Aber manchmal verstehen wir sie doch selbst nicht. Du hast es uns dann erklärt. Manchmal haben wir sogar aus Versehen etwas verwechselt. Oder vergessen! Und manche von uns – und da sah ich meinen klei-

„Nach dem Abschied: Neues entsteht!" – Jesus sendet Gottes Geist

nen Bruder streng an, der mich sofort verstand und rote Ohren bekam – schmücken deine Geschichten und alles, was wir mit dir erlebt haben, gern auch ein bisschen aus. Hier eine kleine Übertreibung, da ein paar Dinge weggelassen ... Du hast uns dann alles erklärt. Du hast uns immer wieder von Gott erzählt! Du! Du! Du! Du und kein anderer!" „Genau!", riefen die anderen, und jetzt redeten wieder alle durcheinander. „Freunde!", rief Jesus. „Ich verstehe euren Ärger, eure Angst und euren Schmerz. Aber bitte, vertraut mir. Ich gehe weg, aber ich bleibe auch da. Irgendwie." Wie bitte? Jesus hatte uns gerade noch gesagt, dass er weggehen würde, und jetzt wollte er plötzlich dableiben? Irgendwie? Sollte das ein Witz sein? „Euer Gott, mein Vater, er wird euch den Heiligen Geist schicken, denn darum habe ich ihn gebeten. Und der Heilige Geist, der wird euch an mich erinnern, und er wird euch von Gott erzählen. Er wird euer Lehrer sein – so wie ich es bisher gewesen bin. Ihr werdet ihn nicht sehen können, aber er wird da sein."

Ja, so war das damals. Ich bin dann erst mal weggegangen (geht im Raum umher). Mir war das alles zu viel. Ich wollte allein darüber nachdenken, was das zu bedeuten hatte. Ich habe mich auf einen Stein gesetzt (setzt sich hin) und über Jesus nachgedacht. Er war für uns das Wichtigste überhaupt! So, wie er lebte, so wollten wir auch leben. Aber dazu brauchten wir ihn eben. Und nun sollte es einen anderen geben, den Heiligen Geist. Der sollte uns Halt geben, obwohl er unsichtbar sein würde. Der sollte die Verbindung zu Jesus sein und uns an ihn erinnern.

Wir hatten ja schon einiges mit Jesus erlebt, was wir uns nie hätten vorstellen können – aber ob das jetzt gehen würde?

Einige Zeit später – als Jesus nicht mehr bei uns war – saßen wir beieinander, seine Freundinnen und Freunde. Und einer erzählte uns von Jesus. Und er erzählte so begeistert von ihm, so voller Herz, dass uns die Münder offen standen – obwohl wir die Geschichte schon oft gehört hatten. Selbst mein kleiner Bruder, der immer schwatzte und dazwischenrief, hörte gebannt zu. Wir spürten, dass da etwas war. Da lag etwas in der Luft, das größer war als wir. Ob Jesus das damals gemeint hatte? Wir sahen uns an und waren glücklich, so glücklich wie lange nicht mehr. Es war, als wäre Jesus mitten unter uns – obwohl er doch seit langem nicht mehr bei uns war.

Lied: Ich lobe meinen Gott von ganzem Herzen

Gespräch – Bilder malen – Collage
Gemeinsam wird überlegt, welche der Abschiedssätze, die am Anfang besprochen wurden, zu der Geschichte passen. Wer könnte sie zu wem sagen? Warum?

„Es war, als wäre Jesus mitten unter uns – obwohl er doch seit langem nicht mehr bei uns war." Was könnte der Jünger damit gemeint haben? Die Kinder werden nach Situationen befragt, in denen sie das auch schon einmal erlebt und gedacht haben oder die sie sich vorstellen können (in Gefahr, in der Schule, bei Krankheit, in der Familie). Davon malen die Kinder Bilder. Unter dem Titel „Es war, als wäre Jesus mitten unter uns" können am Schluss alle Bilder zu einer Collage zusammengefügt werden.

Gebet
Guter Gott, wir können dich nicht sehen. Wir können dich nicht anfassen. Trotzdem bist du uns manchmal ganz nah. Das spüren wir. Dann schickst du uns den Heiligen Geist. Du hast uns versprochen, immer bei uns zu sein. Hilf uns, darauf zu vertrauen, auch wenn wir mal nichts von dir merken. Amen
(Die von den Kindern gemalten Situationen können spontan mit in das Gebet aufgenommen werden.)

Lied: Ein neuer Tag beginnt, Str. 3+4

Ulrike Scheller

23./24. Mai 2010
Pfingsten

Johannes 16,16–22(33)

„Er ist da!" – Gottes Geist verwandelt eure Traurigkeit in Freude

Lieder: Das wünsch ich sehr, LB 48; Du, Herr, gabst uns dein festes Wort, LB 132; Ich sing dir mein Lied, LB 1; Gott sagt uns immer wieder, KG 216, LJ 542; Sei behütet, Liederbuch C. Bittlinger 31; Halte zu mir, guter Gott, KG 8, LJ 549, LZU 39, LfK B5; Komm, heilger Geist, KG 70, EG regional; O komm herab, du heiliger Geist, (Text: Gotteslob 244, andere Melodie:) Du bist Herr 186; Du verwandelst meine Trauer in Freude, LJ 508, MKL 9, LH 64, KG 198

Liturgische Texte: Apostelgeschichte 2,42; 4,20; 4,33, dazu: Liedruf aus EG 132 (Zeile 1 und 2)

Zum Text

Johannes kommt es in seinem Evangelium darauf an, nicht so sehr den historischen Ablauf, sondern vor allem den Sinn eines Geschehens darzustellen: sowohl für die menschliche Seite als auch aus Gottes Sicht, damit klar wird, was das Heil Gottes in Jesus Christus bedeutet. Sein Leben, Sterben, Tod und Auferstehung setzen allem Leid, allem Tod, allem Schmerzhaften etwas Wirkliches entgegen: die Leben schaffende Kraft Gottes, der Heilige Geist, der sogar noch aus dem Schlimmsten etwas absolut Gutes hervorbringt. In Jesus geht Gott selbst aus dem Tod ins Leben – das Mensch gewordene Versprechen Gottes an alle Menschen, sein Plan, wird wahr in ihm.

„Nach dem Abschied: Neues entsteht!" – Jesus sendet Gottes Geist

Mit Kapitel 16 sind wir mitten in den „Abschiedsreden Jesu", wo er sich von seinen engsten Freunden, den Jüngern, „verabschiedet" und seinen Tod ankündigt und deutet – in der Dimension für sie selbst und andere. In V. 21 begegnet uns ein oft gebrauchtes, damals herkömmliches Bild für das Kommen des Reiches Gottes. V. 33 ist der Höhepunkt dieses Redeabschnittes: „In der Welt habt ihr Angst; aber seid getrost, ich habe die Welt überwunden." Wichtig dazu ist V. 20: „Ihr werdet traurig sein, aber eure Traurigkeit wird in Freude verwandelt werden."

Der Text und die Kinder

Sich zu verabschieden kennen Kinder aus eigenem Erleben. Tagtäglich, wenn sie in den Kindergarten oder in die Schule gehen, verabschieden sie sich von ihren Eltern und den Geschwistern. Im Urlaub oder wenn sie umziehen, müssen sie sich von Menschen und Orten verabschieden. Auch dass unser Leben endlich ist und es eine Zeit geben kann, in der sich jemand ganz und gar von dieser Welt verabschiedet, soll angesprochen werden. Auch die dazugehörigen Gefühle: Trauer, Traurigkeit, Schmerz, auch Ärger, Wut, vielleicht Hilflosigkeit, Resignation, Verzweiflung ... auch Mitleid sollen zur Sprache kommen. Dass es bei Gott aber eine „Verwandlung" geben könnte, dass er die Traurigkeit der Jünger in Freude verwandeln wird, verwandelt hat, das ist den Kindern eher befremdlich. Und doch ist genau das das Zentrum unseres Glaubens. Erzählen Sie den Kindern, was *Ihnen* wichtig geworden ist, wie Johannes es getan hat. Erzählen Sie von Ihrem Glauben. Wo Gott etwas in Ihrem Leben gut gemacht hat, wo eine neue Sicht, eine neue Hoffnung, ein neues Kapitel aufgeschlagen wurde, wo das Leben stärker wurde als der Tod und Gottes Leben schaffende Kraft und Tod wendende Kraft sichtbar wurde und wird. Dass man sich nach dem Tod wiedersieht, ist ein Glaube, eine Ermutigung zum Leben, keine Vertröstung. Gottes Gegenwart in Christus heißt: Der, der uns das Leben geschenkt hat, will, dass wir es leben und erleben mit Höhen und Tiefen.

Man erlebt nicht nur den Tod am Ende des Lebens. Oft genug kann auch ein Abschied, ein Streit, eine Scheidung, eine Krankheit, Arbeitslosigkeit oder ähnliches als Tod empfunden werden. Das zu bewältigen und damit nicht allein zu stehen, sondern auf Gott zu schauen und auch Geduld zu entwickeln, wie in unserem Text beschrieben, lässt uns wachsen an Mut und Hoffnung und Stärke. So erzählen wir den Kindern wirklich etwas für Ihre Lebenskraft und ihren Lebensmut. Es macht sie stark.

Gestaltungsvorschlag für Kinder und Erwachsene

Begrüßung und Einführung
Wie oft gibt es eine Chance, etwas zum Guten zu verändern in unserer Welt? Eigentlich jeden Tag, jede Stunde, jeden Augenblick, immer wieder neu. Heute feiern wir das Pfingstfest miteinander, das Fest des Heiligen Geistes, der das Leben für uns will. In der Kirche feiert Gott das Fest des Lebens jeden Sonntag neu mit uns, mit uns Kleinen und Großen. Jesus hat alles, was unser Leben tot und dunkel macht, überwunden. Mit

ihm können wir immer wieder das Leben finden. Er hat uns erlöst vom Tod, uns befreit von allem, was uns niederdrücken will und traurig macht. Er hat immer wieder Traurigkeit in Freude verwandelt. Mit ihm gehen wir durch unser Leben.

Liturgische Texte (s. o.)

Besinnung
Kind: Manchmal bin ich mutlos, traurig, wie tot, am Boden zerstört. Wer gibt mir neue Kraft und neuen Mut? Wer erweckt mich zu neuem Leben?
Erwachsene/r: Oft fühlen wir uns wie ausgelaugt, sind gestresst, lahmgelegt, fühlen uns starr und leer und wie tot. Wir haben uns schon so daran gewöhnt. Es hat ja alles keinen Sinn, denken wir. Wer gibt uns neue Kraft, Phantasie und Mut? Wer zeigt uns den Weg in ein neues Leben?
Jugendliche/r: Wie sieht das Leben aus, in das wir hineinwachsen? Wer braucht uns? Wer gibt uns wirklich eine Chance? Wenn Gleichgültigkeit sich breit macht, wo ist dann unser Herz? Wer belebt uns neu?
Älterer Mensch: Das Leben hat viele Lasten. Manchmal sind wir mutlos und fragen, warum manches so schwer ist. Wer hilft uns, unser Leben zu tragen? Wer belebt uns?

Gebet
Lebendiger Gott, heute sind wir hier zusammen, um dich zu spüren mit deiner Kraft, mit dem Heiligen Geist. Jesus Christus hat die Dunkelheit besiegt und das Licht des Lebens in die Welt gebracht. Er hat es uns geschenkt für immer. Daran halten wir uns. Gib uns die Kraft, unser Leben und das anderer Menschen hell und fröhlich zu machen. Lass uns in deiner Kraft leben in deinem lebendigen, Heiligen Geist durch Jesus Christus, unseren Herrn.

Erzählung
(Ein Jünger erzählt; verkleiden, z.B. ein Tuch umhängen):
Damals waren wir alle zusammen, Petrus, Johannes und Thomas und all die anderen. Wir aßen zusammen mit Jesus. Es war das letzte Mal. Wir wollten es nicht glauben, aber den ganzen Abend über waren wir sehr betrübt, weil Jesus so merkwürdige Dinge zu uns sagte. Auch wir ahnten, dass bald etwas Schlimmes passieren würde. Er redete manchmal offen, manchmal mit Worten, die wir nicht verstanden, von seinem Sterben. Das erschreckte uns mächtig. Aber er beruhigte uns auch immer wieder.

So saßen wir bedrückt vor unserem Essen. Jesus sagte oft dunkle Worte, die Angst machten. Davon, dass er weggehen würde und dass es bald sein würde. Und er sagte, es würde sich alles ändern. Ab und zu aber sprach er auch davon, dass wir uns wiedersehen würden. Nach einiger Zeit sagte Jesus: „Es dauert nur noch eine kleine Weile, dann werdet ihr mich nicht mehr sehen. Und dann wird es wieder eine Weile dauern und dann werdet ihr mich wiedersehen." Da war es wieder. Was sollte das denn heißen? Eine kleine Weile? Wie lange soll das denn sein? Es war so komisch, dass wir untereinander zu tuscheln anfingen. Schließlich merkte Jesus, dass wir es nicht verstanden und dass wir ihn fragen wollten, damit wir es verstehen könnten. Er sagte: „Danach fragt ihr euch untereinander, dass ich gesagt habe: Noch eine kleine Weile, dann werdet ihr mich nicht sehen und wieder eine kleine Weile, dann werdet ihr mich sehen? Ich sage euch: Es kommt viel schlimmer. Ihr werdet weinen, aber viele andere werden sich freuen. Ihr werdet traurig sein. Doch danach, da wird auch wieder eine andere Zeit kommen und ihr werdet etwas sehen, was euch sehr froh machen wird. Und dann wird es so sein, dass eure Freude nie wieder von euch genommen wird.

Wisst ihr, wenn eine Frau ein Kind bekommt, dann freut sie sich zwar sehr auf ihr Kind. Gleichzeitig aber hat sie auch viel auszuhalten an Schmerzen. Aber die Freude, dann ein kleines Baby zu bekommen, ist so groß, dass sie alles vergisst, was schwer und schmerzvoll daran war. So wird es auch für euch sein, wenn ihr das alles miterleben werdet, was mit mir geschieht." Und dann sagte er, dass wir ganz eng zu ihm gehören und dass Gott auch unser Vater sei. Er sagte wortwörtlich: „Ich bin vom Vater ausgegangen und in die Welt gekommen; ich verlasse die Welt wieder und gehe zum Vater."

Da merkten wir ganz deutlich, was er meinte. Er ging also wirklich wieder aus dieser Welt hinaus. Er würde sterben und ahnte das. Und er wusste, wohin er gehen würde: zu seinem Vater, also zu Gott. Das hat uns erschreckt, aber irgendwie auch beruhigt. Jesus ging wieder zum Vater! Und dann sagte er einen Satz, den ich bis heute nicht vergessen habe: „In der Welt habt ihr Angst, aber seid getrost: Ich habe die Welt überwunden!" Daran musste ich später ganz oft denken, wenn ich an das Kreuz dachte. Mit diesen Worten kam ein neuer Geist in uns alle. Er hat uns verwandelt und er hat uns getröstet. Er hat unsere Traurigkeit in Freude verwandelt. Er hat mir persönlich aber auch Mut gemacht, als meine Mutter gestorben ist. Da habe ich gedacht: Jesus ist zu seinem Vater gegangen und wir haben ihn wiedergesehen. Er ist auferstanden. Und das hatte Gott, sein Vater und unser Vater getan. In diesem Vertrauen lebe ich und die anderen Jüngerinnen und Jünger auch. Es tröstet uns und macht uns stark.

Glaubensbekenntnis
Kind 1: Herr Jesus Christus, du hast zu Gott großes Vertrauen gehabt. Ich glaube: Du hast den Tod besiegt, auch für uns. Du bist die Auferstehung und das Leben. Das macht uns Mut und lässt uns aufstehen zu neuem Leben.
Kind 2: Herr Jesus Christus, ich glaube: Du bist das Licht in unserer Welt. Wenn es um uns dunkel ist, lass uns dein Licht sehen mit den Augen und mit dem Herzen.
Kind 3: Herr Jesus Christus, ich glaube, dass du uns liebst und deshalb diesen Weg in den Tod gegangen bist. Du bist auferstanden. Das macht mir Mut und tröstet mich, wenn ich über die traurig bin, die gestorben sind.
Kind 4: Herr Jesus Christus, ich glaube, du kannst uns von vielem befreien, was uns niederdrückt. Du heilst, was verwundet ist, und führst in ein neues Leben. Bleibe bei uns, Herr.

Gebet/Segen

23./24. Mai 2010

Weitere Bausteine zur Vertiefung

Aktion zum Thema „Veränderung"
An die Teilnehmer des Gottesdienstes können Sonnenblumenkerne verteilt werden, die zu Hause in einen Topf oder in die Erde gesteckt werden können. Man muss allerdings „eine kleine Weile" warten, bis etwas zu sehen sein wird. Dafür ist die Freude dann länger da.

Matzenbrot backen und essen
Wenn der Gestaltungsvorschlag für jüngere und ältere Kinder genutzt wird, kann man mit den Kindern etwas backen und dann gemeinsam essen. Gemeinsames Essen und Reden am Tisch verbindet sehr miteinander. Das Backen zeigt die Veränderung, die aus Zutaten einen Teig werden lässt und wie daraus dann Fladenbrot wird, das man gemeinsam essen kann. Besonders gut eignet sich Matzenbrot.

Rezept für Matzenbrot (6–8 Personen)
Dazu braucht man: 400 g Vollkornweizenmehl, 1 Prise Salz, 1/2 – 1 l Wasser. Mehl, Salz und Wasser zu einem geschmeidigen Teig kneten und Fladen daraus formen. Den Backofen auf 200 Grad Celsius vorheizen, die Fladen ca. 15 min. backen, zwischendurch wenden. Das Backblech eventuell mit Olivenöl einreiben oder Backpapier unterlegen. Dazu kann man mit Knoblauch, Thymian und Olivenöl eingelegten Salzlaken-Käse essen.

Eine Gesprächsrunde zum Thema „Trösten" kann sich in einem überschaubaren Kreis anbieten. Was tut mir gut, wenn ich traurig bin? Was macht mir Mut? Was gibt mir Kraft in meinem Leben?

Dorothea Pape

Monatlicher Kindergottesdienst im Mai
Gottes Geist verlässt uns nicht, Johannes 16,16–22

Auch wenn der auferstandene Jesus nicht mehr da ist, hat er seine Jüngerinnen und Jünger nicht verlassen. Er sendet den Heiligen Geist, der uns hilft, uns an Jesus zu erinnern und darauf zu vertrauen, dass Gott mit seiner verwandelnden Kraft – auch in Traurigkeit und Angst – bei uns ist. Im Mittelpunkt dieses Gottesdienstes steht die Pfingstfreude, die „niemand von euch nehmen" soll (Joh 16,22)
 Die Erzählung aus der Sicht eines Jüngers (S. 133) verdeutlicht die Situation des Abschieds und die Veränderung von der Traurigkeit und Angst zur Freude darüber, dass Gottes Geist da ist. Mit den Kindern kann ein freudiges Mahl gefeiert werden. Dazu wird Matzenbrot (Rezept s. o.) gebacken.
 Für ältere Kindern eignet sich besonders der Gestaltungsvorschlag für den 30. Mai (S. 140) mit einer Geschichte über Martin Luther King. Hier wird eindrücklich erzählt, wie die Wirksamkeit des Heiligen Geistes direkt erfahren wurde.

30. Mai 2010
Trinitatis

Johannes 15,26–16,13.33

„Wer steht uns bei?" – Gottes Geist tritt für uns ein

Lieder: Alle Kinder dieser Erde, KG 126, MKL 63; siehe auch die Liedvorschläge zu den anderen Sonntagen dieser Einheit

Liturgischer Text: Wir bitten, Herr, um deinen Geist, Bei dir bin ich zu Hause 107, Sagt Gott II 94

Zum Text

Die Vorstellung der Wirkung des Geistes Gottes ist für uns geprägt durch die Bilder der Erzählung in der Apostelgeschichte (Apg 2,1ff) Sehr einprägsam veranschaulicht Lukas an dieser Stelle das Wunder der Gabe des Geistes. Die Jünger bekommen die Kraft Gottes – und sie beginnen angstfrei von Jesus zu predigen. Den Menschen geht es durchs Herz und die erste christliche Gemeinde entsteht.

Einen ganz anderen Weg geht der Evangelist Johannes. Bei ihm finden wir keine Erzählung vom Kommen des Geistes wie Feuer und Wind. Sondern in einer langen Rede, durch die Jesus seine Jünger auf die Trennung vorbereitet, verspricht er ihnen den Geist, der von Gott kommt. Seine Kraft wird ihnen helfen, Jesus zu verkündigen (Joh 15,26f). Seine Kraft wird sie trösten, wenn Jesus nicht mehr bei ihnen sein wird (Joh 16,5ff). Seine Kraft wird sie stärken in Zeiten der Verfolgung, die über sie kommen werden (Joh 16,1–4. 33). Der Geist ist die Gabe Gottes für alle Generationen. So können die Christen in der Vollmacht des Geistes die Verkündigung Jesu fortsetzen, und so bleibt Jesus in der Gegenwart wirksam.

Der Text und die Kinder

Dem Text von der Gabe des Geistes aus dem Johannesevangelium fehlen alle anschaulichen Elemente, so dass er kaum geeignet ist, Kindern ihre Bedeutsamkeit zu vermitteln. Deshalb soll durch ein Lebensbild die Kraft des Geistes Konturen erhalten und lebendig werden. Gewählt wird eine Passage aus dem Leben von Martin Luther King. Zwar wird dieser oft zum Thema in unterschiedlichen Zusammenhängen, aber die Kinder des Kindergottesdienstes werden kaum von ihm gehört haben. Während diese Handreichung entsteht, ist in den USA Barak Obama zum Präsidenten gewählt worden. Ohne dass man die Qualität seiner Präsidentschaft zu diesem Zeitpunkt einschätzen könnte, ist allein die Tatsache seiner Wahl großartig. Zwar ist keineswegs der Rassismus in den USA ausgerottet, aber eine Mehrheit hat sich über dessen Vorurteile hinweggesetzt. Das ist ein wunderbares Geschehen, in das der gewaltlose Kampf von Martin Luther King hineingehört. An seinem Leben werden die Verheißungen des Geistes greifbar. Er wagte im Sinne Jesu trotz aller Anfeindungen von der Gleichheit aller Menschen zu reden. Er kannte die Angst um seine Familie und sein Leben, denn er erfuhr Hass und Bedrohung. Aber immer wieder half ihm sein Glaube. So wird die Kraft des Heiligen Geistes, der auf seiner Seite war, ins Bild gesetzt. Der Busstreik in Montgomery soll exemplarisch seinen gewaltfreien Kampf veranschaulichen.

Kinder kennen Angst. Sie begeistern sich für mutige Helden. Sie empören sich über Ungerechtigkeit und sind dankbar für Hilfe. Eine Begebenheit aus dem Leben von Martin Luther King soll ihnen veranschaulichen, dass Gottes Geist auf der Seite von Menschen ist, die für seinen guten Willen eintreten. Er öffnet die Augen für Ungerechtigkeit, nimmt die Angst vor Nachteilen und hilft schwere Situationen durchzustehen.

Der Gestaltungsvorschlag soll für jüngere und ältere Kinder gleichzeitig gelten. Das Bemühen, die Sachverhalte einfach darzustellen, will die Intention der Inhalte auch für jüngere Kinder begreifbar machen.

Gestaltungsvorschlag für jüngere und ältere Kinder

Lied: Alle Kinder dieser Erde

Psalmgebet

Spiel zum Einstieg
Wir spielen „Bus fahren". Es werden Stühle nach der Zahl der Kinder in einer Reihe zu je zwei Stühlen aufgestellt. Alle Kinder dürfen zunächst in diesen Bus einsteigen. Kinder ahmen das Motorengeräusch und das Schaukeln des Busses nach bis „Endstation!" ausgerufen wird. Alle Kinder steigen aus. Ein Stuhl wird entfernt und die neue Busfahrt beginnt. Ein Kind wird keinen Platz bekommen und muss die Fahrt stehend fortsetzen. Wir spielen so lange weiter, bis alle Kinder stehen. Als Variation ist auch denkbar, dass die Kinder ohne Sitzplatz nicht weiter mitfahren dürfen. Das würde das Ärgerliche der Situation unterstreichen.

Erzählung
Es ist eine ärgerliche Sache, wenn man im Bus stehen muss. Euch macht das vielleicht nicht viel aus, ihr habt junge Beine. Und ihr findet es vielleicht ganz lustig, wenn ihr euch festhalten müsst, um in einer Kurve nicht umgeworfen zu werden. Erwachsene finden das nicht so lustig – besonders wenn sie alt, von der Arbeit erschöpft oder krank sind. Deshalb bieten höfliche Menschen solchen Bedürftigen ihren Sitzplatz an. So ist es gut und richtig. Jetzt will ich euch von sonderbaren Busfahrten erzählen, die es vor gut fünfzig Jahren gab.

In den USA leben farbige und weiße Menschen. Und die Weißen hielten sich damals für besser. Sie wollten mit den Farbigen nichts zu tun haben. Weiße und farbige Kinder mussten in unterschiedliche Schulen gehen. Farbige durften nicht in die Kinos der Weißen. Und in den Parks und Anlagen gab es Bänke, auf denen stand: „Nur für Weiße". Kein Farbiger durfte sich da hinsetzen. Und für die Busse hatten sich die Weißen auch eine Lösung ausgedacht: „Wir wollen nicht mit den Farbigen zusam-

mensitzen", sagten sie. „Für sie sind die hinteren Plätze im Bus, für uns Weiße die vorderen. Wenn bei uns aber alle Plätze besetzt sind, müssen die Farbigen für uns aufstehen."
So wurde es gemacht und die Farbigen ließen sich das gefallen. Sie hatten gar keine Möglichkeit sich zu wehren. Denn die Polizisten waren weiß. Sie griffen sofort ein, wenn die Farbigen nicht das taten, was die Weißen vorgeschrieben hatten. Und so passierte eines Tages Folgendes: Eine farbige Frau war müde von der Arbeit gekommen und saß auf einem der Plätze für Farbige im Bus. Da verlangte man von ihr: „Steh auf, räum deinen Platz! Ein Weißer braucht ihn!" Sie aber blieb sitzen. Sofort wurde sie verhaftet. Wie ein Lauffeuer sprach sich diese Nachricht herum. Die Farbigen begriffen, dass sie sich endlich wehren mussten. Mit Gewalt wollten sie für ihr Recht kämpfen.

In dem Ort, in dem dies geschah, gab es einen Pfarrer, der war selbst ein Farbiger. Er hieß Martin Luther King. Er erlebte in seiner Gemeinde und am eigenen Leibe, wie schlecht die Farbigen behandelt wurden. Und er begriff: „Das geht nicht mehr lange gut. Die Farbigen werden sich wehren, sie werden sich mit Gewalt wehren. Viel Blut wird fließen und viel Unrecht wird geschehen. Das aber will Gott nicht. Gott will nicht das Unrecht gegen die Farbigen. Gott will aber auch keine Gewalt. Gott will, dass die Menschen gut miteinander umgehen." Er betete zu Gott: „Hilf mir! Gib mir deinen Geist. Ich weiß keinen Ausweg!"

Und ihm wurde klar, was zu tun war. Er sprach mit den Farbigen in seiner Gemeinde und in der ganzen Stadt: „Wir benutzen keinen Bus mehr – nicht wenn wir zur Arbeit müssen, nicht wenn wir einkaufen wollen oder zum Arzt bestellt sind. Auch die Kinder fahren nicht mehr mit dem Bus zur Schule! Dabei wollen wir keine Gewalt ausüben, denn wir wollen die Weißen nicht zwingen. Wir wollen sie überzeugen, dass sie Unrecht tun." Martin Luther King wurde gewarnt: „Sei vorsichtig! Die Weißen werden dich verfolgen. Wenn wir alle nicht mehr mit dem Bus fahren, werden sie viel weniger verdienen. Sie werden dich hassen! Sie werden dir nach dem Leben trachten!"

Aber die Farbigen hielten zusammen. Die Busse fuhren nun fast leer durch die Stadt. Die Farbigen aber gingen zu Fuß. Oder sie fuhren mit dem Fahrrad. Wer ein Auto hatte, lud andere ein, bei ihm einzusteigen. Die schönsten Erfahrungen aber waren, wenn weiße Autofahrer Farbige in ihrem Auto mitnahmen, weil sie begriffen hatten: Wir leben nicht nach dem Willen Gottes, wenn wir Menschen wegen ihrer Hautfarbe verachten. Inzwischen verhandelte Martin Luther King immer wieder mit den Busgesellschaften: „Gebt alle Plätze im Bus auch für Farbige frei. Jeder soll dort sitzen können, wo er will! Dann fahren wir alle wieder mit dem Bus." Aber niemand hörte auf ihn. Die Weißen dachten „Das werden die Farbigen nicht lange durchhalten. Die werden es bald über haben, weite Strecken zu Fuß zu gehen. Die werden schon bald einknicken. Wir müssen nur in Ruhe abwarten, dann sitzen sie wieder in unseren Bussen!" Aber man irrte sich. Die Busse blieben leer und den Busgesellschaften fehlte das Fahrgeld der Farbigen.

Deshalb wurde Martin Luther King unter Druck gesetzt. Er wurde verhaftet, weil er angeblich zu schnell gefahren war. Aber am nächsten Morgen standen so viele Farbige schweigend vor den Gefängnistoren, dass man ihn nach Hause schickte. Martin Luther King bekam auch viele Drohbriefe und aufgebrachte Anrufe. Eines Nachts klingelte das Telefon „Wir werden uns an dir rächen – noch in dieser Woche!", schrie eine wütende Stimme. „Du wirst es bereuen, dass du dich in unsere Angelegenheit gemischt hast!" In dieser Nacht konnte Martin Luther King nicht mehr schlafen. Er hatte Angst. Er war am Ende seiner Kraft. Und er betete: „Gott, ich kann nicht mehr, allein schaffe ich es nicht. Hilf mir, gib mir deinen Geist." Und er erlebte, dass er plötzlich ganz ruhig wurde. Da wusste er: Gott ist immer an unserer Seite. Drei Tage später warf man eine Bombe auf seine Veranda. Martin Luther King war gar nicht zu Hause, aber seine Frau und Kinder waren da. Sie blieben unverletzt. Als Martin Luther King nach Hause kam, hatte sich eine erregte Menge von Farbigen versammelt, die bereit war, nun gegen die Weißen vorzugehen. Aber Martin Luther King sagte ihnen: „Wir dürfen den Weißen nicht mit Gewalt begegnen. Wir müssen unsere weißen Brüder lieben. So will es Gott. Geht nach Hause und vertraut darauf, dass Gott uns helfen wird." Und die Farbigen gingen nach Hause. Der Geist Gottes war in ihren Herzen.

Und wirklich: Nach mehr als einem Jahr, in dem die Farbigen die Busse nicht benutzt hatten und auch die weitesten Wege zu Fuß gegangen waren, erklärte die Busgesellschaft: „Die bisherigen Gesetze sind aufgehoben. Jeder Fahrgast darf in einem Bus auf dem Platz sitzen, den er sich aussucht." Der friedliche Widerstand der Farbigen hatte gesiegt – Gottes Geist hatte gesiegt.

Lied: Alle Kinder dieser Erde

Die folgende Bastelarbeit ist gut geeignet, das Geschehen wiederholend zusammenzutragen.

Bastelarbeit: Bildkarte mit Vorher-Nachher-Effekt
Für diesen Kindergottesdienst bietet sich die Herstellung einer Karte mit Vorher-Nachher-Effekt an. In Bild 1 sitzen wenige weiße Fahrgäste auf den Sitzen im Bus, freie Plätze werden von Gepäckstücken eingenommen. Im hinteren Teil drängen sich viele Farbige (Hinweis für die Kinder: braune Gesichter malen). In Bild 2 sind die Fahrgäste gemischt (die farbigen und damit braun anzumalenden Figuren sind aus Bild 1 bekannt oder frei wählbar) und aufeinander bezogen. Sie lächeln und sprechen miteinander. Ein Regenbogen als Zeichen der Versöhnung Gottes ist im Hintergrund sichtbar. Der Streifen mit Bild 1 und 2 wird bei dem Bus in Fensterhöhe ein- bzw. durchgeschoben.

1. Bildvorlage „Bus" auf weißes DIN A4-Papier kopieren, wenn möglich auf festere Qualität.
2. Vorher-Nachher-Streifen auf festes Papier kopieren oder später auf Karton aufkleben. Drei Streifen untereinandergelegt ergeben eine DIN A4-Seite (Materialersparnis).
3. Jetzt die Faltung vornehmen. Zuerst die gestrichelte Mittellinie falten und

„Nach dem Abschied: Neues entsteht!" – Jesus sendet Gottes Geist

Alle sind Gottes Kinder,
welcher Farbe sie auch sind.

das weiße Feld nach hinten biegen und dann in der dicken Linie unterhalb des Busfensters einen Kniff ausführen. Dieser Kniff stellt die Klebekante dar, bis zu welcher die Karte in der unteren Hälfte zusammengeklebt wird. Dadurch erhält der Schiebestreifen seine untere Auflage. Als obere Führung fungiert der Mittelkniff.

4. Das Busfenster entlang der gestrichelten Linie ausschneiden. Bei angemessenem Zeitrahmen und entsprechendem Alter können die Kinder das vielleicht auch selbst tun.

5. Die an der Mittellinie gefaltete Karte mit Klebestift von der Unterkante bis zur dicken Linie unterhalb des Busfensters zusammenkleben. Sorgfältig arbeiten.

6. Streifen ausmalen, dabei auf die gebogenen Linien des Regenbogens in der rechten Hälfte hinweisen.

7. Streifen einlegen und in den Fensterausschnitt schieben. Bus anmalen.

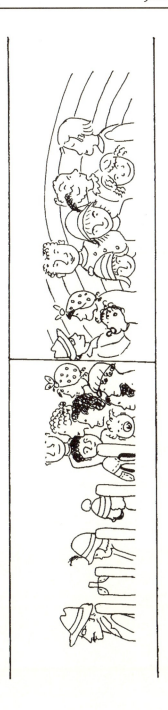

(Bastelanleitung und Zeichnung: Andrea Cowan)

Gebet

Guter Gott, es gibt viele Kinder, die ausgelacht werden.
Es gibt viele Kinder, die nicht mitspielen dürfen, weil sie anders als wir sind.
Es gibt viele Kinder, die geärgert und geschlagen werden, weil niemand sie leiden kann.
Guter Gott, gib uns deinen Geist, damit wir die Traurigkeit dieser Kinder sehen. Wir brauchen Mut, damit wir ihnen beistehen und zu ihnen halten.
Du kannst uns helfen.
Amen

Anne-Dore Bunke

WM 2010 – Die Welt zu Gast bei Freunden in Südafrika

Zeichnung: Sabine Meinhold

Lied: Er hält die ganze Welt in seiner Hand, MKL 45, KG 143, LJ 517, LfK2 118

WM 2010 – Die Welt zu Gast bei Freunden in Südafrika

Liturgischer Text: Psalm 150

Sonntag	Text/Thema	Art des Gottesdienstes Methoden und Mittel
6.6.2010 1. Sonntag nach Trinitatis	WM 2010 – Das große Spiel – in Südafrika Epheser 5,19	Gottesdienste mit Kindern; Maskottchen „Zakumi", Gespräch, Vorstellen des Landes, Fotos, Flagge, „Zakumis Fußballspiel", Liedtanz
13.6.2010 2. Sonntag nach Trinitatis	WM 2010 – Fairplay Matthäus 22,37–39	Gottesdienste mit Kindern; Erzählung, Gespräch, Veranschaulichung von Situationen in der Erzählung mit Figuren/Symbolen
20.6.2010 3. Sonntag nach Trinitatis	WM 2010 – Die Weltauswahl Gottes ist kunterbunt Apostelgeschichte 2,1–13	Gottesdienst mit Kindern und Erwachsenen; Gespräch, Fußball beschriften, Stift, Dreiergespräch/Predigt zur Lesung

Monatlicher Kindergottesdienst im Juni
WM 2010 – Die Weltauswahl Gottes ist kunterbunt, Apostelgeschichte 2,1–13   S. 161

6. Juni 2010
1. Sonntag nach Trinitatis

WM 2010 – Das große Spiel – in Südafrika

Epheser 5,19

Lieder: Halleluja, preiset den Herrn (Glory to Lord), Ein frohes Lied 48; KG 193, LJ 389, MKL 49; Er hält die ganze Welt in seiner Hand, MKL 45, KG 143, LJ 517, LfK2 118

Liturgischer Text: Psalm 150

Zum Thema

In der folgenden Woche ist es so weit. Endlich! Die Fußballweltmeisterschaft beginnt und mit ihr für viele Menschen auf der ganzen Welt eine Zeit der Spannung. In den nächsten Wochen (11. Juni bis 11. Juli) werden unzählige Familien vor dem Fernseher sitzen und ihren Mannschaften die Daumen drücken. In Berlin werden die Straßencafés wieder gut gefüllt sein, weil man Lust hast, mit anderen zusammen zu jubeln, zu zittern und zu seufzen. Auf der Arbeit, in der Schule werden die Spiele ausgewertet. Es wird mancher Tipp abgegeben und manche Wette abgeschlossen. Das Spiel schafft einen Raum der Begegnung. Man geht leichter aufeinander zu, teilt Freude und Ärger miteinander und stellt fest: Auch wenn die eigene Mannschaft nicht gewonnen hat, war es doch schön, das Spiel miteinander erlebt zu haben. Es hat Spaß gemacht. Die Lebensfreude, die aufleuchtet, wenn wir uns selbstvergessen dem Spiel widmen, ist ursprünglicher Art. Sie ist das Echo darauf, dass wir leben, um zu leben, dass wir das göttliche Geschenk des Lebens ausschöpfen dür-

fen. Es sind schöne Momente, in denen wir einfach nur glücklich sind, auf der Welt zu sein.

Aber täuschen diese Zeiten der Leichtigkeit nicht über den wahren Zustand unserer menschlichen Existenz hinweg? Leben wir doch in einer Welt, die mehr von Konflikten als von Einvernehmen geprägt ist und die ökologisch weit heruntergewirtschaftet erscheint. Wir mögen diese Zeiten zwar nötig haben, in denen wir einfach spielend glücklich sind, aber sind sie nicht gleichzeitig Zeiten der Lüge und des Selbstbetruges?

Der Epheserbrief hält auf diese Frage eine prägnante Antwort bereit: Die Zeit, so heißt es, ist eine böse Zeit (Eph 5,16) und die Welt ist ein Ort der Finsternis (Eph 6,12), in der die Menschen wegen ihrer Sünden wie Tote existieren (Eph 2,1). Böse Mächte sind im Spiel, gegen die wir Menschen in unserer sündhaften Schwäche keine Chance haben. Wir sind uns und ihnen hoffnungslos ausgeliefert. Der Verfasser des Briefes scheint sich in so krasser Weise zu äußern, um die Erlösung aus diesem Todesreich in umso helleren Farben malen zu können. Denn inmitten dieser todesverfangenen Welt ist das Reich Gottes schon angebrochen. Christus hat am Kreuz über die finsteren Mächte gesiegt und seine Herrschaft angetreten. Wir können durch Taufe, Glauben und einem gerechten, geisterfüllten Leben in dieses Reich eintreten, an ihm mitarbeiten und ihm Raum verschaffen. Nichts mehr können und müssen wir tun. Dann zählen wir zu den Erlösten, zu den Miterben des Reiches Gottes, haben allen Grund, uns des Lebens zu freuen und Gott mit „Psalmen und Lobgesängen und geistlichen Liedern" für seine Güte zu danken (Eph 5,19).

Das Thema und die Kinder

Kinder können sich ganz und gar in ein Spiel versenken. Sie sind dann geradezu abwesend. Sind sie ganz bei sich oder eher in einem Zustand der Selbstvergessenheit? Oder ist hier das Bei-Sich-Sein und Selbstvergessenheit dasselbe? Ist es vielleicht ein Funke paradiesischen Glücks, wenn beides zueinanderkommt? Jedenfalls kann uns der Anblick von Kindern, die im Garten glücklich miteinander spielen, schon eine Ahnung vom Paradies schenken. Man möchte dann nicht stören. Wenn sie selbst auftauchen wie aus einer anderen Welt, kann man die Freude, die sie erfüllt, in ihren Gesichtern lesen.

In den nächsten Wochen steht das große Fußballspiel im Mittelpunkt des öffentlichen Lebens. Viele Kinder (und durchaus nicht nur die Jungen) freuen sich darauf. Sie werden die Spiele ihrer Helden nachspielen, in deren Rollen schlüpfen. Im diesem Kindergottesdienst können sie sich ein wenig darauf einstimmen, das Land kennenlernen, in dem die Fußball-WM stattfindet, einmal ein bisschen anders Fußball spielen und dem Bedürfnis nachgeben, Gott für all die Lebensfreude, die sie verspüren, Dank zu sagen.

Gestaltungsvorschlag für jüngere und ältere Kinder

Material

Fotos von Landschaften, Tieren, Pflanzen in Südafrika (sind leicht aus dem Internet zu besorgen); Toilettenpapierrolle, Papierklebeband

Singen und Beten

Lied mit Bewegungen: Hallelu, hallelu, Bei „Halleluja" kann eine Bewegung (z.B. Winken) ausgeführt werden, bei „Preiset den Herrn" eine zweite (z.B. Klatschen). Das Lied wird im Laufe des Gottesdienstes noch öfter gesungen, dann können auch andere Bewegungen (z.B. Fußstampfen, verschiedenartiges Hüpfen ...) eingesetzt werden.
Leiterin: Es ist ein fröhliches Lied und mit ihm wollen wir Gott für all das danken, was uns froh macht. Was hat euch in letzter Zeit gefreut? (Die Leiterin formuliert die Antworten der Kinder als Dankgebet. Dann wird das Loblied noch einmal gesungen.)

Zakumi wird vorgestellt
(Zakumi, ein stilisierter Leopard, ist das Maskottchen der Fußball-WM. Er ist der Moderator des Kindergottesdienstes. Entweder man kauft sich ein Plüschtier, das man dann auch in den nächsten Kindergottesdiensten einsetzen könnte, oder klebt das hier angebotene Papiermaskottchen auf eine Pappe auf.)
Leiterin: Wir haben heute einen Gast. Er kommt von weit her, ist um die

WM 2010 – Die Welt zu Gast bei Freunden in Südafrika

Zakumi, das Maskottchen der WM 2010 (nachgezeichnet)

10 000 km (ungefähre Entfernung Deutschland – Südafrika) weit gereist, um heute bei uns zu sein. Vom Kap der guten Hoffnung ist er gestartet, hat Berge bezwungen, den Dschungel durchstreift, hat Wüsten durchmessen, das Mittelmeer überquert und ist endlich hier bei uns eingetroffen. Zakumi. (Zakumi wird hervorgeholt und tritt auf.)

Zakumi: Ich freue mich sehr, euch zu sehen und sage euch: „Goeiedag!" (Africaans), „Guten Tag!"
Leiterin: Zakumi ist ein … (Die Kinder raten, was Zakumi für ein Tier darstellt).
Zakumi: Ich komme aus Südafrika und bringe euch zwei Sachen mit, erstens gute Laune und zweitens ein rundes, geflecktes Ding, weil ich Flecken

ja so liebe. (Die Kinder erraten, dass es sich bei dem Ding um einen Fußball handelt.)
Leiterin: Du hast kein anderes Reisegepäck als bloß einen Fußball?
Zakumi: Wieso bloß? Der Fußball ist in den nächsten Wochen eine wichtige, wesentliche Hauptsache!!
Leiterin: Warum denn das?
Zakumi: Na, ist denn das die Möglichkeit? Du weißt das nicht? (An die Kinder gerichtet) Aber ihr enttäuscht mich nicht, ihr wisst garantiert Bescheid. (Die Kinder antworten.)
Zakumi: Ja, das große Spiel beginnt bald. Wem drückt ihr die Daumen?

Kleines Gespräch über die eigenen Mannschaften und die Favoriten der WM.

Zakumi stellt sein Land vor

(Mit der Farbsymbolik der südafrikanischen Flagge werden Landschaften, einige typische Tiere, Pflanzen und die dort lebenden Menschen vorgestellt.)

Landschaften: Die Kinder überlegen, welche Landschaften zu den Farben gelb, grün und blau, die in der Flagge vorkommen, dazugehören. Ein Foto von der Wüste Kalahari, ein Foto, das eine Steppe, einen Dschungel und den Ozean zeigt, werden zum Anschauen ausgelegt. Man kann hier auch gut mit einer Landkarte arbeiten.

Tiere: Nun werden Tiere den ausgestellten Lebensräumen zugeordnet:
Wüste: z.B. lustige und nur in der Kalahari-Wüste vorkommende Erdmännchen
Steppe und Dschungel: Elefanten, Löwen, Leoparden und Affen
Ozean: Wale
Pflanzen: Vielleicht eines der größten Wunder der afrikanischen Pflanzenwelt ist der Baobab (Affenbrotbaum), der mehrere tausend Jahre alt werden

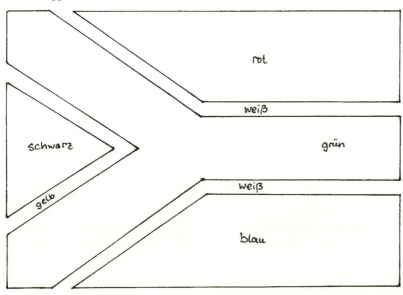

Flagge von Südafrika

kann, weil er in seiner dicken Rinde bis zu 140 000 Liter Wasser speichern kann. Er ist nur fünf Monate im Jahr belaubt. Der durchschnittliche Baumumfang beträgt um die 10 m und er kann bis 20 m hoch werden. Für Südafrika sehr typisch ist auch die Kaprose, die sich in vielen verschiedenen Arten vor allem in der Kapregion angesiedelt hat. Die Sorte Königsprotea kommt im südafrikanischen Wappen vor.

Schöpfungslob

Zakumi: Jeden Tag staune ich über die Schönheit meines Landes, freue mich an den Wundern dieser Welt und preise Gott mit einem Lied, das ihr wahrscheinlich noch nicht kennt. Es geht so: Hallelu, hallelu, halleluja. Glory to Lord. (Die Leiterin erklärt, warum Zakumi englisch singt, und weist darauf hin, dass das schon eingangs gehörte Africaans und Englisch die zwei Hauptsprachen des Landes darstellen. Die Kinder lernen mit Zakumi die englische Variante und singen das Lied mit neuen Bewegungen.)

Menschen: (Nun werden den schwarzen und weißen Bestandteilen der Flagge die in Südafrika lebenden Menschen zugeordnet. Das Y ist ein Symbol für „Vereinigung". Das Motto der Flagge lautet: Einigkeit macht stark.)

Zakumi: In meinem Land leben schwarze und weiße Menschen. Früher herrschte Feindschaft zwischen ihnen. Sie gingen getrennte Wege, aber jetzt haben sie endlich einen gemeinsamen Weg beschritten. Gott hat ihnen die Einsicht gegeben, dass Einigkeit stark macht. Für deinen Geist, oh Gott, der uns den Frieden und Einigkeit lehrt, danken wir dir.

Lied: Halleluja. Glory to Lord

Zakumis Fußballspiel

Nun zeigt Zakumi den Kindern, wie man mit einfachen Mitteln ein Fußballfeld herstellen und Schnipsfußball spielen kann. Eine Toilettenpapierrolle wird längs auseinander geschnitten und dann noch einmal halbiert. Aus den beiden Hälften kann man zwei Tore biegen. Mit Papierklebeband wird auf dem Fußboden ein Fußballfeld markiert. Dann wird aus einem Stück angefeuchteten Toilettenpapier ein kleiner Fußball gerollt.

Spielregel: Das Spiel beginnt am eigenen Tor. Zwei Mannschaften versuchen wechselseitig den Ball ins gegnerische Tor zu schnipsen. Wenn der Ball über den Spielfeldrand rollt, gibt es Einwurf für die gegnerische Mannschaft. Die Spielstände werden notiert. Die Leiterin legt die Spieldauer fest, in der Halbzeit werden die Seiten gewechselt. Am Schluss wird der Spielstand angesagt und der Sieger verkündet. Dann reichen sich alle Spieler die Hände.

Spielvariante: Jede Mannschaft bekommt drei Kugeln. Eine ist der Ball, die beiden anderen stellen die Spieler dar. Welche Kugel der Ball und welche der Spieler ist, hängt von der Position der Kugeln ab. Die Ball-Kugel muss immer zwischen den beiden Spielern durchgeschnipst werden bis man letztendlich das Spielfeld vom eigenen Tor aus bis zum gegnerischen Tor durchmessen hat und einen Torschuss wagen kann. Die gegnerischen Mannschaften ziehen nacheinander. Wenn der Ball ins Aus geht, wird er im folgenden Zug auf der Auslinie auf die Höhe gelegt, wo er sie überschritten hat und wieder ins Spielfeld befördert. Wenn sich beide Mannschaften treffen, kann die Ball-Kugel durchaus auch zwischen den gegnerischen Kugeln durchgeschnipst werden. Hat eine Mannschaft ein Tor geschossen, beginnt sie wieder an der eigenen Torlinie. In der Halbzeit wird gewechselt. Am Ende des Spiels hat die Mannschaft gewonnen, die die meisten Tore geschossen hat.

Halleluja-Tanz und Gebet

Zum Schluss stellen sich alle im Kreis auf. Die Leiterin spricht ein Dankgebet, in dem die Freude über das Zusammensein und das gemeinsame Spiel Ausdruck findet. Dann reichen sich alle die Hände, singen Halleluja und vollführen einen Kreistanz. Bei „Halleluja" schreiten alle in eine Richtung, bei „Preiset den Herrn" in die andere.

Petra Neumann

13. Juni 2010
2. Sonntag nach Trinitatis

WM 2010 – Fairplay

Matthäus 22,37–39

Lieder: Er hält die ganze Welt in seiner Hand, MKL 45, KG 143, LJ 517, LfK2 118; Lobet und preiset ihr Völker den Herrn, LZU 68, LJ 196, EG 337, KG 190, LB 152; Laudate omnes gentes/Lobsingt ihr Völker alle, LB 107, EG 181,6, KG

Liturgischer Text: Psalm 150

Das Thema und die Kinder

Kaum ein Kind kommt heutzutage am Sport vorbei. Diese organisierte Form zum Ausleben des natürlichen Bewegungsdranges hat an Bedeutung gewonnen, weil die natürlichen Spiel- und Bewegungsräume für Kinder aus verschiedenen Gründen immer mehr eingeschränkt worden sind. Seitens der Politik wird dem Sport – vor allem dem Mannschaftssport – eine große Bedeutung bei der Sozialisation der Kinder zugeschrieben – z. B. dass Kinder und Jugendliche die Bedeutung von Regeln erkennen und deren Einhaltung erlernen, dass sie soziale Kompetenzen erwerben und entwickeln. Eltern hoffen, dass ihre Kinder im Sport über die körperliche Fitness hinaus bestimmte Fähigkeiten trainieren, die ihnen im späteren Leben einmal hilfreich sein sollen – z.B. Ichstärke, Durchhaltewillen und Durchsetzungskraft oder auch die Fähigkeit, mit Niederlagen fertig zu werden.

Für Kinder kann Sport gleicherweise Himmel und Hölle sein. Himmel dann, wenn sie sich mit ihren Fähigkeiten einbringen können und sich in der jeweiligen Gruppe bzw. Mannschaft gut aufgehoben fühlen. Zur Hölle kann der Sport werden, wenn sie ein andauerndes Versagen erleben müssen oder wenn sie – aus welchen Gründen auch immer – aus der Gruppe/Mannschaft ausgegrenzt werden. Die Frage, ob man für das nächste Punktspiel aufgestellt wird oder nicht, ist von großer Bedeutung. Kinder haben ein feines Gespür dafür, ob fair mit ihnen umgegangen wird. Das gilt für das Verhältnis zu Erwachsenen, die ihnen als Trainer oder Eltern mit den jeweiligen Anforderungen begegnen. Das gilt aber auch für das Verhältnis zu den Gleichaltrigen. Das Problem der Fairness kann viele Gestalten annehmen. Es muss nicht immer nur die „Blutgrätsche" sein. Ein spöttisches Grinsen, ein verächtlicher Blick – manchmal schmerzt das viel mehr als der blaue Fleck, den man sich bei einem Foul zugezogen hat.

Zum Text

Im Doppelgebot der Liebe fasst Jesus den umfassenden Willen Gottes zusammen. Das ganze Gesetz und die Propheten sind in dieser Doppelforderung enthalten. Dabei gibt dieses Gebot nicht in erster Linie eine konkrete Handlungsanweisung („Du sollst nicht töten!"), sondern es zielt auf die Grundhaltung des Menschen, die in allen seinen konkreten Handlungen wieder hervorkommt. Diese Haltung soll von Liebe geprägt sein, dann erübrigen sich genaue Handlungsanweisungen.

Der Kirchenvater Augustin hat das einmal in dem Satz „Liebe und tu was du willst" zusammengefasst. Unter diesem Gedanken der Grundhaltung kann man Bezüge zu dem Thema Fairness herstellen. Fairness lässt sich ebenso wie Liebe nicht auf bestimmte Handlungsanweisungen festlegen. „Begehe keine Fouls!" ist zwar eine gute Anweisung, aber damit wird Fairness noch nicht umfassend beschrieben. Es sind die vielen kleinen Situationen der zwischenmenschlichen Begegnungen, in denen sowohl Liebe als auch Fairness von Bedeutung sind. Die folgende Erzählung von Luis enthält einige solcher Situationen, in denen mit den Kindern zusammen die Frage nach Fairness bzw. Liebe gestellt und beantwortet werden kann.

Erzählung/Vorlesegeschichte

Luis packte seine Sporttasche. Heute freute er sich ganz besonders auf das Training. Voller Stolz betrachtete er seine neuen Fußballschuhe. Zu seinem Geburtstag hatte er sie bekommen. Wie lange hatte er sie sich schon gewünscht. Er konnte an keinem Sportgeschäft vorbeigehen ohne im Schaufenster die Fußballschuhe zu mustern. In seiner Mannschaft hatten fast alle schon richtige Fußballschuhe und natürlich wurde viel darüber gesprochen, welche Marke die beste sei. Wenn er dabei mitreden wollte, schauten die anderen ihn immer mitleidig an. Obwohl es keiner richtig aussprach, spürte Luis ganz deutlich, dass die anderen ihn nicht richtig ernst nahmen. Er konnte ja gar nicht mitreden. Er musste ja immer noch mit seinen normalen Turnschuhen über den Platz laufen. Vielleicht war

13. Juni 2010

das auch der Grund dafür, dass er bei Punktspielen immer auf der Reservebank sitzen musste. Er war einfach nicht so wendig in der Abwehr wie seine Mitspieler. Immer wieder entwischten ihm die Angreifer. Aber das würde jetzt alles besser werden. Vergnügt stopfte er seine neuen Schuhe in die Tasche.

Am nächsten Sonntag war es dann so weit – er durfte als linker Verteidiger von Anfang an mitspielen. Seine Mutter hatte ihn und Hannes und Johann, zwei seiner Mannschaftskameraden, zu dem Punktspiel im Nachbarort gefahren. Luis freute sich, als er sie mit anderen Müttern beim Einzug auf den Platz am Spielfeldrand stehen sah. Sie winkte ihm zu und jubelte mit den anderen. Luis nahm seinen Platz ein und der Schiedsrichter pfiff das Spiel an. Die gegnerische Mannschaft hatte beim Losen gewonnen und durfte den Anstoß ausführen. Der erste Angriff lief. Luis rannte so schnell er konnte zu dem Jungen, der mit dem Ball auf ihr Tor zustürmte. Er hatte ihn auch schon erreicht und wollte ihm den Ball wegschießen. Aber er trat am Ball vorbei in den Rasen. Der Junge lief einfach weiter und schoss – es stand 1:0 für die Gegner.

„Mensch, Luis! Pass besser auf!", brüllte der Trainer von der Bank ihm zu. Luis warf einen Blick zu seiner Mutter, aber die war in einem aufgeregten Gespräch mit den anderen Müttern vertieft. Nach dem Anstoß wollte Luis seinen Fehler wieder wettmachen. Als er den Ball bekam, schoss er einen Pass in Richtung des Tores der Gegner. Aber der Ball erreichte einen Spieler der anderen Mannschaft. Sofort starteten die einen Konterangriff. Da Luis sich zu weit nach vorne gewagt hatte, musste er nun weit zurücklaufen. Aber er war nicht schnell genug. Glücklicherweise stand der Hannes im Tor goldrichtig. Er konnte den Ball fangen. Luis bot sich an, den Ball nach dem Torabschlag anzunehmen. Aber Hannes warf ihn zu Torben, der auf der anderen Seite stand. Der trickste zwei Angreifer aus und gab dann an Johann ab, der am gegnerischen Strafraum stand. Eine kurze Drehung, ein kräftiger Schuss und es stand 1:1. Die Mütter am Spielfeldrand brachen in lauten Jubel aus.

Nach dem Anstoß stürmten zwei Jungen der gegnerischen Mannschaft auf das Tor von Hannes zu. Sie kamen wieder über die linke Seite, also dort, wo Luis seinen Platz hatte. Luis griff den Jungen an, der den Ball hatte. Er war schon ganz nah an ihm dran, da gab der den Ball an seinen Mitspieler ab. Ohne Ball lief er weiter und schnitt Luis den Weg ab. Dann stolperte er. Luis hat ganz genau gesehen, dass das nur gespielt war. Aber er konnte nicht mehr bremsen. Sie stürzten übereinander und Luis konnte den Jungen mit dem Ball nicht weiter verfolgen. Der Schiedsrichter hatte nichts bemerkt und ließ weiterspielen. Da stand es 2:1.

„So können wir nicht gewinnen! Und den Aufstieg schaffen wir erst recht nicht!", schimpfte der Trainer, als die Mannschaft sich in der Halbzeitpause in der Kabine traf. „Luis, du macht einfach zu viele Fehler. In der nächsten Halbzeit spielt der Kay für dich. Auf Kay kann ich mich immer verlassen." Nur mühsam konnte Luis seine Tränen unterdrücken. Mit einem strahlenden Grinsen verließ Kay die Kabine, um sich schon mal warm zu laufen. Torben klopfte Luis auf die Schulter. „Mach dir nichts draus – jeder hat mal einen schlechten Tag. Im nächsten Spiel bist du sicher besser!", sagte er.

Als sie nach dem Spiel nach Hause fuhren, machte Luis Mutter ein ärgerliches Gesicht. „Ich wollte dich eigentlich die zweite Halbzeit auch noch auf dem Platz sehen", sagte sie, „Du hättest dich ruhig mehr durchsetzen können. Du bist immer so vorsichtig und zaghaft. So kommst du zu nichts. Da brauchst du dich nicht zu wundern, dass der Trainer dich nicht mehr einsetzt. Manchmal muss man sich eben durchboxen im Leben. Hoffentlich lernst du das noch rechtzeitig!" Luis schämte sich und war ganz rot geworden. Vor allem, weil Hannes und Johann wieder mit im Auto waren. Er sah auf seine Sporttasche, die vor ihm auf dem Boden stand. Ganz oben lagen seine neuen Fußballschuhe. „Und darüber habe ich mich doch so gefreut", dachte er bei sich.

Vertiefendes Gespräch

Methodische Vorschläge: Zu dem Thema Fairness hat jedes Kind sicherlich schon eine Fülle von Erfahrungen gemacht. Wenn man die Kinder zu Beginn danach fragen würde, könnte es sehr schnell zu einer Flut von Erzählungen kommen. Deshalb ist es sinnvoller, zunächst die Geschichte einzubringen, um hinterher den Kindern die Möglichkeit zu geben, ihre eigenen Geschichten zu erzählen.

Nach der Erzählung könnte man zusammen mit den Kindern erheben, welche unfairen Situationen sie in dieser Geschichte wahrgenommen haben. Jede Situation wird durch ein Symbol oder eine Figur dargestellt und in den Raum gestellt. In einem zweiten Schritt können die Kinder gefragt werden, welche der Situationen sie schon einmal selbst erlebt haben. Sie können sich dann zu dem entsprechenden Symbol bzw. zu der Figur dazustellen und werden zu ihrer Geschichte interviewt. In einem dritten Schritt kann man überlegen, wie ein fairer Umgang miteinander in den jeweiligen Situationen ausgesehen hätte.

Gebet

Lieber Gott,
du möchtest, dass wir fair miteinander umgehen.
Aber es ist nicht einfach, immer das Richtige zu tun.
Du hast uns deine Gebote gegeben, die uns dabei helfen sollen.
Wir haben unsere Spielregeln gefunden, an die wir uns halten sollen.
Trotzdem passiert es immer wieder, dass wir uns nicht daran halten, mit Absicht oder aus Unachtsamkeit.
Gerade wenn wir uns etwas erkämpfen wollen, gehen wir vor Eifer oftmals zu weit.
Aber du liebst uns, auch wenn wir etwas falsch gemacht haben.
Du liebst alle Menschen, auch wenn sie etwas falsch gemacht haben.
Keiner von uns macht alles richtig.
Und trotzdem hältst du zu uns.
Wir können von dir lernen, fair zu bleiben, auch wenn nicht alle fair zu uns sind.
Amen.

Ralph-Ruprecht Bartels

20. Juni 2010
3. Sonntag nach Trinitatis

WM 2010 – Die Weltauswahl Gottes ist kunterbunt

Apostelgeschichte 2,1–13

Lieder: Gott hält die ganze Welt in seiner Hand, MKL 45, KG 143, LfK2 78, LJ 517; Hevenu schalom/Wir bringen Frieden, EG 433, KG 131, MKL 106, LZU 94; Schwarze, Weiße, Rote, Gelbe, MKL 95, LJ 606, LfK1 B35; Großer Gott, wir loben dich EG 331; Laudate omnes gentes, EG 181.6, LJ 126; Lobet und preiset ihr Völker den Herrn (Kanon), EG 337, LZU 59, KG 190, LJ 196

Liturgischer Text: Psalm 113,1–7 (oder Psalm 150)

Zum Thema und zum Text

Da sind Menschen begeistert. Sie wachsen aus sich heraus. Es überkommt sie. Sie sind randvoll gefüllt. Es sprudelt aus ihnen heraus. Sie können nicht an sich halten. Das, was sie erfüllt, ist ansteckend, versetzt auch andere in Bewegung und Begeisterung.

So ähnlich muss das wohl gewesen sein an dem Pfingsttag, als die verschüchterten, zurückgezogenen Jünger Jesu Gottes belebenden Geist verspürten. Da hält es niemanden im Haus. Da drängt es nach draußen und braucht Weite. Selbst Sprachbarrieren scheinen da wie weggeblasen. Da verstehen sich die, die sich niemals verstanden. Da geht es um eine gemeinsame Sache. Gottes Geist befreit Menschen aus ihren Ängsten, den selbstverfassten Normen und Urteilen, der Enge des Denkens. Gott gibt Freiraum und bietet jedem Einzelnen Toleranz an. Davon scheinen die Jünger begeistert gepredigt zu haben. Und sie sind gehört worden, und es hat sich daraus unsere Kirche entwickelt. Dieses Ereignis war die Geburtsstunde der Kirche weltweit – ohne Frage ein bedeutendes Ereignis.

Es gibt nicht so viele Ereignisse, die weltumspannend begeistern. Die Fußballweltmeisterschaft gehört zu den wenigen Ereignissen, die rund um den Globus Begeisterung schaffen. So wie am besagten Pfingsttag gibt es bei der WM ganz prägnante Ähnlichkeiten:
– Menschen gehen aufeinander zu, behalten jedoch ihre speziellen Eigenheiten, wie Landesfarben oder Hymnen
– unterschiedlichste Nationen sind auf engem Raum versammelt
– man versteht sich
– es geht um eine gemeinsame Sache
– man jubelt und trauert
– es trägt ein Hochgefühl und ein gemeinsamer Geist: Solidarität, Akzeptanz, Fairness, Spielfreude und Einsatz: einer für alle – alle für einen (so ist jedenfalls die Idee)

Begeisterung so verstanden setzt eine gute aufbauende Energie und Kraft frei, sich einzusetzen für das Gelingen der Sache, hier der Spiele, und die unterstützt das Zusammenkommen von Menschen unterschiedlichster Herkunft und Länder. Dafür sei Gott gedankt.

Der Text, das Thema und die Kinder

Kinder von Begeisterung erzählen ist eines. Kinder begeistern, ist das andere. Wenn das gelingt, ist der Weg der Kommunikation und des Verstehens geebnet. Die meisten Kinder werden in den Tagen der WM das Geschehen verfolgen. Sie werden am Puls der Spiele sein. Sie schauen sich die Spiele an und werden den Stand und die Ergebnisse kennen. Daran kann man anknüpfen. Und hier kann man in die Tiefe gehen. Man kann darüber ins Gespräch kommen und auch im Gespräch bleiben. Man kann über die jeweiligen Länder informieren, kann davon berichten, was Kinder in den entsprechenden Ländern tun, spielen, welche Freuden oder Probleme sie haben. (Ein guter Begleiter hierbei kann ein Kinder-Weltatlas sein.)

In dieser Vertiefung des Themas kommt für mich die weltumspannende Kraft Gottes zur Sprache. Hier ist es angebracht, auf die Weltreligionen einzugehen: Christentum, Islam, Judentum, Hinduismus, Buddhismus, um zu verstehen, dass überall auf der Welt Menschen an einen Gott glauben – auf ganz unterschiedliche Weise. Selbst die Namen für Gott in den einzelnen Religionen sind sehr unterschieden: Vater, Allah, Adonaij, der Herr, Krischna, Brahman, Vishnu, Shiva, Buddha. (Diese Länderinformationen wird man wohl im Vorfeld des Gottesdienstes – vielleicht in Christenlehre, Kindernachmittag oder anderen ortsüblichen Gemeindeveranstaltungen für Kinder bearbeiten. Die Informationen innerhalb des Gottesdienstes würden den Rahmen sprengen.)

Die Kinder werden erfahren, dass auch Fußballer ein Gottvertrauen haben, das sie trägt. Bei manchen katholischen Spielern kann man zum Beispiel sehen, dass sie sich vor und nach dem Spiel bekreuzigen. Und ganz sicher wird der eine oder andere Spieler für ein gutes Gelingen des Spieles beten. Man rechnet mit Gott. Das ist gut so und das verbindet.

Ich möchte deutlich machen, wie wunderbar es ist, dass bei der WM so unterschiedliche Menschen um den Erdball herum beflügelt und begeistert sind. Aber deutlich bleibt: Nicht der Fußball ist Gott, sondern der, der die Welt in den Händen hält. Deshalb wird der Text der Apostelgeschichte und auch der Psalm einen Schwerpunkt im Gottesdienst haben.

Gestaltungsvorschlag für Kinder und Erwachsene

Vorbereitung und Material

Für das Predigtgespräch zur Lesung müssen drei Jugendliche oder Erwachsene die Texte vorbereiten. Ein Fußball und Stifte, die auf dem Ball schreiben können, werden benötigt.

Musikalisches Vorspiel, Lied, Begrüßung

Aktion zur Einstimmung

Auf Zuruf wird zusammengetragen, wie die Ergebnisse der WM zur Zeit sind, welche Spiele heute noch kommen, welche besonderen Ereignisse, besondere Personen oder Spieler, wer hat die meisten Tore geschossen ... Dies alles wird auf dem Ball notiert. Es wäre gut, wenn der Ball im Altarraum auf einem Extratisch liegen könnte, für alle sichtbar.

Lied

Psalmgebet: Psalm 113,1–7

Eingangsgebet
Gott, Vater und Schöpfer,
wir sind heute Morgen hier beieinander, weil wir wieder an deine Großzügigkeit und deine Treue erinnert werden wollen.
Sei du in unserer Nähe, begleite uns durch deinen Heiligen Geist, begeistere uns am Leben auf deiner wunderbaren Erde. Amen

Lied

Lesung: Apostelgeschichte 2,1–13
(sofort im Anschluss stehen drei Personen – Erwachsene oder Jugendliche: A, B, C auf und beginnen einen Diskurs zum gehörten Text)

Dreiergespräch/Predigt zur Lesung
A: Entschuldigt einmal, aber ich muss mich hier mal einmischen. Was ich hier eben gehört habe, diese Begeisterung der Leute in Jerusalem zu Pfingsten – das kommt mir aber gerade sehr bekannt vor.
B: Wie meinst du das? Entsteht gerade eine neue Kirche oder was?
C: Ich verstehe dich auch nicht so recht. Oder meinst du etwa die Fußballbegeisterung zurzeit?
A: Ja, genau die meine ich. Schaut euch doch mal um! Die meisten Menschen, ob groß oder klein, sind doch richtig ausgelassen. Und mein Gefühl ist, sie verstehen sich alle. Die haben überhaupt keine Verständigungsschwierigkeiten.
C: Na ja, ich weiß ja nicht, ob die jeweiligen Fans sich nicht doch untereinander ansticheln, konkurrieren und nur sich selbst den Sieg wünschen.
A: Mag ja sein, aber so im Ganzen, das ist schon eine große Idee und ich lasse mich gerne mitreißen. Es ist ein schönes Gefühl so mitzufiebern und den Menschen, egal welcher Hautfarbe, in die lachenden, jubelnden und manchmal auch in die trauernden Gesichter zu schauen. Also mich begeistert das.
B: Ich sehe schon, dich hat das Fußballfieber gepackt.
Aber sag mal ehrlich, damals zu Pfingsten, am Geburtstag der Kirche – das war ja wohl doch noch etwas anderes. Die Geburt der Kirche weltweit, das hat in der Weltgeschichte ja wohl doch einen anderen Stellenwert als eine Fußball-WM, die es alle vier Jahre wieder gibt.
A: Ich will auch nicht sagen, dass ich die beiden Dinge gleich bewerte. Nein. Aber hier geht es doch vor allem um die Begeisterung. Wenn wir das hier jetzt gerade erleben, was von Südafrika an Begeisterung ausgeht über die ganze Welt, dann kann man ja vielleicht ahnen, wie das war mit der Begeisterung damals. Man kann doch etwas nur verstehen, wenn man etwas Ähnliches selbst erlebt hat. Jedenfalls bei mir ist das so.
C: Na gut. Aber da müssen wir schon noch mal genauer hinschauen.
B: Nun bin ich aber gespannt.
C: Also damals zu Pfingsten hat Gott seinen befreienden Geist gleichsam losgelassen. Die Bibel spricht in Bildern von den Flammenzungen auf den Köpfen der Jünger. Das ist schon ein starkes Bild von der zündenden Idee, dass Gottes befreiender Geist zu spüren ist.

B: Für mich ist das trotzdem immer noch fremd.
C: Ja, das mag schon sein, aber wichtig ist doch, was passiert ist. Menschen fühlten sich befreit. Sie waren ohne Angst. Sie konnten sich in die Augen schauen und haben verstanden, was Gott für sie bereithält: seine bergende Liebe und seine Zusage: Ich bin bei euch alle Tage. Das macht leicht und fröhlich. Und es ist ein gutes Gefühl zu wissen, das gilt für alle. Hier geht es um eines, nämlich um Gottes Solidarität mit uns Menschen und unsere Solidarität untereinander. Das gelingt nur, wenn beides ein Gleichgewicht hat. Und das ist doch der Ansatz in der weltweiten Kirche: den Menschen neben mir als meine Schwester oder meinen Bruder zu achten und Gottes Treue zu trauen.
A: Das war ja jetzt Religionsunterricht pur.
C: Na ja, ist doch so oder was?
B: Diese Begeisterung von damals ist aber in unserer Kirche so nicht immer zu spüren. Ich erlebe es jedenfalls selten, dass Menschen so begeistert von Gott oder von Jesus reden.
A: Na, denkt ihr denn, dass die ganze Fußballbegeisterung ohne Gott möglich ist? Viele katholische Fußballer erkennt ihr doch gleich. Die gehen nie ohne Gott aufs Spielfeld. Sie bekreuzigen sich, sichtbar für alle. Das heißt doch, sie bitten Gott, um seine Begleitung. Und ich denke, dass da noch viele andere nicht so sichtbar, aber dennoch um ein gutes Gelingen der Spiele beten. Da bin ich mir ganz sicher.
C: Du könntest da schon Recht haben. Und was machen wir nun mit dieser Erkenntnis?

A: Mann, freuen wir uns drüber, dass Gottes Welt so wunderbar unterschiedlich ist, dass es um den Erdball herum Menschen gibt, die sich auf ganz unterschiedliche Weise verstehen, sich auf ganz unterschiedliche Weise begeistern lassen. Und die mit Gott rechnen.
B: Ja, in ihren jeweiligen Religionen, die Christen, die Juden, die Moslems, die Hindus, die Buddhisten.
C: Das ist schon toll.
A: Ja, und durch den Fußball wird dies spürbar und sichtbar. Gottes Weltauswahl ist kunterbunt.

Lied

Fürbittgebet
Gott, der du die Welt in deiner Hand hältst,
sei du mit deiner belebenden Kraft bei uns.
Schenke uns Ausgelassenheit und Fröhlichkeit.
Lass uns deinen Geist spüren, der uns leben lässt.
Gib uns immer wieder die Achtung vor unseren Mitmenschen.
Begleite du die Weltmeisterschaft.
Lass alle Spieler und auch uns auf Fairness und Solidarität achten.
Und lass uns nicht vergessen, dass vor dir jeder Mensch gleich wertvoll ist.
Wir danken dir, dass wir uns immer wieder auf deine Begleitung verlassen können.
Du treuer Gott, bleibe bei deiner Erde heute, morgen und an jedem neuen Tag.

Und wir beten gemeinsam, wie wir es von Jesus wissen:
Vater unser

20. Juni 2010

Lied

Aktion
Auf den Fußball wird nun noch geschrieben, was wir uns von Gott für die Spiele wünschen. Auf Zuruf wird auf dem Ball notiert, was aus der Gemeinde kommt, etwa: Fairness, Gerechtigkeit, friedvolle Spiele, Gebete, Gottes Schutz, Freude ...
Der Ball kann dann in der Kirche liegen bleiben oder man nimmt ihn mit zu anderen Veranstaltungen. Vielleicht schaut ja die Gemeinde gemeinsam ein Spiel an. Da hat der Ball Platz. Wo die Möglichkeit besteht, kann mit dem Ball auch ein Spiel gespielt werden, nach dem Gottesdienst oder vielleicht zum Gemeindefest o. Ä.

Segen
So segne dich Gott, der in Zuwendung und Großzügigkeit erschienen ist, hier und auf der weiten Erde, allen Menschen als Vater, als Sohn und als Heiliger Geist.
Amen

Lied: Lobet und preiset ihr Völker den Herrn (Kanon)

Carmen Ilse

Hinweis: Ab März 2010 ist Material für Kinder zu diesem Thema erhältlich bei: www.brot-fuer-die-welt.de

Monatlicher Kindergottesdienst im Juni
WM 2010 – Die Weltauswahl Gottes ist kunterbunt, Apostelgeschichte 2,1–13

Die Freude am Spiel, das Erleben von (hoffentlich) friedlichem Wettstreit, von Erfolg und Misserfolg, von Körperlichkeit und Teamgeist – diese zentralen Erlebnisse beim eigenen (Fußball-)Spiel und beim Zuschauen und Mitfiebern sollen im Mittelpunkt dieses Gottesdienstes zur WM 2010 stehen. Wir feiern, dass Gottes guter Geist bewirken kann, dass auch fremde Menschen einander gut verstehen.

Das Maskottchen der Fußball-WM 2010 „Zakumi" **stellt sein Land Südafrika vor** (S. 151). In der *Erzählung/Dreiergespräch* (S. 159) wird die Begeisterung zu Pfingsten mit der Fußballbegeisterung in Beziehung gesetzt. Mit den Kindern kann „Zakumis Fußballspiel" gespielt werden (S. 152). Das Maskottchen „Zakumi" **wird gestaltet** (S. 150; z.B. ausgemalt, laminiert, am Faden aufgehängt) und mit nach Hause genommen. Mit dem fröhlichen Halleluja-Tanz (S. 153) endet der Kindergottesdienst.

Rut – Achtung vor dem Fremden

Rut sagt zu Noomi:
„Wo du hingehst, da will
ich auch hingehen.
Dein Volk ist mein Volk,
und dein Gott ist mein Gott."

Illustration von Rüdiger Pfeffer aus:
Komm, lass uns feiern,
© Deutsche Bibelgesellschaft, Stuttgart

Lied: Wo ein Mensch Vertrauen gibt, LJ 651, EG regional, LfK1 A6, LB 213

Liturgischer Text: Psalm 146 (LJ 684)

IX

Rut – Achtung vor dem Fremden

Sonntag	Text/Thema	Art des Gottesdienstes Methoden und Mittel
27.6.2010 4. Sonntag nach Trinitatis	Das letzte Brot Rut 1,1–16	Gottesdienst mit Kindern; Spiel „Ich packe meinen Koffer", Erzählung, schwarzes Tuch, Stück Brot, Gespräch, Kuscheltier/Puppe, Brot, Saft, Blume, Stein, Feder, Freundschaftsfest feiern
4.7.2010 5. Sonntag nach Trinitatis	Das fremde Brot Rut 1,18–2,23	Gottesdienst mit Kindern; verschiedene Brotsorten, Bündel mit Körnern, Erzählung, Gespräch, aus Wasser und Mehl kleine Brote backen, Teestövchen, Alufolie, gemeinsame Mahlzeit
11.7.2010 6. Sonntag nach Trinitatis	Das Brot der Liebe Rut 3,1–18	Gottesdienst mit Kindern; Spiel, Muggelsteine in 4 Farben, Erzählung, Symbolhandlung: Rosinenbrot verschenken
18.7.2010 7. Sonntag nach Trinitatis	... wird zum Brot der Heimat und „wie ein zu Haus" (Bethlehem) Rut 4,1–22	Gottesdienst mit Kindern; Fotos von alten Menschen, Familienspiel mit Namenskärtchen, Erzählung, Segenshandlung

Monatlicher Kindergottesdienst im Juli
„Das Buch Rut" – vom Brot des Lebens, Rut 1,1 – 4,22   S. 168

27. Juni 2010
4. Sonntag nach Trinitatis

Das letzte Brot

Rut 1,1–16

Lieder: Damit aus Fremden Freunde werden, LJ 482, EG regional; Einander brauchen, KG 120, MKL 2 29, LJ 371, GoKi 2004; Bewahre uns Gott, EG 171, KG 213, LJ 117; Gott, dafür will ich dir danke sagen (R. Krenzer/L. Edelkötter, in: Weil du mich so magst, Kinder Musik Verlag, Pulheim/Köln)

Liturgischer Text: Psalm 146

Zum Text und zum Thema

Die Geschichte von Rut und Noomi ist lebendig und anschaulich. Auf liebevolle und einfühlsame Weise wird das Schicksal der beiden Frauen erzählt. Wann sie entstanden ist, lässt sich nicht mit Sicherheit sagen. Die einen nehmen an, dass sie in die Zeit der Könige gehört und den Nachweis erbringt, warum König David eine moabitische Vorfahrin hat. Andere gehen davon aus, dass die Geschichte aus der Zeit nach dem ersten Exil stammt. Zu der Zeit hatten viele Israeliten ausländische Frauen, die ausgestoßen werden sollten. Durch die Rut-Erzählung wurde ihnen ein Platz im Volk Israel eingeräumt.

An der Geschichte von Rut und Noomi wird deutlich, dass der Gott Israels die Seinen nicht verlässt. Er wendet auch das bittere Schicksal der Heimat- und Hoffnungslosigkeit. Er gewährt seine Treue auch Nicht-Israeliten, wenn sie sich ihm vertrauensvoll zuwenden.

Die handelnden Personen haben sprechende Namen: Elimelech heißt übersetzt: „Mein Gott ist König". Noomis Name bedeutet „die Liebliche" oder „Gott ist liebevoll". Die beiden Söhne Elimelechs und Noomis heißen Machlon – „Schädlich" und Kiljon – „Gebrechlich". Rut und Orpa sind die „Freundin" und die „Aufsässige, Starke". Die Bedeutung des Namens Boas ist „in Gott ist Stärke". Bethlehem – die Heimat Noomis ist „das Haus des Brotes".

Noomi lebt mit ihrem Mann Elimelech und ihren beiden Söhnen in Bethlehem. Nach Ausbruch einer Hungersnot beschließen sie, in das Land der Moabiter auszuwandern und dort eine neue Existenz aufzubauen. Doch dann stirbt ihr Mann und Noomi bleibt mit ihren beiden Kindern allein in der Fremde. Dieser Schicksalsschlag trifft Noomi besonders hart: Sie verliert einen geliebten Menschen. Sie ist als Witwe schutzlos. Sie lebt als Ausländerin in einem fremden Volk, das einer anderen Religion angehört. Sie steht wirtschaftlich und sozial vor dem Aus. Normalerweise könnte sie nun in ihr Elternhaus zurückkehren. Aber das ist unerreichbar geworden für Noomi. So bleibt Noomi im Land der Moabiter. Auch wenn der Text darüber nicht ausdrücklich spricht, wird sie ihr Vertrauen ganz auf Gott setzen. Sie zieht ihre Söhne auf, bis sie selbst eine Familie gründen können. Aber das Glück währt nur kurz, Machlon und Kiljon sterben kinderlos. Noomi bleibt mit ihren beiden verwitweten Schwiegertöchtern allein zurück. Da entschließt sie sich, wieder in ihre Heimat Bethlehem zurückzukehren. Sie will sich von ihren Schwiegertöchtern verabschieden. Beide wehren sich dagegen, Noomi zu verlassen. Aber Noomi macht ihnen deutlich, dass sie von ihr nichts erhoffen können. Ja im Gegenteil, Noomi will ihnen nicht zumuten, das ihrer Meinung nach von Gott verhängte Unglück auch noch mit ihr teilen zu müssen. Sie denkt wie der sie umgebende Volks- oder Aberglaube: Unglück zieht unweigerlich Unglück nach sich.

Orpa verabschiedet sich tränenreich von Noomi. Sie bleibt in ihrer Heimat und erhofft sich neues Glück. Rut aber lässt sich nicht abweisen. Sie beharrt darauf, Noomi zu begleiten. Sie verbindet ihr Leben in feierlichen Worten mit dem Leben ihrer Schwiegermutter: „Wo du hingehst, da will auch ich hingehen. Dein Gott ist mein Gott ..." Rut gibt alle Sicherheiten auf. Sie teilt mit Noomi das Leben, den Glauben und das tägliche Brot.

Das Thema und die Kinder

Auf unterschiedlichen Ebenen haben Kinder „Fremdes" erlebt: das Eingewöhnen in die Kindertagesstätte, neue Mitschüler/innen, Umzug in eine andere Stadt, Abschied vom besten Freund oder der besten Freundin oder andere tiefgreifende Veränderungen ihrer Lebenssituation. „Fremde" kann für die Kinder bedeuten, sich allein zu fühlen oder nicht verstanden zu werden. Auch wenn sie keine äußeren Hungersnöte kennen, wissen sie doch um die Bedeutung des „letzten Bissen Brotes": das letzte Brot, bevor es aus dem Urlaub wieder zurück in den Alltag geht. Das letzte Stückchen Brot mit Freunden vor dem Umzug. Das letzte Knüppelbrot am Lagerfeuer, ehe der Herbst kommt. Abschied, Angst vor Veränderungen, Sehnsucht nach Schutz und Geborgenheit.

Mit Noomi und Rut können die Kinder mitbangen und mithoffen. Sie können entdecken, welchen Mut und welche Kraft diese Frauen haben und sich anstecken lassen, mit Verständnis, Freundschaft und Solidarität dem Fremden und den Fremden zu begegnen.

Gestaltungsvorschlag für ältere Kinder

Hinführung
Ein Koffer wird in den Kreis gestellt. Das Spiel: „Ich packe meinen Koffer ..." kann sich anschließen. Der Reihe nach sagen die Kinder, welches Teil sie in den Koffer packen und wiederholen dabei

Zeichnung: Sabine Meinhold

alles, was bereits gesagt wurde. Anschließend äußern die Kinder ihre Assoziationen zum Koffer und kommen ins *Gespräch* über ihre Erfahrungen. Vielleicht ist jemand dabei, der oder die umgezogen ist. Vielleicht ist jemand ins Nachbarhaus eingezogen. Vielleicht ist es sogar eine Familie, die aus einem anderen Land gekommen ist. Wie mag es ihnen gehen? Was müssen sie erst noch entdecken und lernen?

Erzählung
(In deren Verlauf übernimmt die Mitarbeiterin/der Mitarbeiter die Rolle der Noomi. Als Requisite werden ein möglichst schwarzes Tuch und ein Stück Brot benötigt.)
Menschen ziehen aus ihrer Heimat weg. Verschiedene Gründe bringen sie dazu: ein neuer Beruf, das Studium, Heirat. Aber manchmal sind es auch schlimme Gründe: Jemand wird von Feinden verfolgt und muss fliehen. Im Land herrscht Krieg und manche bringen ihre Familien in Sicherheit. Zu allen Zeiten war es so, dass Menschen aus ihrer Heimat wegziehen mussten.

Ich möchte euch von Noomi erzählen. Ihr ging es genauso. Ich werde sie selbst zu Wort kommen lassen. Dazu lege ich das Tuch um. Dann könnt ihr besser erleben, wie ich Noomi meine Stimme leihe.

Ich bin Noomi. Meine Heimat ist weit weg. Das merkt ihr schon an meinem Namen. Seit vielen Jahren wohne ich hier in Moab. Eigentlich ist das gar nicht meine richtige Heimat. Immer wieder habe ich Sehnsucht nach Bethlehem. Dort bin ich geboren. Dort habe ich meinen Elimelech geheiratet und zwei Söhne bekommen. Wir waren so glücklich miteinander. Aber dann hörte es auf zu regnen. Die Felder vertrockneten im ganzen Land. Die Tiere fanden nichts mehr zu fressen und gaben keine Milch mehr. Und bald mussten auch wir hungern. Wir wussten nicht mehr ein noch aus. Eines Tages kam Elimelech nach Hause. „Noomi", sagte er aufgeregt „wir ziehen nach Moab. Dort gibt es genug zu essen." „Was?" Ich erschrak. „Weg von Bethlehem? In ein fremdes Land?" „Noomi, sei vernünftig. Es ist unsere Chance. Sonst kommen wir hier vor Hunger um!" Ich begann zu weinen. Aber der Hunger tat weh. Und ich hatte solche Angst um meine Kinder. Dann packten wir unsere Sachen. Meine Nachbarin Rahel half mir. „Ich werde dich nie vergessen, Noomi", sagte sie. „Ach, Rahel. Wie sehr wirst du mir fehlen." „Ich werde immer an dich denken." Wir aßen zusammen ein letztes Stück Brot. „Gott segne dich, liebste Noomi. Gott behüte dich im fremden Land", sagte sie zum Abschied. Wir weinten. Ob wir uns jemals wiedersehen würden?

Jetzt sitze ich hier in Moab und packe wieder meine Sachen zusammen. Ich kann es immer noch nicht begreifen. So viel ist passiert. Wir fanden wirklich hier in Moab zu essen. Elimelech baute uns ein Haus. Meine Söhne Kiljon und Machlon lernten als Erste die neue Sprache. Ich freundete mich mit den Nachbarinnen an. Langsam atmeten wir auf. „Wir haben es geschafft, Noomi", lächelte Elimelech. Aber einige Zeit später wurde er krank. Kein Arzt konnte ihm helfen. Elimelech starb. Jetzt war ich allein mit meinen Söhnen. Machlon tröstete mich: „Mutter, verzweifle nicht! Wir kümmern uns um dich. Immer! Verlass dich drauf." Ich strich ihm über den Kopf. „Danke, Machlon!" Als Witwe in einem fremden Land hatte ich einen schweren Weg vor mir. Ohne Mann galt eine Frau nichts. Ich durfte nicht mal einer Arbeit nachgehen, um Geld zu verdienen. Das durften nur Männer. Aber ich hatte ja meine beiden Söhne. Sie halfen mir, wo es nur ging. Wir kamen recht und schlecht durch.

Eines Tages lief Machlon mir entgegen und rief „Mutter, Mutter! Sie will mich wirklich heiraten." „Wer?", fragte ich zurück. „Na, Orpa, wer denn sonst!" Es war eine schöne Hochzeit. Zum ersten Mal habe ich wieder getanzt und gelacht. Und einige Zeit später heiratete auch Kiljon seine Rut. Wir lebten gemeinsam in unserem Haus. Jetzt waren wir wieder eine glückliche Familie. Doch dann kam das große Unglück. Machlon und Kiljon starben kurz nacheinander. Unbegreiflich.

Was sollte nun werden? Alle drei waren wir nun Witwen und standen schutz- und hilflos da. Rut und Orpa waren jung. Sie fanden bestimmt wieder Männer. Aber ich konnte hier nicht bleiben. So rief ich die beiden zu mir: „Rut, Orpa, ich muss euch etwas sagen." „Noomi, du siehst so blass aus! Was ist los?", entgegnete mir Rut. „Hört zu: Ich kann hier nicht länger bleiben. Ich falle euch nur noch zur Last. Ihr seid jung. Ihr könnt wieder heiraten. Ihr könnt Kinder bekommen. Ich gehe zurück nach Bethlehem. Dort bin ich geboren. Und dort will ich auch sterben." „Nein!", riefen die beiden, „wir sind doch für dich da. Wir sorgen für dich. Wir schaffen das." Ich musste lächeln. „Ach, ihr zwei. Ihr meint es gut mit mir. Aber es geht nicht anders. Wir müssen Abschied nehmen." Doch sie gaben nicht nach. Sie bedrängten mich: „Dann nimm uns mit in deine alte Heimat. Wir bleiben für immer zusammen." „Rut, Orpa, ich will euch mit meinem bitteren Schicksal nicht das Leben schwer machen. Gott hat mich gestraft. Das soll euch nicht auch zur Last werden." Wir begannen zu weinen. Orpa umarmte mich. Sie küsste meine Stirn und sagte: „Du hast recht. Es ist besser, wenn ich hier bleibe. Leb wohl und vergiss mich nicht." Dann stand sie auf und ging in das Haus ihrer Eltern.

„Rut, sei vernünftig. Geh bitte auch zurück in dein Elternhaus." Rut schüttelte energisch den Kopf. „Nein, Noomi. Ich bleibe bei dir. Ich gehe dorthin, wohin du gehst. Wo du bleibst, da bleibe ich auch. Dein Volk ist auch mein Volk. Du hast mir so viel von deinem Gott erzählt. Jetzt ist er auch mein Gott. Wo du stirbst, da will ich auch begraben werden. Nur der Tod wird mich von dir trennen, so wahr mir Gott helfe."

Jetzt ist Rut in ihr Zimmer gegangen, um ihre Habseligkeiten zusammenzupacken. Gleich wird sie herunterkommen. Wir werden das letzte Stück Brot aus Moab gemeinsam essen. Dann liegt ein weiter Weg vor uns. Nur Gott kann uns helfen. (Tuch wieder ablegen und aus der Rolle aussteigen – sichtbar für alle.)
So war es mit Noomi.

Vertiefendes Gespräch
Reaktionen abwarten und im Gespräch die Eindrücke zulassen. Anschließend kann mit den Kindern überlegt werden, wer heute in solcher Situation ist. Die Sorgen und Nöte der Menschen kön-

nen vor Gott gebracht werden. Dabei kann das Brot behilflich sein. Die Leiterin beginnt: „Ich bitte euch, mit mir ein Stück Brot zu essen für die Menschen in den Ländern, wo Krieg ist. Wir bitten Gott um Frieden für die Welt."

Gestaltungsvorschlag für jüngere Kinder

Benötigtes Material: Kuscheltier oder Puppe, Großes Bilderbuch (Kees de Kort, Deutsche Bibelgesellschaft), Blume, Stein, Feder

Ein Kuscheltier oder eine Puppe erzählt, wie schwer es ist, sich im neuen Kindergarten zurechtzufinden. Alles ist fremd und ungewohnt. Bloß gut, dass Jessica dabei ist ... Anschließend können die Kinder ähnliche Situationen erzählen.

Empfehlenswert ist, die Noomi-Rut-Geschichte für diese Altersgruppe aus dem „Großen Bibelbuch" von Kees de Kort zu erzählen.

Nach der Erzählung kann ein Freundschaftsfest gefeiert werden mit Brot und Saft. Vielleicht sind Freundinnen oder Freunde gemeinsam im Kindergottesdienst. Dann können sie sich ein Zeichen ihrer Freundschaft geben – eine Blume, ein besonders schöner Stein, eine Feder ...

Ulrike Lange

Monatlicher Kindergottesdienst im Juli
„Das Buch Rut" – vom Brot des Lebens, Rut 1,1 – 4,22

Kinder kennen die Erfahrung von Umzug und „in der Fremde sein", wenn nicht am eigenen Leib erlebt, so doch aus Erzählungen anderer, z.B. von Kindern mit Migrationshintergrund. Außerdem gibt es viele Kinder, die an der sogenannten Armutsgrenze leben. Kindertafeln werden eingerichtet und Mahlzeiten in den Schulen bezuschusst. Rut ist in der Fremde und auf Nahrung und „Almosen" angewiesen. Sie „überlebt" durch tiefe Freundschaft, Gottvertrauen und geteiltem Brot. Treu steht sie ihrer Schwiegermutter in allem bei und umgekehrt. Wie in einem Märchen wird am Ende alles gut, Gott sei Dank, denn er sorgt dafür.

Nach der Hinführung mit dem **Spiel „Koffer packen"** erzählen Noomi, Rut, Boas und Obed in verkürzter Form ihre Geschichten (s. **Erzählungen** auf den S. 166, 170, 175, 179, der Schwerpunkt liegt auf den ersten beiden Texten). Gemeinsam wird überlegt, wer heute in solcher Situation ist. Beispiel: „Ich bitte euch, mit mir ein Stück **Brot** zu **essen** für die Menschen in den Ländern, wo Krieg ist. Wir bitten Gott um Frieden für die Welt." (S. 167) Weitere Gestaltungsvorschläge: **Brot backen** aus Wasser und Mehl über einem Teestövchen (S. 172); das Brot der Liebe/ süßes **Brot teilen** (S. 176), **Segenshandlung** (S. 180).

4. Juli 2010
5. Sonntag nach Trinitatis

Das fremde Brot

Rut 1,18 – 2,23

Lieder: Brot, Brot, danke für das Brot, KG 10; Wir teilen Brot, wir teilen Saft, KG 207

Liturgischer Text: Psalm 146

Zum Text und zum Thema

Noomi und Rut kommen in Bethlehem an. Tatsächlich wird Noomi von den Bewohner/innen wiedererkannt. Sie erzählt von ihren Schicksalsschlägen. Sie ändert selbst ihren Namen: nicht mehr „die Liebliche" will sie heißen, sondern „Mara – die Bittere". Hoffnungslosigkeit hat sich in ihr breit gemacht. Noomi fühlt sich von Gott verlassen und bestraft.

Aber da ist Rut. Tatkräftig geht sie daran, für Noomi und sich zu sorgen. Sie sind zur Erntezeit nach Bethlehem gekommen. Die Getreidefelder sind reif. Rut und Noomi kennen ihre Rechte. Fremde, Arme, Witwen und Waisen dürfen auf den abgeernteten Feldern die liegen gebliebenen Ähren auflesen. Rut gerät ohne es zu wissen auf das Feld eines Verwandten Elimelechs. Boas wird auf sie aufmerksam und hört von ihrem Fleiß. Er begünstigt sie in jeder Weise. Rut darf auch auf dem noch unabgeräumten Feld Ähren sammeln. So bringt sie eine erstaunliche Menge zusammen. Noomi hört Ruts Bericht von der Freundlichkeit Boas. In seiner Handlungsweise erkennt sie Gottes Nähe. Er hat sich nicht von ihnen abgewandt, so wie sie es bei der Rückkehr nach Bethlehem ausgesprochen hatte. Boas wird zum Hoffnungsträger für Noomi und Rut. Er ist verpflichtet, Verwandten zu helfen, die in eine Notlage geraten sind. Rut sammelt weiter Ähren auf den Felder des Boas, bis die Erntezeit zu Ende ist. Das Leben kann weitergehen. Voller Zuversicht schauen beide Frauen in die Zukunft.

Das Thema und die Kinder

Diese Geschichte steckt voller Hoffnung. Trostlos erscheint der Beginn im neuen Leben. Aber er entwickelt sich zu einem guten Weg, den die beiden Frauen miteinander gehen können. Rut kümmert sich um das Auskommen. Noomi spornt sie mit ihrer Dankbarkeit an. Beide haben Hoffnung, das neue Leben meistern zu können.

Die Erzählung von Rut und Noomi ist eine Freundschaftsgeschichte. Kinder wissen um den Wert der Freundschaft. Es tut gut, wenn jemand in schwierigen Situationen da ist. Die Freundin und der Freund bringen neuen Lebensmut. Sie hören sich die Nöte und Sorgen an. Sie helfen bei den Hausaufgaben. Sie gehen mit nach Hause, wenn ein Missgeschick gebeichtet werden muss. Sie trösten. Ruts Freundschaft zu Noomi trägt durch die schwere Zeit des Neuanfangs in Bethlehem. Noomi ist froh, dass Rut sie begleitet hat. Sie spürt: „Geteiltes Leid ist halbes Leid."

Diese Geschichte erzählt auch vom Glauben. Noomi glaubt, von Gott bestraft zu sein. Sie fühlt sich von ihm verlassen. Sonst hätte er ihr schlimmes Schicksal verhindert. Doch nach und nach entdeckt Noomi, wie Gott wirkt. Mitten im Leid sorgt er dafür, dass das Leben wieder lebenswert wird. Mitten in der Hoffnungslosigkeit eröffnet Gott neue Möglichkeiten. Schritt für Schritt kann sich Noomi dem Leben wieder zuwenden. Die Geschichte kann die Kinder ermutigen, auch in ausweglos scheinenden Situationen auf Gott zu vertrauen. Sie können erfahren: Auch wenn es auf den ersten Blick nicht so erscheint – Gott steht zu den Menschen. Er verlässt sie niemals.

Bethlehem heißt „Haus des Brotes". Rut und Noomi finden dort Brot, um leben zu können.

Gestaltungsvorschlag für jüngere und ältere Kinder

Hinführung

Verschiedene Brotsorten werden den Kindern zum Kosten gegeben (z. B: Fladen-, Knäcke-, Pumpernickel-, Misch-, Toastbrot) Die älteren können die Stücke auch mit verbundenen Augen probieren, so können sie sich noch besser auf den Geschmack konzentrieren. Anschließend sprechen alle miteinander darüber, welche Brotsorten ihnen fremd waren. Erlebnisse mit Brot in anderen Familien oder Ländern können sich anschließen.

Erzählung

(Diesmal tritt Rut auf. Sie trägt ein Leinenbündel, in dem Weizen- oder Gerstenkörner sind. Die Körner gibt es beim Bauern oder im Bioladen.)

Ihr habt verschiedene Brotsorten gekostet. Manche esst ihr immer, manche waren fremd für euch. Wir holen Brot beim Bäcker. Manchmal haben wir auch selbst schon Brot gebacken. Das Mehl gibt es im Laden. Noch mehr Mühe macht es, wenn die Körner erst vom Feld aufgesammelt werden müssen. Davon wird euch

Zeichnung: Sabine Meinhold

Rut erzählen. Dazu schlüpfe ich in die Rolle der Rut hinein. Ich binde mir ein Tuch um und nehme das Bündel. (Rut reibt sich den Rücken.) Puh, das war ein anstrengender Tag. Den ganzen Tag hab ich mich nur bückend bewegt. Aber jetzt bin ich stolz auf das hier. (Macht das Bündel auf und zeigt den Kindern die Körner.) Jetzt ruhe ich mich erst ein wenig aus, ehe ich zu Noomi zurückkehre. Erinnert ihr euch? Ich bin Rut. Ich komme aus Moab. Hier in Bethlehem bin ich noch nicht lange. Ich bin mit meiner Schwiegermutter Noomi hergezogen. Das war keine leichte Entscheidung. Aber ich musste bei Noomi bleiben. Sie hat sonst niemanden. Ihr Mann ist tot und ihre beiden Söhne auch – Machlon, der eine und Kiljon – mein lieber Mann. Rut hält eine Weile inne und wischt sich eine Träne ab. Noomi wollte erst nicht, dass ich mitkomme. Aber ich habe sie lieb gewonnen. Ich lasse sie nicht allein.

Als wir nach Bethlehem kamen, schauten uns die Leute neugierig an. Es kam wohl nicht so oft vor, dass Fremde einzogen. Noomis Haus stand noch. Aber es war unbewohnt und baufällig. Wir schufteten, bis wir endlich richtig wohnen konnten. Die Nachbarinnen und Nachbarn schauten uns verwundert zu. Endlich sagte eine: „Das ist doch ... Das darf doch nicht wahr sein! Noomi, bist du es wirklich?" Noomi schaute auf, sah die Frau eine Weile an und rief: „Rahel!" Dann lagen sich die Frauen in den Armen. Unter Tränen sagte Rahel: „Noomi, du bist zurückgekommen!" „Ach Rahel, nenne mich bitte nicht mehr Noomi. Ich bin nicht mehr die Liebliche. Gott hat mich hart gestraft.

Nenne mich lieber Mara, die Bittere. Ich habe alles verloren. Elimelech, mein Mann, ist gestorben und meine beiden Söhne auch. In fremder Erde liegen sie begraben. Ich konnte nicht länger in Moab bleiben. Wenn ich sterbe, will ich hier begraben sein." So sprach Noomi. Dann sah Rahel mich an. „Ich bin Rut. Ich bin ihre Schwiegertochter. Ich bleibe bei ihr. Alles will ich mit ihr teilen." Es fiel mir schwer, in der fremden Sprache so viel zu sagen. Aber Rahel gab mir freundlich die Hand. Dann sagte sie: „Jetzt ist Getreideernte. Geh aufs Feld, Rut. Du darfst liegen gebliebene Ähren aufsammeln. Fremde, Witwen und Arme haben ein Recht darauf."

Ich bin losgezogen. Auf das nächstbeste Feld. Die Schnitter waren schon bei der Arbeit. Sie schnit-

Teestövchen zum Brotbacken

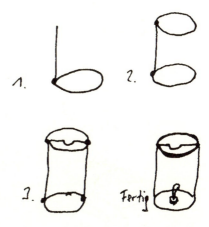

(aus: Mahlzeit! – Mit Kindern unterwegs zum Tisch des Herrn. Senfkorn spezial, Westfälischer Verband für Kindergottesdienst, S. 154)

ten die Ähren und die Frauen banden Garben daraus. Ich fragte: „Darf ich bei euch Ähren aufsammeln?" Die Leute sahen von ihrer Arbeit auf. Sie hatten sofort gehört, dass ich eine Ausländerin bin. Der Aufseher nickte nur. Ich ging hinter den Schnittern her. Mühsam sammelte ich die Ähren auf, die liegen geblieben waren. Da kam der Besitzer des Feldes. Er sah mich an. Ich bemerkte, wie er mit den Schnittern redete und dabei auf mich zeigte. Ich erschrak, als er mich zu sich rief. Voller Angst warf ich mich vor ihm auf die Knie. Aber bevor ich etwas sagen konnte, sprach er: „Ich bin Boas. Die Felder gehören mir. Ich habe gehört, du bist mit Noomi aus Moab gekommen. Ihretwegen bist du in ein fremdes Land gekommen. Ich bin beeindruckt. Gott möge dich dafür segnen und belohnen. Bleibe auf meinen Feldern. Da wird es dir gut gehen. Niemand wird dir Unrecht tun."

Von da an habe ich ganz viele Ähren gefunden. Ich glaube, die Schnitter haben sie absichtlich für mich fallen lassen. Und in der Mittagspause durfte ich mit ihnen essen und trinken. Boas gab mir so viel zu essen, dass ich Noomi davon mitnehmen konnte. Jeden Tag der Erntezeit war ich auf Boas Feldern. Heute war der letzte Tag. Jetzt haben wir genügend Vorräte. Gleich gehe ich zu Noomi. Dann klopfen wir die Körner aus den Ähren. Noomi mahlt sie auf dem großen Stein vor unserem Haus zu Mehl und ich werde daraus Brot backen. Das erste eigene Brot in der Fremde. Fremdes Brot für mich. Aber es wird mir und Noomi Kraft geben.

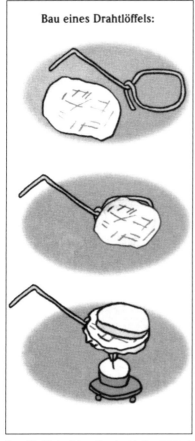

Bau eines Drahtlöffels:

(aus: Wir Kinder feiern Abendmahl. Das CD-Buch zum Abendmahl, Verlag Junge Gemeinde, Leinfelden-Echterdingen 2009 und KONTAKTE Musikverlag, Lippstadt)

Gemeinsam Brot backen

Mit den Kindern kann aus Mehl und Wasser Brot gebacken werden.

Thilo Gruppe (†) hat ein einfaches Rezept entwickelt, das in zehn Minuten auf einem Teestövchen gebacken wird (s. Zeichnung S. 171):

Rezept
3 EL Mehl mit etwas Wasser mischen, sodass ein dicker Teig entsteht. Einen halben Teelöffel Teig auf einer bemehlten Fläche mit der Gabel dünn drücken oder ausrollen. Mit einem runden Förmchen (Filmdöschen, Eierbecher) ausstechen.
Ein Stück Alufolie (die glänzende Seite nach oben) auf das Teestövchen legen und gegebenenfalls mit Mehl bestäuben. Teelicht anzünden. Rundes Teigstückchen auf die Folie legen und von jeder Seite etwa 3 Minuten backen. Die Folie über der Flamme etwas bewegen, damit nichts anbrennt.
Mehrere Stövchen aus Draht gebogen beschleunigen den Vorgang, weil jedes Kind gleichzeitig Brot backen kann.
Es eignet sich auch ein Drahtlöffel, der mit Alufolie überzogen ist und über die Flamme gehalten wird (s. S. 172).

Zur gemeinsamen **Mahlzeit** überlegen die Kinder, wofür Rut und Noomi danken.

Das **Lied:** „Wir teilen Brot, wir teilen Saft" passt gut als **Tischgebet**.

Ulrike Lange

11. Juli 2010
6. Sonntag nach Trinitatis

Brot der Liebe

Rut 3,1–18

Lieder: Wo ein Mensch Vertrauen gibt, LJ 651, EG regional, LfK1 A6, LB 213; Ich lobe meinen Gott, KG 161, EG 272, LJ 160; Du bist da, wo Menschen leben, KG 147, LfK1 C6, LJ 498, MKL 42, LZU 13; Ich wünsch dir Freundinnen und Freunde, KG 118, LH 57

Liturgischer Text: Psalm 146

Zum Text und zum Thema

Noomi sorgt sich um Ruts Zukunft. Sie will sie gut versorgt wissen. In ihrer Zeit geht das nicht anders als verheiratet zu sein und zu einem Mann zu gehören. Aber Noomi denkt auch an sich. Wie die Menschen ihrer Zeit sieht sie ihre Identität als Glied von Familie und Sippe. Der Sinn ihres Lebens ist darin erfüllt, in Nachkommen weiterzuleben. Kinderlosigkeit ist sozialer

Tod. Wenn ein Geschlecht ausstirbt, ist die ganze Vorfahrenreihe vom Leben abgeschnitten. Deshalb ist es wichtig, dass Rut heiratet und hoffentlich einen Sohn bekommt. Noomi denkt sich einen Plan aus. Rut wird nicht gefragt, sondern vor vollendete Tatsache gestellt. Aber sie stimmt zu und sagt: „Alles, was du mir sagst, will ich tun." (V. 5)

Boas wird die Nacht auf der Tenne zubringen. Am Abend worfelt er das gedroschene Getreide im aufgekommenen Wind. Dabei wird die Spreu von den Körnern getrennt. Dann legt er sich zum Schlafen hinter einen Kornhaufen. So kann er seine Ernte gegen Diebe besser schützen. Er ist zufrieden mit dem Ergebnis seiner Arbeit. Er ist in guter Stimmung, die Rut nach Noomis Plan ausnutzen soll. Sie verbirgt sich auf der Tenne, bis Boas eingeschlafen ist. Auf Anraten Noomis hat sie sich besonders schön gemacht und geizt nicht mit ihren weiblichen Reizen. Unbemerkt legt sie sich zu Boas' Füßen. Boas wacht auf und sieht mit Erstaunen, dass eine Frau sein Lager teilt. In der Dunkelheit muss er erst nachfragen, wer es ist. Rut redet nicht drum herum, sondern bittet ihn direkt, sie zur Frau zu nehmen. Als „Löser" ist er in der Pflicht, Not leidenden Angehörigen zu helfen. Mit dem Gewandsaum, der über die Frau gelegt wird, ist bereits die Heirat vollzogen. Aber Boas erfüllt Ruts Bitte nicht direkt. Er verweist auf das Vorrecht eines engeren Verwandten Noomis. Aber er freut sich, dass Rut sich an ihn gewendet hat. Darin drückt sich ihre Liebe zu Noomi aus. Reich belohnt kommt Rut nach der Nacht auf Boas' Tenne nach Hause. Noomi ist überzeugt, dass Rut bald von Boas geheiratet wird.

Das Thema und die Kinder

Auch in dieser Geschichte werden die Kinder staunen über Bräuche und Traditionen einer anderen Zeit. Allem Anschein nach bestimmen Noomi und Boas über Ruts Schicksal. Sie wird nicht nach ihrer Meinung gefragt. Aber sie handelt ohne nachzufragen oder zu diskutieren. Noomi, Rut und Boas sehen jeweils, woran es dem anderen fehlt: Noomi sorgt sich um Ruts Zukunft, Rut kümmert sich um Noomis Lebensgrundlage. Boas weiß, dass er mit der Verbindung zu Rut Noomi hilft. Gleichzeitig wissen oder ahnen die drei Hauptpersonen, dass ihnen selbst geholfen wird, wenn sie sich um die Belange des anderen kümmern: Boas gewinnt eine Frau und Elimelechs Land; Ruts Zukunft ist durch die Heirat mit Boas gesichert; Noomi ist aus ihrer Notlage befreit, sie ist erlöst.

Das Grundmotiv ist Liebe zum/zur anderen. Und hier ist auch der Ansatzpunkt für die Kinder. Aus Liebe handeln, das können auch die Kinder überall. Sie haben Erfahrungen, wie jemand aus Liebe zu ihnen etwas Unerwartetes getan hat. Und sie haben selbst ihren Schatten übersprungen und jemandem aus Liebe etwas Gutes getan.

Gestaltungsvorschlag für jüngere und ältere Kinder

Spiel
Als Hinführung zur Geschichte kann mit den Kindern ein Spiel ausprobiert werden, bei dem alle gewinnen. Das Hauptmotiv ist, dem/der anderen weiterzuhelfen und dabei selbst geholfen zu bekommen.

Benötigt werden z.B. Muggelsteine in vier verschiedenen Farben. Die Steine werden so aufgeteilt, dass jede/r Mitspieler/in von einer Farbe vier Steine bekommt und nicht weiß, welche Farben die anderen haben. Die Kinder werden nun aufgefordert, die Steine untereinander zu tauschen. Die Spielidee ist ähnlich dem Quartettspiel. Allerdings wird nicht danach gefragt, welche Farbe man selbst braucht. Man bietet einem/einer anderen einen Stein zum Tauschen an. Wenn der/die andere ablehnt, darf der/diejenige als nächste/r anbieten. Ziel ist, am Ende von jeder Farbe einen Muggelstein zu haben.

Erzählung
(Boas erzählt. Ein Mitarbeiter/eine Mitarbeiterin kann sich einen Umhang umlegen oder ein Gewand anziehen)

Gleich kommt sie. Gleich kommt meine Braut. O, wie ich mich freue! So ein Glück für mich. Nie hätte ich es für möglich gehalten, dass sie sich ausgerechnet für mich entscheidet. Wie haben die Leute im Dorf über sie geredet. „Eine Ausländerin", haben die einen gesagt. „Was will die denn hier? Sie soll dorthin gehen, wo sie herkommt." Andere sagten: „Ist es nicht großartig? Die Ausländerin hat Noomi nicht im Stich gelassen. Aus ihrer Heimat ist sie nach Bethlehem gekommen. Seht doch mal, wie rührend sie sich um Noomi kümmert."

Ich war neugierig geworden. Und dann sah ich sie. Es war während der Getreideernte. Die Felder standen voller Ähren. Die Körner waren schwer und glänzten wie Gold. Meine tüchtigen Arbeiter schnitten schwungvoll die Ähren ab, die Frauen banden geschickt ihre Garben. Ich ging auf das Feld, um nach dem Rechten zu sehen. Sie fiel mir sofort auf. Rut – die Ausländerin – bückte sich unermüdlich und hob die liegen gebliebenen Ähren auf. Das war ihr Recht. Arme und Fremde, Witwen und Waisen durften nach unseren Gesetzen für ihren Lebensunterhalt sorgen. Ich rief sie zu mir. Ich sah ihre Augen. Wunderschön, dachte ich. Ich möchte dir gern helfen, du schönes Mädchen, dachte ich. Laut sagte ich: „Bleib auf meinen Feldern. Sammle so viele Körner, wie du willst. Bleib aber in der Nähe meiner Mägde. Niemand soll dir etwas zu Leide tun. Dafür sorge ich. Und wenn du Durst oder Hunger hast, wende dich an meine Knechte." Ruts Augen glänzten vor Freude. Dann verbeugte sie sich vor mir. Leise flüsterte sie: „Ich bin eine Ausländerin. Und doch bist du so freundlich zu mir. Ich weiß gar nicht, warum!" „Ich weiß, was du für Noomi tust. Du hast ihretwegen deine Heimat verlassen. Du lässt sie nicht im Stich. Möge Gott dich dafür segnen." Und in der Mittagspause achtete ich darauf, dass sie sich neben mich setzte. Ich gab ihr die leckersten Bissen zu essen. Die gerösteten Körner waren besonders gut geraten. Ich sah, wie es ihr schmeckte. Ich musste schmunzeln, als ich sah, wie sie den Rest in ihre Taschen packte. Bestimmt dachte sie auch jetzt wieder an Noomi.

Bis zum Abend sammelte sie ohne Pause weiter. Ihr Bündel war groß und schwer. Ich nickte meinen Schnittern zu. Sie hatten meinen Wink verstanden und extra viele Ähren fallen lassen – für Rut. Meine Arbeiter brachten die Ernte auf die Tenne. Dann nahmen wir unsere Dreschflegel und schlugen die Körner aus den Ähren. Bis zum Abend war das Getreide gedroschen. Nun musste ich die Körner von der Spreu trennen. Der Wind half mir dazu. Schaufel für Schaufel warf ich das Getreide gegen den Abendwind. Die leichten Hüllen flogen davon. Die Körner fielen auf die Tenne zurück. Als die Sonne untergegangen war, lagen die Getreidekörner wie ein Berg vor mir. Ich konnte kaum darüber sehen. Die Nacht wollte ich auf der Tenne verbringen. Die Luft war so mild. Die Sterne funkelten. Und außerdem konnte ich die Ernte vor ungebetenen Gästen schützen. Ich war zufrieden und glücklich über die reiche Ernte – und über die Begegnung mit Rut, der schönen Ausländerin. Ich aß und trank und legte mich zur Ruhe. Dabei ahnte ich noch nicht, dass mir noch eine große Überraschung bevorstand.

Mitten in der Nacht fuhr ich erschrocken aus dem Schlaf. „Wer ist da?", fragte ich in die Dunkelheit. Ich dachte erst, ich träume. Aber an meinem Fußende lag jemand. Die Gestalt erhob sich. Es war eine Frau. „Wer bist du?" Leise kam die Antwort: „Ich bin Rut. Ich war bei der Ernte auf deinem Feld. Ich habe Noomi von dir erzählt. Sie hat sich gefreut. Du, Boas, bist ein Verwandter von Noomi. Und du kannst uns aus unserer Notlage befreien. Du bist unser Löser. Bitte heirate mich. Dann hat Noomi wieder eine Familie und braucht sich keine Sorgen mehr zu machen." Rut atmete tief aus. Ich konnte ihre Aufregung spüren. Das war ganz schön mutig von ihr. Ganz außergewöhnlich mutig war es. Und ich staunte. Rut dachte mit ihrer Bitte an Noomis Sicherheit. „Gott segne dich, geliebte Rut", brachte ich mühsam hervor. „Du machst mich glücklich. Du bist zu mir gekommen. Du hast mich gefragt. Du hast dich nicht für die jüngeren Männer aus unserem Dorf entschieden. Du denkst an Noomi und ihre Sicherheit. Ich will alles tun, was du gesagt hast." Ich überlegte eine Weile. Dann sagte ich: „Rut, es stimmt. Ich bin ein Verwandter von Noomis Mann Elimelech. Aber es gibt noch einen Mann, der enger mit ihr verwandt ist. Lass mich zuerst den fragen. Morgen werde ich es tun." Ich stand auf und zeigte auf mein Lager. „Leg dich hin, Rut und schlaf hier bis zum Morgen." Ich konnte kein Auge mehr zumachen. Ich wachte über Ruts Schlaf. Am Morgen sprachen wir kaum miteinander. Wir lächelten uns nur an. Ich füllte ihr Tuch mit Getreidekörnern. Gern wäre ich dabei, wenn sie Noomi von dieser Nacht erzählt. Und Noomi wird sagen: „Pass auf, Rut, Boas gibt keine Ruhe. Heute noch wird er herausbekommen, ob der andere dich haben will." Und Recht hat sie. Ich denke nur noch an Rut. Ich will sie heiraten.

Symbolhandlung: Brot verschenken
Boas, Rut und Noomi teilen das Brot der Liebe miteinander. Das möchte ich auch mit euch tun: Stellt euch in zwei Reihen gegenüber auf. Hier habe ich eine Schale mit Rosinenbrotstücken (oder süßes Brot ohne Rosinen). Eine/r von euch trägt die Schale zu jemandem auf der anderen

Seite, schenkt ihm/ihr ein Stück Brot und gibt ihm/ihr anschließend die Schale. Dann geht er/sie wieder an seinen/ihren Platz. Wer die Schale hat, geht auf die andere Seite der Gruppe und schenkt jemandem ein Stück Brot bis alle mit dem Brot der Liebe beschenkt sind.

Ulrike Lange

---

18. Juli 2010
7. Sonntag nach Trinitatis

... wird zum Brot der Heimat „und wie ein zu Haus"
Rut 4,1–21

Lieder: Die Güte des Herrn hat kein Ende, KG 165; Du verwandelst meine Trauer in Freude, KG 198, LH 64, MKL 9, LJ 508; Sei behütet auf deinen Wegen, LH 56, LB 79

Liturgischer Text: Psalm 146

Zum Text und zum Thema

Bevor Boas Rut heiraten kann, muss er die Rechtslage klären. Dazu begibt er sich in das Tor, durch das alle zur Feldarbeit hindurch müssen. Dort wartet er auf den Verwandten Noomis, der noch vor ihm das Recht bzw. die Pflicht als „Löser" hat. Im Tor wurden vor Zeugen (den Ältesten) Rechtsfälle verhandelt und Rechtsgeschäfte abgeschlossen. Der (namenlose) Löser kommt und Boas verhandelt mit ihm über den Besitz Elimelechs, dem verstorbenen Mann Noomis. Offenbar hatte Elimelech vor seiner Auswanderung nach Moab seinen Grundbesitz verkauft oder verpfändet. Nur von einem Verwandten der Witwe kann das Land wieder zurückgekauft werden. Damit ist auch die Pflicht verbunden, für die Witwe bis zu ihrem Lebensende zu sorgen. Der Löser bekundet Interesse. Als er aber hört, dass mit der Lösung des Grundbesitzes auch die Heirat mit Noomis Schwiegertochter verbunden ist, zieht er seine Zusage zurück. Er will sich und seine eigenen Nachkommen nicht schädigen.

Boas ist bereit, das Gesetz der Lösung zu erfüllen. Sie werden sich handelseinig. Zum Zeichen dafür übergibt der Löser seinen Schuh an Boas. Damit macht er deutlich, dass er auf das Be-

Rut – Achtung vor dem Fremden

sitzrecht verzichtet. Die Zeugen bestätigen den Vorgang. Sie beglückwünschen Boas. Mit ihren Segenswünschen bringen sie zum Ausdruck, dass Boas nun dafür sorgt, dass Elimelechs Name weiterhin erhalten bleibt und die Linie seines Geschlechtes nicht ausstirbt. Gott möge ihn dafür beschenken. Seine Familie soll reich und gesegnet sein wie die Stammfamilien des Volkes Israel.

Boas heiratet Rut. Sie bekommt einen Sohn. Er wird Obed genannt – dem Jahwe Dienender. Seine Aufgabe wird darin bestehen, für seine Großmutter zu sorgen. Noomi adoptiert ihn als Nachkomme Elimelechs. Das war zu dieser Zeit nichts Außergewöhnliches, denn die Menschen lebten im großen Verband mit Familie und Sippe. Die Ausländerin Rut bekommt dadurch ihren festen Platz in der Geschichte Israels. Sie wird die Urgroßmutter des großartigen Königs David und gehört dadurch auch in die Ahnenreihe Jesu.

Das Thema und die Kinder

Kinder sehnen sich danach, in Sicherheit und Geborgenheit zu leben. Sie brauchen zum Aufwachsen ihren festen und sicheren Platz – ihre Heimat. Sie brauchen jemanden, der sich liebevoll um sie kümmert. So wie in der Geschichte von Rut, Noomi und Boas können auch sie erfahren, wie Gott führt und leitet. Das kann den Kindern Mut machen, ihr Vertrauen in Gottes Liebe zu setzen. Sie können ihn als Begleiter durch ihr Leben annehmen. Zum Glauben gehört auch, im rechten Moment klug und mutig etwas zu tun. Die Kinder werden mit Rut staunen über das Wunder, eine neue Heimat gefunden zu haben. Sie werden mit Noomi aufatmen, dass sie wieder eine Familie hat. Sie werden sich mit Boas freuen über das Glück des neuen Lebens. Ein Kind wird zum Hoffnungsträger. „Jedes Kind bringt die Botschaft, dass Gott sein Vertrauen in die Menschheit noch nicht verloren hat." (Tagore)

Gestaltungsvorschlag für jüngere und ältere Kinder

Einstieg/Gespräch
Fotos von alten Menschen mitbringen. Mit den Kindern darüber sprechen. Impuls: Großeltern haben viel zu erzählen. Sie geben Traditionen weiter. Sie helfen. Manchmal verwöhnen sie ihre

Zeichnung: Sabine Meinhold

Enkelkinder auch. Enkelkinder machen ihre Großeltern froh. Mit ihnen haben sie Hoffnung. Sie führen weiter, was sie begonnen haben ... Enkelkinder sind ein Segen für Großeltern. Die Großeltern der Kindergottesdienstkinder können eingeladen werden. Sie erzählen aus ihrem Leben.

Spiel

Ein Familienspiel kann sich anschließen: Namenskärtchen werden ausgeteilt, auf denen ähnlich klingende Namen stehen: Großvater/Großmutter Meier, Vater/Mutter Meier, Kind Meier, Enkelkind Meier, Großvater Reiher, Vater Seiher ... usw. Alle laufen durcheinander und suchen nach ihren Familien. Wenn sich die Familienmitglieder gefunden haben, setzen sie sich übereinander auf einen Stuhl. Großvater/ Großmutter ganz unten, Enkelkind ganz oben. (In kleinen Gruppen geht es auch mit Großvater/Großmutter und Enkelkind. Wichtig ist, dass ein Zusammengehörigkeitsgefühl entsteht!)

Erzählung

(Obed, der Enkelsohn Noomis erzählt. Ein/e Mitarbeiter/in übernimmt die Rolle und hängt sich dazu evtl. ein Tuch um. Er hat eine alte Sandale dabei.)
Ich bin Obed. Hier in Bethlehem ist mein Zuhause. Es gibt viele Plätze in unserer kleinen Stadt, wo ich gern mit meinen Freunden spiele. Manchmal helfe ich meinem Vater Boas auf dem Feld. „Komm, mein Großer, ich brauche deine Hilfe", sagt er zu mir. Das macht mich ganz schön stolz. Wenn meine Mutter Rut in der Küche leckeres Essen vorbereitet, dann weiche ich nicht von ihrer Seite. Ich nasche aus den Schüsseln und schlecke die Löffel ab, bis sie schimpft. Das tut sie sogar manchmal in ihrer Heimatsprache. Sie wohnt schon eine Weile in Bethlehem, aber ihre Heimat Moab hat sie nicht vergessen. Ab und zu singt sie mir Lieder vor und erzählt davon, wie sie mit ihren Freundinnen gespielt hat. Die Geschichte, wie sie nach Bethlehem gekommen ist, kann ich gar nicht oft genug hören. Aber die lasse ich mir am liebsten von meiner Großmutter Noomi erzählen. Bei meiner Großmutter bin ich gern. Wenn ich komme, dann strahlt sie über das ganze Gesicht. Sie hat immer eine Überraschung für mich bereit.

Heute hat sie mir diese Sandale gegeben. „Willst du mich veralbern, Großmutter?", habe ich sie gefragt. „Was soll ich mit dieser alten San-

Zeichnung: Sabine Meinhold

dale? Und warum nur eine?" Großmutter Noomi lächelte mich an. „Hör zu, Obed. Jetzt ist es an der Zeit, dass ich dir von der Heirat deiner Eltern erzähle. „Und was hat das mit der Sandale zu tun? War das etwa Vaters Brautgeschenk?" Großmutter lachte. „Nein, das war es nicht." Und dann erzählte Großmutter: „Du weißt, Obed, deine Mutter ist Ausländerin. Ich bin eine Witwe. Wir hatten es schwer, als wir nach Bethlehem kamen. Ohne Mann zählt eine Frau nichts in diesem Land. Ich war zu alt, um wieder zu heiraten. Ja, als mein Elimelech noch lebte ..." „Großmutter", unterbrach ich sie, „du wolltest mir von der Sandale erzählen! Die Geschichte von Großvater Elimelech kenne ich schon." „Ach ja, Obed!" Großmutter seufzte tief, strich sich über die Haare und erzählte weiter. „Ganz schön listig habe ich es eingefädelt. Das muss ich schon sagen. Mein Plan ging auf. Boas hatte sich in deine Mutter verliebt. Aber bevor er sie heiraten konnte, musste erst noch die Rechtslage geklärt werden." „Was ist das denn, Großmutter? Die Rechtslage?!" Ich schaute sie fragend an. Großmutter zupfte an ihrem Ohr. Das machte sie immer, wenn sie nachdachte. Dann kam ihr eine Idee. „Los!", sagte sie „wir gehen ins Tor. Dann wirst du es sehen." Großmutter nahm mich an die Hand und wir gingen los. Im Tor war es interessant. Die Leute trafen sich, wenn sie etwas zu verhandeln hatten. Sie stritten und diskutierten und überlegten und schrien sich an. Und am Ende wurden sie meistens einig.

Wir kamen gerade zurecht, als zwei Männer miteinander verhandelten. Es ging um ein Stück Land. „Willst du es oder willst du es nicht?", fragte der eine. „Ja, es gefällt mir schon!" antwortete der andere. „Dann nimm es doch. Du bist der Verwandte. Dir steht der Acker zu. Du darfst ihn lösen." Ich sah, wie der eine seine Sandale auszog. „Ich habe es mir überlegt. Das Land gefällt mir schon. Aber ich kann und will die Frau nicht dazu haben. Ich hab schon eine, die reicht mir! Hier hast du meinen Schuh als Zeichen dafür, dass ich verzichte!" Der andere hielt sichtbar für alle die Sandale über seinen Kopf. „Ihr seid meine Zeugen. Ich habe das Land gelöst. Es ist mein Eigentum und damit kümmere ich mich auch um die Witwe des verstorbenen Besitzers. Ich habe sie gelöst."

Großmutter sah mich an. „Genau so war es auch bei deinen Eltern. Boas hat das Land gelöst, das einst mein Mann besaß. Nun musste sich Boas auch um mich und um Rut kümmern. Er heiratete deine Mutter." Großmutter und ich gingen langsam wieder nach Hause. Unterwegs sagte sie: „Und als du geboren wurdest, war das Glück vollkommen. Erst dachte ich, Gott hat mich verlassen. Ich dachte, er habe mich bestraft und ich würde nie wieder glücklich werden. Aber als du auf meinem Schoß lagst, wusste ich, jetzt wird alles gut. Du bist ein Segenskind. Du hast unsere Familie komplett gemacht. Gott segne dich, mein Obed. Die Nachbarinnen kamen und freuten sich mit mir. Viele gute Wünsche gaben sie dir mit auf den Weg. Sie segneten dich. Und so möge es dir gut gehen, dir und allen deinen Nachkommen!" Großmutter legte die Hand auf meinen Kopf. Ich spürte ihre Wärme. Ich umarmte sie so fest ich konnte. Das letzte Stück nach Hause rannten wir gemeinsam.

Segenshandlung

Segen gibt es nicht nur zu besonderen Anlässen wie bei der Taufe oder Hochzeit. Hier im Kindergottesdienst können wir uns gegenseitig Segen wünschen. Dabei können wir sagen: „Gott segne dich." Oder: „Ich bitte Gott, dass es dir gut geht. Möge dir dein Leben gelingen." Deutlicher wird der Segenswunsch für jemanden, wenn er dabei an den Händen, an der Schulter oder auf dem Kopf berührt wird. Dann kann der Segenswunsch nicht nur gehört, sondern auch gespürt werden. Sucht euch ein anderes Kind aus, von dem ihr einen Segenswunsch geschenkt bekommen wollt. Probiert die Segensgeste aus, damit ihr herausfindet, welche am besten für euch passt. Z.B. die rechte Hand geben, die linke noch darauf legen; eine Hand auf eine Schulter oder alle beide Hände auf beide Schultern legen; eine oder beide Hände auf den Kopf legen.

Nehmt euch einen Moment Zeit und überlegt, wofür ihr einen besonderen Segen benötigt im Kindergarten, in der Schule, in der Familie. Das könnt ihr dann eurem Partner oder eurer Partnerin sagen. Paarweise kommen die Kinder in die Mitte und sagen und schenken sich gegenseitig den Segenswunsch. Die anderen im Kreis sprechen aufmerksam den Segen in Gedanken mit.

Ulrike Lange

Foto: Klaus-Dieter Braun

Lieder: Das wünsch ich sehr, LfK1 C2, LJ 488, MK 56, MKL 5, LZU 10; Du bist da, wo Menschen leben, KG 147, LfK1 C6, LJ 498, MKL 42, LZU 13

Liturgischer Text: Psalm 98,1–4

Top Secret – Geheimsache Jesus

Sonntag	Text/Thema	Art des Gottesdienstes Methoden und Mittel
25.7.2010 8. Sonntag nach Trinitatis	Markus 1,2–8.14–15 Johannes der Täufer und der Messias	Gottesdienst mit Kindern; Erzählung mit Bodenbild, Gespräch, blaues und rotes Tuch, farbige Tücher, Spiegelscherben, Sand, 2 Seile (je 1m), Teelicht, Holzkegelfiguren
1.8.2010 9. Sonntag nach Trinitatis	Markus 5,21–24a.35–43 Die Tochter des Jairus	Gottesdienst mit Kindern; Erzählung mit Bodenbild, Gespräch, Bild/Foto „Kinder", Bewegungsspiele, Tücher, graues und weißes Tuch, Seile, Teelicht, Holzkegelfiguren
8.8.2010 10. Sonntag nach Trinitatis	Markus 10,46–52 Der blinde Bartimäus	Gottesdienst mit Kindern; Erzählung mit Bodenbild, Gespräch, Lotsenspiel, weißes Tuch, Augenbinde, Blindenzeichen, Fußspurenpaare aus Papier, 2 Teelichte, Seile
15.8.2010 11. Sonntag nach Trinitatis	Markus 15,22–39 Der Hauptmann unter dem Kreuz	Gottesdienst mit Kindern; Schriftrolle mit Brief (Erzählung), Gespräch, 3 Steine, Holzkegelfiguren, Seile, Teelichte

Zur ganzen Einheit

Das Markusevangelium gilt als ältestes der vier kanonischen Evangelien und ist wahrscheinlich 60 n. Chr. entstanden. Es ist an die hellenistische Gemeinde gerichtet (Heidenchristen). Markus sammelte zunächst die mündlichen Erzählungen über Jesus, schrieb sie nieder und ordnete sie – kunstvoll wie Perlen aneinandergereiht. Ihm lag jedoch nicht so sehr daran, eine biografische Linie des Lebens Jesu aufzuzeigen, vielmehr wollte er die Bedeutung von Jesu Leiden, Sterben und Auferstehung für die Gegenwart betonen: Jesus, der sich in den Wundern und Machttaten als Sohn Gottes zu erkennen gab, wurde zu Lebzeiten missverstanden, nicht erkannt. Dass im Wirken Jesu vollmächtiges Handeln offenbar wird, dass sich hier bereits Gottes Nähe, Gottes Gegenwart vollzieht, blieb zu Lebzeiten Jesu vielen Menschen, selbst den Jüngern verborgen, rätselhaft. (Mk 8, 31).

Um falschen Deutungen vorzubeugen, wurden Menschen, an denen Jesus Großes vollbracht hatte, von ihm zur Einhaltung der Verschwiegenheit aufgefordert. Wir sprechen in diesem Zusammenhang vom *„Messiasgeheimnis"* als Leitmotiv im Markusevangelium. *Erst unter dem Kreuz wird er erkannt!* Redaktionell ist alles auf diesen Schluss ausgerichtet, um das vermeintliche Geheimnis um Jesus zu entschlüsseln.

Top Secret – äußerste Geheimhaltung! Absolute Vertraulichkeit und Verschwiegenheit, nicht weitersagen, alles bleibt unter uns, nur für Eingeweihte! Gerade das macht „es" zu etwas Besonderem, weckt das Interesse! Das Bedürfnis, ein Geheimnis zu lüften, ist groß. Wir Menschen, Groß und Klein, tun uns schwer, ein Geheimnis als solches stehen zu lassen. Rasch ranken sich Vermutungen herum. Es wird gerätselt, geforscht und spekuliert. Wenn es gänzlich unerklärlich erscheint, enthält das Geheimnis den Anschein von Zauber und Mirakel. Jesus – eine „Geheimakte"? Dem wirkt Markus entschieden entgegen. Vieles im Leben Jesu ist zwar mit der Aura des Geheimnisvollen behaftet, doch bezieht Markus seine Leserschaft von Anbeginn in die allmählichen Enthüllungen der verschlüsselten Botschaft mit ein: „Die gute Nachricht von Jesus Christus als dem Sohn Gottes". Die Leser haben Anteil am „Lüften des Geheimnisses durch das Handeln des Gottessohnes", der in seiner Vollmacht Wundervolles vollbringt. Doch ist der Schlüssel zur Botschaft der Glaube. Manches bleibt unerklärlich – und das ist gut so!

Gestaltungsvorschlag für die ganze Reihe

Um sich mit Kindern dem „Geheimnis Jesu" zu nähern, ist ein allgemeiner Einstieg vorab angemessen. Der vorliegende Vorschlag ermöglicht es, sowohl Sonntag für Sonntag ergänzend zu arbeiten, könnte aber auch für einen monatlichen Gottesdienst als Grundlage dienen.

Vorbereitungen und Material

Die Bodenfläche des Raumes möglichst frei räumen für zwei Aktionsflächen
a) liturgische Mitte
b) Erzähleinheit
- Vier (Kett-)tücher (für die vier Sonntage) werden jeweils als Bündel zusammengelegt
- blau = Inhalt: Sand

25. Juli 2010

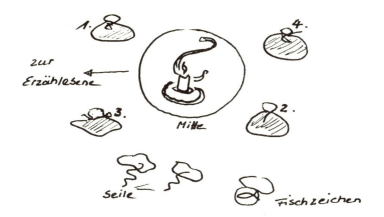

- grau = Inhalt: weißes gefaltetes (Kett)Tuch
- weiß = Inhalt: länglicher Tuchstreifen (Augenbinde – leichter Nesselstoff
- schwarz = Inhalt: drei größere, kantige Kieselsteine (alternativ drei Zimmermannsnägel)
- Drei weitere Tücher, die über Symbole gelegt werden (Farbe beliebig) a) auf rundem Deckel christliches Fischzeichensymbol; b) + c) je ein ca. 1m langes Kett-Seil;
- Für die liturgische Mitte dunkelrotes Tuch, möglichst rund geformt (Es empfiehlt sich, das Tuch auf eine runde Platte zu legen: Vorteil: hier könnte jedes Mal weggeräumt werden ohne die visualisierten Ergebnisse zu zerstören.)
- Ein graues Aktionstuch
- Ein größeres Teelicht im Behälter als Jesuslicht
- Erzählfiguren: Holzkegelfiguren (oder auch alternativ Papierkegel) für jedes Kind einen und dazu die entsprechenden angegebenen Figuren für die Geschichte
- Zimbel

Begrüßung/Thematischer Einstieg
Die Kinder werden ruhig in den Raum geführt und aufgefordert, still an der vorbereiteten Mitte Platz zu nehmen.
Erzähler/in (E): „Ihr werdet euch sicherlich wundern, heute beginnen wir ganz anders als sonst. Im Raum liegen Dinge verteilt, geheimnisvoll durch Tücher verdeckt oder in Tüchern verborgen. Was das wohl zu bedeuten hat?"
E breitet das Tuch in der Mitte aus. Darauf wird ein größeres Teelicht gestellt – und angezündet. E stimmt ein ruhiges Begrüßungslied an, z.B.

Lied: Die Kerze brennt

E: „Mal ehrlich, seid ihr nicht auch gespannt, was es mit den Tüchern auf sich hat? Solche Geheimnisse kann man oft nur schwer aushalten. Wann, z.B.?
(Einzelerlebnisse = kurzer Austausch)
Die Kinder werden eingeladen, sich den „geheimen Orten" zu nähern, die gebündelten Tücher einzeln zu ertasten, bei den freien Tüchern kurz drunterzuschauen. Regel: nichts verraten, keiner spricht! Ein vereinbarter Zimbelton könnte das Ende der Phase einläuten. Wenn alle wieder am Platz sind ...

E: „Einige haben sicherlich genau gespürt, was da in den Tüchern verborgen ist, oder haben etwas gesehen. Doch halt, ihr müsst es noch für euch behalten!" E gibt Anweisungen, die Tücher in die Mitte zu holen. Zuerst die Bündel, die werden an den Rand des Tuches gelegt (wie eine Würfel-Vier angeordnet – noch geschlossen!). Anschließend folgen die weiteren Tücher. Die legt E vor sich und deckt sie auf.

E nimmt das Fischzeichen und legt mit den Seilen um das Teelicht (Auge) das Symbol des Fisches.
E: „Kennt ihr dieses Zeichen? Das war einmal ein Geheimzeichen der ersten Christen. Nachdem Jesus nicht mehr lebte, hatten sich die Christen so untereinander zu erkennen gegeben. Die Anfangsbuchstaben ergeben das griechische Wort für Fisch (ICHTHYS – gesprochen Ychthüs). Jesus Christus, Gottes Sohn und Retter. Nach der Auferstehung, spürten sie: Jesus ist Gottes Sohn, Gott ist uns ganz nah. Daran glaubten sie. Sie bekannten sich zu Jesus. Aber mal ehrlich, das mit Gott und mit Jesus ist gar nicht so leicht zu verstehen."
E löst Fischzeichen wieder auf und bildet mit den Seilen ein großes Fragezeichen, das Teelicht ist der Fragezeichenpunkt.
E: „Fragen hatten die Menschen damals auch. Jesus – was war das für ein Mensch? Was bedeutet das: Jesus sei Gottes Sohn? Einer ahnte schon etwas, ja, er war sich seiner Sache recht sicher."
E nimmt das (blaue oder je nach Sonntag andersfarbige) Tuchbündel, löst das Fragezeichen auf, nimmt die Seile und das Teelicht mit.

Ortswechsel

Klaus-Dieter Braun

25. Juli 2010 – 8. Sonntag nach Trinitatis

Markus 1,2–8.14–15

Johannes der Täufer und der Messias

Lieder: Die Kerze brennt, LH2, KG 28, Amen 1, MKL2 21; Guten Tag, ihr seid willkommen, LH 4, MKL2 47, KG 177; Ich wünsch dir einen guten Morgen, LH 7; Friede wünsch ich dir, LH 58; Voller Hoffnung sei das Leben, LH 55; Gib uns Ohren, die hören, LH 25; Du bist da, wo Menschen leben, MKL 42, KG 147, LfK1 C6, LJ 498, LZU 13

Liturgischer Text: Psalm 98,1–4

Zum Text

Gott ist nicht statisch, lässt sich nicht festschreiben. Durch sein Handeln verändert sich die Welt. Weihnachten (und Ostern) spüren wir diese Zusage besonders deutlich. Von Anbeginn weist der Evangelist Markus auf das „neue Einwirken Gottes". Alles ist dahin ausgerichtet und mündet im Ostergeschehen. Jesus erscheint noch nicht und doch wird er als derjenige verkündet, der den Weg Gottes erfüllt.

Johannes der Täufer gehört mit zu diesen Wegbegleitern. Die politisch-gesellschaftlichen Verhältnisse seiner Zeit sind durchdrungen von Veränderungen. Zeit zur Besinnung und zur Umkehr, Aufbruchstimmung eben. Johannes ist einer von vielen Bußpredigern. Einer, der wohl großes Gehör findet, der Visionen zu öffnen vermag. Der Ort der Wüste ist auch sinnbildlich zu verstehen. Wüste als ein Ort des Insichkehrens. Hier kann die Grenze des Lebens erfahren werden oder auch ein Leben in großer Nähe zu Gott. An dem Ort der Entbehrung erfährt die mahnende Stimme sicher besonderes Gewicht. Daher wählte Johannes die Nähe zur Wüste mit dem angrenzenden lebenspendenden Fluss, dem Jordan. Johannes zieht sich nicht als Asket in die Einsamkeit der Wüste zurück. Er sucht die Offensive.

Der Inhalt der Predigten von Johannes, die ja auch gleichsam sogenannte „Gerichtspredigten" waren, wird bei Markus nur am Rand erwähnt. Das Augenmerk des Autors ist auf das Kommende, auf die Veränderung gerichtet. Auch die äußere Gestalt des Bußpredigers interessiert hier nur wenig. Der „Anbeginn der Verkündigung Jesu" ist Markus sehr wichtig!

Und die Taufe? „Taufen" bedeutet so viel wie ein- oder untertauchen, sich waschen. Dieses Ritual wurde z. Zt. Jesu im Judentum häufiger praktiziert. Johannes knüpft somit lediglich an. Das Besondere: er vollzog den Akt der Reinigung an anderen selbst. Seine Taufe war eine Umkehrtaufe, der Jordan ist ein fließendes Gewässer, Unreines wird weggespült, fließt ab. Das Lebenselement Wasser vermittelt neue Energie. Ein neues, sinnerfülltes Leben kann beginnen. Jeder konnte auf diese Weise getauft werden, nicht nur Auserwählte! Die sonst in den anderen Evangelien an Johannes direkt gestellte Frage: „Bist du der Messias?", kommt bei Markus so nicht auf. Umso deutlicher der Verweis auf Jesus. „Er wird nicht mit Wasser taufen, sondern mit dem Heiligen Geist". Geheimnisvolle Andeutungen, wurde doch der Heilige Geist meist mit Sturm und Feuer gleichgesetzt, also mit Strafgericht. Die Leser des Evangeliums, jene ersten Christen, die vom Ostergeschehen ergriffen waren, wussten: der Geist Gottes erneuert – täglich!

In dem vorliegenden Kindergottesdienst wird die Taufe Jesu selbst ausgeklammert, damit auch die Zusage Gottes: „Du bist mein lieber Sohn." Es bleibt vorerst bei den Andeutungen auf den, der da kommt. Jesus, sicherlich auch Anhänger der Johannesgemeinschaft, zieht sich nach der Taufe in die Wüste zurück, mit all den Anfechtungen und Entbehrungen. Johannes aber wurde gefangen genommen. Man sagte ihm nach, er habe die Ehe des Herodes mit Herodias, der Frau seines Bruders Philippus öffentlich kritisiert.

Jesus geht seine eigenen Wege, schart eine eigene Anhängerschaft um sich. Hatte Johannes noch vom Gericht gepredigt, so predigt Jesus vom Heil Gottes. Dies setzt ganz neue Akzente.

Der Text und die Kinder

Die vorangegangene Textbeschreibung nimmt bereits indirekt viele wichtige Stichworte zur Entfaltung der Textvorlage auf: Ohne die Fantasie der Kinder eingrenzen zu wollen, ist es gut, sich

nicht zu sehr in Äußerlichkeiten zu verlieren. Kinder sind leicht für ungerechte Verhaltensformen zu sensibilisieren, doch sollte eine zu stark moralisierende Aussage des Johannes unterbleiben. Nicht die Bußpredigt des Johannes steht im Vordergrund, auch ist der Taufakt Jesu nur zu streifen. Es gilt das Anliegen des Markusevangeliums herauszuformen: Veränderung ist angesagt, Gott ist nah. Noch wirkt Jesus eher im Verborgenen („Messiasgeheimnis") und doch weisen alle Wege bereits auf ihn. Für die Außenstehenden ist das alles nur schwer zu begreifen. Die Kinder werden neugierig sein, das Verborgene aufzudecken.

Gestaltungsvorschlag für jüngere und ältere Kinder

Vorbereitung und Material
Hinweise für den Beginn des Kindergottesdienstes und zum Bodenbild s. S. 185 „Thematischer Einstieg für die ganze Einheit"
In einem (zusätzlichen) Korb befinden sich Figuren sowie diverse kleine Spiegelscherben- bzw. Quadrate (gibt es in Dekogeschäften). Der Erzähler (E) legt die Materialien vor sich ab, öffnet das blaue Tuchbündel.

Gestaltete Erzählung
(Beim Erzählen wird der Sand mit der flachen Hand behutsam auf dem blauen Tuch ausgebreitet.)
E: Das – ist Wüste. In der Wüste gibt es viel Sand, es ist trocken. Heiß ist es hier, die Hitze flimmert in der Luft. (Die Johannesfigur wird in das obere Feld der Wüste gestellt.)
Da ist einer, der freiwillig in die Wüste zieht. Allein sein will er, Johannes, ganz nah bei Gott. „Ja, hier will ich bleiben. Weit weg von der Stadt. (E legt das Seil außerhalb der Wüste als Kreis) Hier brauche ich nicht viel. Das, was ich hier habe, reicht aus. Aber", sagte sich Johannes, „in der Stadt ist es so anders geworden. Die Leute sind so unzufrieden, sie streiten sich oft und der Kaiser ist mächtig. Viele Menschen sind inzwischen arm geworden." Johannes spürt, es muss sich etwas ändern. Er hofft auf die Zeichen Gottes.

25. Juli 2010

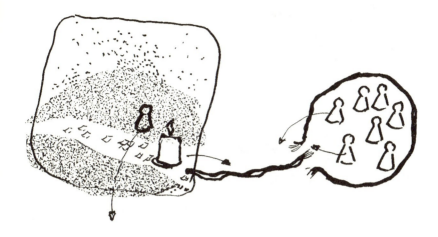

Deshalb geht er zum Fluss, zum Jordan.
(E zeichnet mit den Fingern Wellen in den Sand. Dabei wird der Sand an die „Ufer" geschoben, der blaue Tuchuntergrund wird sichtbar.)
„War es nicht so, sagten nicht schon die alten Schriften, da wird eine Stimme in der Wüste sein? Die Stimme eines Predigers, der rufen wird: Bereitet dem Herrn den Weg. Ob ich dieser Mensch bin?" Johannes wird mutig, er predigt, er spricht zu den vielen Menschen. Die sind gekommen, um ihm zuzuhören. (E stellt Johannesfigur in den Jordan. Der Figurenkorb wird herumgereicht, jedes Kind nimmt sich eine Figur und stellt sie an die Nähe des Ufers.) „Ändert euch, es wird Zeit, dass ihr eure Fehler einseht. Gott hat mich geschickt. Er will, dass alles anders wird" – das sagt er den Leuten. (Spiegelscherben werden herumgereicht. Jedes Kind nimmt sich eine.)
„Seht selbst, was bei euch nicht gut ist. Besinnt euch! Tut Buße!

Macht euch bereit!", ruft er ihnen zu.
(Die Kinder schauen in die Spiegelscherbe ...)
„Ich will euch reinwaschen von den Fehlern, die ihr gemacht habt. Lasst euch hier in dem Jordan von mir taufen!" (Die Kinder legen die Spiegelscherben in den Fluss.)
„Die Taufe macht aus euch einen neuen Menschen. Ihr werdet entdecken, wie nah euch Gott ist. Wie sich der Himmel spiegelt! Einer nach dem anderen soll kommen. Ich tauche sie unter." Und dann kommen sie. Immer mehr kommen, um sich taufen zu lassen.
(Die Figuren werden jetzt direkt an die Uferböschung gestellt, einige in den Fluss.)
Es war, als ob er ihre Gedanken erahnen könnte. „Ich weiß, ihr wartet auf den Erlöser, auf den Messias, doch ich bin es nicht." Die Menschen schauen ein wenig erstaunt. „Ich bin es noch nicht einmal wert, ihm die Schuhe zu binden. Der da kommen

wird, ist stärker als ich. Der wird im Auftrag Gottes zu euch sprechen."
Die Menschen, die das hören, schauen Johannes erwartungsvoll an, dann gehen sie. Sie fragen sich, wen er wohl meint.
(Die Figuren werden in die Stadt gestellt. Der Kreis ein wenig geöffnet. E stellt das Teelicht in den Fluss.)
Einmal ist auch Jesus bei Johannes. Johannes tauft ihn. Johannes spürt genau, der da vor ihm steht, ist der Messias. Da ist er sich ganz sicher. Er ist Gottes Sohn.
(E macht eine Gedankenpause, nimmt das Teelicht, stellt es in die Wüste und zündet es an.)
Jesus aber geht in die Wüste, um allein zu sein mit sich und mit Gott. Vierzig Tage bleibt er dort. Eine sehr lange Zeit ist das, dann macht sich Jesus auf, um zu predigen.
Nicht allen Menschen gefallen die Worte des Johannes. Er wird gefangen genommen.
(E nimmt die Figur Johannes heraus, stellt sie zu sich und verdeckt sie mit der Hand wie ein Gefängnis. E nimmt das andere Seil und legt eine Verbindung von Wüste zur Stadt

und stellt das Teelicht/Jesus an den Beginn der Verbindung.)
Jesus spricht: „Die Zeit ist nun erfüllt, das Reich Gottes wird kommen. Glaubt an die Frohe Botschaft." So erzählt es Jesus überall, wo er ist. Viele Menschen horchen auf, viele Menschen kommen zu ihm, viele Menschen gehen mit ihm. Was sie wohl erwarten wird?
(Einige weitere Figuren werden um das Teelicht von Jesus gestellt.)

Lied: Du bist da, wo Menschen leben

Auflösen des Bodenbildes
Spiegelscherben, Figuren in die Körbe zurücklegen, Sand zusammenschieben, Tuch wieder bündeln, Seile und andere Dinge mitnehmen, das entzündete Jesuslicht ebenso.

Ortswechsel zur Mitte
Das blaue Bündel (etwas geöffnet ablegen = Sand wird sichtbar), Seile mittig in Wellenlinien legen. Das Teelicht hinein.

Gebet
Guter Gott, es ist gut zu wissen, dass es Menschen gibt,
denen wir uns anvertrauen können,
um mehr über Gott zu erfahren.
Lass uns wachsam sein und genau hinhören.
Guter Gott, es ist schön zu spüren, dass du bei uns bist. Amen

Segen, Ausklang
Die beiden Seile wieder zu einem Fragezeichen legen = als Wiederbeginn und Erkennungsmerkmal für die nächste Einheit.

Klaus-Dieter Braun

1. August 2010 –
9. Sonntag nach Trinitatis

Markus 5,21–24a.35–43

Tochter des Jairus

Lieder: Du verwandelst meine Trauer, MKL 9, LJ 508, KG 198, LH 64; Du, Gott, stützt mich, LJ 501, LfK2 143, LH 66, Die Kerze brennt 24; Das wünsch ich sehr, LfK1 C2, LJ 488, MKL 5, LZU 10, LH 86, Wo die Liebe wohnt (Kanon), MKL2 131

Liturgischer Text: Psalm 98,1–4

Zum Text

Eine „bewegende" Geschichte – Talitha Kumi „Mädchen, steh auf"! Eine Wundergeschichte besonderer Art, die den Rahmen unseres Denkens über Naturgesetze gänzlich sprengt, gehört doch der Tod nun einmal unumstößlich zu unserer Existenz. Hier aber werden ganz andere Dimensionen beschrieben: Glaubensbereiche nämlich und was die Vollmacht Jesu bewirkt.

Jairus, ein angesehener Synagogenvorsteher, ist unter den Zuhörern Jesu. Er nutzt die Gelegenheit Jesus öffentlich anzusprechen. Seine Tochter daheim ist sterbenskrank. Er bittet Jesus mitzukommen, um sie mit Handauflegen gesund zu machen. Doch eine weitere hilfsbedürftige Frau mischt sich ins Geschehen ein. Seit zwölf Jahren hat sie Blutungen, niemand kann ihr helfen. Sie berührt Jesus, sie lenkt seine Kraft und Aufmerksamkeit ganz auf sich. Starker Glaube leitet sie. Ein textlicher Einschub, von Markus bewusst so gesetzt, der jedoch bei der Textauswahl für diesen Kindergottesdienst ausgeklammert worden ist. Die Frau wagt es, in der Anonymität der Masse ihre Chance zu „ergreifen". Skandalös, sie, die Unreine, berührt Jesu Gewand. Er aber sieht nicht allein die Krankheit, er sieht den ganzen Menschen. Er spricht sie an. Sie zittert, will am liebsten nicht erkannt werden. Ganz anders Jairus.

Und die Bitte des Jairus? Jesus lässt sich darauf ein. Nur ihm eng vertraute Menschen sollen ihn begleiten. Wieder ein andeutender Hinweis auf das „Messiasgeheimnis". Im Hause Jairus herrscht Trauer, die Tochter ist inzwischen verstorben. Großes Wehklagen empfängt sie. Jesus fordert Jairus auf, sich von der Menge zu lösen. Fürchte dich nicht! Lass dich nicht verunsichern! Du musst glauben! Eindringliche Worte an Jairus. Jesus beschreibt den Zustand des Mädchens als „Schlaf" und meint damit ausdrücklich Zeichen des Lebens. Ein Ausdruck dafür, dass er das Kind in seiner ganzen Persönlichkeit sieht, ganz in der Nähe zu Gott, wo Leben ist. Ein Hinweis auf das kommende Reich Gottes. Hier kommt Gottes Gegenwart zum Ausdruck: Überwindung aus der Starre.

Doch kann man angesichts einer solchen Wandlung schweigen, so wie Jesus es den Anwesenden aufträgt? Markus geht es nicht um bloßes Staunen, um Entsetzen. Durch dieses Wunder wurde Gott konkrete Wirklichkeit.

Top Secret – Geheimsache Jesus

der selbst darf in der Erzählung für Kinder nicht überhöht werden. Auch Kinder suchen nach Erklärungsmomenten. Die Annahme des „Scheintodes" als erklärende Möglichkeit liegt für uns rational denkende Menschen nahe. Hier ist jedoch anderes Denken angesagt: Markus verfolgt ein ganz anderes, tiefgründiges Anliegen: Gott handelt durch Jesus, das geht weit über unsere Vorstellung hinaus. Gottes Gegenwart lässt Grenzen überwinden!

Gestaltungsvorschlag für jüngere und ältere Kinder

Vorbereitung und Material
Bild/Foto „Spielende Kinder", Hinweise für den Beginn des Kindergottesdienstes und zum Bodenbild s. S. 185 „Thematischer Einstieg für die ganze Einheit"

Neben der physischen Todesnähe gäbe es auch noch eine andere Ebene der Leblosigkeit zu entdecken: Was heißt es, die – namenlose! – Tochter eines so anerkannten Vaters zu sein? Mein Töchterchen, sagt er. Was für ein Leben hatte sie an seiner Seite? Sicher wenig eigene Anteile, wenig Möglichkeiten, sich selbst zu verwirklichen. Und dann kommt Jesus und sagt „Talitha Kumi". Ein neues Leben, „sie" erhebt sich. Gestärkt geht sie ihre eigenen Wege.

Der Text und die Kinder

Wir tun uns schwer. Ist Tod hier eher symbolisch gemeint? Keineswegs soll die Wunderdimension abgeschwächt werden. Aber das Auferweckungswun-

Begrüßung
Die Kinder werden zur Mitte gelenkt. In der Mitte liegt ein Fragezeichen aus Seilen, der Punkt ist ein größeres Teelicht.

Lied/Psalm/Votum

Einstiegsimpuls
Bild/Foto mit fröhlich spielenden Kindern, wenn möglich unterschiedlichen Alters.

Gespräch/Austausch
Spielen und Bewegen macht Freude, bereitet Spaß.

Zwei Bewegungsspiele zu zweit
a) Rücken an Rücken: „Aufstand" Die Arme sind rücklings verschränkt eingehakt. Nun versuchen beide gemeinsam, sich hoch und runter zu bewegen.

1. August 2010

1. Erzählebene

b) Aufstehen: Zwei Kinder hocken, halten sich an den Händen und stehen auf.

Erzählung mit Bodenbild
(Wieder an der Mitte, die Kinder bleiben noch stehen.)
E: Meine Geschichte heute erzählt von einem Mädchen, das auch Spaß am Bewegen gehabt hat. Vor allem, nach dem (unterbricht sich geheimnisvoll) ...
Ihr erinnert euch, da gibt es Dinge, die wir nicht erklären können, geheimnisvolle Dinge eben. Vier Geschichten liegen hier vor uns. Eine hatten wir beim letzten Mal schon näher kennen gelernt. Eine weitere Geschichte liegt hier in diesem Tuch. (E nimmt das graue Bündel, löst das Fragezeichen auf und nimmt die Seile sowie die Jesuskerze und lenkt die Kinder zur anderen Raumseite. Dort steht bereits vorbereitet ein Korb mit grauem Aktionstuch sowie 15–20 Figuren. Die Kinder stellen sich um den Bereich.)
„Lasst uns zum gegenüberliegenden Ufer nach Kapernaum fahren", ruft Jesus seinen Jüngern zu. Doch kaum machen sie ihr Boot fest, da kommen viele Menschen, die warten schon auf sie. Sie wollen Jesus predigen hören. Sie sind ganz gespannt auf seine Worte und besonders auf ihn, Jesus. (E breitet erst das graue Aktionstuch aus = Erzählort. Das Jesus-Teelicht wird in die Mitte hineingestellt und entzündet. Die Kinder stellen einige Figuren dazu und setzen sich zum Zuhören.)
Einer kann es kaum erwarten: Jairus. (E setzt die Jairus-Figur dazu.) Jairus ist ein angesehener Mann. Als Synagogenvorsteher hat er ein wichtiges Amt bei den Juden. Die anderen machen ihm Platz. Endlich, die ganze Zeit schon hat er darauf gewartet. Er ist noch ganz außer Atem. Jairus bleibt vor Jesus stehen, kniet nieder, alle können es sehen.
(E öffnet das mitgebrachte graue Bündel, breitet das Tuch in einem Abstand zum Aktionstuch mit den Figuren aus; das gefaltete weiße Kett-Tuch wird sichtbar = Ort der Tochter.)
„Herr", fleht Jairus Jesus an. „Komm zu mir ins Haus, meine einzige Tochter ist krank, schwer krank. Sie liegt im Sterben. Lege du deine Hände auf ihren Kopf, damit sie wieder gesund wird!"
(E legt die Seile. Das erste Seil geschlossen um den Ort der Tochter, das zweite Seil stellt eine Verbindung zum Erzählort her.)
Die anderen schauen sich an. Wirklich, hier ist jetzt rasches Handeln nötig! Aber es ist gar nicht so leicht, sich durch die Menschenmenge einen Weg zu bahnen. (E lässt die Kinder weitere Figuren hinzustellen.)
Alle wollen Jesus sehen, wollen ihm nah sein, auch andere erwarten ein

Zeichen von ihm. Doch Jairus treibt. „Komm, wir haben keine Zeit!" Da kommen mehrere Männer angerannt. Jairus kennt sie, es sind Freunde aus seinem Haus. (E stellt zwei weitere Spielfiguren hinzu.) Sie bringen eine furchtbare Nachricht. „Ach Jairus, es ist zu spät. Deine Tochter, sie ist inzwischen gestorben. Sie lebt nicht mehr!" Diese Worte berühren Jairus wie ein Donnerschlag. Er sucht nach Halt. „Vergebens", sagen sie weiter. Jesus braucht nicht mehr zu kommen, niemand kann mehr helfen. Doch Jesus geht zu Jairus. Jesus bleibt vor ihm stehen. Was wird er tun? Am liebsten würden alle mitgehen, um ein Wunder mitzuerleben. Jesus aber spricht nur einige seiner Jünger an. „Petrus, Jakobus und Johannes, ihr drei meiner Freunde begleitet uns, mehr nicht. Die anderen bleiben hier."
(Entsprechende Figuren werden wieder ausgesondert, die anderen an den Rand gestellt. Die Erzählebene wechselt. Weitere Figuren an dem „Ort der Tochter".)
Vor dem Haus stehen sie schon, all die Menschen. Sie klagen und weinen. Sie trauern um den Tod des Mädchens. Freunde, aber auch die Nachbarn sind dabei. Da ist ein lautes Gejammer und Klagen, so ist es Brauch. Aber Jesus winkt ab. „Was klagt ihr so laut? Dieses Mädchen ist nicht gestorben, es schläft." Da lachen sie ihn aus. Denkt er etwa, sie könnten Schlaf und Tod nicht unterscheiden? Jesus aber winkt ab. Jesus befiehlt den anderen, das Haus zu verlassen. Er nimmt Jairus beiseite. „Lass uns hineingehen, höre nicht auf sie. Glaube mir, hab Vertrauen." Dann sieht er das traurige Gesicht der Mutter. Viele Tränen muss sie inzwischen geweint haben, ganz still steht sie da. Sie sieht ihn erwartungsvoll an. Jesus wendet sich an Petrus, an Jakobus und an Johannes. Jesus möchte nur von den Menschen begleitet werden, die an Gottes Nähe und Wirken glauben, die dazu bereit sind, sich ganz und gar darauf einzulassen. Still gehen sie nun gemeinsam ins Haus. Jesus bleibt stehen, das Kind liegt da, ganz ruhig. Es schläft, hatte Jesus gesagt. Alle Augen sind nun auf Jesus gerichtet. Auf Jesus und das Kind. Jesus nimmt die Hand des Mädchens. „Talitha Kumi", sagt er. Das heißt übersetzt: „Mädchen, steh auf". Da erhebt sich das Mädchen. Langsam noch, dann immer sicherer, Schritt für Schritt geht sie umher. Ihre Lebenskräfte sind wieder da. (E richtet mit behutsamen Gesten das weiße Kett-Tuch auf, zu spitzer Kegelform.

Das bis dahin geschlossene Kett-Seil – um den Ort der Tochter – wird geöffnet, das Tuch entsprechend in die Öffnung gestellt: Jesus sprengt die Enge, überwindet Grenzen.)
Alle staunen. Der Vater sieht das Mädchen vor sich. Er begreift, das ist kein Kind mehr. Zwölf Jahre ist sie jetzt alt, jetzt wird sie ihre eigenen Wege gehen. Es lebt, ist ein ganz neuer Mensch, hat ein ganz neues Leben, hat das Leben jetzt vor sich. Da wird er aus seinen Gedanken gerissen. „Gebt dem Mädchen etwas zu essen." Sicher, wie konnten sie es vergessen? Das Kind hat ja schon lange nichts mehr zu trinken und zu essen gehabt. Ja, auch das gehört zum Leben. Da wird Jesus noch einmal ganz ernst. „Erzählt niemandem von dem, was hier geschehen ist. Niemandem, hört ihr!" Das scheint Jesus ganz wichtig zu sein. Dabei – am liebsten wollen es alle nur so herausrufen. „Warum sollen sie jetzt schweigen? Wer soll das verstehen?"
(Gedankenpause. E lässt das Endbild noch einmal wirken. Evtl. kann hier auch eine kleine Gesprächs-/Austauschrunde erfolgen.)

Auflösen des Bodenbildes
Figuren/Stoff werden wieder zurück in den Korb gelegt. Weißes Tuch zusammenfalten, graues Bündel raffen (wie ursprünglich), Seile, Kerze wieder aufnehmen und zur Mitte gehen.

Lied: Das wünsch ich sehr

Gebet
Guter Gott, es gibt Dinge, die verstehen wir nicht.
Manchmal bleibt da ein Geheimnis.
Dein Geheimnis, guter Gott, das ist gut so. Amen

Ausklang, Segen

Klaus-Dieter Braun

8. August 2010 – 10. Sonntag nach Trinitatis

Der blinde Bartimäus
Markus 10,46–52

Lieder: Mir ist ein Licht aufgegangen, EG regional, LfK1 A4, LJ 410, Halte zu mir, guter Gott, KG 8, LJ 549, LZU 39, LfK1 B5; Gottes Wort ist wie Licht in der Nacht, KG 149, LZU 34, MKL 152, LH 83; Du, Gott, stützt mich, LJ 501, LfK2 143, LH 66, Die Kerze brennt 24

Liturgischer Text: Psalm 98,1–4

Zum Text

Wundergeschichten sind bei Markus erst nach Ostern in ihrer ganzen Bedeutung zu erkennen. Bis dahin bleibt ein Schleier des Geheimnisvollen. Die Geschichte des Bartimäus will jedoch bereits wegweisend für das Kommende sein, zielt sie doch auf die Nachfolge. Das Zusammentreffen mit Jesus bewirkt bei Bartimäus Befreiung. Hier von dem, was den Blick verstellt, von Blindheit, Verblendung. Im übertragenen Sinne ist Blindheit auch mit dem Unvermögen gleichzusetzen, Gottes Wirken zu erkennen. Bartimäus jedoch erkennt und folgt Jesus. Ihm werden die Augen geöffnet. Er sieht, was in und durch Jesus geschieht. Den Grund des Blindseins von Bartimäus kennen wir nicht. Es ist nicht bekannt, ob er von Kindheit an blind ist. (Blindheit ist eine damals in Palästina häufig anzutreffende vom Klima bedingte Beeinträchtigung des Sehvermögens.) Dieses Gebrechen grenzt ihn aus, behindert ihn an der Teilnahme der Kulthandlungen.

Jesus ist über Jericho auf dem Weg nach Jerusalem. Die Passion steht bevor. Der Weg dorthin erfährt in der Zuwendung an solchen Menschen wie Bartimäus einen besonderen Sinn. Das alles weiß Bartimäus nicht. Er spürt aber die Wichtigkeit der Stunde und er ergreift die Gelegenheit. Er selbst setzt die Voraussetzung für eine Veränderung, wird initiativ. Er macht sich bemerkbar und Jesus lässt sich darauf ein. Die Beharrlichkeit im Glauben überzeugt Jesus. So gesehen kann eine Begegnung stattfinden: Die Zuwendung Jesu hier, der Aufbruch und die Suche des Blinden dort. Bartimäus wirft seinen Mantel (Kleid, Umhang) ab, befreit sich, löst sich von dem, was hinderlich sein kann, will sich öffnen. Er spricht Jesus als „Sohn Davids" an. Für den Evangelisten Markus ist dies ein bewusster Hinweis auf die messianische Erwartung. Jesus wird auch mit Meister angesprochen. Dieser Titel drückt Ehrfurcht aus. Die Antwort Jesu findet sich in der Heilung, begründet ganz im unmittelbaren persönlichen Glauben des Bartimäus. „Dein Glaube hat dir geholfen" – Helfen bedeutet hier auch „retten".

Der Text und die Kinder

Die biblische Geschichte von der Heilung des Bartimäus kann bei Kindern vielfach als bekannt vorausgesetzt werden, sie gehört zu den Standardgeschichten des Neuen Testaments. Zahlreiche Erzählbeispiele liegen vor. Daher ist es gut, einen Schwerpunkt zu setzen. Hier: Dem Blinden werden – auch im übertragenen Sinne – die Augen geöffnet. Bartimäus erkennt, was für andere noch Geheimnis ist: Jesus ist der Messias. Bartimäus folgt vertrauensvoll Jesus. Letzteres ist auch für die theologische Absicht des Markus von großer Bedeutung.

Und das Geheimnisvolle in diesem Text? Nun, wer jemandem folgt, weiß nicht unbedingt, wo es langgeht. Ein „blindes" Vertrauen geht Bartimäus ein. Weder Ziel, noch der Weg ist ihm klar. So gesehen, ist auch hier das „Messiasgeheimnis" zu erkennen.

Gestaltungsvorschlag für jüngere und ältere Kinder

Vorbereitung und Material
Ein Korb mit fünf (geschnittenen, verschiedenfarbigen) Spurenpaaren, ein Teelicht (im Glas)

Begrüßung/Hinführen zur bereits bekannten Mitte (Hinweise für den Beginn des Kindergottesdienstes und zum Bodenbild s. S. 185 „Thematischer Einstieg für die ganze Einheit")

Lied/Psalm/Votum – Entzündung des Jesuslichtes

Bildimpuls: Blindenzeichen

Kurzes Gespräch
Was wissen Kinder über das Blindsein? Wie ist das so? Welche Beeinträchtigungen sind zu vermuten? Welche Möglichkeiten gibt es heute?

Hinführung zur biblischen Geschichte
E: Ihr wisst ja, in unseren Tüchern sind geheime Botschaften verborgen. Botschaften, die von Jesus handeln. (E weist mit den Händen auf die ersten beiden bereits geöffneten Tücher der vergangenen Sonntage, in denen Sand und ein weißes Tuch zu erkennen sind. E nimmt wortlos das dritte, weiße Bündel. Die Jesuskerze wird ausgepustet, das Fragezeichen aufgelöst, beides mitgenommen.)
Es ist die Geschichte von einem Menschen, der das Licht nicht sehen konnte, dunkel war es um ihn, blind war er. Bis eines Tages – aber kommt – hört und seht selbst!
(E lässt die Gruppe aufstehen, animiert zum Ortswechsel.)
Doch halt! Macht einmal die Augen zu. Schließt sie fest zusammen. Geht nun dahin, wo hier im Raum unsere Geschichte erzählt wird. Der Ort ist euch ja vertraut. Schafft ihr es ohne zu gucken? Schafft ihr es, ohne sehen zu können einen Kreis zu bilden?
(Wenn alle im Kreis stehen – evtl. behutsam korrigieren – Augen öffnen lassen.)

Kurzaustausch
Wie war es? (z.B.: Hände zum Tasten genutzt, leichte Stolperschritte usw.)

Erzählung mit Bodenbild
(Die Kinder setzen sich. E entfaltet das weiße Bündel. Die Augenbinde wird noch beiseite gelegt. Mit einem Seil legt E eine Silhouette = Stadtmauer von Jericho.)

Die Stadtmauern von Jericho … Die Sonne brennt erbarmungslos, wie an so vielen Tagen. Da ist es gut, dass es auch einige Orte gibt, wo Bäume Schatten spenden. Es gibt auch Mauernischen, aber die sind bei den Bettlern nicht so beliebt, denn dort wird man leicht übersehen, von den Menschen, die täglich hier vorbeikommen. Bauern, Händler, Kaufleute gehen täglich durch das Tor. Da ist es wichtig, gesehen zu werden, einen guten Platz zu haben. Das weiß auch Bartimäus. Mühsam tastet er sich einen Weg. Er ist blind, aber er kennt seinen Ort. Die anderen Bettelnden machen ihm Platz. „Ach, der Sohn des Timäus …"
(E rollt die Augenbinde etwas aus und legt sie vor die Silhouette auf das Tuch. Dazu ein Spurenpaar: Bartimäus. Zwei weitere Spurenpaare werden in die Nähe dazu platziert.)
„Der ist wirklich schlimm dran!"
„Wer weiß, warum er blind ist?" „Na, die Strafe Gottes holt jeden ein, irgendwie." „Ja, du hast recht. Kennst du den Timäus, seinen Vater? Wer

weiß, was der auf dem Kerbholz hatte. Jetzt muss sein Sohn dafür büßen." Beide Bettler schweigen. Sie sehen, immer wieder versucht der blinde Bartimäus die Hand auszustrecken. Vorsichtig holt er sie aus seinem Umhang hervor. Der Mantel – nachts Schutz vor der Kälte – tagsüber zieht sich Bartimäus den Stoff auch über den Kopf. So ist er wenigstens etwas vor der heißen Sonne geschützt. Mehr bleibt ihm ja nicht. Bartimäus hat sein Augenlicht verloren. Niemand weiß so recht warum.

Bartimäus horcht auf. Schritte kommen näher. Er hört sie auf den Kieselsteinen ganz deutlich. Die Schritte bleiben stehen. (E legt ein Spurenpaar gegenüber ...) Etwas fällt klingend vor ihm zu Boden. Die Schritte entfernen sich wieder. (E entfernt das Spurenpaar wieder.) Der blinde Bartimäus tastet. Eine Münze ist es. Dankbar umschließt seine Hand das Geldstück. Ein kleiner Schatz für ihn, denn viele ziehen auch vorbei. Zu oft wird er gar nicht beachtet.

(E zieht mit dem zweiten Seil einen geschlossenen Kreis um die Augenbinde und die Spurenpaare: Ausgrenzung) Aber, wenn auch seine Augen getrübt sind, hören kann er gut. Sehr gut sogar. Manchmal hält er seine Ohren lieber zu, z.B. wenn die anderen über ihn lästern. Heute aber hat er die Ohren weit geöffnet. Was sie zu erzählen haben, lässt ihn aufhorchen. Stimmen kommen näher. Das müssen viele Menschen sein, denkt er sich. Ist heute etwas Besonderes los in der Stadt? Viele Schritte vernimmt er. In all dem Stimmengewirr hört er immer wieder einen Namen: Jesus! Was ist los? Bartimäus wird unruhig auf seinem Platz. Er spricht einen Vorbeiziehenden an.

„Jesus von Nazareth ist auf dem Weg nach Jerusalem. Wir begleiten ihn." Jesus – hier in dieser Stadt wird oft von ihm erzählt. Wunder soll er vollbracht haben. Er predigt im Land vom Heil Gottes, so sagen die Leute. Das hat sich herumgesprochen, auch bis zu Bartimäus. Jesus – heute – kommt hier vorbei! Bartimäus hofft doch schon so lange, dass sich etwas verändert bei ihm, mit ihm. Er ruft, ganz laut ruft er. Er will sich bemerkbar machen. „Jesus, hab doch Mitleid mit mir!" „Schweig", hört er die Leute zu ihm sagen, die bei Jesus sind. „Er hat keine Zeit für dich." Ihre Worte klingen verärgert, aber Bartimäus kümmert sich nicht darum. „Jesus, du Sohn Davids, habe Mitleid mit mir. Hilf mir!" Es wird still. Er hört Schritte, die auf ihn zukommen. Direkt vor ihm bleiben sie stehen.

(E legt das Jesus-Spurenpaar außerhalb des Kreises, dem Bartimäus-Spurenpaar mit etwas Abstand gegenüber.) „Ruft ihn her", hört er Jesus zu einem seiner Begleiter sagen. Da berührt ihn eine Hand auf den Schultern. „Komm, geh zu ihm, er ruft dich." Bartimäus lässt alles liegen, geht so gut ihn seine Füße tragen, tastet sich hastig voran. Sein Herz lenkt seine Schritte direkt auf Jesus zu.

(E ordnet Bartimäus Fußspuren direkt an seine Grenze, Jesu Fußspuren etwas weiter vor, beide Fußspuren stehen sich gegenüber. Das Jesus-Teelicht wird hinzugestellt und entzündet.)

„Was soll ich dir tun?", hört er Jesus fragen. „Ach Meister", sagt Bartimäus, „ich möchte sehen können." Was wird Jesus nun sagen und was wird er tun? Alle schauen erwartungsvoll. „In deinem Herzen siehst

du schon. Du hast ein großes Vertrauen. Dein Glaube ist groß. Geh nun deinen Weg. Du wirst von nun an sehen können!"
(Zweites Teelicht für Bartimäus anzünden. Der Kreis wird geöffnet.)
Dem blinden Mann sind die Augen geöffnet. Er sieht. Er sieht alles in einem neuen Licht. Alles ist jetzt so anders. Bartimäus freut sich, sein Herz hüpft vor Freude. Wie soll er Jesus nur dafür danken? Laut lobt er Gott. „Hier – ich sehe, nun wird alles gut! Nicht nur die Augen sind mir geöffnet worden, mein Herz sieht das Heil Gottes!" Bartimäus verlässt glücklich seinen vertrauten Platz. „Ich möchte mit euch ziehen, ich möchte auch zu den Begleitenden von Jesus gehören!" – „Aber wohin geht ihr? Nach Jerusalem? Was erwartet uns in dieser Stadt?" Niemand weiß wirklich darauf eine Antwort. – (Pause)
Bartimäus vertraut sich Jesus an. Er weiß, von nun an wird Jesus seine Schritte lenken.

Lotsenspiel
Ich lade euch ein. Spürt einmal selbst nach, wie es ist, wenn ich mich ganz und gar jemandem anvertrauen kann. Bartimäus kannte den Weg von Jesus nicht. Sein Herz, sein Glaube hat ihn geleitet. (E nimmt – geheimnisvoll – jedes einzelne Kind und positioniert es im Raum. Es wird so eine Art unregelmäßige Gasse gebildet. Jedes Kind lässt sich ein akustisches Signal einfallen z.B. Summen, zartes Säuseln usw. Ein Kind schließt die Augen und lässt sich nun anhand der unterschiedlichen Signale durch die Gasse lenken. Im Anschluss Gesprächsaustausch.)

Auflösen des Bodenbildes
Die Seile wieder aufnehmen, Fußspuren in den Korb legen, die Binde auf das Tuch, beide Teelichter mitnehmen. Die Gruppe wechselt wieder zur liturgischen Mitte. Dabei evtl. singen

Lied: Mir ist ein Licht aufgegangen

(E legt geöffnetes Erzählbündel in die Mitte, Augenbinde ist sichtbar. Mit den Seilen wird die Form einer Sonne gelegt, die zwei Teelichte werden hineingestellt).

Gebet
Guter Gott, öffne auch unsere Augen für Dinge, die mit dem Herzen zu sehen sind.
Mach uns wachsam für unsere Welt, lenke unsere Schritte, dass wir spüren können, du bist da, Gott. Du bist mit uns. Amen

Lied: Halte zu mir guter Gott

Abschluss/Ausklang/Segen
Geheimnisvoll wird wieder die Sonnenform aufgelöst und mit den zwei Seilen ein Fragezeichen gebildet – als Impuls und Anschlussmerkmal für die nächste Erzähleinheit.

Klaus-Dieter Braun

**15. August 2010 –
11. Sonntag nach Trinitatis**

Der Hauptmann unter dem Kreuz

Markus 15,22–39

Lieder: Komm, sag es allen weiter, EG 225, MKL 52; Ein Licht geht uns auf in der Dunkelheit, Amen 45, LH 61, MKL 123, Dass die Liebe Gottes mit uns ist, LH 52, Weltsegenslieder 12, GoKi 2006

Liturgischer Text: Psalm 98,1–4

Zum Text

„Wahrhaftig – dieser Mensch ist Gottes Sohn gewesen!" Mit diesem Ausruf hat nun das Markusevangelium seinen „Höhepunkt" erreicht. Hier schließt sich der Bogen von Jesu Taufe zu dieser entscheidenden bekennenden Aussage. Jedoch nicht als ein Sohn Gottes, sondern als der Sohn Gottes wird er bezeichnet. Der Evangelist Markus lässt diesen bekennenden Satz bewusst einen Heiden sagen. Nicht, die ihn begleitet haben sind es. Damit wird die Bedeutung der Aussage noch besonders herausgestellt. Jesus ist als der Messias, als Sohn Gottes erst durch das Kreuz begreifbar. Den Titel „Gottes Sohn" hat Jesus für sich selbst wohl nie genutzt, auch wenn er Gott mit „Abba" anredet. Eine ungewöhnliche, unbekannte Weise seiner Zeit, schon fast zärtlich wie ein kleines Kind „Väterchen/Papa", als Ausdruck tiefsten Vertrauens. „Gottes Sohn" – war in der Antike zunächst ein durchaus gebräuchlicher Ehrentitel für Könige, drückte Erhöhung, göttliche Zuschreibung aus und wies auf eine besondere Handlungsbefugnis hin.

Zwar wurde viel über Jesu Wundertaten erzählt, doch allein das wäre zu kurz gegriffen. Zu rasch würde Jesus in die Nähe anderer gerückt, die damals ebenso als Wundertäter verehrt wurden. Bei Markus offenbart sich die Bedeutung Jesu als Bevollmächtigter Gottes durch Passion und Ostern. Jesus ist zwar bereits im irdischen Leben den Menschen als Gottes Sohn begegnet, als einer, der Verheißung versprach, doch blieb es eben den meisten verborgen. Durch Passion, Ostern und Auferstehung ist das „Messiasgeheimnis" nun gelüftet, der Weg zu Gottes Reich aufgezeigt. Jetzt ist es der Glaube, der weiter tragen kann.

Der Text und die Kinder

Manchem erscheint es auf den ersten Blick sicherlich als sonderbar, in dieser Jahreszeit den vorliegenden Abschnitt der Passionsgeschichte (s. auch Gestaltungsvorschlag S. 81) einzubringen. Auch Kinder werden sicher nicht spontan einen emotionalen Zugang finden, ist ihr Empfinden doch stark an dem Rhythmus der (Kirchen-)Jahreszeiten orientiert. Aber die Auswahl macht durchaus Sinn, um das Anliegen des Evangelisten Markus auch Kindern nahe zu bringen: Es war für die Menschen damals schwer, in Jesus den Bevollmächtigten Gottes zu erkennen. Ihn umgab ein Geheimnis. Er wurde missverstanden, fehlinterpretiert. Jesus bat daher um Stillwahrung. Erst durch die Passion, durch Ostern öffnete sich der Blick für das Unfassbare.

Das Kreuzigungsgeschehen sollte erzählerisch nicht zu stark ausgestaltet werden. Kern ist der Aussagesatz des römischen Offiziers, ist dessen offenbarende Erkenntnis von Jesus als Sohn Gottes. Ausgerechnet von einem, von dem man es nun wirklich nicht erwartet hätte. Kinder kennen das: Die Enttäuschung von Freunden oder Eltern nicht verstanden zu werden. Manchmal sind es gerade Fremde, die sich einem da verstehend zur Seite stellen, ganz zur eigenen Überraschung. Solche Begegnungen haben mitunter nachhaltige Wirkung und bleiben lebenslang in Erinnerung und prägen!

Gestaltungsvorschlag für jüngere und ältere Kinder

Vorbereitung und Material
Schriftrolle mit Brief des Hauptmanns
3 kantige Steine
(Hinweise für den Beginn des Kindergottesdienstes und zum Bodenbild s. S. 185 „Thematischer Einstieg für die ganze Einheit")

Begrüßung, Lied, Gebet

Hinführung
Wieder wird mit der liturgischen Mitte begonnen. Erzähler/in (E) öffnet das letzte Bündel (dieses Mal direkt in der Mitte, also kein Ortswechsel). Sichtbar werden drei kantige Steine.
Die zwei Seile des Fragezeichens werden aufgelöst und zu einem Kreuz geformt, die Steine dazugelegt und das Jesus-Teelicht in die Mitte gestellt.

Kurzes Gespräch
Impulsfrage: Kennt ihr das auch? Da ist man von etwas überzeugt, so ist es und nur so kann es sein, und dann plötzlich ändert man seine Meinung, weil es eben doch anders ist, als man zunächst meinte. Aber das ist schwer zuzugeben.

Brief des Hauptmanns
Ich möchte euch von jemandem erzählen, dem es genauso ergangen ist. (E holt eine Schriftrolle hervor, entrollt sie und liest daraus vor.)

Bester Freund,
ich muss dir unbedingt etwas mitteilen. Du kannst Dir gar nicht vorstellen, was ich kürzlich erlebt habe, unfassbar! Ich bin noch ganz durcheinander. Doch der Reihe nach ...
Du weißt, ich bin zur Armee gegangen. Inzwischen hat man mich zum Hauptmann ernannt. Eigentlich bin ich gerne Offizier in der römischen Armee. Viele Soldaten hören auf meinen Befehl. Man kommt viel rum.

Warum ich dir das hier erzähle? Lies nur, aber verzeih, wenn ich dich bitte, niemandem davon etwas zu sagen! Doch wem soll ich es sonst berichten, wenn nicht dir, meinem treuen Freund?! Dir vertraue ich meine Geschichte an:

Es war nicht mein erster Einsatz, aber ein ganz besonderer! Du weißt, die Juden bereiteten sich kürzlich auf das Passafest vor, ihr großes Fest. Da wurden uns drei Männer übergeben, sie waren zum Tode verurteilt. Sie sollten hingerichtet werden, noch vor dem Fest! Verbrecher, sagte man mir bei der Übergabe. Einer von den drei Gefangenen war von den Juden der Gotteslästerung angeklagt. Ich verstehe nicht viel vom jüdischen Glaubensgesetz. Manches bleibt mir rätselhaft. Ich wusste nur, dass wir uns beeilen sollten, da doch das jüdische große Fest so kurz bevorstand. Am Kreuz sollten sie sterben, alle drei. Aber der Hauptgefangene, ein gewisser Jesus aus Nazareth, verhielt sich so ganz anders, das habe ich sofort gespürt. Die umherstehenden jüdischen Menschen aus dem Volk verspotteten ihn – er aber schwieg. Auch einige Soldaten meinten, ihren Spaß haben zu können. Das bringt Abwechslung in ein Soldatenleben. Sie zogen ihm einen purpurroten Mantel an und pressten ihm eine Krone aus Dornen auf den Kopf. So machten sie sich lustig über ihn. „Schaut ihn euch an, unseren König der Juden" – er aber ließ das alles über sich ergehen.

Dann ging es nach Golgatha. So heißt der Ort vor der Stadt, wo Verbrecher gekreuzigt werden. Ich befahl, ihn an das Kreuz zu nageln, damit alles recht schnell geht. Die beiden anderen wurden neben ihm aufgestellt. Ach, wie viele Verbrecher sind bereits an das Kreuz gebracht worden! Mir war das nicht neu. Gleich wird es vorbei sein mit seiner ruhigen, majestätischen Haltung, dachte ich. Dann wird er uns verfluchen, heulen und jammern, wie alle vor ihm auch schon. Das Kreuz wurde aufgerichtet. Unsere Blicke trafen sich. Ich sah seine Augen, gütige Augen, traurige Augen. Er muss starke Schmerzen haben, dachte ich mir. Ein schmerzbetäubendes Mittel lehnte er aber ab, dieser Jesus. Unten gingen andere vorbei, lästerten, machten sich lustig über ihn. „Komm doch runter, hilf du nun dir selbst, wenn du der Messias bist, du König Israels, damit wir es sehen und glauben können!", hörte ich sie rufen. Ach, bester Freund, dieser Mann ertrug das alles in Geduld. Wie war das möglich? Merkwürdig. Und was um Himmels willen hatte er den anderen denn getan? Hatte er wirklich von sich gesagt, dass er der König der Juden sei? Oder suchten sie nur nach Gründen, ihn irgendwie loszuwerden? Ich konnte mir keinen Reim daraus machen. Langsam kamen mir Zweifel. Aber Befehl war Befehl! Schließlich ist man ja gehorsamer Soldat. Ich strich meine Gedanken des Zweifels rasch beiseite.

Doch dann wurde es plötzlich im Land dunkel. Zur gleichen Zeit, als dieser Jesus laut rief: „Mein Gott, mein Gott, warum hast du mich verlassen." Ja, das rief er verzweifelt in die Dunkelheit hinein. Als würde er jemanden rufen, den er gut kennt. Dann starb er. Der Tag wurde zur Nacht, so dunkel war es inzwischen. Unheimlich! Du kannst es dir gar nicht vorstellen, wie uns allen zumute war. Ein Soldat in meiner Nähe rief zu mir herüber. „Haben wir etwas getan, dass die Götter zornig auf uns sind?" Doch ich ahnte, ach nein, ich war und bin mir ganz sicher, dieser Mensch da am Kreuz muss ein besonderer Mensch gewesen sein. Nicht wie du und ich. Wirklich, dieser da, dieser Mann, der am Kreuz gestorben war, muss wirklich Gottes Sohn gewesen sein. Ich habe das dann auch laut gesagt.

Jetzt weißt Du, warum ich dir diesen Brief schreibe. Aber es gibt eben Dinge, die kann man einfach nicht für sich behalten! Das, was ich erlebt hatte, lässt mich seitdem nicht mehr los. Immer wieder muss ich daran denken. Nun habe ich erfahren, dass Du einige der Anhänger von Jesus, dem Christus, kennst. Auch das bleibt unter uns. Ehrensache!

Ich bin in sieben Tagen ganz in deiner Nähe. Wir müssen uns treffen, bitte! Ich bin noch ganz verwirrt. Erzähl mir mehr, was du von diesem Jesus gehört hast, was von ihm erzählt wird.

Ich freue mich, dich bald wieder zu sehen und mehr über diesen Christus, den Sohn Gottes, zu erfahren.

Dein Freund Claudius, zurzeit in Jerusalem

Aussprache/Impulsfrage: Was wird der Freund wohl erzählen können? Wir meinen heute mehr über Jesus zu wissen, aber da bleiben auch noch Fragen, Dinge, die wir nicht verstehen. Die Menschen damals nach dem Ostergeschehen erzählten sich viel über Jesus weiter. Davon hörte auch Markus, der uns die Geschichten aufschrieb.

Veranschaulichung

Aus den zwei Seilen wird wieder ein Fisch gelegt.
E: „Bis heute versuchen Menschen die Geschichten von Jesus zu verstehen, auch wir, hier, heute, jetzt, um den Weg zu Gott zu finden."
Aus den zwei Seilen wird das Kindergottesdienstlogo gelegt, ein Boot und ein Kreuz.
Figuren mit den Kindern gemeinsam in/auf das Boot stellen.

Lied: Ein Licht geht uns auf in der Dunkelheit

(E schließt die Stoffbündel wieder zusammen.)

Meditativer Ausklang/Gebet: LH 110, Lieber Gott, hör uns mal zu 58

Segen

Lied: Dass die Liebe Gottes mit uns ist

Klaus-Dieter Braun

Klein aber oho! Das Kleine kommt groß raus bei Jesus

Zeichnung: Nadine Platz
Bibel-Erlebnisausstellung St. Stephani Helmstedt 2008

Lied: Alles muss klein beginnen, KG 46, LfK2 123, LJ 474, MKL 155, Amen 69

Liturgischer Text: Geborgen ist mein Leben in Gott, s. S. 208 oder Gebet (s. S. 208) mit Liedruf „Gib uns Ohren, die hören", KG 195, LJ 534, Amen 2, MKL2 38, LH 53

Klein aber oho!
Das Kleine kommt groß raus bei Jesus

Sonntag	Text/Thema	Art des Gottesdienstes Methoden und Mittel
22.8.2010 12. Sonntag nach Trinitatis	Das kleine Senfkorn Markus 4,30–32	Gottesdienst mit Kindern; Bodenbild, Luftballon, Erzählung, Gespräch, Körperübung, Baum gestalten, Packpapier, Krepppapierkügelchen
29.8.2010 13. Sonntag nach Trinitatis	Die kleinen Kinder Markus 10,13–16	Gottesdienst mit Kindern; Figuren aus Papier herstellen, Erzählung mit Figuren, Gespräch, Bäume und anderes zur Erzählung aus Papier gestalten
5.9.2010 14. Sonntag nach Trinitatis	Die kleine Gabe Markus 12,41–44	Gottesdienst mit Kindern; Erzählung mit (Playmobil-)Figuren, Gespräch, kleine Gegenstände wiegen, Tauschaktion, Papierblumen falten

Monatlicher Kindergottesdienst im August
Klein aber oho! Markus 10,13–16

Die bei den Erwachsenen gering geschätzten Kinder bekommen bei Jesus ganz persönliche und spürbare Zuwendung. Ihre Freude wird als Beispiel für den wahren Glauben dargestellt und die Erwachsenen ihrerseits an Schutz und Fürsorge für die Kinder erinnert. Das Kleine kommt groß raus bei Jesus, weil er Gottes Liebe besonders die Kinder spüren lässt.

Für die *Erzählung* (s. S. 213) werden zunächst mit den Kindern *Figuren aus Papier* hergestellt (S. 212). Dann wird mit Figuren, Holzbausteinen und Tüchern erzählt. Die Erzählung mündet in eine *Segenshandlung* mit Handauflegung: „Jesus segne dich, er hat dich lieb." Zum Schluss kann die ganze *Szene* mit gebastelten Bäumen u. a. (in der gleichen Technik wie die Figuren) erweitert und gestaltet werden. Möglich ist auch die Entwicklung eines *Bodenbildes* aus kleinen Teilen (S. 207), um zu verdeutlichen, wie aus Kleinem Großes entstehen kann.

Zu den Texten und zum Thema der ganzen Einheit

Die drei Texte stammen aus unterschiedlichen Wirkperioden Jesu: Das Gleichnis vom Senfkorn steht im Zusammenhang von Geschichten, die sich mit Jesu Lehre und Wundern auseinandersetzen. Das Kinderevangelium befindet sich im Kontext von Jesu Aufforderung zur Kreuzesnachfolge. Die Geschichte von der kleinen Gabe ist Teil von Jesu Wirken in Jerusalem.

Ein zentraler Gedanke der ersten beiden Textstellen ist die Beschreibung des „Reich Gottes". Alles muss klein beginnen! So ist das auch mit dem Reich Gottes. Kinder, auch wenn sie es häufig mit Sprache noch nicht ausdrücken können, haben ein sicheres Gespür für ihre Umwelt, für das, was sie trägt, was Halt und Schutz gibt. Sie tragen Bilder in sich von gelingendem Leben, heilsamem Miteinander. Sie spüren deutlich, wie wertschätzend ihnen begegnet wird, und machen sich entsprechend ihrer Erfahrungen Bilder von dem, was das Reich Gottes sein könnte. Wenn in den Textstellen vom Reich Gottes die Rede ist, dann geht es nicht um eine zukünftige Wirklichkeit. Vielmehr ist das Reich Gottes schon jetzt angebrochen, ist in dieser unvollkommenen Welt und in unserem gebrochenen Leben zu spüren. Es ist eine Kraft, sich für Gerechtigkeit und Wertschätzung einzusetzen, Klischees zu überwinden und gegen den Strom zu schwimmen.

Die Texte, das Thema und die Kinder

„Klein, aber oho" – dieser Teil des Themas ist etwas, das Kindern selbstverständlich ist. Je kleiner sie selbst sind, umso intuitiver ist ihr Zugang. Wer je erlebt hat, wie ein kleines Kind den ganzen Garten vor lauter Staunen über einen Marienkäfer nicht wahrnimmt oder im Zoo in helle Begeisterung ausbricht, weil auf dem Weg ein Spatz nach einem Krümel pickt, der weiß, dass man als Großer viel besser von den Kleinen lernen kann, das Kleine wertzuschätzen.

„Das Kleine kommt groß raus bei Jesus" hingegen ist der Teil des Themas, der nicht mehr selbstverständlich ist. Dass Kleinsein bei den Großen gut angesehen ist, erleben Kinder eher selten. Zu oft liegt in dem Satz „Dafür bist du noch zu klein" etwas Abschätziges, Abwertendes. Und auch in der Erwachsenenwelt werden die klein Gewachsenen intuitiv eher übergangen. Indem Jesus in unseren Geschichten das Augenmerk auf die kleinen, vielleicht sogar geringschätzig Betrachteten lenkt, schenkt er jedem die ihm zustehende Wertschätzung. Die Kinder, die er den Erwachsenen als Vorbild darstellt, gelten noch nicht als vollwertige Glieder der Gemeinschaft. Doch gerade ihnen verheißt er das Reich Gottes. Das Senfkorn bezeichnet er als das Kleinste, zumindest im Verhältnis zu der Pflanze, die daraus entsteht (womit übrigens nicht die Senfpflanze gemeint ist, die wir als Grünsaat von unseren Feldern kennen). Und genau darum geht es – Jesus nimmt das Potential wahr, das im Kleinen steckt; er schenkt schon den Möglichkeiten Beachtung, die im Kleinen angelegt sind,. Auch bei der Kollekte, die die Witwe gibt, geht es Jesus um die Relation, nicht um die tatsächliche Höhe.

Dabei ist es zugleich wichtig, auf eines zu achten: Indem Jesus das eine als

Vorbild darstellt, wertet er das andere nicht ab. Das Senfkorn als Beispiel bedeutet eben nicht, alle anderen Saatkörner gering zu schätzen. Auch die aufmerksame Wertschätzung dessen, was die Witwe spendete, meint nicht automatisch – im Umkehrschluss – die Herabwürdigung der anderen Spenden. Dabei ist uns diese Art des Denkens durchaus nahe und schon Kindern vertraut. Wenn es z. B. einem Kind im Kindergarten erstmals gelingt, eine Schleife zu binden, und es deswegen von den Erzieherinnen gelobt wird, gibt es bestimmt andere, die es schon länger können und das auch gleich klarstellen müssen, so, als würde das Lob eines anderen Kindes ihre eigene Leistung schmälern. Es fällt uns Menschen oft schwer zu hören, wie ein anderer gelobt wird, ohne dies gleichzeitig als versteckte Kritik an sich selber zu interpretieren. Beim Erzählen sollte eine derartige Polarisierung vermieden werden.

Gestaltungsvorschlag für die ganze Reihe

Bodenbild

Diese Einheit wird durch das Thema zusammengehalten, nicht durch eine fortlaufende Geschichte. Um eine erkennbare Struktur zu vermitteln, bietet es sich an, im Eingangs- und Schlussteil des Kindergottesdienstes verbindende Elemente zu gestalten, die sich durch die Einheit ziehen. Da es für Kinder zudem wichtig ist, mehr als nur einen Sinn anzusprechen, schlagen wir ein Bodenbild vor, das über die Sonntage wächst. Die Einzelteile müssten vorbereitet werde.

Als Grundform dient eine Raute. Der innerste Ring des abgebildeten Sterns, der aus 8 kleinen Dreiecken besteht, wird am ersten Sonntag gelegt. Am zweiten Sonntag entsteht durch Anlegen von 8 Trapezen das größere Achteck, also das Bild des ersten Sonntags

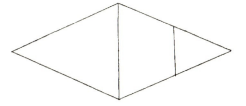

mit dem Erweiterungskreis. Am letzten Sonntag liegt schließlich der ganze Stern. Aus Kleinem entsteht etwas Großes.

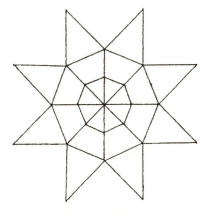

Wenn man thematisch arbeiten möchte, kann man die Farben passend zu der jeweiligen Geschichte wählen. Das innere Achteck wäre dann senfgelb, der Erweiterungsring könnte bunt oder rot/blau gestaltet werden, die Sternspitzen bekämen Kupferfarbe. Gemeinsam mit den Kindern wird das Bodenbild des jeweiligen Sonntags gelegt. Bei der letzten Einheit kann das Bild bei Bedarf noch weiter ausgeschmückt werden (siehe S. 217). In die Mitte des Bodenbildes wird eine entzündete Kerze gestellt und ein gemeinsames Gebet gesprochen. Wir haben zwei Gebete zusammengestellt; eines mit einem gesprochenen und eines mit einem gesungenen Kehrvers. So werden die Kinder aktiv in das Gebet mit einbezogen.

Psalmgebet

Geborgen ist mein Leben in Gott.
Er hält mich in seinen Händen.

Manchmal fühle ich mich ganz klein.
Keiner sieht, was ich schon alles kann,
keiner hört, was ich Wichtiges zu sagen habe.
Wer ist da, für den ich wertvoll bin?

Geborgen ist mein Leben in Gott.
Er hält mich in seinen Händen.

Manchmal habe ich das Gefühl
nicht mithalten zu können.
Andere haben und können so viel mehr.
Wer ist da, der mich achtet?

Geborgen ist mein Leben in Gott.
Er hält mich in seinen Händen.

Manchmal schäme ich mich vor den anderen.
Ich traue mich kaum, den Mund aufzumachen.
Ich habe nicht den Mut das Rechte zu tun.
Wer ist da, der mir hilft?

Geborgen ist mein Leben in Gott.
Er hält mich in seinen Händen.

Er ist für mich da.
Für Gott bin ich groß.
Er sieht, was in mir steckt.
Er hat mich lieb.
Amen

(Der Kehrvers ist angelehnt an „Geborgen ist mein Leben in Gott", in: Bei dir bin ich zu Hause 22; Verlag Junge Gemeinde)

Gebet

Guter Gott,
bei dir sind alle Dinge wichtig,
ob klein oder groß.
Du hast alles gemacht,
und über allem wachst du.

Lied: Gib uns Ohren, die hören

Nicht immer gelingt es uns Menschen aber,
die Welt mit deinen Augen zu sehen.
Kleines wird oft übersehen oder als unwichtig eingeordnet.
Leises wird oft überhört im Lärm unserer Welt.

Lied: Gib uns Ohren, die hören

Wir vertrauen darauf, Gott, dass du anders bist:
wie leise wir auch mit dir sprechen, du hörst uns.
Wie klein wir auch sind, du weißt, wo wir sind.
Du hast uns alle lieb und traust jedem von uns viel zu.
Dafür danken wir dir.
Amen.

Claudia Glebe und Antje Gottwald

22. August 2010
12. Sonntag nach Trinitatis

Das kleine Senfkorn
Markus 4,30–32

Lieder: Gib uns Ohren, die hören, KG 195, LJ 534, Amen 2, MKL2 38, LH 53; Wir sind die Kleinen in den Gemeinden, KG 77,LJ 428, Amen 66, LfK1 B37, MKL 105; Wir werden immer größer, KG 98; Alles muss klein beginnen, KG 46, LfK2 123, LJ 474, MKL 155, Amen 69

Liturgischer Text: Geborgen ist mein Leben in Gott, s. S. 208; Gebet (s. S. 208) mit Liedruf „Gib uns Ohren, die hören" (KG 195, LJ 534, Amen 2, MKL2 38, LH 53)

Zum Text

Das Gleichnis vom kleinen Senfkorn ist eine Belehrung, die jeder verstehen kann. Das Wachstumsgleichnis kündet vom sicheren Kommen des Reiches Gottes, das schon jetzt wirksam ist – klein und unscheinbar wie ein winziges Senfkorn. Der Anfang hat es in sich, mag er auch unbedeutend wirken! Es geht um die Beziehung von Anfang und Ende und darum, dass bereits der Anfang das wunderbare Ende sichtbar und gewiss macht, so wie die winzige Saat ein Abbild der daraus erwachsenden großen Pflanze ist – und das ohne menschliches Zutun.

Zentrum der Geschichte ist eine Senfpflanze. Die Winzigkeit des Senfkornes war sprichwörtlich. So sagte man: „Nie geht die Sonne unter, bevor sie nicht geworden ist wie ein Senfkorn Blut." Die ausgewachsene Senfstaude erreicht am See Genezareth eine Höhe von bis zu drei Meter. Sie übertrifft damit alle anderen Gemüsekräuter und steht im großen Kontrast zu dem kleinen Samenkorn.

Der Text und die Kinder (s. S. 206)

Gestaltungsvorschlag für jüngere und ältere Kinder

Gestaltung eines Bodenbildes (inneres Achteck, s. S. 207)

Psalmgebet (s. S. 208)

Einstieg

Ein unaufgeblasener Luftballon wird den Kindern gezeigt und bietet damit einen schönen Gesprächseinstieg zum Thema „klein" und was im Kleinen bereits angelegt ist. Natürlich darf er dann auch aufgeblasen und im Kreis zugespielt werden. Aus unscheinbarem Anfang wird etwas Großes. Im Keim liegt schon die ganze Möglichkeit der vollen Entfaltung. (Idee aus: www.praxis-jugendarbeit.de, ein sehr empfehlenswertes Angebot, das zu vielen Themen Anregungen bietet).

Erzählung

„Oh, das tut gut." Erschöpft ließ sich Benjamin in den Schatten einer Senfpflanze fallen. Wieder einmal war er mit seinen Tieren unterwegs auf der Suche nach guten Weideplätzen. Die Schafe waren auch mit den kargen Wiesen zufrieden, die sie hier fanden. Aber für Benjamin war es manchmal hart, den ganzen Tag in der brennenden Sonne zu sein. Heute hatte er Glück gehabt. Auf dieser Weide hatte sich wie durch ein Wunder ein Senfbaum ausgesät, war gewachsen und bot nun das einzige Schattenfleckchen weit und breit. Hier wollte er die heißen Mittagsstunden bleiben und sich dann langsam wieder auf den Weg zurück zum Dorf machen.

Die Abendstunden waren die Zeit des Tages, die Benjamin am liebsten hatte. Die Arbeit lag hinter ihm, die langen Stunden des Alleinseins waren vorbei. Er hatte seine Tiere gern und genoss die Tage mit ihnen. Am Abend aber war es für ihn das Größte, sich in der Nähe der Männer aufzuhalten. Er mochte es, ihnen bei ihren Gesprächen zuzuhören. Heute herrschte große Aufregung. Das spürte Benjamin sofort, als er ins Dorf zurückkehrte. Und schnell wusste er auch warum. Jesus und seine Freunde waren gekommen. Viel hatte man schon von Jesus gehört. Ein Mann mit Heilkräften war er; einer, von dem eine große Kraft ausging. Aber vor allem war er ein großer Prediger. Ein Mann, der so wunderbar von Gott und seinem Reich reden konnte, dass man sich nichts sehnlicher wünschte, als dass es beginnen möge. Und nun war Jesus zu ihnen gekommen! Alle hatten sich versammelt, um zu hören, was er zu sagen hatte.

Auch Benjamin schlich sich in die Reihen, wobei er gut aufpasste, niemanden zu stören. Nicht, dass ihn irgendein Erwachsener wegschicken würde! Er wollte selber hören, was Jesus zu sagen hatte. „Womit wollen wir das Reich Gottes vergleichen?", hörte Benjamin Jesus gerade sagen. Das war gut, er war genau zum richtigen Zeitpunkt gekommen. Vom Reich Gottes wollte Jesus also erzählen; von dem Reich, in dem endlich Frieden und Gerechtigkeit für alle herrschen würden, da war sich Benjamin sicher. „Es ist wie ein Senfkorn", fuhr Jesus fort. Sofort musste Benjamin an sein Schattenplätzchen auf der Weide denken. „Das Senfkorn ist so klein, wenn es gesät wird. Man sieht es kaum. Aber wenn es gesät wird und die Saat aufgeht, dann wird aus diesem kleinen Samen ein Kraut, das höher ist und stärker als alle anderen Kräuter. In seinem Schatten finden sogar Vögel Schutz."

Senfkörner hatte Benjamin schon gesehen, in einer Hand verschwanden sie. Und es stimmte schon – aus so einer winzigen Kugel wurde so etwas Großes, wie er es heute auf der Weide gesehen hatte. Und so sollte es mit dem Reich Gottes also sein. Sollte das heißen, dass aus kleinem Anfang hier einst etwas unermesslich Großes werden sollte, dass der Samen schon gelegt war, in dem die Kraft für das Große schon steckte? Gleich morgen würde Benjamin noch einmal zu derselben Weide gehen und im Schatten des Senfbaums in Ruhe darüber nachdenken.

Gespräch

Im Anschluss an das Erzählen der Geschichte kann man sich mit älteren Kindern, die schon inhaltlich arbeiten mögen, mit den Fragen Benjamins beschäftigen. Dabei kann man sich auch der Frage nähern, was das Reich Gottes eigentlich ist, was man davon erwartet, wie man es sich erträumt.

Körperübung

Eine weitere Zugangsmöglichkeit zu dem Thema bietet eine Körperübung. Wer hat und mag, kann leise unaufgeregte Musik im Hintergrund laufen lassen, es geht aber auch ohne Musik. Ich skizziere im Folgenden einen ungefähren Ablauf; bei der Umsetzung muss jedoch auf die eigene Gruppe geachtet werden. Das Tempo wird variieren, gegebenenfalls müssen leichte Hilfestellungen oder weitere Erklärungen gegeben werden.

Wir machen uns ganz klein (alle bilden ein „Bänkchen", auf den untergeschlagenen Schienbeinen sitzend wird der Oberkörper auf die Oberschenkel gelegt).
Wir sind ein Samen, ein ganz kleiner Samen.
Wir sind in die Erde gelegt. Überall ist Erde um uns, über uns, unter uns, neben uns.
Plötzlich wird es warm – von oben dringt Wärme zu uns.
In uns erwacht das Leben, wir wollen zu der Wärme. Lasst eure Arme langsam nach oben wachsen, ganz langsam.
Über der Erde erwartet uns die Sonne. Sie scheint uns zu rufen und wir wachsen langsam weiter und werden kräftiger. Kommt vorsichtig mit eurem Oberkörper hoch und versucht, euch wie im Wind schaukelnd sanft zu bewegen.
Es regnet, und ihr spürt die Tropfen auf euch. Klopft sanft mit euren Fingern schnell auf euer Gesicht. Überall, so, als wären sie viele kleine Regentropfen.
Und wieder scheint die Sonne und ihr wollt höher hinaus. Richtet euch auf, bis ihr kniet und breitet die Arme aus. Bewegt sie nach vorn und nach hinten, um einmal zu spüren, wie breit der Kreis rings um euch ist.
Und noch einmal könnt ihr wachsen. Stellt euch richtig hin, auf eure beiden Füße.
Fest steht ihr auf dem Boden, wie ein Baum. Eure Füße sind die Wurzeln, die euch fest im Boden halten. Eure Arme sind die Zweige, die sanft im Wind schaukeln.
Und so ist das mit den Samen. Schon im kleinen Korn steckt die Kraft für die fertige Pflanze.

Kreative Vertiefung

Auf einem großen Bogen Packpapier kann ein gemeinsamer Baum gestaltet werden. Je nach Zeit und Möglichkeit kann man die Ausführung variieren. Am einfachsten wäre es, den Baum zu malen. Man könnte auch einen Stamm und Zweige vormalen und die Kinder Blätter ausschneiden und aufkleben lassen. Besonders schön und etwas aufwändiger ist es, wenn man die Umrisse vorgibt und mit Krepppapierkügelchen bekleben lässt: braun für den Stamm, grün für die Krone und eventuell einige gelbe ganz unten am Stamm als Zeichen für den kleinen Samen, aus dem der Baum entstand.

Claudia Glebe und Antje Gottwald

29. August 2010
13. Sonntag nach Trinitatis

Die kleinen Kinder

Markus 10,13–16

Lieder: Gib uns Ohren, die hören, KG 195, LJ 534, Amen 2, MKL2 38, LH 53; Wir sind die Kleinen in den Gemeinden, KG 77,LJ 428, Amen 66, LfK1 B37, MKL 105; Wir werden immer größer, KG 98; Alles muss klein beginnen, KG 46, LfK2 123, LJ 474, MKL 155, Amen 69

Liturgischer Text: Geborgen ist mein Leben in Gott, s. S. 208 oder Gebet (s. S. 208) mit Liedruf „Gib uns Ohren, die hören" (KG 195, LJ 534, Amen 2, MKL2 38, LH 53)

Zum Text

In der Geschichte von der Segnung der Kinder geht es um eine Stellungnahme zur Rolle des Kindes: Die Jünger werden aufgefordert, die Kinder zum Vorbild zu nehmen. Vorweg geht, dass vermutlich die Eltern Kinder zu Jesus bringen mit dem Wunsch, er solle sie berühren. Mit dem Berühren ist nicht der aus Heilungsgeschichten bekannte Gestus gemeint, sondern auf den durch Handauflegung gespendeten Segen angespielt. Die Berührung soll die Segenskraft auf die Kinder überströmen lassen. Ein in der damaligen Zeit bekanntes Bild: Eltern segneten ihre Kinder, ebenso der Rabbi. Umso irritierender ist die abweisende, fast empörte Reaktion der Jünger. Das geschilderte Gebaren der Jünger war herrschsüchtig und wenig liebevoll. Gegenüber Kindern konnte man sich das leisten, sie standen innerhalb der Rangordnung ziemlich weit unten. Jesus reagiert unwillig. So weist er das Festhalten der Jünger an Vorurteilen und Privilegien zurecht und sagt den Kindern vorbehaltlos das Reich Gottes zu. Wenn gerade den Kindern das Reich Gottes verheißen wird, wendet sich Jesus gegen das Verdienstdenken einer patriarchalisch orientierten Gesellschaft und erklärt die Fähigkeit des Kindes für bedeutsam, Gott vertrauensvoll Vater zu nennen und sich von ihm beschenken zu lassen. Wie schon im Senfkorngleichnis ist auch hier das Reich Gottes als eine präsentische Größe anzusehen. Das Reich Gottes ist schon Gegenwart! Ein Bild hierfür bildet die Abschlussszene, in der Jesus die Kinder in seine Arme nimmt und sie segnet.

Der Text und die Kinder (s. S. 206)

Gestaltungsvorschlag für jüngere und ältere Kinder

Beginn
Das am vergangenen Sonntag begonnene Bodenbild wird ergänzt (s. S. 207) und Psalmgebet (s. S. 208)

Figuren für die Erzählung herstellen
Für diesen Sonntag schlagen wir vor, dem Erzählen der Bibelgeschichte eine

Basteleinheit vorauszuschicken. Um die Geschichte mit Figuren erzählen zu können, basteln wir mit den Kindern einfache Papierfiguren in zwei Größen. Je nach Zeit schneidet man diese Figuren nur aus oder lässt sie noch anmalen. Mindestens benötigt man zwei Kinderfiguren und drei Erwachsenenfiguren, von denen eine Jesus darstellen soll. Diese Personenzahl kann beliebig erweitert werden; zum einen können mehr Kinder beteiligt sein, zum zweiten hatte Jesus zwölf Jünger und zum dritten bringen Mütter Kinder zu Jesus. Ganz einfach herzustellen sind solche Figuren, wenn man ein Blatt Papier (A5 für die Erwachsenen, A6 für die Kinder) quer in der Mitte faltet, die Figur einzeichnet und ausschneidet (siehe Zeichnung). Die Figuren können stehen.

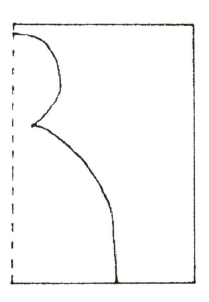

Für die Erzählung benötigt man außerdem Holzbausteine zum Errichten einer Mauer.

Falls gewünscht, kann man auch Bodentücher legen, ein grünes für den Olivengarten, ein braunes für den Marktplatz der kleinen Stadt.

Erzählung mit Figuren

Miriam (Kinderfigur aufstellen) lebte in einer kleinen Stadt in Israel. Sie war schon groß genug, um ihrer Mutter bei vielen Arbeiten helfen zu können, und darauf war sie stolz. Aber es war trotzdem schön, auch noch ein bisschen klein zu sein. Denn das hieß, dass sie auch noch Zeit hatte, sich mit ihren Freundinnen zu treffen und zu spielen. Auch heute war sie mit Rahel (zweite Kinderfigur einsetzen) und den anderen Kindern (falls vorhanden, die anderen Kinder einsetzen) wieder in den Olivengarten gegangen, um

„Bäumchen wechsle dich" und Ähnliches zu spielen. Von hier hatte man auch einen guten Blick auf die Stadt, denn die Olivenbäume standen etwas oberhalb am Hang.

Plötzlich sahen sie, wie eine Gruppe fremder Männer in ihre Stadt ging. (Jesus und seine Jünger auf den Marktplatz stellen.) Wie Händler sahen diese Männer nicht aus – die hätten sie ja auch gekannt, es kamen immer dieselben. Wer also waren diese Männer? Konnte es womöglich Jesus sein, von dem alle redeten? Der zog doch über Land, hielt hier und dort mal an und erzählte so spannende Geschichten von Gott. Na klar, jetzt gab es kein Halten mehr für die Kinder. Wenn schon mal etwas los war in ihrer kleinen Stadt, mussten sie einfach dabei sein. Also machten sie sich schleunigst auf den Heimweg. Wie überall war auch in ihrer Stadt der kleine Marktplatz der Treffpunkt, wann immer etwas los war. Ohne zu

Klein aber oho! Das Kleine kommt groß raus bei Jesus

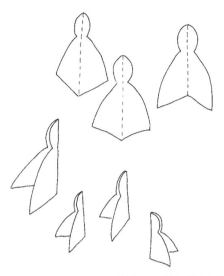

Zeichnung: Sabine Meinhold

zögern liefen die Kinder genau dorthin. (Kinderfiguren auf den Marktplatz stellen in einiger Entfernung zu den Erwachsenen.) Und tatsächlich – da standen die Männer, die sie hatten kommen sehen. Einer von ihnen redete und alle, die schon versammelt waren, hörten aufmerksam zu; das halbe Dorf war schon hier. Es schien spannend zu sein, was er erzählte. Das wollten die Kinder auch hören. Also versuchten sie, näher an diesen Mann heranzukommen. (Kinderfiguren etwas näher rücken.)

Inzwischen waren auch einige Mütter mit ihren kleinen Kindern angekommen (gegebenenfalls Erwachsene mit Kindern zu den Kindern stellen), denn auch sie hatten mitbekommen, dass Jesus in ihren Ort gekommen war. Nun waren sie gekommen, um ihn zu bitten, ihre Kinder zu segnen. Aber halt! – Es war kein Durchkommen. Die Freunde von Jesus ließen die Gruppe von Kindern und Müttern nicht durch! (Aus den Holzbausteinen wird eine Mauer gebaut zwischen den Erwachsenen auf der einen und den Kindern und Müttern auf der anderen Seite.) Frauen und Kinder hatten da nichts zu suchen, wo Männer wichtige Gespräche führten. Sie störten nur – das wusste jedermann. Es war, als hätten die Männer ein Schild „Zutritt verboten" aufgestellt. Traurig und verwirrt sahen sich Mirjam und ihre Freunde an. Nie durften sie dabei sein, wenn es richtig spannend wurde.

Aber plötzlich bekam Jesus mit, was gerade passiert war, und er wurde ärgerlich, richtig ärgerlich. Er schimpfte mit seinen Jüngern, die die Kinder wegschicken wollten, und sagte: „Lasst die Kinder zu mir kommen und wehrt sie nicht ab. Ihnen gehört das Reich Gottes. Und nur, wer selber so wird, wie Kinder sind, wird das Reich Gottes empfangen können." (Mauer einreißen.)

Und dann geschah das Ungeheuerliche: Jesus, der erwachsene Mann, kam zu ihnen, den Kindern. (Jesus zu den Kindern setzen.) Keiner der anderen Männer hätte das je getan. Jesus aber kam zu ihnen, legte jedem von ihnen die Hand auf und segnete sie.

Segenshandlung

Im Anschluss an die Erzählung stellen sich die Kinder des Kindergottesdienstes im Kreis auf. Jedem einzelnen Kind werden die Hände aufgelegt und der Segen wird persönlich zugesprochen (z. B. mit den Worten: „Jesus segne dich, er hat dich lieb").

Gespräch

Es können sich Überlegungen anschließen, was damit gemeint ist, dass die Erwachsenen wie die Kinder werden sollen, um das Reich Gottes zu erlangen. Der Vergleichspunkt sollte hier auf der kindlichen Fähigkeit liegen, Dinge einfach empfangen zu können und auf natürliche Weise für das Empfangene dankbar zu sein, ohne gleich darüber nachzudenken, was man dem anderen schuldet.

Kreative Vertiefung
Wenn mehr Zeit zur Verfügung steht, kann die ganze Szene für die Erzählung weiter gestaltet werden. So können mit der gleichen einfachen Technik zum Beispiel auch Bäume für den Olivengarten ausgeschnitten werden. Der gestalterischen Fantasie sind hier keine Grenzen gesetzt.

Claudia Glebe und Antje Gottwald

5. September 2010
14. Sonntag nach Trinitatis

Die kleine Gabe
Markus 12,41–44

Lieder: Gib uns Ohren, die hören, KG 195, LJ 534, Amen 2, MKL2 38, LH 53; Wir sind die Kleinen in den Gemeinden, KG 77, LJ 428, Amen 66, LfK1 B37, MKL 105; Wir werden immer größer, KG 98; Alles muss klein beginnen, KG 46, LfK2 123, LJ 474, MKL 155, Amen 69

Liturgischer Text: Geborgen ist mein Leben in Gott, s. S. 208 oder Gebet (s. S. 208) mit Liedruf „Gib uns Ohren, die hören", KG 195, LJ 534, Amen 2, MKL2 38, LH 53

Zum Text

Während sich Jesus der Schatzkammer gegenübersetzt, wirft die Menge Geld in den Opferkasten. Vermutlich war das Sitzen im heiligen Bezirk nicht statthaft. Evtl. nahm ein Priester die Gabe in Empfang und dabei gab der Opfernde ihre Größe bekannt, so dass ein Beobachter dies zu hören vermochte. Viele Reiche spenden viel, was mit Selbstgefälligkeit erfolgt sein mag. Die Witwe opfert zwei Lepta (Lepton = Scherflein), das ist die kleinste Kupfermünze, und gibt damit ihre bittere Armut preis. Da sie ein Lepton hätte zurückhalten können, soll wohl ihre Großmut gezeigt sein.

Jesus nutzt diese Begebenheit zur Jüngerbelehrung. Die Zahl der Armen wird damals größer gewesen sein als die Zahl der Reichen. Im Urteil Jesu übertraf die Witwe mit ihrer armseligen Gabe alle Reichen, da jene aus Überfluss spendeten, diese aus Mangel gab. Letztlich aber wertet die Liebe zu Gott, die sich in ihr ausdrückt, die Tat. Die Frau, die hier als Vorbild vor Augen geführt wird, war in zweifacher Hinsicht in der damaligen Gesellschaft sozial benachteiligt: als alleinstehende Frau und als Vertreterin des Armenstandes. Wirkungsgeschichtlich hatte diese Perikope (Bibelabschnitt) nur eine geringe Bedeutung. Meist wurde sie ermahnend ausgelegt.

Der Text und die Kinder (s. S 206)

Gestaltungsvorschlag für jüngere und ältere Kinder

Beginn
Das an den beiden vorhergehenden Sonntagen begonnene Bodenbild wird ergänzt (s. S. 207) und Psalmgebet (s. S. 208)

Vorbereitung der Erzählung
Braune Tücher für den Weg zum Tempel, Bauklötze für den Tempel, eine „Schatztruhe" für das Opfergeld. Als Figuren lassen sich gut Playmobilfiguren verwenden.

Erzählung mit Figuren
Es ist ein heißer Tag in Jerusalem. Die Sonne sticht schon früh vom Himmel. Viele Menschen sind unterwegs. Sie wollen zum Tempel, um zu beten und ihr Opfer darzubringen. Sie geben den Priestern von ihrem Geld. Das ist ihnen wichtig. Wer reich ist, gibt mehr. Wer arm ist, weniger. Und das wird dann auch laut gesagt. Mit ihrer Gabe wollen die Menschen Gott danken. (Evtl. kurzes Gespräch: Wie danken wir Gott?) Und es gibt so vieles, für das zu danken ist: das tägliche Brot, die guten Freunde, das schützende Dach über dem Kopf ... Mit ihren Gaben wollen sie Gemeinschaft mit Gott haben. Es ist so wichtig, sich immer wieder zu vergewissern: Ich bin nicht allein und lebe nicht aus eigener Kraft. Mit ihrer Gabe wollen sie aber auch um Gottes Hilfe bitten. Und es gibt so vieles, um das man bitten kann: Gesundheit, Arbeit, Gerechtigkeit, Freiheit ... (Evtl. kurzes Gespräch: Für was danken wir Gott, um was bitten wir ihn?) Der Tempel ist für die Menschen in Jerusalem ein wichtiger Ort – wie für uns die Kirche. Dort ist Gott ihnen ganz nahe. So haben sie es von klein auf gelernt.

(Nun kommt Jesus in die Szene, setzt sich gegenüber von der Schatztruhe) Jesus und seine Jünger sind nun schon seit einiger Zeit in der Stadt Jerusalem. Heute will Jesus in den Tempel gehen. Er will heute nicht in den Tempel, um zu beten. Er will heute nicht in den Tempel um Gott nahe zu sein. Heute will Jesus in den Tempel, um bei den Menschen zu sein und um zu sehen, was sie machen. Er möchte wissen, wie die Menschen mit Gott in Kontakt kommen und warum sie Opfergeld bezahlen. Und so setzt er sich dem Opferkasten gegenüber. Dort hat er einen guten Blick auf die Priester und die Opfernden.

Viele Menschen kommen in den Tempel. Jesus sieht interessiert dem Geschehen zu (die Kinder können die Szene nachspielen). Plötzlich weckt eine Frau seine Aufmerksamkeit. Sie ist nicht schön. Sie ist nicht reich. Sie ist eine Witwe. Ihr Gang ist gebeugt. Ihre Kleider sind alt und abgetragen. Ihre Hände sprechen von harter Arbeit. Arm sieht sie aus, bitterarm. Und Jesus sieht, wie sie das Geld in den Opferkasten gibt. Und er hört: zwei Lepta. So wenig! So viel! Ihm stockt der Atem. Er hat genug gesehen. Jesus ruft seine Freunde (die Kinder können nun Jüngerfiguren zu Jesus setzen) und macht sie auf die Frau aufmerksam. Und Jesus sagt zu ihnen: „Diese arme Witwe hat mehr in den Gotteskasten gelegt, als alle anderen, die vor ihr da waren. Denn die

5. September 2010

Reichen haben etwas von ihrem Überfluss gegeben; diese Frau aber hat von ihrer Armut ihre ganze Habe eingelegt, alles, was sie zum Leben hatte."

Die Kinder ins Gespräch ziehen
„Wir können die Figuren noch einmal sprechen lassen. Ihr könnt ihnen eine Stimme geben." Zur Orientierung die einzelnen Figuren noch einmal benennen und ein Beispiel geben, z.B. den Priester hochhalten: „Ich bin Priester am Tempel und nehme die Opfergabe in Empfang. Natürlich ist jede Gabe willkommen – aber es ist schon sehr unterschiedlich, wie viel jedem sein Glaube wert ist." Ein Reicher: „Ich verdiene gut und möchte von meinem Reichtum Gott etwas zurückgeben. Aber mir ist wichtig, dass das alle mitbekommen! Darum sage ich die Höhe des Betrages sehr laut. Die anderen sollen wissen, wie großzügig ich bin." Witwe: „Ich möchte Gott danken für mein Leben. Für alles Gute, das er mir hat zuteilwerden lassen ..." Ein Jünger: „Ich verstehe das nicht. Die anderen haben doch viel mehr gegeben. Die sind doch viel wichtiger!" Jesus: „Klein, aber oho! Entscheidend ist nicht, wie viel du gibst. Entscheidend ist, was du gibst und was daraus wird."

Kreative Zugänge

Aktion für jüngere Kinder: **Gegenstände wiegen** (Feder, Bleistift, Nuss ...), das Gewicht schätzen: Wertvolles ist nicht immer schwer (wärmende Feder/Federbett; Backpulver lässt Kuchen hochgehen; Nagel hält einen Dachstuhl; Schraube lässt eine Maschine funktionieren ...).

Bauen eines Fernrohres: Das in der Ferne gesehene Kleine wird beim Näherholen durch das Fernrohr/Teleskop groß. So auch die zwei Lepta der Frau (Wahrnehmung und Wertschätzung).

Tauschaktion für ältere Kinder: Kleinigkeiten ganz groß. Die Gruppe (evtl. in Teams aufgeteilt) erhält einen kleinen Gegenstand (1 Cent, Knopf, Bonbon, Büroklammer ...) Dieser Gegenstand soll innerhalb eines vorher festgelegten Zeitraums und eines abgegrenzten Wohnbezirks gegen einen größeren Gegenstand (Ei, Teelicht, Kartoffel, Tischtennisball, Luftballon ...) eingetauscht werden. Da die Gegenstände wirklich getauscht und nicht verliehen werden, ist einiges an Einfallsreichtum gefragt.

Bauen von Papierblumen, um das Bodenbild zu vervollständigen. (Anleitungen finden sich in Bastelbüchern, z.B. „Origami" von Margit Bogner, Weltbild Buchverlag 2006 oder www.kikisweb.de, Stichwort: Wellpappeblumen).

Liturgischer Abschluss
Die Papierblumen (oder vorhandene Stoffblumen oder echte Blüten) werden mit Teelichtern bestückt und an den äußersten Rand des zu Beginn entstandenen Bodenbildes gestellt. Zusammenfassung: Wie aus kleinem Samen eine große Pflanze wird, wie ein kleines Licht einen dunklen Raum erhellen kann und Hoffnung schenkt, so ist es mit dem Kleinen bei Jesus. Es kommt groß raus.

Segen

Claudia Glebe und Antje Gottwald

Die farbenfrohe Schöpfung

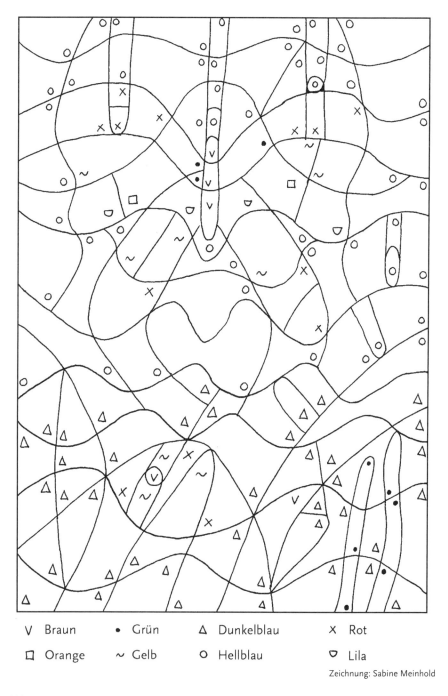

V Braun • Grün △ Dunkelblau ✕ Rot
◻ Orange ~ Gelb ○ Hellblau ▽ Lila

Zeichnung: Sabine Meinhold

Lieder: Du hast uns deine Welt geschenkt, LJ 502, EG regional, LfK1 C8, LZU 14, LB 355; Laudato si, EG 515, MKL 58, KG 170, LJ 307, LfK2 124, LB 146

Liturgischer Text: Psalm 104 (Übertragung s. S. 222)

XII
Die farbenfrohe Schöpfung

Sonntag	Text/Thema	Art des Gottesdienstes Methoden und Mittel
12.9.2010 15. Sonntag nach Trinitatis	Und Gott schuf das Licht (gelb) 1. Mose 1,1–5.14–19	Gottesdienst mit Kindern; Gespräch, Erzählung, Kirchenfenster aus gelbem Tonkarton gestalten mit Röllchen aus Knete, Orff-Instrumente
19.9.2010 16. Sonntag nach Trinitatis	Gott schuf Himmel und Wasser (blau) 1. Mose 1,6–10	Gottesdienst mit Kindern; Atemübung, Gespräch, blaues Tuch, Fotos zu „Wasser", Erzählung, kleine Geschichte für 6 Vorleser, Kirchenfenster aus blauem Tonkarton mit Buntpapier gestalten, Klebestifte
26.9.2010 17. Sonntag nach Trinitatis	Gott schuf das Leben (rot) 1. Mose 1,20–27	Gottesdienst mit Kindern; Gespräch, Bilder von Tieren und Menschen ausschneiden oder malen, Erzählung, Bilder auf Kirchenfenster aus rotem Tonkarton aufkleben
3.10.2010 18. Sonntag nach Trinitatis/ Erntedankfest	Und siehe – es war gut (bunt) 1. Mose 1,28–2,4a	Gottesdienst mit Kindern und Erwachsenen; Leine zum Aufhängen der Bilder, 3 gestaltete Kirchenfenster, Gespräch, 4. Kirchenfenster aus weißem Tonkarton, Früchte und Blüten beschriften, Stifte, Früchte aufkleben, Blüten zum Mitnehmen

Monatlicher Kindergottesdienst im September
Die farbenfrohe Schöpfung Gottes, 1. Mose 1,28–2,4a   S. 237

Gestaltungsvorschlag für alle vier Gottesdienste

Abschluss und Ziel dieser Einheit ist das Erntedankfest. Darum sollen die Gestaltungsideen der vorangehenden Gottesdienste auch den Erntedank-Familiengottesdienst bereichern. Um der farbenfrohen Schöpfung Ausdruck zu geben, soll zu jedem Thema der drei Sonntage ein „Kirchenfenster" gestaltet werden (siehe Abbildungen). Diese „Kirchenfenster" spielen bei der Verkündigung im Erntedankgottesdienst eine wichtige Rolle. So wirken die Kinder aktiv bei der Ausgestaltung des Gottesdienstes mit. Das vierte Fenster entsteht im Familiengottesdienst. Hinweise für die Gestaltung sind unter den einzelnen Sonntagen zu finden.

Wenn nur der vierte Gottesdienst gefeiert wird, müssten die ersten drei Bilder selbst vorbereitet werden (oder z.B. vom Kindergarten vorbereiten lassen). Es reicht evtl. auch ein gelber Tonkarton in der Form eines Kirchenfensters für den 1. Sonntag, ein blauer und roter für den 2. und 3. Sonntag. Die für den Familiengottesdienst vorgeschlagenen Lieder können in den vorangehenden Kindergottesdiensten eingeübt werden.

Brunhilde Börner

---

12. September 2010
15. Sonntag nach Trinitatis

Und Gott schuf das Licht (gelb)
1. Mose 1,1–5.14–19

Lieder: Morgenlicht leuchtet, EG 455, KG 3; Alles kommt von dir, KG 135; Wir pflügen und wir streuen, EG 508, LJ 300, MKL 62; Weißt du, wieviel Sternlein stehen, EG 511, KG 19, LJ 305; Guten Morgen, schöner Tag, KG 2; Wenn die Sonne ihre Strahlen, KG 4, MKL2 115

Liturgischer Text: Psalm 104 (Übertragung s. S. 222)

Zum Thema

Gott, „du lässt es Tag werden aus der Nacht, du führst die Sonne empor und erweckst uns am Morgen; du gibst unserer Seele neue Kraft." So heißt es in einem Morgengebet. Jeden Morgen wiederholt sich etwas von der ersten Schöpfung Gottes. Wir empfangen neu das Geschenk des Lebens.

Die biblische Schöpfungsgeschichte ist nicht nur ein Blick in die Vergangenheit, sondern sie hat Bedeutung für mein Leben heute. Sie will kein naturwissenschaftlicher Bericht von der Entstehung der Welt sein. Sie gibt Antwort auf die Fragen nach dem „Woher" und „Wozu", auf die Fragen nach dem Sinn des Lebens, die wir von der Kindheit bis ins hohe Alter stellen. Die Priester, die diese Geschichte erzählten, wollten damit dem Volk Israel konkrete Antwort und Lebenshilfe geben. Zur Zeit ihrer Entstehung befanden sich die Israeliten in babylonischer Gefangenschaft (587–538 v. Chr.). Sie waren nach

Babylon verschleppt worden. Ihre Stadt Jerusalem lag in Schutt und Asche. Die Babylonier hatten sie besiegt. In Babylon glaubten die Menschen an den Gott Marduk und an die Schicksalsmacht der Sterne. Den besiegten Israeliten stellte sich die Frage: Sollten sie recht haben?

Das Schöpfungszeugnis der Priester sagt: Nein! Sonne, Mond und Sterne sind keine Götter. Unser Leben hängt nicht von ihnen ab. Sie sind nur Lichter. Gott hat sie durch sein Wort geschaffen und wie Lampen am Himmel aufgehängt. (V. 14–18) Und nicht Marduk ist der Herr der Welt, sondern der Gott Israels ist es, der sein Volk aus Ägypten geführt und errettet hat. Er wird uns auch jetzt helfen und in eine neue Zukunft führen. Er ist der Schöpfer des Himmels und der Erde, wie wir es bis heute im apostolischen Glaubensbekenntnis aussprechen. Er hat das Licht in die Welt gebracht, auf dem alles Leben beruht.

So ist das Bekenntnis 1. Mose 1 ein wunderbares Lied der Hoffnung für die Israeliten und für uns.

Das Thema und die Kinder

Kinder lieben das Licht. Sie malen häufig in ihren Zeichnungen die lachende Sonne. Auf die Frage, wer die Sonne gemacht hat, würden die Jüngeren ganz selbstverständlich antworten: Gott. Die älteren, nicht christlich geprägten Kinder würden vermutlich für Gott „die Natur" einsetzen.

In diesem und den folgenden Gottesdiensten lernen die Kinder das biblische Bekenntnis zu Gott dem Schöpfer der Welt kennen. Sie erfahren, dass sie dieses Bekenntnis auf verschiedene Weise selbst mit gestalten können und dass es für sie Grund zum Staunen, zur Freude und zum Lob Gottes sein kann. Daraus erwächst Verantwortungsbewusstsein für den Umgang mit der Schöpfung.

Bei dem Beschreiben der Welt nehmen die Priester Vorstellungen ihrer Zeit und Umwelt auf: Die Erde wird als Scheibe und Mittelpunkt der Welt gedacht, rundum vom Urmeer umgeben. Darüber wölbt sich der Himmel (Feste) wie eine „Käseglocke" zur Abschirmung der Erde gegen die Wasser der Urflut. Heute wissen die Kinder schon in der ersten Klasse, dass die Erde eine Kugel ist. Sie ist für uns auch nicht mehr Mittelpunkt des Universums, sondern ein winzig kleiner Bestandteil von vielen Sonnensystemen. Und doch hat die Beschreibung der Welt im ersten Schöpfungsbericht für Kinder und Erwachsene etwas Einleuchtendes, das unserem Verstand durchaus entspricht. Die Welt wird hier so beschrieben, wie wir sie von der Erde her sehen und wahrnehmen. Wir sprechen vom Aufgang der Sonne, sehen sie emporsteigen am Himmel, von Osten nach Westen wandern und abends am Horizont (Glocke) untergehen. Wir können den Kindern vermitteln, dass die Welt aus verschiedenen Blickwinkeln wahrgenommen werden kann und dass Schöpfungsglaube und naturwissenschaftliches Denken sich nicht ausschließen, sondern ergänzen.

Gestaltungsvorschlag für jüngere und ältere Kinder

Vorbereitung

Die Stühle werden im großen Halbkreis um den Altar gestellt. Für die bildneri-

Die farbenfrohe Schöpfung

sche Gestaltung sollte ein entsprechend großer Tisch im Raum bereitstehen.
Raum zunächst verdunkeln, wo es ohne Probleme möglich ist,
Kirchenfenster aus gelbem Tonkarton geschnitten (A2 oder A1, je nach Gruppengröße evtl. auch zwei Fenster vorbereiten), zur Hälfte mit schwarzem Tonkarton überkleben (Tag und Nacht, s. Abbildung)
Knete, vor allem in den Farben gelb, orange, weiß,
Orff-Instrumente

Begrüßung und Beginn
Zunächst werden die Kinder in den verdunkelten Raum geführt und wundern sich: Hier ist es ja finster! Da kann man gar nichts sehen! Wir können uns nicht erkennen. Das ist nicht schön.
Mitarbeiter/in: Das finde ich auch. Wir sollten das Licht des Tages hereinlassen. Helft ihr mir dabei? Kinder und Mitarbeiter/in ziehen die Gardinen auf und die Rollos hoch. Jetzt ist es schön bei uns. Wir zünden auch noch die Kerze an.
  Guten Morgen, herzlich willkommen! Jeden Morgen wird es hell. Die Dunkelheit weicht. Die Sonne geht auf. Ein neuer Tag beginnt. Jeder Morgen erinnert ein bisschen an den ersten Morgen der Welt, als Gott Himmel und Erde gemacht hat. Davon möchte ich euch heute erzählen.
  Wir feiern den Gottesdienst im Namen Gottes, des Vaters und des Sohnes und des Heiligen Geistes. Amen

Lied: Morgenlicht leuchtet, Str. 1

Eingangsgebet
Lieber Gott, die Sonne ist aufgegangen. Sie macht es hell und warm. Danke für die Sonne. Danke, dass wir gesund aufstehen konnten und jetzt miteinander Gottesdienst feiern können. Sei du bei uns. Das bitten wir durch Jesus Christus. Amen

Psalm (nach Psalm 104; im Wechsel)
Ich freue mich über dich, Gott.
Ich will dir Lieder singen. Ich will dir danken.
Wie schön hast du alles gemacht:
den blauen Himmel und die Wolken über uns,
die Erde mit hohen Bergen und tiefen Tälern, mit Flüssen und Seen,
viele verschiedene Pflanzen und Tiere und uns Menschen.
Du lässt die Sonne scheinen und lässt es regnen.
Du schenkst uns den Tag zur Arbeit und die Nacht zum Ausruhen.
Du machst Tiere und Menschen satt und fröhlich.
Du bist bei uns, wenn wir traurig sind.
Ich will dich loben.
Ich danke dir, mein Gott.

Lied: Morgenlicht leuchtet, Str. 2 u. 3

Glaubensbekenntnis nach KG S. 331

Einstieg
Der dunkle Raum vorhin hat euch nicht so richtig gefallen. Wie ist es, wenn es dunkel ist? Wie fühlt ihr euch da? Und wie ist es, wenn es hell ist? Die Kinder erzählen von ihren Erlebnissen und Erfahrungen mit Dunkelheit und Licht.

Erzählung (symbolisch mit aufgeschlagener Bibel)
Am ersten Morgen der Welt, ganz am Anfang war es auch dunkel. Die Erde war wüst und leer. Nichts war da, kein

12. September 2010

Baum, keine Strauch, keine Blume, kein Tier und kein Mensch. Es war finster und öde.
    Aber Gott war da. Und Gott sprach: Es werde Licht! Und es wurde Licht. Ganz hell wurde es. Und Gott sah, dass das Licht gut war. Da trennte Gott das Licht von der Dunkelheit. Er nannte das Licht Tag und die Dunkelheit nannte er Nacht. Es wurde Abend und Morgen: der erste Tag.
    Und Gott sprach: Es sollen Lichter am Himmel werden. Sie sollen Tag und Nacht unterscheiden und Zeiten, Tage und Jahre angeben. Und es wurde so. Und Gott machte zwei große Lichter: Die Sonne für den Tag und den Mond für die Nacht, dazu auch die Sterne. Sie sollten scheinen auf die Erde. Und Gott sah, dass es gut war.
Es wurde Abend und Morgen, der vierte Tag.

Kreative Gestaltung

Bei zahlenmäßig großen Gruppen könnten dazu Wahlgruppen gebildet

Die farbenfrohe Schöpfung

werden. Ist die Gruppe nicht so groß und genügend Zeit vorhanden, könnten beide Vorschläge nacheinander durchgeführt werden.

Musikalische Gestaltung
Die Kinder gestalten die Erzählung mit Orffinstrumenten.
„Dunkel, wüst und leer ..." wird mit tiefen und dumpf klingenden Instrumenten verdeutlicht, evtl. auch mit tiefen Tönen auf dem Xylophon oder der Blockflöte.
„Und Gott sprach ..." könnte mit einem Triangel dargestellt werden.
„Und es wurde Licht" mit allen vorhandenen hell klingenden Instrumenten. (mehrfach wiederholen)

Bildnerische Gestaltung
Die Kinder gestalten zur Erzählung das erste Kirchenfenster (s. S. 223) und stellen darauf mit Röllchentechnik (Knete) Tag und Nacht mit Sonne, Mond und Sternen dar (siehe Abbildung).

Dank
Lieber Gott, du hast den Tag und die Nacht gemacht, Licht und Dunkel. Die Sonne strahlt am Tag und macht die Welt hell und bunt. Der Mond scheint in der Nacht und die Sterne funkeln. Du bist bei uns bei Tag und bei Nacht. Danke lieber Gott!
Vaterunser

Lied: Alles kommt von dir *oder* Alle gute Gabe (Kehrvers von: Wir pflügen und wir streuen)

Segen
Es segne uns Gott der Vater. Er hat Himmel und Erde gemacht.
Es segne uns Jesus Christus. Er will unser Freund sein.
Es segne uns der Heilige Geist. Er gibt uns Kraft und Mut.

Brunhilde Börner

19. September 2010
16. Sonntag nach Trinitatis

Und Gott schuf Himmel und Wasser (blau)
1. Mose 1,6–10

Zum Thema

„Glück ist: beide Hände ins Wasser zu tauchen" – sagt ein afrikanisches Sprichwort. Für einen Großteil der Afrikaner ist das noch Glück, was

Lieder: Wir atmen ein, wir atmen aus, GoKi 2004, Das neue Spielbuch Religion 23; Seht das große Sonnenlicht, KG 141 (EG 504, Str. 2); Himmels Au, licht und blau, EG 507, LJ 299; s. auch die Liedvorschläge zum ersten Sonntag (S. 220)

Liturgischer Text: Psalm 104 (Übertragung s. S. 222)

wir als selbstverständlich hinnehmen: Wir drehen den Wasserhahn auf, aus dem kaltes und warmes Wasser kommt, duschen ausgiebig und besprengen bei Trockenheit den Rasen.

Das Loblied von der Schöpfung erinnert uns daran, dass wir nicht selbst geschaffen haben, was wir zum Leben brauchen. Luft zum Atmen und das lebenswichtige Wasser sind Gottes Gaben. Gott setzt durch sein schöpferisches Wort dem Chaosmeer eine Grenze („Feste", s. „Das Thema und die Kinder", S. 221), bändigt es und schafft damit den Lebensraum für Tiere und Menschen. Dieser Lebensraum ist immer wieder gefährdet, damals und heute. Die Schöpfungsgeschichte drückt das im Bild von den chaotischen Wassermassen aus, die die Erde bedrohen.

Mir stehen Bilder aus den Nachrichten vor Augen: Meer und Küstenstreifen sind durch einen Ölteppich verseucht. Fische, Vögel und andere Tiere liegen massenweise tot am Strand. Und das nur, weil chaotische Geldgier daran hindert, nur sichere Tanker auf die Meere zu lassen. Wie lange wird das noch so weitergehen? Wir Menschen selbst gefährden erheblich den Lebensraum, den Gott uns anvertraut hat.

Das Glaubensbekenntnis, 1. Mose 1, bezeugt: Gott ist Herr über die chaotische Macht. (Psalm 104,7-9; Jeremia 5,22; Hiob 7,12) „Du herrschest über das ungestüme Meer, du stillst seine Wellen, wenn sie sich erheben", heißt es in Psalm 89,10. Das gibt Hoffnung. Im Vertrauen auf den Herrn über alle Leben zerstörenden Mächte können wir Angst bewältigen und mutig in die Zukunft sehen. Dies Vertrauen lässt uns dankbar sein für Gottes Gaben, für die Luft zum Atmen und das Wasser. Es setzt uns in Bewegung für die Bewahrung der Schöpfung zu beten und zu arbeiten.

Das Thema und die Kinder

„Es regnet, Gott segnet! Die Erde wird nass. Es wachsen die Blumen, und grün wird das Gras." In diesem alten Kinderlied ist die Welt noch in Ordnung und es drückt aus, dass der Regen ein Geschenk Gottes ist. Die Kinder heute wissen, dass es auch sauren Regen gibt, der Wälder sterben lässt. Sie haben vielleicht schon an einem stinkenden Wasser gestanden, auf dem an der Oberfläche weißer giftiger Schaum schwamm. Heimtückische Fabrikabwässer fließen ins Meer. Die Fische sterben. Bei aller Freude über die Schöpfung darf das nicht außer Acht gelassen werden, um nicht eine wirklichkeitsferne heile Welt vortäuschen zu wollen.

So will der Gottesdienst anregen zum Staunen und Loben über die alltäglich so selbstverständlich hingenommenen Gaben der Luft und des Wassers. Er will sensibel dafür machen, sorgfältig mit diesen Gaben umzugehen.

Gestaltungsvorschlag für jüngere und ältere Kinder

Vorbereitung

blaues Tuch,
Fotos, worauf Wasser in den verschiedensten Formen und Zusammenhängen dargestellt ist (Meer, Fluss, Bach, Quelle, Brunnen, Nebel, Regen, Tau, Trinkflasche, Tränen, Taufszene usw.)
Kirchenfenster aus blauem Tonkarton geschnitten (A2 oder A1, je nach Gruppengröße, evtl. auch zwei Fenster vorbereiten, s. Abbildung)
große Bögen hellblaues, dunkelblaues und weißes Buntpapier, kann gerollt sein
Klebestifte

Die farbenfrohe Schöpfung

Begrüßung und Beginn
(Ein Kind darf die Kerze anzünden, bzw. in die Mitte des Kreises/Halbkreises stellen.)
Guten Morgen, herzlich willkommen! Ihr seht das Kirchenfenster. Ihr habt es letzten Sonntag so schön gestaltet. Woran erinnert es? Heute wollen wir wieder etwas von Gottes Schöpfung besonders ansehen. Ihr werdet bald merken, worum es heute geht.

Wir feiern den Gottesdienst im Namen Gottes, des Vaters und des Sohnes und des Heiligen Geistes. Amen

Lied: Guten Morgen, schöner Tag

Eingangsgebet
Lieber Gott, danke, dass wir gut schlafen konnten und gesund aufstehen. Das Wasser hat uns frisch gemacht. Das Frühstück hat geschmeckt. Hilf uns jetzt auf dein Wort und aufeinander zu hören. Das bitten wir durch Jesus Christus. Amen.

Psalm 104 (Übertragung s. S. 222, im Wechsel gesprochen)

Kleine Atemübung
Fenster öffnen, die Kinder mehrmals tief ein und ausatmen lassen.

Lied: Wir atmen ein, wir atmen aus (Str. 1–3)
Mit der rechten Hand zeigen wir beim Singen die Größe von „Mensch, Hund und Maus" an.

Glaubensbekenntnis nach KG, S. 331

Einstieg
Frische Luft brauchen wir zum Atmen. Ohne zu atmen, können wir nicht leben. Und wir brauchen auch reines Wasser (das Wasser wird mit dem blauen Tuch in der Mitte symbolisiert). Überlegt, wozu ihr heute Morgen schon Wasser gebraucht habt! (Die Kinder erzählen, danach werden die Fotos zunächst auf dem Tisch ausgelegt.) Sucht euch ein Foto aus und setzt euch wieder auf euren Platz. (Einer nach dem anderen kann zu seinem Foto etwas erzählen und sagen, weshalb das Wasser nötig ist. Dann legt er es in die Mitte auf das blaue Tuch.)

Erzählung (mit aufgeschlagener Bibel)
Gott schuf das weite blaue Himmelszelt und die Wolken, aus denen es regnet. Und Gott sprach: Das Wasser soll zusammenfließen an besondere Orte, damit das trockene Land sichtbar wird. Und es wurde so. Und Gott nannte das Land Erde. Und das Wasser nannte er Meer. Und Gott sah, dass es gut war.

Lied: Himmels Au, licht und blau, Str. 1 u. 5

Kleine Geschichte (zum Lesen für 6 Kinder)
Dazu habe ich mir eine kleine Geschichte ausgedacht. Die Sonnenblume, der Birnbaum, die Katze, die Mutter, der kleine Junge und die Birke kommen darin vor. Ich brauche also sechs Kinder, die das jeweils lesen. Die Regenwolke ließ ihre vielen kleinen Tropfen zur Erde fallen:
„Oh, wie schön!" – sagte die **Sonnenblume**. „Es war lange schon trocken. Meine Blätter hängen ganz schlaff herab." – Und die Wurzeln der Sonnenblume sogen das Wasser auf und sie konnte ihren Kopf wieder erheben und ihre Blätter richteten sich auf.
„Wie gut der Regen tut!" – sagte der **Birnbaum**. „Nun werden meine Birnen schön saftig werden."

19. September 2010

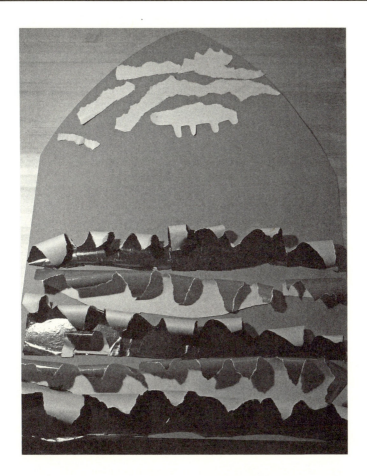

„Schöner Regen!" – sagte die **Katze** und leckte genüsslich das Wasser aus der Pfütze.
„Der Regen ist wie Musik!" – sagte die **Mutter**, als die Regentropfen sacht auf das Dachfenster trommelten. Und sie goss den Kaffee ein.
„Das macht Spaß!" – sagte der kleine **Junge** und stapfte mit seinen Gummistiefeln durch die Pfützen, dass es nur so spritzte.
„Heute tut der Regen weh! – Woher das bloß kommt?" – fragte die schöne große Birke.

Kurzes Gespräch
Könnt ihr die Frage der Birke beantworten? Warum tut ihr der Regen weh? Die Kinder erzählen, was sie von der Umweltverschmutzung wissen. Der/die Mitarbeiter/in fasst zusammen: Manche Schornsteine von Fabriken rauchen sehr und lassen giftige Dämpfe in die Luft, die kommen dann im Regen wieder herunter und tun den Pflanzen und Bäumen weh. Große schelle Autos stinken auch und machen die Luft schlecht.

Lied: Wir atmen ein (Str. 4–5)

Die farbenfrohe Schöpfung

Bildnerische Gestaltung
Die Kinder gestalten das zweite Kirchenfenster (s. oben) und stellen darauf mit Papierreiß- und Klebetechnik Himmel und Wasser dar. Der weiße Rand, der durch das Reißen entsteht, wirkt wie Schaum auf den Wellen.

Dank und Bitte
Lieber Gott, wir danken dir für die Luft und das Wasser. Du hast das salzige Wasser im Meer gemacht – es macht Spaß darin zu baden – und das süße Wasser zum Trinken, wenn wir durstig sind.
Manchmal haben wir Angst, wenn wir hören, wie viel Gift in die Luft und in das Wasser kommt, weil Menschen immer mehr haben wollen: Große schnelle Autos und viele andere Sachen.
Lieber Gott, hilf, dass wir Menschen Luft und Wasser nicht vergeuden und verderben, sondern sorgfältig damit umgehen. Vaterunser

Lied: Alles kommt von dir oder Alle gute Gabe

Segen
Es segne uns Gott der Vater. Er hat Himmel und Erde gemacht.
Es segne uns Jesus Christus. Er will unser Freund sein.
Es segne uns der Heilige Geist. Er gibt uns Kraft und Mut, Gottes Schöpfung zu bewahren.

Brunhilde Börner

---

26. September 2010
17. Sonntag nach Trinitatis

Gott schuf das Leben (rot)
1. Mose 1,20–27

Lieder: Kein Tierlein ist auf Erden, EG 509, KG 19; Meinem Gott gehört die Welt, EG 408, KG 152; s. auch die Liedvorschläge zu den ersten beiden Sonntagen

Liturgischer Text: Psalm 104 (Übertragung s. S. 222)

Zum Thema

„Und Gott sprach: Es wimmle das Wasser von lebendigem Getier" – Bei einem Schnorchelerlebnis über einem Korallenriff und in Fernsehsendungen konnte ich sehen, welche Artenvielfalt von Fischen und anderen Tieren im Wasser wimmelt. Es war begeisternd, so viel Schönheit und Farbenpracht da zu sehen, wo sie normalerweise unseren Augen verborgen sind.

Gott erschafft die Welt, Tiere und Menschen, aus der Kraft seines Wortes. Er spricht und was er sagt, beginnt zu leben. Die Tierwelt wird von Gott in Arten erschaffen, gegliedert nach ihrem Lebensraum: Wasser, Luft, Erde. Sie wird von Gott gesegnet, das heißt mit Lebenskraft zur Fruchtbarkeit und Vermehrung begabt.

Der Mensch, am 6. Tag wie die Landtiere erschaffen, ist zugleich herausgehoben aus aller Kreatur. Seine Würde erhält er allein von Gott, nicht aus sich selbst. Sie besteht darin, „zum Bilde Gottes" geschaffen zu sein. Gott hat ihn zu seinem Gegenüber gemacht, mit dem er reden und Gemeinschaft haben will. Diese von Gott verliehene Würde ist unverlierbar und unabhängig von allen Besonderheiten des Menschen. Wer ich auch bin: Frau oder Mann, krank oder gesund, begabt oder unbegabt. Diese Würde begründet das Selbstwertgefühl ebenso wie die Achtung und Annahme des Mitmenschen. Nach Gottes Willen ist der Mensch nicht einsam geschaffen, sondern auf das Du des anderen Geschlechtes bezogen. Als Ebenbild Gottes soll er im Sinne Gottes über die Tiere herrschen, Leben schützen, bewahren und weitergeben. Er soll ein Bild der Liebe Gottes in der Welt sein. Wie Gott das gemeint hat, ist an dem zweiten Adam, Jesus Christus, zu erkennen. Er erfüllt die hohe Bestimmung vollkommen. Er ist das Ebenbild Gottes (2. Korinther 4,4).

Das Thema und die Kinder

Kinder entdecken gern, was im Wasser oder auf der Erde lebt. Sie haben eine besondere Beziehung zu Tieren, selbst wenn sie in einer Stadt wohnen. Sie freuen sich, wenn sie einen Hamster, ein Meerschweinchen, eine Katze oder einen Hund als Haustier haben können. Sie wissen, dass nicht alles gut ist in unserer Welt. Sie leiden sehr, wenn die Katze überfahren wurde oder ihr Hamster stirbt. Andererseits lässt sie Neugierde oder das Vorbild anderer auch manchmal Tiere quälen.

Die Kinder hören in dem Gottesdienst, dass Gott die Tiere und die Menschen erschaffen hat. Gott hat den Tieren das gleiche Recht gegeben wie den Menschen. Die Erde gehört auch ihnen und sie werden mit dem Segen der Fruchtbarkeit und Mehrung gesegnet wie die Menschen. Um Gottes Segen und seinen Auftrag für die Menschen geht es erst im vierten Gottesdienst. In diesem Textabschnitt wird betont, dass Gott den Menschen zu seinem Gegenüber geschaffen hat, um mit ihm Gemeinschaft zu haben.

Die Erzählweise bleibt wieder bewusst nah am Bibeltext, um die schöne dichterische Sprache und hintergründige Tiefe des Textes nicht aufzulösen.

Gestaltungsvorschlag für jüngere und ältere Kinder

Vorbereitung

Postkarten, Kalender- oder Zeitungsbilder, worauf Tiere und Menschen abgebildet sind und/oder Zeichenblock und Stifte zum Zeichnen von Tieren und Menschen

Kirchenfenster aus rotem Tonkarton geschnitten (A2 oder A1, je nach Gruppengröße, evtl. auch zwei Fenster vorbereiten, s. Abbildung)

Scheren und Klebestifte

Begrüßung und Beginn

(Ein Kind darf die Kerze anzünden, bzw. in die Mitte stellen.)

Die farbenfrohe Schöpfung

Guten Morgen, herzlich willkommen! Die Bibel beginnt mit den Worten „Am Anfang schuf Gott Himmel und Erde." Sie meint damit „damals, heute und morgen". Immer neu schenkt Gott uns die Welt.

Wir feiern den Gottesdienst im Namen Gottes, des Vaters und des Sohnes und des Heiligen Geistes. Amen

Lied: Guten Morgen, schöner Tag

Eingangsgebet
Lieber Gott, danke für den Sonntag. Heute können wir hier miteinander singen, mit dir reden, Geschichten hören und etwas gestalten. Öffne unsere Ohren und unsere Herzen für das, was du uns sagen willst. Das bitten wir durch Jesus Christus. Amen.

Psalm 104 (Übertragung s. S. 222, im Wechsel gesprochen)

Lied: Weiß du, wieviel Sternlein stehen (Str. 2+3)

Glaubensbekenntnis nach KG, S. 331

Einstieg
Die Tierpostkarten oder Tierbilder werden auf ein ausgebreitetes Tuch in die Mitte gelegt. Die Kinder werden aufgefordert: Sucht euch ein Tier aus, das euch besonders gefällt! Danach darf jeder sagen, weshalb er sich dieses Tier ausgesucht hat. Manche Kinder werden dabei auch von ihrem Haustier erzählen, für das sie sorgen können.

Tiere sind unsere Freunde. Sie können manches spüren und wissen oft viel eher als wir Menschen, wenn ein Sturm oder ein Unwetter kommt. Sie haben ihre eigene Sprache, eine Sprache der Freude (Beispiel Katze: erhobener Schwanz) und eine Sprache des Schmerzes und der Angst. Hört jetzt, was uns die Geschichte von der Schöpfung in der Bibel dazu erzählt:

Erzählung (mit aufgeschlagener Bibel)
Und Gott sprach: Das Wasser wimmle von bunten Fischen und anderen Lebewesen. Und Vögel sollen fliegen unter dem Himmel.

Und Gott schuf große Walfische und viele andere Wassertiere. Sie leben und weben im Wasser und das Wasser wimmelt davon. Gott schuf jedes nach seiner Art. Auch Vögel schuf Gott, mit vielen bunten Federn, einen jeden nach seiner Art. Und Gott sah, dass es gut war.

Und Gott segnete sie und sprach: Seid fruchtbar und mehret euch und erfüllet das Wasser im Meer, und die Vögel sollen fliegen unter dem Himmel. Da ward es Abend und Morgen, der fünfte Tag.

Und Gott sprach: Das Land bringe alle Arten von Lebewesen hervor. Vieh, Würmer, Kriechtiere und Tiere in Feld und Wald. Ein jedes nach seiner Art. Und es geschah so. Und Gott machte die Landtiere, ein jedes nach seiner Art und alle Würmer des Erdbodens nach seiner Art. Und Gott sah, dass es gut war.

Und Gott sprach: Ich will Menschen machen als mein Abbild, mir ähnlich. Sie sollen achten auf die Fische im Meer, die Vögel unter dem Himmel, alle Tiere des Feldes und des Waldes und auf alles, was auf Erden kriecht. Sie sollen das Leben schützen und bewahren. Und Gott schuf den Menschen so, dass er mit ihm reden und Gemeinschaft haben konnte. Zu seinem Gegenüber, zu sei-

26. September 2010

nem Bilde schuf er den Menschen. Und Gott schuf ihn als Mann und als Frau.

Bildnerische Gestaltung
Ihr habt in den letzten Gottesdiensten zwei schöne Kirchenfenster gestaltet zu dem, was Gott geschaffen hat. Heute wird ein drittes dazukommen. Überlegt, was heute darauf dargestellt werden soll!

Die Kinder gestalten das dritte Kirchenfenster, indem sie Bilder von Tieren und Menschen aus Zeitungen ausschneiden oder selbst malen und ausschneiden. Danach werden die Bilder auf dem Kirchenfenster aus rotem Tonkarton zusammengestellt und aufgeklebt.

Gebet
Lieber Gott, du hast alles geschaffen, was lebt; die Tiere und uns Menschen. Danke für die vielen bunten Fische im Wasser, die Vögel in der Luft und die Tiere auf dem Land. Danke für unsere Haustiere, die unsere Freunde sind. Hilf uns achtsam

mit allen Tieren umzugehen und kein Tier zu quälen. Du hast uns Menschen so wunderbar gemacht, dass wir lachen und weinen, spielen und lernen, miteinander und mit dir reden können.
Danke, lieber Gott.
Vaterunser

Lied: Alles kommt von dir oder Alle gute Gabe (Kehrvers von: Wir pflügen und wir streuen)

Segen (s. S. 228)

Brunhilde Börner

3. Oktober 2010
18. Sonntag nach Trinitatis/Erntedankfest

Und siehe – es war gut (bunt)

1. Mose 1,28–2,4a

Lieder: Geh aus mein Herz – So schön hat Gott, GoKi 2004; siehe auch die Liedvorschläge der ersten drei Sonntage; Die Herrlichkeit des Herrn bleibe ewiglich, KG 173, EG regional, LJ 366, LB 150; Herr, erbarme dich, EG 178,11, LJ 121

Liturgischer Text: Psalm 104 (EG 743 oder Übertragung S. 222)

Zum Thema

„Und siehe, es war sehr gut" – mit diesem Urteil Gottes über die Gesamtheit seiner Schöpfungswerke drückt der Schreiber zugleich das Lob Gottes aus. In den Psalmen und in vielen alten und neuen Liedern wird dieses Lob gesungen: „Dich Schöpfer lobt die ganze Welt, bewusst und unbewusst, das Sternenheer am Himmelszelt, die kleinste Vogelbrust." – heißt es in einem Lied.
Und doch steht dieses „sehr gut" in Spannung zur Erfahrung unserer Wirklichkeit, wo zum Beispiel ein Tier das andere frisst, um selbst am Leben zu bleiben und wo es auch bei uns Menschen nach der „Hackordnung" zugeht. Auch für den Schreiber der Schöpfungsgeschichte bestand diese Spannung. Die Erfahrung von Krieg und Verschleppung lag hinter ihm und das Töten in der Natur nahm er ebenfalls wahr. Er löst diese Spannung nicht auf. Er betont, im Ursprung ist es nicht so gewesen. Aus Gottes Hand ist die Welt ganz vollkommen, in wunderbarer Zweckmäßigkeit und Harmonie hervorgegangen. Verfolgung und Gewalttat unter den Geschöpfen, das Töten von Lebewesen zur Ernährung anderer Lebewesen war nicht der ursprüngliche Wille des Schöpfers. Die neue Welt Got-

tes wird ebenfalls in den Bildern des paradiesischen Friedens beschrieben (Jesaja 11,2–9). Keiner wird mehr auf Kosten eines anderen leben, auch nicht bei den Tieren. Der Schreiber gibt keine Antwort auf alle Fragen. Er wahrt das Geheimnis der Schöpfung und erzählt davon so, dass er den Hörer zum Staunen bringt und vor die Größe und Unergründlichkeit der Schöpfung stellt.

Die Menschen werden von Gott gesegnet. Ihnen wird vitale, die Zukunft ermöglichende Kraft verliehen. Diese wirkt in Zeugung, Empfängnis und Geburt und bewirkt die Kette der Geschlechter, die Reihe der Generationen. Die Menschen werden von Gott beauftragt, über die Tiere zu herrschen, aber nicht im Sinne von Ausbeutung. Wir tragen Verantwortung für die von Gott geschaffene Erde. Wenn wir sie ausbeuten und zerstören, machen wir damit unseren von Gott geschaffenen Lebensraum kaputt.

Gott vollendet sein Werk der Schöpfung nicht am sechsten, sondern am siebenten Tag, indem er ruht. Er segnet den siebenten Tag und heiligt ihn. Damit schafft er einen Rhythmus von Arbeit und Ruhe, der auch für die Menschen wohltuend und nötig ist.

Das Thema, die Kinder und die Erwachsenen

Der Auftrag Gottes an den Menschen ist in der Schöpfungsgeschichte unüberhörbar. Darum darf das Thema „Bewahrung der Schöpfung" und „Verantwortung für die Welt" für uns Christen keine Nebensache sein, sondern Konsequenz aus der biblischen Botschaft. Ferner sollten wir bedenken, dass die Kinder auch diesbezüglich mehr durch unser Vorbild lernen, als durch alles, was wir sagen.

Gestaltungsvorschlag für Kinder und Erwachsene

Vorbereitung
– Leine zum Aufhängen der gestalteten Kirchenfenster
– drei von den Kindern gestaltete Kirchenfenster (siehe Gottesdienste 1–3)
– ein viertes Kirchenfenster aus weißem Tonkarton (A2 oder A3)
– wird der Gottesdienst ohne die vorherigen Kindergottesdienste gefeiert, müssen einfache Schaubilder oder farbiger Karton vorbereitet werden (s. S. 220).
– Orffinstrumente
– für jeden Gottesdienstbesucher eine Blume und eine Frucht aus verschiedenfarbigem Tonpapier angefertigt (s. Zeichnung)
– Stifte
– Text zum Lesen mit verteilten Rollen aus dem 2. Gottesdienst (s. S. 226)

Eröffnung und Anrufung

Chor und Kurrende: Geh aus, mein Herz – So schön hat Gott
oder Vorspiel mit Orgel oder verschiedenen Instrumenten

Begrüßung

„Alles kommt von dir, Gott: Erde, Sonne, Regen; dass wir davon leben, dafür danken wir" – und darum feiern wir Erntedank. Herzlich willkommen allen Kleinen und Großen, Alten und Jungen!

Die farbenfrohe Schöpfung

Zeichnung: Silvia Gützkow

Wir feiern den Gottesdienst im Namen Gottes, des Vaters und des Sohnes und des Heiligen Geistes. Amen

Lied: Morgenlicht leuchtet

Psalm 104 (im Wechsel, z.B. Konfirmanden und Gemeinde)

Kanon: Die Herrlichkeit des Herrn bleibe ewiglich

Eingangsgebet

Verkündigung und Bekenntnis
(Verkündigung anhand der von den Kindern gestalteten Kirchenfenster in Zusammenhang mit dem angegebenen Text.)

Einleitung
Die Kinder haben in den vergangenen Kindergottesdiensten das biblische Bekenntnis zu Gott dem Schöpfer der Welt kennengelernt. Dieses Bekenntnis, das Lob des Schöpfers wird uns auch durch diesen Gottesdienst begleiten. Die Kinder haben dazu sehr schöne Kirchenfenster gestaltet.

Vorstellen der Kirchenfenster

1. Kirchenfenster – Und Gott schuf das Licht (gelb), wird für alle sichtbar aufgehängt.
Zwei Kinder (Mädchen/Junge) erzählen, was sie auf dem Kirchenfenster dargestellt haben. Danach wird die Erzählung zu 1. Mose 1,1–5.14–19 von den Kindern mit Orffinstrumenten gestaltet vorgetragen (s. 1. Gottesdienst, S. 224).

Kanon: Alles kommt von dir (einstimmig)

2. Kirchenfenster – Gott schuf Himmel und Wasser (blau), wird aufgehängt.
Zwei Kinder erzählen zum zweiten Kirchenfenster. Danach wird die kleine Geschichte mit verteilten Rollen von den Kindern vorgelesen (s. 2. Gottesdienst S. 226).

Kanon: Alles kommt von dir (mehrstimmig)

3. Kirchenfenster – Gott schuf das Leben (rot), wird aufgehängt.

3. Oktober 2010

Zwei Kinder erzählen zum dritten Kirchenfenster.

Erzählung (zu 1. Mose 1,28–2,4a, mit aufgeschlagener Bibel)
Gott hat, wie wir gerade hörten, die vielen, vielen Tiere im Wasser, in der Luft und auf der Erde erschaffen. Und Gott segnete sie und sprach: Seid fruchtbar und mehret euch und erfüllet das Wasser, die Luft und die Erde. Und Gott sah, dass es gut war.

Und Gott sprach: Ich will Menschen machen als mein Abbild, mir ähnlich. Sie sollen auf die Tiere achten, das Leben schützen und bewahren.

Und Gott schuf den Menschen so, dass er mit ihm reden und Gemeinschaft haben konnte. Zu seinem Gegenüber, zu seinem Bilde schuf er den Menschen. Und Gott schuf ihn als Mann und als Frau.

Und Gott segnete sie und sprach zu ihnen: Seid fruchtbar und mehret euch und füllet die Erde und machet sie euch untertan. Gebt Acht auf die Fische im Meer und die Vögel unter dem Himmel, auf alle Tiere des Feldes und des Waldes und auf alles, was auf Erden kriecht.

Und Gott sprach: Seht, ich habe euch alle Pflanzen, die Samen bringen, und alle Bäume mit Früchten, die Samen bringen, zu eurer Speise gegeben. Aber allen Tieren habe ich alles grüne Kraut zur Nahrung gegeben.

„Und Gott sah an alles, was er gemacht hatte, und siehe, es war sehr gut." Da ward es Abend und Morgen, der sechste Tag. So wurden vollendet Himmel und Erde.

Und Gott vollendete am siebenten Tag seine Werke und ruhte am siebenten Tag. *Und Gott segnete* den siebenten Tag und heiligte ihn, weil er an ihm ruhte. So sind Himmel und Erde geworden, als sie geschaffen wurden.

Lasst uns darauf antworten mit dem Bekenntnis unseres Glaubens:

Glaubensbekenntnis

4. Kirchenfenster – Und siehe – es war sehr gut (bunt)
Dieses Kirchenfenster ist zunächst noch ganz leer. Es wird von uns allen gestaltet werden.

„Und Gott sah an alles, was er gemacht hatte, und siehe, es war sehr gut." Wenn wir hier die vielen schönen Blumen sehen und die Früchte, die wieder reifen konnten, dann ist unser Herz voll Freude und Dank.

Gott hat Sonne und Regen geschenkt, Kraft zur Arbeit und Gelingen. Er gibt uns auch Zeit zum Ausruhen und zur Erholung. Gott hat uns Menschen so geschaffen, dass wir mit ihm reden können und er freut sich, wenn wir ihm unseren Dank sagen.

Aktion: Darum laden wir jetzt alle ein, auf die ausgeteilten Papierfrüchte (nur auf die Früchte!) einen Satz des Dankes zu schreiben. Wer noch nicht

Die farbenfrohe Schöpfung

schreiben kann, kann darauf malen, wofür er „danke" sagen möchte. Einige der Sätze werden vorgelesen und dann mit den anderen Früchten in das leere Kirchenfenster geklebt. (Früchte einsammeln, etwa drei Kinder und drei Erwachsene lesen die Sätze des Dankes vor.)

Kanon: Alles kommt von dir (mehrstimmig)

„Und Gott sah an alles, was er gemacht hatte, und siehe, es war sehr gut." – Wir erfahren aber auch, dass vieles nicht gut ist in unserer Welt. Zum Beispiel? (Kinder und Erwachsene nennen Dinge, die nicht gut sind.)

Für vieles, was nicht gut ist, sind wir Menschen verantwortlich. Weil

Zeichnungen: Silvia Gützkow

wir immer mehr haben wollen, mehr Wohlstand, mehr Besitz, schnellere Autos und mehr Bequemlichkeit, haben wir viel von Gottes schöner Welt zerstört. Doch wir können noch manches ändern. Wir können umkehren und Dinge anders machen als bisher.

Aktion: Darum bitten wir jetzt alle, auf die erhaltene Papierblume zu schreiben, was wir z.b. tun können, um unsere schöne, von Gott geschaffene Welt, zu erhalten. Denn wenn wir sie zerstören, machen wir unseren Lebensraum kaputt. (Einige der Ideen werden wieder vorgelesen. Blumen einsammeln, etwa drei Kinder und drei Erwachsene lesen die Ideen vor.)

Die Blumen werden nicht in das Kirchenfenster geklebt, sondern am Ausgang kann jeder eine Blume von einem anderen ziehen und somit eine Idee zur Bewahrung der Schöpfung mit nach Hause nehmen.

Fürbitte mit Kyrielied

(z. B. Herr, erbarme dich, EG 178,11)
Herr Gott, unser Schöpfer und Erlöser, wir loben dich und danken dir. Du hast die Erde erschaffen mit all ihrer Schönheit. Du gibst uns, was wir zum Leben brauchen.
Wir bitten dich, schenke auch weiter gutes Wetter für die Ernte und ein gerechtes Teilen unter allen Menschen.
Wir rufen zu dir:
Herr, erbarme dich

Hilf den Regierenden und allen, die in der Wirtschaft Verantwortung tragen. Lass allen, die arbeiten möchten, Arbeitsplätze angeboten werden können.
Wir rufen zu dir:
Herr, erbarme dich

Danke, für deine Treue lieber Gott. Danke, dass es noch immer Frühling

und Sommer, Herbst und Winter wird und immer ein neuer Tag nach der Nacht kommt. Bitte hilf uns mit deiner Schöpfung achtsamer umzugehen und unsere Verantwortung wahrzunehmen.
Wir rufen zu dir:
Herr, erbarme dich

Vaterunser

Lied: Wir pflügen, und wir streuen

Segen: Der Herr segne dich und behüte dich; der Herr lasse sein Angesicht leuchten über dir und sei dir gnädig; der Herr hebe sein Angesicht über dich und gebe dir Frieden. Amen

Verteilen der Blumen am Ausgang

Brunhilde Börner

Monatlicher Kindergottesdienst im September
Die farbenfrohe Schöpfung Gottes, 1. Mose 1,28–2,4a

Im Mittelpunkt dieses Gottesdienstes steht das „Sehen", „Loben" und „Feiern" von Gottes farbenfroher Schöpfung. Einzelne Elemente und ihre Farben laden uns zum Entdecken dieses wunderbaren Ganzen ein. Wir sind uns auch der Bedrohung und unserer Verantwortung für den Schutz der Schöpfung bewusst.

Der **Gestaltungsvorschlag für Kinder und Erwachsene vom 3. Oktober** (S. 232) eignet sich für einen Familiengottesdienst am Erntedankfest.
In einem Kindergottesdienst wird zu den vier kurzen **Erzählungen** (S. 222, 226, 230, 235) das **Lied** „Du hast uns deine Welt geschenkt" gesungen. In drei Gruppen können mit verschiedenen Techniken in den Farben gelb (Licht), blau (Wasser), rot (Menschen, Tiere) **Bilder zu den Schöpfungstagen** gestaltet werden (S. 223, 228, 231). Auf ausgeschnittene Blumen und Früchte wird geschrieben oder gemalt, **wofür wir danke sagen** und was die Menschen tun können, damit die von Gott geschaffene Welt erhalten bleibt. Mit Blumen und Früchten aus Papier wird ein **buntes Bild** geklebt.

Mit Luther die Kirche entdecken

Reformationsaltar der Stadtkirche in Wittenberg, gemalt von Lukas Cranach

Alle Fotos: Jürgen M. Pietsch, Edition AKANTHUS

Lieder: Ein feste Burg ist unser Gott, EG 362; Gottes Liebe ist so wunderbar, LZU 32, KG 146; Vergiss nicht zu danken dem ewigen Herrn, EG regional, LJ 618

Liturgischer Text: Luthers Morgensegen, LJ 711, EG Morgengebete im Anhang

Mit Luther die Kirche entdecken „Martin Luther und das Altarbild des Reformationsaltars der Stadtkirche in Wittenberg"

Sonntag	Text/Thema	Art des Gottesdienstes Methoden und Mittel
10.10.2010 19. Sonntag nach Trinitatis	Allein Schrift – die Bibel	Gottesdienst mit Kindern; Decke, Kerze, unterschiedliche Bibeln/ Kinderbibeln, Band/Schnur mit Bild von Martin Luther und 4 Briefen, Poster mit dem Reformationsaltar
17.10.2010 20. Sonntag nach Trinitatis	Allein Christus – das Kreuz	Gottesdienst mit Kindern; Decke, Kerze, Lutherbibel, unterschiedliche Kreuze, Band mit Bild von Martin Luther und 3 Briefen, Poster „Reformationsaltar"
24.10.2010 21. Sonntag nach Trinitatis	Allein Gnade – die Taufe	Gottesdienst mit Kindern; Decke, Kerze, Lutherbibel, Kreuz, Glaskrug mit Wasser, Glasschüssel, Band mit Bild von Martin Luther und 2 Briefen, Poster „Reformationsaltar"; Segenshandlung
31.10.2010 Reformationstag/ 22. Sonntag nach Trinitatis	Allein Glaube – das Abendmahl	Gottesdienst mit Kindern (und Erwachsenen); Decke, Kerze, Lutherbibel, Kreuz, Krug mit Saft, Kelch/Becher, Teller mit Hostien/ Brot, Band mit Bild von Martin Luther und 1 Brief, Poster „Reformationsaltar"

Monatlicher Kindergottesdienst im Oktober
Abendmahl – alle sind eingeladen (Martin Luther und das Altarbild des Reformationsaltars der Stadtkirche in Wittenberg) S. 261

Mit Luther die Kirche entdecken

Vorbemerkungen zur gesamten Einheit

Am 31. Oktober feiern wir das Reformationsfest. Es bietet sich in diesem Jahr an, die Kinder an den Sonntagen, die zu diesem Fest hinführen, mit dem 1483 geborenen, großen Reformator und Begründer der evangelischen Kirche bekannt zu machen. Am 31.10.1517 hat Martin Luther seine 95 Thesen gegen den Ablasshandel an die Tür der Schlosskirche in Wittenberg gehängt. Dieser Tag gilt als Auslöser für die Entstehung der evangelischen Kirche. Luther selbst hat die Spaltung der Kirche nicht gewollt. Sein Ziel war es, Fehlentwicklungen innerhalb der Kirche aufzudecken und die Kirche vom Evangelium, der Mitte unseres Glaubens, her zu erneuern.

Die Überschriften der vier Sonntage entsprechen den vier grundlegenden reformatorischen Erkenntnissen Luthers: Allein die Schrift, allein Christus, allein die Gnade, allein durch den Glauben. Diese vier Erkenntnisse stehen in enger Beziehung zueinander. Mit ihnen grenzt sich Luther gegen die in der damaligen Kirche vorherrschende Lehre ab und stellt die einzige Möglichkeit für den Menschen, Erlösung zu finden, neu ins Licht: Christus, die Gnade Gottes und den Glauben, der Antwort ist auf das Wort Gottes, das allein für uns Christen Verbindlichkeit hat gegen alle Lehren der Kirche. Diese Grunderkenntnisse Luthers sind bis heute prägend für den evangelischen Glauben. In unserer Einheit werden ihnen die Stichworte „Bibel", „Kreuz", „Taufe" und „Abendmahl" zugeordnet. Sie werden für die Kinder im Mittelpunkt stehen. In die jeweiligen Ausführungen eingeflochten sind Einblicke in die Lebens- und Zeitgeschichte Martin Luthers, jedoch nur, soweit sie dem Verständnis des Themas dienen.

An jedem der Sonntage wird mit den Kindern ein Ausschnitt aus dem Altarbild des Reformationsaltars der Stadtkirche in Wittenberg betrachtet. Der Ausschnitt aus dem Altarbild veranschaulicht und vertieft das jeweilige Thema. Der Altar zeigt in seinen vier Bildtafeln, was nach Luthers Erkenntnis die Kirche ausmacht: Kirche ist da, wo getauft wird, wo Abendmahl gefeiert wird, wo Beichte gehört und Vergebung zugesprochen wird und wo die Gemeinde auf das Wort Gottes hört und auf Christus schaut. Lucas Cranach, der Künstler und enge Freund der Familie Luther, hat diesen Altar geschaffen. In die Altarbilder hat er verschiedene Wittenberger Persönlichkeiten eingearbeitet. Es sind Menschen, die die Erneuerung der Kirche entscheidend mit vorangebracht haben.

Verschiedene Elemente werden die vier Sonntage miteinander verbinden, so dass es sinnvoll ist, die Reihe als Gesamtheit zu sehen und vorzubereiten. Trotzdem ist jeder Sonntag thematisch in sich geschlossen. Am 4. Sonntag, dem Reformationsfest, sollte der Gottesdienst wegen des Abendmahls mit dem/der Pfarrer/in gemeinsam vorbereitet werden.

Elemente, die die vier Sonntage miteinander verbinden:

1. Das Thema des jeweiligen Sonntags wird für die Kinder bereits am Anfang des Gottesdienstes sichtbar durch die Gestaltung der Kreismitte.

2. Als Eingangsgebet sprechen wir Luthers Morgensegen. Er kann den Kindern auch mit nach Hause gegeben werden, damit sie ihn jeden Morgen beten können.

3. Wir lernen das Lutherlied „Ein feste Burg ist unser Gott" kennen.
4. Im Raum hängt eine Schnur mit dem Bild von Martin Luther und darunter vier Briefen, die Martin Luther an die Kinder geschrieben hat und von denen an jedem Sonntag einer geöffnet und vorgelesen wird.
5. An jedem Sonntag wird das Thema in einem Ausschnitt aus dem Wittenberger Reformationsaltar anschaulich: Martin Luther mit der Bibel (1. Sonntag), das Kreuz und die schauende und hörende Gemeinde (2. Sonntag), die Taufe (3. Sonntag) und das Abendmahl (4. Sonntag). Die Ausschnitte sind – wie bei einem Adventskalender – durch Tonpapier mit Multi-Fix-Haftpunkten abgedeckt und werden Sonntag für Sonntag geöffnet, bis der ganze Altar zu sehen ist.

Mit diesen Elementen sind die Sonntage so gestaltet, dass auch jüngere Kinder die Gottesdienste gut mitfeiern können. Auf Begriffe wie „Hölle" oder „Fegefeuer" wird bewusst verzichtet.

Für zweiwöchentliche Kindergottesdienste bieten sich vom Thema und von der Bildbetrachtung her der 1. und 2. Sonntag an. In diesem Fall arbeiten wir nur mit dem jeweils abgedeckten „Fußbild' des Altars, der Predella. Als Schwerpunktgottesdienst eignet sich am besten der 1. Sonntag: Allein Schrift – die Bibel. In diesem Fall wird die Predella des Altars als Ganzes betrachtet, so dass für die Betrachtung des Bildes die Ausführungen zum 2. Sonntag auch zu berücksichtigen sind. Die Mitarbeiterinnen sind eingeladen, sich über die Bemerkungen „Zum Thema" hinaus mit dem Leben und der Lehre Martin Luthers vertraut zu machen. Einen kurzen Überblick gibt das Büchlein von Elke Junker und Stefan Horst: Martin Luther, Kaufmann Verlag (2,95 Euro) oder www.wikipedia.de – Stichwort: Martin Luther oder www.hallo-Luther.de

Bestelladresse für das Poster des Reformationsaltars von Lucas Cranach:
www.editionAKANTHUS.de
edition AKANTHUS. Im alten Pfarrhaus. 04509 Spröda. Tel.: 03 42 02/ 9 37 65
Poster des gesamten Altars: ca. 8 Euro + Verpackung/Porto
Poster der Predella: ca. 5 Euro + Verpackung/Porto
Martin-Luther-Bild: ca. 1,50 Euro + Verpackung/Porto
Broschüre: A. Steinwachs/J. Pietsch, „Der Reformationsaltar von Lucas Cranach", 5 Euro

Elisabeth Reinhard

Mit Luther die Kirche entdecken

10. Oktober 2010
19. Sonntag nach Trinitatis

Allein Schrift – die Bibel

Lieder: Gottes Wort ist wie Licht in der Nacht, KG 149, LZU 34, MKL 152, LH 83; Ein feste Burg ist unser Gott, EG 362 Str. 1; Gottes Liebe ist/Gottes Wort, das ist so wunderbar, LZU 32, KG 146

Liturgischer Text: Psalm 119,97–105

Zum Thema

Martin Luther hat die Bibel als Fundament der Kirche und für das Leben jedes Christen neu entdeckt. Wie kam es dazu? Zur Zeit Martin Luthers gab es nur in Kirchenräumen eine Bibel. Sie war in lateinischer Sprache geschrieben. Latein war die Sprache im Gottesdienst. So verstanden die Gottesdienstbesucher fast nichts von dem, was sie hörten. Dazu kam, dass Kirchengesetze und päpstliche Verlautbarungen mehr Stellenwert hatten und das biblische Wort in den Hintergrund trat. Nur wenige Menschen konnten eine Schule besuchen. Die Familien waren groß, die Kinder mussten schon früh im Haushalt, auf dem Feld oder in der Werkstatt helfen. So konnten nur wenige Leute lesen und schreiben.

Martin Luthers Vater hatte es im Kupferbergbau in Mansfeld zu einem gewissen Reichtum gebracht. Für ihn war klar, dass sein Sohn Martin in die Schule gehen und studieren sollte. Eigentlich sollte Martin Jurist werden, doch er selbst entschied sich dafür, ins Kloster zu gehen. Später wurde er Priester in der Kirche und Professor der Theologie an der Universität Wittenberg. Für seine Studenten bereitet er Vorlesungen zur Bibel vor und wird dabei vom Wort Gottes persönlich berührt. Es geht ihm auf, wie sehr die Bibel, die allein Richtschnur unseres Glaubens ist, durch die kirchliche Tradition seiner Zeit entstellt und entwertet wird. Allein die Schrift – das macht er zu seinem Anliegen. Jeder soll die Bibel lesen und verstehen können. Verfolgt und versteckt auf der Wartburg bei Eisenach, übersetzt er 1522 das Neue Testament aus dem Griechischen ins Deutsche. Später folgt die Übersetzung des Alten Testamentes aus dem Hebräischen. Er setzt sich für die Gründung von Schulen ein, damit alle Kinder lesen und schreiben lernen.

Das Thema und die Kinder

Kinder interessieren sich für das Leben von Menschen, die durch ihr Leben und Denken die Geschichte bewegt haben. Sie brauchen solche Vorbilder und das Kennenlernen von Lebensentwürfen, um den Entwurf für ihr eigenes Leben herauszufinden. So identifizieren sie sich gerne mit den Fragen und Sehnsüchten, mit den Entdeckungen oder

Erfolgen von Menschen, die vor ihnen gelebt haben. Auch in eine andere, alte Zeit einzusteigen, in der vieles anders war, als sie es heute erleben, kann Kinder begeistern.

Die Bibel ist für Kinder ein interessantes Buch. Manche von ihnen kennen ihre Kinderbibel, doch eine „echte" Bibel haben die meisten von ihnen noch nie aufgeschlagen. Obwohl es Luthers großes Anliegen war, dass jeder Christ in der Bibel liest, findet man in evangelischen Häusern heute nur noch selten Christen, die dies wirklich praktizieren. Nicht mehr in jedem Haushalt findet sich heute eine Bibel. So ist es für die Kinder aller Altersstufen spannend, eine Bibel in der Hand zu halten, sie aufzuschlagen und zu sehen, was darin zu finden ist. Kinder haben auch ein feines Gespür dafür, wie wichtig Gottes Wort für ihr Leben sein könnte.

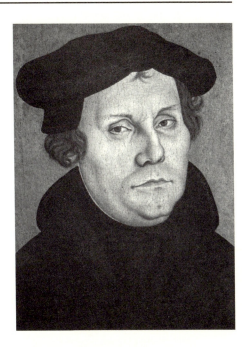

Gestaltungsvorschlag für jüngere und ältere Kinder

Gestaltung der Kreismitte
Auf einer passenden Decke liegen um eine brennende Kerze herum unterschiedliche Bibeln und Kinderbibeln. Gut sichtbar für die Kinder hängt ein breites Band mit dem Bild von Martin Luther und darunter vier Briefumschlägen. Daneben hängt das Poster mit dem Altarbild von Lucas Cranach (Bestelladresse s. S. 241). Vier Ausschnitte sind verdeckt und tragen, den Sonntagen bzw. den Briefen entsprechend, die Nummern 1 bis 4.

Begrüßung mit Einführung in die vier Sonntage
Schön, dass ihr alle wieder da seid zum Kindergottesdienst. Sicher ist euch in unserem Raum heute schon einiges aufgefallen (Antworten der Kinder aufnehmen). Die vielen Bibeln, ein Mann mit vier Briefen und ein großes Poster mit geheimnisvoll verdeckten Stellen?! Das scheint spannend zu werden.

Aber jetzt wollten einige von euch schon wissen, wer dieser Mann auf dem Bild ist und wie er heißt. Der Mann heißt Martin Luther. Vielleicht hat einer von euch diesen Namen schon einmal gehört? (Die Kinder erzählen lassen) Ja, noch heute sind Straßen, Plätze, Schulen, Krankenhäuser oder Kirchengebäude nach Martin Luther benannt. Es ist schon lange her, dass Martin Luther gelebt hat. 500 Jahre ist das her. Martin Luther ist ein wichtiger Mann für unseren Glauben. Durch ihn ist damals vor 500 Jahren die evangelische Kirche entstanden. Auch unsere Ge-

Mit Luther die Kirche entdecken

meinde hier ist evangelisch. Auch von euch gehören viele/die meisten mit ihrer Familie zur evangelischen Kirche.

Wir wollen ab heute vier Sonntage mit Martin Luther feiern. Jeden Sonntag werden wir einen Brief öffnen, den er für uns geschrieben hat, und jeden Sonntag werden wir auf unserem Poster ein Bild dazu öffnen, wie bei einem Adventskalender. Wenn alle Ausschnitte offen sind, seht ihr den Altar in der Stadtkirche von Wittenberg. In Wittenberg hat Martin Luther viele Jahre gelebt und gewirkt. Sein guter Freund Lucas Cranach hat das Altarbild gemalt.

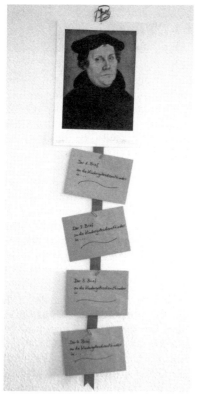

Vier Lutherbriefe

Aber nun fangen wir an. Wir feiern unseren Kindergottesdienst im Namen des Vaters und des Sohnes und des Heiligen Geistes. Amen

Lied

Wir beten miteinander das Morgengebet Martin Luthers: **Luthers Morgensegen**

Lesung: Psalm 119,97–105

Lied

Öffnung des ersten Lutherbriefes
Ihr habt in unserer Mitte vorhin schon die Bibeln entdeckt. Die Bibel ist heute unser Thema – das erste Thema unserer vier Sonntage mit Martin Luther. Martin Luther möchte euch selbst sagen, warum die Bibel für ihn so wichtig ist. Deshalb darf jetzt einer von euch den ersten unserer vier Lutherbriefe öffnen.
(Die Kinder werden fragen, ob die Briefe echt sind. „Nein, die Briefe sind nicht echt. Aber in den Briefen steht das, was Martin Luther wichtig war und was er euch, wenn er heute noch leben würde, gerne sagen würde.")

Ein Kind öffnet den ersten Brief.
Ein/e Mitarbeiter/in liest den Brief langsam und deutlich vor.

Liebe Kinder,
heute will ich euch erzählen, warum mir die Bibel so wichtig ist.
   In der Zeit, in der ich gelebt habe, gab es nur wenig Leute, die wirklich lesen konnten. Es gab viele Kinder, die nicht in die Schule gehen konnten. Sie mussten schon früh mithelfen – in der Familie, auf dem Feld

oder in der Werkstatt. Denn die Familien waren größer als bei euch heute. Oft hatten die Leute zehn oder noch mehr Kinder. Viele Kinder sind auch früh gestorben, weil sie Krankheiten hatten, für die noch keine Medikamente erfunden waren.

Sonntags gingen die Menschen in die Kirche. Die Kirche war wichtig zu meiner Zeit. Dort erzählte der Pfarrer den Leuten, wie sie leben sollten und was gut für sie war. Alle sollten so leben, dass es Gott gefällt. Sie sollten beten, die Gebote halten und Gutes tun. Der Pfarrer erzählte ihnen auch, was in den Kirchenbüchern stand und was der Papst in Rom gesagt und angeordnet hatte. Der Papst in Rom war der wichtigste Mann in der Kirche und jeder Christ sollte auf seine Worte hören. Das Wort des Papstes war wie ein Gotteswort.

Die Geschichten aus der Bibel gab es für die meisten Menschen zu meiner Zeit noch nicht wirklich. Eine Bibel gab es nur in der Kirche. Wenn der Priester daraus vorlas, konnten es die Menschen nicht verstehen, denn die Bibel war in lateinischer Sprache geschrieben. Das hörte sich so an: „Natus est vobis hodie salvator qui est Christus dominus." (Lk 2,11)

Auch wenn die Lehrer zu meiner Zeit sehr streng waren, war ich froh, dass meine Eltern mich schon früh in die Schule geschickt haben, wo ich lesen und schreiben gelernt habe. Ich lernte die lateinische, die griechische und die hebräische Sprache. Dann wurde ich Priester in der Kirche und später auch Lehrer an der Universität. Dort lehrte ich die Studenten, was in der Bibel stand.

Ich merkte: Die Bibel war wichtiger als das, was die Kirche und der Papst den Leuten sagte. Die Bibel war das wichtigste aller Bücher. Denn in der Bibel steht die frohe Nachricht, dass Gott alle Menschen lieb hat. Aber diese frohe Nachricht, dass Gott die Menschen lieb hat – das hat den Menschen zu meiner Zeit niemand erzählt. Und das ist doch das Beste und Schönste und Wichtigste, was wir wissen sollen: Gott hat uns lieb. Die Bibel ist Gottes Liebesbuch für uns!

Ich wollte gerne, dass das alle Menschen wissen sollten. Jeder sollte die Bibel selbst auf Deutsch lesen können und spüren können, wie sehr Gott ihn liebt. Deshalb habe ich die Bibel in die deutsche Sprache übersetzt, so dass jeder sie verstehen kann. Und ich habe mir gedacht: Es muss viele Schulen geben. Alle Kinder sollen in die Schule gehen. Alle Kinder sollen lesen lernen. So, dass sie die Geschichten von Gott und von Jesus selbst in deutscher Sprache lesen können.

Für euch ist das heute kein Problem mehr. Ihr geht alle in die Schule und lernt alle lesen. Ihr habt auch viele Bücher in deutscher Sprache und könnt sie lesen und verstehen. Aber lest ihr denn auch in der Bibel? Ihr solltet es tun, denn die Bibel ist ein richtiger Schatz. Sie ist Gottes Wort für euch, das euch von Gottes Liebe erzählt. Es erzählt euch, wie schön die Welt ist. Es macht euch Mut, wenn ihr ängstlich seid. Es tröstet euch, wenn ihr traurig seid. Es gibt euch Kraft, wenn ihr euch schwach fühlt. Gottes Wort, die Bibel, ist wie ein Licht, das euch den Weg zeigt zu einem frohen und guten Leben unter dem Segen Gottes.

Euer Martin Luther

Mit Luther die Kirche entdecken

Bildbetrachtung
Ein Kind öffnet den ersten Ausschnitt in der Predella des Altarbildes von Lucas Cranach: Martin Luther als Prediger. Er steht auf der Kanzel. Seine linke Hand liegt auf der Bibel, dem geschriebenen Wort Gottes. Mit der rechten Hand weist er auf das Fleisch gewordene Wort Gottes im gekreuzigten Jesus von Nazareth, das für die Kinder jedoch heute noch verborgen bleibt.

Leitfragen für die Bildbetrachtung:
Was seht ihr? Was fällt euch auf?
Schaut euch die Hände von Martin Luther an!
Was möchte Martin Luther vielleicht sagen?
Wenn noch Platz auf dem Bild wäre – was würdet ihr gerne dazumalen?

Hinweis: Die Abbildungen sind nicht als Kopiervorlagen geeignet. Es ist nötig, sich das farbige Poster des Reformationsaltars zu besorgen (s. S. 241)

Lied: Gottes Wort ist wie Licht in der Nacht

Bibeln entdecken
Wir wenden uns nun den Bibeln/Kinderbibeln in der Kreismitte zu. Die Kinder äußern ihre Eindrücke, teilen ihr Wissen zur Bibel den anderen mit. Dann nimmt jedes Kind eine Bibel in die Hand. Es ist sinnvoll, dass sich Kinder, die noch nicht lesen können, eine Kinderbibel nehmen.

In einer Zeit der Stille hat jedes Kind Gelegenheit, seine Bibel aufzuschlagen und eine Geschichte zu suchen, die es kennt. Die jüngeren Kinder orientieren sich dabei an den Bildern.

Die Kinder erzählen von ihren Entdeckungen. „Wir wollen zum Schluss ein Lied von Martin Luther lernen. Martin Luther hat viele Lieder geschrieben. Er mochte die Musik und hat gerne gesungen."

Lied: Ein feste Burg ist unser Gott, Str. 1

Gebet
Lieber Vater im Himmel,
wir danken dir heute für die Bibel, dein Wort.
Es erzählt uns von deiner Liebe und vom Leben, das du uns schenken willst.
Gib uns immer wieder offene Ohren und ein offenes Herz, damit wir auf deine Stimme hören und uns von dir leiten lassen auf unserem Lebensweg.
Amen

Vaterunser/Segen

Lied: (Gottes Liebe)Gottes Wort, das ist so wunderbar

Zusätzliche Anregungen für Kindergottesdienste, die mehr Zeit haben oder einen „Martin-Luther-Tag" feiern wollen:

1. Evangeliumszug durch die Kirche/das Gemeindehaus: Zwei Mitarbeiter/innen gehen voran, eine mit der brennenden Kerze, die andere (wo möglich) mit der Gitarre. Sie stimmen das Lied „Gottes Wort ist wie Licht in der Nacht" an. Die Kinder folgen zwei und zwei, das eine hält jeweils ein Teelicht im Glas, das andere eine Bibel. Singend ziehen die Kinder durch die Kirche/das Gemeindehaus, gerade auch durch dunklere Räume wie die Sakristei.
2. Die Kinder gestalten ein buntes Buchzeichen für ihre Kinderbibel/Bibel mit dem Vers aus Psalm 119,105: „Dein Wort ist (meines Fußes Leuchte und) ein Licht auf meinem Wege."
3. In den Kindergottesdienst kann eine Person eingeladen werden, von der wir als Mitarbeiter/innen wissen, dass sie täglich in der Bibel liest. Sie kann erzählen, was ihr das Wort Gottes bedeutet und wie es ihr Leben prägt.
4. Vielleicht ist nach dem Gottesdienst noch Kirchencafé oder die Kinder haben zu Hause Freude daran, mit ihren Eltern/Nachbarn ein Interview durchzuführen. Mögliche Fragen:
   - Was fällt Ihnen ein, wenn Sie das Wort „Bibel" hören?
   - Lesen Sie regelmäßig in der Bibel? Warum?/Warum nicht?
   - Gibt es ein Bibelwort, das für Sie besonders wichtig ist?

Hier ist zu bedenken, dass nach der Durchführung auch Zeit für den Austausch sein muss.

Elisabeth Reinhard

---

17. Oktober 2010
20. Sonntag nach Trinitatis

Allein Christus – das Kreuz

Lieder: Ein feste Burg ist unser Gott, EG 362; Seht das Zeichen, seht das Kreuz, GoKi 2009, Dir sing ich mein Lied 179, Mitten unter uns 73, Religionspädagogische Praxis 1980/1, S. 46; Gottes Liebe ist so wunderbar, LZU 32; KG 146

Liturgischer Text: Psalm 46,1–8

Zum Thema

Zur Zeit Martin Luthers waren es die Christen nicht gewohnt, sich im Gebet direkt an Gott zu wenden. Sie hatten kein unmittelbares Verhältnis zu Gott, sondern die Kirche regelte ihren Glauben. Maria und die Heiligen waren Mittler zwischen Gott und den Menschen. Hatte ein Christ ein Anliegen, so betete er zu Maria oder zu einem der Heiligen und bat sie darum, Fürsprache für ihn bei Gott einzulegen. So entwickelte sich eine himmlische Hierarchie und der eigentliche Helfer und Retter war nicht Christus, sondern es waren Maria, die Engel und die Heiligen.

Luther entdeckte ganz neu den wirklichen Mittler des Heils: Jesus Christus. Nur durch ihn und durch seinen Tod am Kreuz haben wir Zugang zu Gott. Deshalb sollen wir allein auf Christus schauen und allein in seinem Namen beten. In ihm liegt das ganze Heil. In ihm sehen wir Gottes Liebe. Jesus ist gestorben, um uns mit hineinzuziehen in sein Leben. Wenn wir sein Kreuz anschauen, dürfen wir wissen: Er allein ist die Tür zum Vater. Durch seinen Tod haben wir Zugang zum wahren Leben. Mit ihm werden wir einmal auferstehen. So ist das Kreuz unser Hoffnungszeichen.

Martin Luther hat Maria und die Heiligen „entthront" und hat sie wieder auf ihren Platz verwiesen: Sie sind Vorbilder für unseren Glauben, mehr nicht. Es ist gut, ihr Leben zu betrachten und ihnen nachzueifern, denn in ihrer gelebten Nachfolge weisen sie uns auf Christus hin. Doch beten sollen wir nicht zu ihnen. Christus allein ist unser Fürsprecher bei Gott, dem Vater.

Das Thema und die Kinder

Die Kinder wissen teilweise schon früh, dass das Kreuz das Zeichen der Christen ist. Die Berichte von der Kreuzigung und der Auferstehung Jesu gehören neben der Weihnachtsgeschichte noch immer zu den bekanntesten und wichtigsten Geschichten der Bibel.

Wenn Kinder ein Kreuz sehen, denken sie oft zuerst an Sterben und Tod. Sie wissen, dass Kreuze auf dem Friedhof stehen. Oder sie sehen am Straßenrand ein Kreuz und hören, dass an dieser Stelle jemand tödlich verunglückt ist. Viele Kinder begraben einen toten Vogel im Garten und schmücken das Grab mit einem liebevoll gebastelten Kreuz und mit Blumen. Die Kinder sehen Kreuze als Halsketten oder im Eingang eines Wohnhauses. Jedes Kreuz ist anders. Diese Vielfalt macht den Kindern Freude und weckt ihre gestalterischen Fähigkeiten.

Wir wollen den Kindern vermitteln, dass das Kreuz nicht nur ein Todes-, sondern ein Hoffnungszeichen für uns ist: Durch den Tod Jesu haben wir Zugang zu Gott, dem Vater. Christus ist unser Fürsprecher. Er selbst hat uns geboten, in seinem Namen zu beten. Auf dem Gebet in seinem Namen liegt eine große Verheißung (Joh 14,13.14).

Gestaltungsvorschlag für jüngere und ältere Kinder

Gestaltung der Kreismitte

Auf einer passenden Decke steht eine brennende Kerze, daneben liegen eine aufgeschlagene Lutherbibel und mehrere, ganz unterschiedliche Kreuze.

Gut sichtbar für die Kinder hängt wieder das Band mit dem Bild von Martin Luther und den übrigen drei Briefumschlägen. Daneben hängt das Poster mit dem Altarbild von Lucas Cranach. Die Ausschnitte 2, 3 und 4 sind noch mit Tonpapier verdeckt.

Begrüßung

Wir begrüßen euch herzlich zu unserem zweiten Sonntag mit Martin Luther. Ihr erinnert euch: Martin Luther – ihr seht ihn wieder auf dem Bild – hat vor 500 Jahren gelebt. Er ist wichtig gewesen für uns evangelische Christen. Er hat vieles neu entdeckt, was die Menschen in der Kirche damals nicht mehr gewusst haben.

Am vergangenen Sonntag haben in unserer Mitte unterschiedliche Bibeln gelegen. Wir haben gehört, wie wichtig für uns Christen die Bibel, das Wort Gottes, ist. Heute seht ihr viele Kreuze. Auch das Kreuz ist wichtig für uns. Deshalb wird es heute um das Kreuz gehen. Auch zu diesem Thema hat uns Martin Luther wieder einen Brief geschrieben und Lucas Cranach hat dazu ein Bild gemalt.

Wir beginnen im Namen des Vaters und des Sohnes und des Heiligen Geistes.

Lied

Luthers Morgensegen

Lesung: Psalm 46,1–8

Lied: Ein feste Burg ist unser Gott, Str. 1+2

Kreuze betrachten/Gespräch
Wir betrachten mit den Kindern die Kreuze in unserer Mitte. Wir geben ihnen Zeit, von Kreuzen zu erzählen, die sie kennen, und von Erlebnissen, die sie mit einem Kreuz verbinden. Wir fragen mit ihnen nach der Bedeutung des Kreuzes für uns Christen. Die Leidensgeschichte Jesu kann dabei anklingen.

Lied: Seht das Zeichen, seht das Kreuz, Str. 1

Öffnung des zweiten Lutherbriefes
Ein Kind öffnet den zweiten Brief von Martin Luther.
Ein/e Mitarbeiter/in liest den Brief langsam und deutlich vor

Liebe Kinder,
am letzten Sonntag habe ich euch erzählt, warum die Bibel für die Christen so wichtig ist. Heute will ich euch sagen, warum das Kreuz für uns so viel bedeutet. Als ich so alt war wie ihr, waren es die Christen nicht gewohnt, zu Gott zu beten. Gott war weit weg für die Menschen. Sie dachten: „Gott ist so streng. Wir wissen nicht, ob er wirklich Gutes für uns will. Wir haben Angst vor ihm." So beteten die Christen lieber zu Maria und zu den Heiligen: „Heilige Maria, Mutter Gottes, bitte für uns!" Oder: „Heiliger Antonius, bitte für uns!"

Sie dachten: „Maria ist die Mutter Jesu. Sie ist eine gute Frau gewesen. Sie hat für Jesus gesorgt. Antonius war ein frommer Mann. Er hat in der Wüste gelebt. Er hat den ganzen Tag gebetet. Nun sind sie mit allen anderen Heiligen im Himmel bei Gott. Sie bringen die Bitten der Menschen vor den strengen Gott. Wenn sie vor ihn treten, wird Gott die Gebete bestimmt erhören."

So waren in der Zeit, in der ich gelebt habe, für die Christen Maria und die Heiligen eine Art Vermittler zwischen Gott und den Menschen. Sie sollten helfen, wenn es den Menschen schlecht ging. Wenn sie unter Krankheiten litten oder in Gefahr geraten waren.

Ihr wisst schon, dass ich viel in der Bibel gelesen habe. Und da habe ich entdeckt, wer der wirkliche Vermittler zwischen Gott und den Menschen ist. Es ist Jesus Christus, der Sohn Gottes! Nur Jesus kann unsere Gebete vor Gott bringen. Nur er kann helfen, wenn wir in Not geraten und kann uns beistehen in Angst und Gefahr. Indem er für uns gestorben ist,

Mit Luther die Kirche entdecken

hat er uns gezeigt, dass Gottes Liebe unendlich groß ist. Wir brauchen keine Angst vor Gott zu haben. Wir brauchen keine anderen Menschen wie die Heiligen, die unsere Gebete vor Gott bringen. Wir können mit unseren Bitten ganz vertrauensvoll und ganz direkt zu Gott kommen.

Durch Jesus und sein Kreuz haben wir eine offene Tür zu Gott, durch die wir immer gehen können. Jesus ist unser einziger Vermittler. Durch sein Kreuz wissen wir: Gott ist freundlich und will das Beste für uns. So ist das Kreuz ein kostbares Zeichen für uns. Es ist unser Hoffnungszeichen.

Euer Martin Luther

Bildbetrachtung
Wir wenden uns dem Poster mit dem Altarbild von Lucas Cranach zu und betrachten mit den Kindern noch einmal den ersten Ausschnitt. Worauf zeigt Martin Luther mit seiner rechten Hand? Vielleicht können es die Kinder nach dem zweiten Lutherbrief schon erraten.

Ein Kind öffnet den zweiten Ausschnitt in der Predella des Altarbildes von Lucas Cranach: Martin Luther zeigt auf den gekreuzigten Jesus von Nazareth. Das flatternde Leinentuch springt ins Auge. Da ist Bewegung drin: Jesus lebt und ist in seiner Gemeinde gegenwärtig. Er ist die Mitte, das Fundament der Kirche. Auf ihn und sein Kreuz schaut der Prediger, auf ihn schaut die Gemeinde. Zur Gemeinde gehören alle – Frauen und Männer, Arme und Reiche, Babys, Kinder und alte Menschen. Alle sollen Gottes Wort hören. Im Vordergrund sitzt Katharina, Martin Luthers Frau, mit ihrem Sohn Hans.

Leitfragen für die Bildbetrachtung:
Was seht ihr? Was fällt euch auf?
Schaut euch das Kreuz genauer an!
Schaut euch die Gemeinde genauer an!
Welche Menschen sind dort versammelt? Wohin blicken die Menschen?
Wenn ihre Augen sprechen könnten – was würden sie sagen?

Lied: Seht das Zeichen, seht das Kreuz, Str. 1–3

Gebet
Herr Jesus Christus,
danke, dass du für uns gestorben bist.
Durch dein Kreuz hast du uns die Tür zu Gott geöffnet.
Jetzt dürfen wir zu ihm kommen, so wie wir sind.
Und wir dürfen wissen:
Gott ist freundlich.
Gott hat uns lieb.
Er ist wie ein guter Vater.
Dein Kreuz ist unser Hoffnungszeichen.
Deshalb beten wir gemeinsam zu dir:
Vater unser …

Segen

Lied: Gottes Liebe ist so wunderbar

Zusätzliche Anregung für Kindergottesdienste, die mehr Zeit haben:

Die Kinder gestalten ein Kreuz
Prägen eines Kreuzes aus Metallfolie, Zusammenbinden eines Astkreuzes, Formen eines Kreuzes aus Knete ... Währenddessen nimmt ein/e Mitarbeiter/in die Kreuze aus der Mitte. Die Kinder legen nun ihre selbst angefertigten Kreuze auf die Decke. Jeder, der mag, kann erzählen, was er sich beim Gestalten seines Kreuzes gedacht hat. Die Kinder werden angeregt, über einen schönen Platz für ihr Kreuz nachzudenken. Vielleicht wollen sie es auch verschenken.

Elisabeth Reinhard

24. Oktober 2010
21. Sonntag nach Trinitatis

Allein Gnade – die Taufe

Lieder: Ein feste Burg ist unser Gott, EG 362; (Gottes Liebe) Gottes Gnade ist so wunderbar, LZU 32; KG 146; Vergiss nicht zu danken dem ewigen Herrn, LJ 618; EG regional; Ich bin getauft auf deinen Namen, EG 200, Str. 1+2

Liturgischer Text: Matthäus 28,16–20

Zum Thema

Die Kirche zur Zeit Martin Luthers predigte den „Ablass" und verkaufte Ablassbriefe zur Vergebung der Sünden. Was steckt dahinter? Die Menschen des Spätmittelalters hatten ein anderes Gottesbild, als wir es heute haben. Sie und damit auch der junge Luther waren bewegt von der Frage: „Wie bekomme ich einen gnädigen Gott?" Gott erschien ihnen als strenger Richter, der sie nach dem Tod für ihre Taten zur Rechenschaft ziehen und verurteilen würde. Und sie würden vor Gottes Gericht nicht bestehen können.

Verstärkt wurde die Angst dadurch, dass der Tod allgegenwärtig war: Kriege und Krankheiten wie Pest und Cholera führten dazu, dass viele Menschen schon jung starben. In Bildern und Predigten hielt ihnen die Kirche vor Augen, wie schrecklich es sein würde, den ewigen Höllenstrafen und dem Fegefeuer ausgeliefert zu sein. Sie machte Geschäfte mit der Angst der Menschen, indem sie sie aufforderte, Geld an die Kirche zu zahlen, um sich von ihren Sünden loszukaufen und auf diese Weise vor Gottes Thron einst bestehen zu können. Auch für bereits Verstorbene konnte man einen solchen „Ablass" erwerben und für sie die Zeit im Fegefeuer verkürzen. Viele arme Leute wurden so in große finanzielle Not gestürzt. Die Einkünfte aus dem Ablassgeschäft wurden unter anderem für den Bau des Petersdoms in Rom verwendet.

Nachdem Martin Luther selbst bis zur Erschöpfung um den gnädigen

Gott gerungen hatte, erkannte er – wieder durch das Studieren in der Bibel –, dass der Mensch vor Gott nichts vorzuweisen hat. In 95 Sätzen widerlegt er den Handel mit dem Ablass und entlarvt ihn als Lüge und Geschäftemacherei. Nur wer seine Sünden von Herzen bereut, kann Vergebung finden. Und Gott vergibt gerne. Luther entdeckt und hält daran fest, dass es allein die Gnade Gottes ist, die dem Menschen Gerechtigkeit und ewiges Leben schenkt.

Diese Erkenntnis von der Gnade Gottes wird für Martin Luther besonders deutlich in der Kindertaufe, für die er leidenschaftlich eintritt. An dem kleinen Kind, das nichts vorzuweisen hat, zeigt sich in besonderer Weise, dass wir rein gar nichts zu unserem Heil beitragen können. Es ist die alleinige Entscheidung Gottes, die uns ohne jede Vorleistung bedingungslos annimmt und liebt: „Du gehörst mir. Du bist mein geliebtes Kind – allein aus Gnade."

Das Thema und die Kinder

Das Thema „Allein Gnade" ist für die Kinder heute aktueller denn je. Sie erleben es, dass sie schon im Kindergartenalter an ihrer Leistung beurteilt und gemessen werden. Viele Eltern haben in diesem Alter ihrer Kinder schon Angst, dass sie das Abitur nicht schaffen könnten. Es wird den Kindern vermittelt: Wer Leistung erbringt, wird glücklich und erreicht sein Lebensziel.

So ist die Botschaft, dass bei Gott die Leistung des Menschen nicht zählt und es aussichtslos ist, sich durch Leistung den Himmel verdienen zu wollen, für die Kinder wichtig. Sie dürfen erfahren, dass sie bei Gott angenommen sind, wie sie sind. Kinder kennen es auch, etwas falsch gemacht oder sich durch irgendeine Tat schuldig gemacht zu haben. Sie rechnen mit einer Strafe und atmen auf, wenn ihnen ihr Gegenüber freundlich und verständnisvoll, eben „gnädig", entgegenkommt. So können sie die Botschaft von dem gnädigen Gott gut nachvollziehen.

Zum Wort von der Gnade kommt im Sakrament der Taufe das sichtbare Element des Wassers. Wasser hat etwas Anziehendes für Kinder und sie sprechen daher gern über das Thema Taufe. Die meisten von ihnen haben schon eine Taufe miterlebt oder kennen Photos und Geschichten von ihrer eigenen Taufe. Oft sind im Kindergottesdienst auch Kinder dabei, die noch nicht getauft worden sind und für die das Thema ein Anstoß sein kann, über ihre eigene Taufe nachzudenken.

Gestaltungsvorschlag für jüngere und ältere Kinder

Gestaltung der Kreismitte
Auf einer passenden Decke stehen heute neben der brennenden Kerze, der aufgeschlagenen Lutherbibel und einem Kreuz ein Glaskrug mit Wasser und eine leere Glasschüssel. Gut sichtbar für die Kinder hängt wieder das Band mit dem Bild von Martin Luther und den übrigen zwei Briefumschlägen. Daneben hängt das Poster mit dem Altarbild von Lucas Cranach. Die Ausschnitte 3 und 4 sind noch mit Tonpapier verdeckt.

Begrüßung
Wir begrüßen euch heute herzlich zu unserem dritten Kindergottesdienst mit Martin Luther. Ihr seht ihn wieder auf dem Bild. Heute werden wir

den dritten Brief öffnen, den er an uns geschrieben hat. Lasst euch überraschen!

In der Mitte seht ihr auch schon, worum es heute gehen wird ... (Die Kinder sehen das Wasser im Krug und äußern ihre Gedanken.) Ja, es geht heute um die Taufe. Sie ist für Martin Luther wichtig, denn die Taufe erzählt uns, dass wir einen freundlichen Gott haben, der uns annimmt als seine geliebten Kinder. Davon schreibt uns Martin Luther heute in seinem dritten Brief. Und Lucas Cranach hat auf seinem Altar zur Taufe auch wieder ein Bild gemalt, das wir miteinander betrachten wollen.

So beginnen wir jetzt im Namen des Vaters und des Sohnes und des Heiligen Geistes. Amen

Lied

Luthers Morgensegen

Lesung: Matthäus 28,16–20

Lied: Ein feste Burg ist unser Gott, Str. 1+2

Ein/e Mitarbeiter/in gießt aus dem Krug Wasser in die Schüssel. Die Kinder erzählen, was sie zum Thema Taufe wissen und erlebt haben.

Öffnung des dritten Lutherbriefes
Ein Kind öffnet den dritten Brief von Martin Luther.
Ein/e Mitarbeiter/in liest den Brief langsam und deutlich vor.

Liebe Kinder,
nun wisst ihr aus meinem ersten Brief, dass mir die Bibel wichtig ist. Aus dem zweiten Brief wisst ihr, dass Jesus Christus und sein Kreuz wichtig sind. Heute, am dritten Sonntag, möchte ich euch sagen, warum für uns Christen die Taufe so kostbar ist.

Aber zuerst möchte ich euch etwas fragen: Ist bei euch schon einmal etwas schief gegangen? Ich meine: Habt ihr schon mal irgendwas falsch gemacht oder kaputt gemacht, so dass ihr Angst haben musstet, dafür bestraft zu werden?
(Kurze Pause)
Und habt ihr es dann schon mal erlebt, dass ihr gar nicht ausgeschimpft wurdet, sondern dass der Mensch, vor dem ihr Angst hattet, total freundlich mit euch war?
(Kurze Pause – Evtl. ein Beispiel erzählen lassen)
Dann werdet ihr gut verstehen, was ich euch heute zur Taufe sagen will.

In der Zeit, in der ich gelebt habe, vor 500 Jahren, hatten die Menschen große Angst vor Gott. Es gab Kriege und Krankheiten, die man nicht heilen konnte, und so sind viele Menschen früh gestorben. Was würde nach dem Tod kommen?, so fragten sich die Menschen. Die Kirche machte ihnen Angst. Die Priester sagten: Gott wird ein strenger Mann sein. Er wird euch hart bestrafen für alles, was ihr in eurem Leben Böses getan habt. Die Menschen hatten große Angst vor der Strafe Gottes. Und sie dachten: „Wie können wir Gott nur freundlich und gnädig stimmen?"

So gab es den Ablass. Ihr werdet fragen: Ablass – was ist denn das? Ablass heißt: Du konntest Geld nehmen und an einen bestimmten Ort gehen. Dort saß ein Mann von der Kirche. Du konntest dein Geld in den Kasten legen und bekamst dafür einen Ablassbrief. Darin stand, dass du frei bist von allem, was du Böses getan hast. Jetzt warst du deine Sünden los – einfach durch das Geld, das du bezahlt hattest. Du brauchtest keine Angst mehr haben, dass dich Gott nach dem Tod bestrafen würde. Alles Böse war weg und – so meinten die Menschen – Gott würde dich freundlicher empfangen. Viele Menschen, die nur wenig Geld hatten, waren durch die Ablassbriefe, die sie gekauft hatten, richtig arm geworden.

Ihr wisst schon, wie sehr ich die Bibel geschätzt habe. In der Bibel steht das, was Gott in Wahrheit über uns Menschen denkt und was er uns sagen will. Ich habe es immer und immer wieder gelesen – für meine Studenten, aber auch für mich selbst. Ich habe in der Bibel Gott ganz anders kennengelernt, als es in der Kirche erzählt wurde. Ich habe gemerkt, dass die Sache mit dem Ablass eine große Lüge ist. Die Kirche wollte nur Geld, damit sie in Rom, wo der Papst wohnt, eine große neue Kirche bauen konnte.

Aber – wie ist Gott wirklich? Gott ist groß und allmächtig und keiner von uns Menschen kann gut vor ihm sein. Wir können ihm nichts bringen und stehen vor ihm mit leeren Händen. Aber Gott liebt uns Menschen. Er hat Sehnsucht danach, mit uns eine Freundschaft zu haben. Und deshalb zählt bei ihm nicht das, was wir falsch gemacht haben. Wer seine Sünden von Herzen bereut, der darf wissen, dass Gott ihm gerne vergibt. Unser Gott ist ein gnädiger Gott.

Am schönsten könnt ihr das spüren, wenn ein Baby getauft wird. Es ist noch klein. Es kann nichts mitbringen, womit es Gott gefallen könnte. Es wird von den Eltern einfach so gebracht, wie es ist. Gott sagt dem Kind in der Taufe: „Ich bin ein freundlicher Gott. Ich habe dich lieb. Nicht, weil du besonders gut bist, habe ich dich lieb, sondern einfach so – allein aus Gnade. Ich bin für dich da bis in Ewigkeit."

So könnt ihr euch freuen, wenn ihr getauft seid. Ich wurde auch als Baby getauft, sogar schon einen Tag nach meiner Geburt. Vielleicht kennt ihr den heiligen Martin, der seinen Mantel mit dem Bettler geteilt hat? Von ihm habe ich meinen Namen: Martin. Denn am Martinstag, dem 11. November, bin ich getauft worden.

Euer Martin Luther

Bildbetrachtung
Ein Kind öffnet den dritten Ausschnitt im Altarbild von Lucas Cranach: Philipp Melanchthon, der Wittenberger gelehrte Theologe, mit dem Martin Luther eng zusammengearbeitet hat, tauft ein Kind. Das Taufbecken ist groß, so dass

24. Oktober 2010

das Kind ganz untergetaucht wird: Der alte Mensch geht unter und der neue Mensch ersteht mit Christus auf. Links und rechts stehen die Paten, links Lucas Cranach, der Maler und Freund der Familie Luther. Der rechte Pate hält die aufgeschlagene Bibel, denn zur Taufe müssen nach Luther drei Dinge zusammenkommen: Das Wort Gottes, das Wasser und der Glaube. Erst dann wird das schlichte Wasser ein „gnadenreich Wasser des Lebens und ein Bad der neuen Geburt im Heiligen Geist." (Martin Luther im Kleinen Katechismus)

Leitfragen für die Bildbetrachtung:
Was seht ihr? Was fällt euch auf?
Schaut euch das Taufbecken und den Täufling an!
Schaut euch die einzelnen Menschen auf dem Bild an!
Welches Wort könnte in der aufgeschlagenen Bibel stehen?

Lied: Ich bin getauft auf deinen Namen, Str. 1+2

Wir feiern Tauferinnerung
Die meisten von euch sind als Babys getauft worden und können sich an ihre Taufe nicht mehr erinnern. Es ist gut, wenn wir uns an unsere Taufe erinnern, denn dann denken wir auch daran, dass Gott ein freundlicher und gnädiger Gott ist und uns lieb hat. Das ist eine gute Nachricht für unser Leben. Martin Luther hat deshalb einmal gesagt, wir sollten jeden Morgen wieder in unsere Taufe „hineinkriechen". Er soll es sogar auf seinen Tisch geschrieben haben: Ich bin getauft!
Wir wollen uns deshalb heute an unsere Taufe erinnern. Auch die Kinder, die noch nicht getauft sind, können mitfeiern. Für sie ist es keine Erinnerung, sondern eine Einladung, sich taufen zu lassen und den gnädigen Gott in ihr Leben einzulassen.

Ein/e Mitarbeiter/in nimmt die Schüssel mit Wasser, zeichnet jedem Kind mit Wasser ein Kreuz in die Hand und spricht ihm ein Segenswort zu: „Gott sagt dir: Fürchte dich nicht! Ich bin ein gnädiger Gott. Ich habe dich lieb."

Lied: Gottes Liebe/Gottes Güte/Gottes Gnade/Gottes Freundschaft ist so wunderbar

Gebet
Guter Gott,
wir danken dir für die Taufe.
Danke, dass wir es bei der Taufe hören und es durch das Wasser sehen können:
Du bist ein freundlicher Gott.
Du bist ein Gott voller Liebe für uns.
Du bist ein gnädiger Gott.
Hilf uns, dass wir an jedem neuen Tag auf deine Liebe vertrauen und aus deiner Liebe leben können. Amen
Vaterunser

Mit Luther die Kirche entdecken

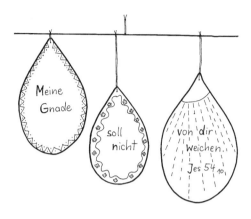

Lied: Vergiss nicht zu danken dem ewigen Herrn

Segen

Zusätzliche Anregungen für Kindergottesdienste, die mehr Zeit haben

1. **Wassertropfenpuzzle** zu dem Wort „Meine Gnade soll nicht von dir weichen" (Jesaja 54,10) Jedes Kind erhält hellblaue Puzzleteile, die es zu einem Wassertropfen zusammenfügt. Jetzt ist das Wort zur Taufe aus dem Propheten Jesaja zu lesen: „Meine Gnade soll nicht von dir weichen." Das Puzzle wird auf einen zweiten, hellblauen Wassertropfen geklebt. Zum Schluss wird ein Faden zum Aufhängen befestigt.
Alternative: **Mobile** mit Wassertropfen zum Jesajawort
Die Kinder schneiden je drei hellblaue Wassertropfen in unterschiedlicher Größe aus. Sie verteilen das Jesajawort auf die drei Tropfen, beschriften sie jeweils beidseitig und verzieren sie. Sie hängen die Tropfen in der richtigen Reihenfolge an einem Schaschlikspieß auf und befestigen am Spieß einen Faden zum Aufhängen.

Elisabeth Reinhard

**31. Oktober 2010
22. Sonntag nach
Trinitatis/Reformationstag**

Allein Glaube – das Abendmahl

Lieder: Ein feste Burg ist unser Gott, EG 362; Komm, sag es allen weiter, KG 204, LJ 142, EG 225; Gottes Liebe ist so wunderbar, LZU 32, KG 146

Liturgischer Text: Matthäus 26,20–29

Zum Thema

Die Einführung in das Thema des vierten Sonntags mit Martin Luther ist der des 3. Sonntags (Allein Gnade) sehr ähnlich. Am dritten Sonntag ging es um den Ablasshandel, heute geht es um die guten Werke. Beide Stichworte haben den gleichen Hintergrund, nämlich die Angst der mittelalterlichen

Menschen vor Gott, dem strengen Richter, und vor den Strafen, die sie nach ihrem Tod erwarten würden. Diese Angst unter den Menschen wurde durch die Verkündigung der Kirche entscheidend geschürt. Die Kirche hielt die Leute an, gute Werke zu tun, um vor Gott gut dazustehen und sich den Himmel sozusagen zu verdienen. Nur wer in seinem Leben ausreichend gute Werke getan hatte, konnte Hoffnung auf Erlösung haben. Gute Werke – das hieß vor allem: Die zehn Gebote halten, beten, fasten, in die Kirche gehen, an Wallfahrten teilnehmen, Reliquien verehren, den Armen helfen.

Als Martin Luther 1505 ins Augustinerkloster in Erfurt eingetreten war, betete er dort, fastete, geißelte sich und hatte trotzdem nie die Gewissheit, von Gott angenommen zu sein. Die Frage „Wie kriege ich einen gnädigen Gott?", stürzte Luther immer wieder in die Verzweiflung.

1512 – Luther ist inzwischen Professor der Bibelwissenschaften in Wittenberg – sitzt er in seinem Turmzimmer und macht beim Vorbereiten seiner Vorlesung über den Römerbrief (3,28) die entscheidende reformatorische Entdeckung: Der Mensch wird vor Gott nicht recht, indem er gute Werke tut, sondern allein durch den Glauben. Durch den Glauben, den Gott in ihm wirkt, wird ihm durch Christus aus Gnade das Heil geschenkt. So erkennt Luther: Der Glaube allein ist genug – mehr braucht es nicht.

Das Abendmahl ist wie die Taufe für Luther ein sichtbares Zeichen für unseren Glauben. In der Taufe ist es das Wasser, das zum Wort hinzukommt, im Abendmahl sind es Brot und Wein, die uns im Glauben stärken und uns der Liebe und Gnade Gottes gewiss machen. In den Gaben von Brot und Wein schenkt sich uns Gott selbst. In, mit und unter Brot und Wein ist Christus selbst unter uns gegenwärtig. Die Taufe und das Abendmahl sind die beiden Sakramente der evangelischen Kirche (in der katholischen Kirche sind es sieben).

Zur Zeit Luthers empfingen die Christen beim Abendmahl nur das Brot, der Wein blieb dem Priester vorbehalten. Luther macht sich für den sogenannten Laienkelch stark. So feiern protestantische Christen, dem biblischen Zeugnis entsprechend, seit der Zeit Martin Luthers das Abendmahl mit Brot *und* Wein.

Das Thema und die Kinder

Kinder können wohl die Erkenntnis Luthers „allein durch den Glauben" besser und tiefer begreifen als Erwachsene. Sie sind in der Regel vertrauensvoll und erwartungsvoll und noch nicht so berechnend, misstrauisch und leistungsbezogen wie Erwachsene. Nicht umsonst stellt Jesus ein Kind in die Mitte, um das schlichte kindliche Vertrauen zu beschreiben, das nötig ist, um ins Reich Gottes zu kommen. Genau darum geht es: zu erkennen, dass mit guten Werken, sprich: mit Leistungen, vor Gott nicht zu punkten ist. Allein der Glaube öffnet uns den Himmel. Es ist gut, wenn wir diese Erkenntnis den Kindern mit auf den Weg geben, denn sie erleben es schon früh, dass sie an dem gemessen und danach bewertet werden, was sie „gut" und „richtig" gemacht und „verstanden" haben.

Die Feier des Abendmahls wird vielen Kindern fremd sein. Sie kennen die Erzählung vom letzten Abendmahl Jesu mit seinen Jüngern, doch es gibt noch immer viele Gemeinden, in denen es nicht üblich ist, dass Kinder am Abendmahl teilnehmen. Viele Kindergottesdienste feiern jedoch im kleinen Rahmen eine Tischgemeinschaft mit den Kindern als Agape-(= Liebes)Mahl, so wie Jesus sie mit Sündern und Zöllnern gefeiert hat. Vielleicht kann der Reformationstag ein Anlass sein, die Kinder – gut vorbereitet durch die Erkenntnis Martin Luthers und die Betrachtung des Reformationsaltars – in die Abendmahlsgemeinschaft der Erwachsenen mit hineinzunehmen. Dies sollte mit dem/der Pfarrer/in rechtzeitig besprochen und vorbereitet werden.

Gestaltungsvorschlag für jüngere und ältere Kinder

Gestaltung der Kreismitte
Auf einer passenden Decke sehen die Kinder die brennende Kerze, eine aufgeschlagene Lutherbibel, ein Kreuz, einen Krug mit Saft, einen Kelch und einen Teller mit Hostien. Gut sichtbar für die Kinder hängt wieder das Band mit dem Bild von Martin Luther und dem letzten Briefumschlag. Daneben hängt das Poster mit dem Altarbild von Lucas Cranach. Nur noch der Ausschnitt mit der 4 ist durch Tonpapier verdeckt.

Begrüßung
Wir begrüßen euch herzlich zu unserem vierten und letzten Sonntag mit Martin Luther. Heute werden wir den letzten Brief öffnen, den Martin Luther an uns geschrieben hat. Und wir werden auch das letzte Bild auf dem Altar von Lucas Cranach öffnen. Ihr werdet dann den ganzen Altar sehen können.
In unserer Mitte seht ihr schon, worum es heute gehen wird (Äußerungen der Kinder abwarten). Ja, das Brot und der Kelch erinnern uns daran, wie Jesus zum letzten Mahl mit seinen Jüngern am Tisch gesessen und gegessen hat. Wir feiern dieses Essen – das Abendmahl – auch nach 2000 Jahren noch in unseren Gemeinden. Die Feier des Abendmahls ist auch Martin Luther wichtig gewesen. Davon wollen wir heute hören.
So beginnen wir jetzt im Namen des Vaters und des Sohnes und des Heiligen Geistes. Amen

Lied; Luthers Morgensegen

Lesung: Matthäus 26, 20–29

Lied: Ein feste Burg ist unser Gott, Str. 1+2

Öffnung des vierten Lutherbriefes
Ein Kind öffnet den vierten Brief von Martin Luther
Ein/e Mitarbeiter/in liest den Brief langsam und deutlich vor.

Liebe Kinder,
heute, in meinem letzten Brief, will ich euch vom Abendmahl schreiben. Ich will euch erzählen, warum das Abendmahl für uns Christen eine große Bedeutung hat.
Erinnert ihr euch noch daran, dass die Menschen in der Zeit, in der ich gelebt habe, so große Angst hatten? Dass es Kriege gab und Krankheiten, die keiner heilen konnte und so viele Menschen früh gestorben sind? „Was wird nach dem Tod sein?", haben die Menschen immer wieder gefragt. Sie hatten Angst, Gott zu begegnen, denn in der Kirche war ihnen immer wieder erzählt worden, dass Gott nach dem Tod streng sein würde

mit ihnen. Gott würde sie bestrafen für alles, was sie Böses getan hatten. „Tut gute Werke!", hatten die Priester immer wieder gesagt. „Dann gefallt ihr Gott. Dann kommt ihr in den Himmel." Gute Werke, das bedeutete: Beten, fasten, armen Menschen Brot und Kleider geben, den Eltern gehorchen, die Wahrheit sagen, nicht stehlen, nicht neidisch sein. Und noch viel mehr.

Ich habe mir Mühe gegeben, viele gute Werke zu tun. Ich wollte ganz sicher sein, dass Gott mich, wenn ich sterbe, freundlich empfangen und nicht auf ewig bestrafen würde. Doch ich merkte, dass ich es nicht schaffte mit den guten Werken. Immer wieder dachte ich: Es reicht noch immer nicht. Ich bin immer noch nicht gut genug. Ich muss noch mehr Gutes tun und noch mehr beten. „Wie schaffe ich es, wirklich zu wissen, ob Gott freundlich zu mir sein würde?" Diese Frage quälte mich Tag und Nacht.

Dann – ich war nun schon selber Priester und Lehrer für die Studenten – habe ich die Bibel studiert. Und da habe ich in der Bibel eine ganz große Entdeckung gemacht. Ihr kennt meine Entdeckung nun schon: Gott ist gar kein strenger Gott, sondern ein Gott der Liebe. Dort in der Bibel konnte ich es lesen: Der Mensch wird vor Gott nicht durch gute Werke recht, sondern allein durch den Glauben. Ja, das stand da: Du musst nichts tun, sondern nur glauben! Der Glaube allein genügt. Ich konnte es gar nicht fassen: Gott ist freundlich, Gott liebt uns. Er möchte nichts anderes, als dass wir an ihn glauben. An Gott glauben, ihm vertrauen – das allein ist unsere Rettung.

Und das Abendmahl?

Wenn wir zusammen Abendmahl feiern, dann feiern wir eben diesen Glauben. Jesus Christus lädt uns ein und Gott gibt uns etwas zum Sehen, zum Anfassen und zum Schmecken, damit wir wirklich wissen, wie freundlich er ist und wie sehr er uns liebt. Wenn wir das Brot essen und aus dem Kelch trinken, dann können wir seine Liebe spüren und wissen: Jesus ist bei uns.

Ihr dürft das nachher auch tun – das Brot essen und aus dem Kelch trinken. Und ihr dürft dabei voller Glauben sein, voller Vertrauen, dass Gott freundlich ist und euch lieb hat. Ihr dürft es glauben, dass er, wenn ihr von dem Brot esst und von dem Saft trinkt, mitten unter euch ist und Gutes für euch will.

Euer Martin Luther

Bildbetrachtung

Ein Kind öffnet den letzten Ausschnitt auf dem Altarbild von Lucas Cranach: Jesus feiert mit seinen Jüngern das Abendmahl. Sie sitzen um einen runden Tisch, alle sind gleichrangig. Johannes, „der Jünger, den Jesus lieb hatte", liegt an Jesu Brust (Joh 13,23). Jesus reicht Judas das Brot. Judas hat als einziger der Jünger ein zweifarbiges Gewand an. In der Hand hält er den Sack mit Geld. Er hat sich bereits von Jesus losgesagt. Er wird ihn in Kürze verraten. Auf der anderen Seite von Jesus sitzt Petrus und fragt: – Herr, bin ich's?"

Unter den Jüngern sitzt Martin Luther mit dem Bart, den er sich als Junker Jörg im Versteck auf der Wartburg hat wachsen lassen. Der Sohn Lucas Cranachs reicht ihm den Becher mit Wein – ein evangelisches Abendmahl

Mit Luther die Kirche entdecken

wird hier gefeiert. Er trägt vornehme Kleidung und ist doch – dem Vorbild Jesu entsprechend – der Diener aller.

Leitfragen für die Bildbetrachtung:
Was seht ihr? Was fällt euch auf?
Schaut euch den Raum an!
Schaut euch den Tisch genau an!
Schaut euch die Menschen am Tisch an – ihre Kleidung, ihre Hände, ihre Gesichter!
Überlegt euch, worüber sie miteinander reden könnten!

Lied: Komm, sag es allen weiter

Feier des Abendmahls mit den Erwachsenen
Die Kinder werden abgeholt, um mit den Erwachsenen zusammen das Abendmahl zu feiern. Sie bringen den Krug mit Saft, den Kelch und den Teller mit Hostien mit. Es wäre schön, wenn auch die Erwachsenen im Gottesdienst den Reformationsaltar betrachten und darüber nachdenken würden, was kennzeichnend ist für unseren evangelischen Glauben. So könnte es eine alle verbindende Überleitung zum Abendmahl geben. Beim Empfang des Abendmahls können die Kinder ihre Hostie in den Saft tauchen. Sie schließen den Gottesdienst mit den Erwachsenen zusammen ab.

Findet der Kindergottesdienst zu einer anderen Zeit als der Hauptgottesdienst statt, wird der/die Pfarrer/in eingeladen, mit Kindern und Mitarbeiter/inne/n das Abendmahl in einer ihnen vertrauten oder passenden Form zu feiern.

Lied zum Schluss: Gottes Liebe/Güte/ Gnade/Freundschaft ... ist so wunderbar

Gebet
Vater im Himmel,
wir danken dir, dass du uns liebst und dass wir nichts anderes tun müssen, als dir zu vertrauen und an dich zu glauben.
Danke, dass du selber zu uns kommst in Brot und Wein/Saft und wir sehen und fühlen und schmecken dürfen, wie freundlich du bist.
Zu dir wollen wir voller Vertrauen beten:
Vater unser ...

Segen

Lied: Ein feste Burg ist unser Gott, Str. 1+2

Zusätzliche Anregung für Kindergottesdienste, die mehr Zeit haben

Anfertigen einer großen Collage
Zum Geburtstag oder zu einem Fest laden wir Leute ein, die wir gerne mögen. Jesus lädt alle Menschen zu sich ein,

ohne zu fragen, woher sie kommen oder was sie geleistet haben. Ein großer weißer Untergrund ist vorbereitet, Blätter aus Illustrierten/Katalogen usw., auf denen Menschen abgebildet sind, liegen bereit, dazu Wachsmalstifte, Klebstoff und Scheren. Wir fertigen mit den Kindern eine große Collage an. Zwei Kinder gestalten den Tisch, malen oder schneiden aus Tonpapier das Kreuz, eine Kerze, die Bibel und Blumen aus. Die anderen Kinder suchen viele unterschiedliche Menschen aus, die der Einladung Jesu folgen. Sie schneiden nur die Köpfe aus, so dass viele Menschen rund um den Tisch herum dicht beieinander Platz finden können.

Elisabeth Reinhard

Monatlicher Kindergottesdienst im Oktober
Abendmahl – alle sind eingeladen
(Martin Luther und das Altarbild des Reformationsaltars der Stadtkirche in Wittenberg)

Am 31. Oktober feiern wir das Reformationsfest. Die zentralen Themen der Reformation werden durch das Altarbild des Reformationsaltars der Stadtkirche in Wittenberg von Lucas Cranach d. Ä. veranschaulicht. (Dazu muss das Plakat des Reformationsaltars besorgt werden. Bestellangaben s. S. 241) Die Kinder entdecken auf dem Altarbild die Grundlagen des evangelischen Glaubens (Bibel, Kreuz, Taufe, Abendmahl) und erfahren ihre Bedeutung für den Reformator Martin Luther und die Gemeinschaft der evangelischen Christen. Im Mittelpunkt soll das Abendmahl stehen. Wer am Abendmahl teilnimmt, lässt sich von Jesus Christus einladen. Gott schenkt den Christen im Abendmahl Gemeinschaft und weltweite Zusammengehörigkeit. Alle sind eingeladen, auch die Kinder. Gemeinschaft ist konkret erfahrbar im Teilen von Brot und Wein. Das soll im gemeinsamen Feiern eines Abendmahles zum Ausdruck kommen.

Der **Gestaltungsvorschlag für den 31. Oktober** (S. 256) eignet sich sowohl für einen monatlichen Kindergottesdienst als auch für einen Gottesdienst mit Kindern und Erwachsenen am Reformationstag. Dazu ist es nötig, das **Poster des Reformationsaltars** zu besorgen (s. Bestelladresse S. 241) Auf S. 260 finden sich besondere Vorschläge für einen Kindergottesdienst mit mehr Zeit.

Als Schwerpunkt eignet sich aber auch das Thema des 1. Sonntags (s. Gestaltungsvorschlag S. 242): **Allein Schrift – die Bibel.** In diesem Fall wird die Predella des Altars als Ganzes betrachtet, so dass für die Betrachtung des Bildes die Ausführungen zum 2. Sonntag auch zu berücksichtigen sind. (Es wird nur die Abbildung der Predella benötigt.)

Alles hat seine Zeit

Zeichnung: Sabine Meinhold

Alles hat seine Zeit

Lied: Für alles gibt es eine Zeit,
s. S. 268

Liturgischer Text: Prediger 3,1–8; Psalm
31,2–6.8.9.15–17 (EG 716, LJ 662)

Sonntag	Text/Thema	Art des Gottesdienstes Methoden und Mittel
7.11.2010 Drittletzter Sonntag im Kirchenjahr	Alles hat seine Zeit Prediger 3,1–8	Gottesdienst mit Kindern; Haushaltskerze mit Zeitskala, Plakat mit Jahreskreis und Lebensstrahl, Gespräch, Textarbeit, Bilder zuordnen
14.11.2010 Vorletzter Sonntag im Kirchenjahr	Gott führt mich durch die Zeit Psalm 23	Gottesdienst mit Kindern; Erzählung mit Stationen, Tücher, Legematerial, Papp-Schafe, Becher, Saft, Brot, Schafe basteln, Hirtenstab, Bildergeschichte gestalten, Streichholzschachteln oder Filmdosen
21.11.2010 Ewigkeitssonntag	Ich bin bei euch alle Zeit Matthäus 28,16–20	Gottesdienst mit Kindern; Gespräch, gestaltete Mitte, Seil, lange Fäden, Gegenstände zu „Lebensweg", Erzählung, Kinderbibel, Lebensfäden anknüpfen

Monatlicher Kindergottesdienst im November
Alles hat seine Zeit, Prediger 3,1–8; Matthäus 28,16–20   S. 281

> **7. November 2010**
> **Drittletzter Sonntag**
> **im Kirchenjahr**
>
> **Alles hat seine Zeit**
> Prediger 3,1–8

Lieder: Schenk uns Zeit, LZU 77, LfK2 60, GoKi 2003; Meine Zeit steht in deinen Händen, LJ 596, MKL 76, LfK2 53; Meine Zeit zum Träumen und Schauen, KG 80; Für alles gibt es eine Zeit, s. S. 268

Liturgischer Text: Psalm 31,2–6.8.9.15–17 (EG 716, LJ 662)

Zum Text

Wer der Prediger ist, der diesen Text geschrieben hat, wissen wir nicht. Weil König Salomo als kluger König galt, sind ihm viele Texte aus der Weisheit Israels zugeschrieben worden, so auch dieser. Der „Prediger" sucht in seinem Buch Antworten auf die Frage nach dem Wert und dem Sinn des Lebens. Vieles hat er ergründet – Weisheit und Torheit, Freude und Enttäuschung, Besitz, Fleiß, Einsamkeit, Jugend ... Der Leitsatz, den er aus diesen Beobachtungen zieht, wiederholt er wie einen Refrain immer wieder: „Alles ist eitel und ein Haschen nach Wind." Je mehr der Mensch die Welt kennenlernt, desto mehr wird er davon geplagt, dass sie letztlich nicht von ihm erkannt werden kann. Das Ganze ist nicht zu durchschauen. Alle Erkenntnis ist Stückwerk. Zur Weisheit des jüdischen Volkes gehört aber auch die Lehre von der Zeit: Es gehört zur Ordnung der Welt, dass alles, was geschieht, in einer „zukommenden Zeit" geschieht. Das nimmt seinen Ausgangspunkt in der Naturebeobachtung: Der Baum bringt Frucht zu seiner Zeit (Ps 1,3), der „Storch am Himmel kennt seine Zeit, Turteltaube, Schwalbe und Drossel halten die Zeit ihrer Rückkehr ein" (Jer 8,7), die Steinböcke haben ihre Wurfzeit (Hiob 39,1); Garben werden eingebracht zu ihrer Zeit (Hiob 5,26).

Unsere Zeitwahrnehmung setzt sich aus einer *linearen* und *zyklischen* Dimension zusammen. Es gibt Zeiten, die im Jahresablauf immer wiederkehren. Die Jahreszeiten, säen, ernten ... Auch bestimmte Festzeiten kehren jedes Jahr wieder. Doch sie wiederholen sich nicht einfach in jedem Jahr, sondern haben die Funktion, etwas aus dem Brunnen der Vergangenheit neu Gegenwart werden zu lassen. „Das Vergangene vergegenwärtigt sich im Fest" (Thomas Mann). Jedes Jahr wird das Jesuskind, der Retter der Welt neu geboren; jedes Jahr feiern wir neu, dass Gott in der Welt erscheint.

Die *lineare* Zeitwahrnehmung ergibt sich aus unserer Sicht auf das Leben des Einzelnen von der Geburt bis zum Tod. Dafür steht die Metapher „Lebensweg". Unsere Geschichte zeichnen wir als Zeitstrahl, z. B. im Unterschied zum „Rad der Wiedergeburten" im Buddhismus. Auf dem Lebensweg gibt es unterschiedliche Stationen, die rituell begangen werden: Geburt – Taufe – Schulanfang – Konfirmation – Hochzeit ... Tod.

Beide Zeitdimensionen werden in dem Text benannt, der im Mittelpunkt des Kindergottesdienstes steht: Prediger 3,1–8.11. Der Text kann ohne Vers 11 nicht verstanden werden. Seine Pointe besteht darin, dass Leben und Tod, Konstruktives und Destruktives, Traurigkeit und Fröhlichsein gleichermaßen zum Leben gehören und von Gottes Ewigkeit getragen sind. Alles hat Gott schön gemacht. Dieser Inhalt kommt auch in der Stilistik des Textes zum Ausdruck. Das Gedicht besteht aus 7 Strophen mit jeweils vier Aufzählungen. Die Zahl 7 ist die Zahl der Ganzheit, die Zahl 4 steht für die Himmelsrichtungen. Die 28 im Gedicht aufgezählten Ereignisse repräsentieren damit die Gesamtheit des Weltgeschehens. Der erste Vers benennt die Begrenztheit des menschlichen Lebens überhaupt. Geborenwerden und Sterben sind der Anfangs- und der Endpunkt. Pflanzen und Ausreißen entspricht dem. Töten und Heilen beziehen sich im Alten Testament meist auf Gottes Gerichts- und Heilshandeln, auf Exil und Heimkehr. Aber auch im persönlichen Leben gibt es Zeiten, in denen viel stirbt, und Zeiten der Heilung. Einreißen und Aufbauen tun im Alten Testament die Propheten, und zwar mit Worten (Jer 1,10). Weinen und Lachen beschreiben keine Stimmungslage, sondern Trauerzeiten und Festzeiten. Im ersten Teil des Gedichts (V. 2–4) geht es also um Leben und Tod in unterschiedlichen Dimensionen. Die folgenden 16 Aufzählungen haben eine ethisch-gesellschaftliche Dimension. Was ursprünglich mit den Aufzählungen gemeint war, unterscheidet sich von dem, wie der Text auf der Oberfläche verstanden werden kann. Das Wortpaar „Zerreißen – Zusammennähen" zum Beispiel bezieht sich auf die Trauerriten im Alten Testament. Mit dem Zusammennähen des zerrissenen Trauergewands war die rituelle Trauerzeit zu Ende und man nahm den gesellschaftlichen Kontakt wieder auf.

Im Gedicht wechseln konstruktive und destruktive Wörter: 2mal +/–, 4mal –/+, 4mal +/–, 2mal –/+, 1mal +/–, 1mal –/+. Der Dichter mischt positiv und negativ Empfundenes. Auch das Zerstörerische hat Wert für das Leben. Dem scheinbar Sinnlosen wird Sinn eingeräumt. Damit baut der Prediger eine optimistische Weltsicht auf und hilft zu einer befreienden Lebenseinstellung: Alle Zeit ist kostbar, auch das Weinen und das Zerstörerische. Dadurch hat das Leben Tiefe. Gott hält alles zusammen.

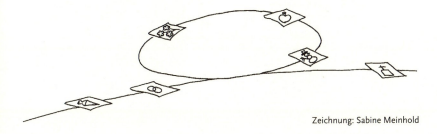

Zeichnung: Sabine Meinhold

2. Zum Töten Zeit – zum Heilen Zeit.
Für alles gibt es eine Zeit.
Zum Sprengen Zeit – zum Bauen Zeit.
In ihr wohnt Gottes Ewigkeit

3. Zum Weinen Zeit – zum Lachen Zeit.
Für alles ...
Zum Klagen Zeit – zum Tanzen Zeit.
In ihr ...

4. Zum Wegtun Zeit – zum Sammeln Zeit.
Für alles ...
Zum Drücken Zeit – zum Lassen Zeit.
In ihr ...

5. Zum Suchen Zeit – zum Finden Zeit.
Für alles ...
Zum Klammern Zeit – zum Lösen Zeit.
In ihr ...

6. Zum Reißen Zeit – zum Nähen Zeit.
Für alles ...
Zum Schweigen Zeit – zum Reden Zeit.
In ihr ...

7. Zum Lieben Zeit – zum Hassen Zeit.
Für alles ...
Zum Streiten Zeit – zum Küssen Zeit.
In ihr ...

Der Text und die Kinder

Kinder nehmen Zeit anders wahr als Erwachsene. Eine Stunde kann sich ewig hinziehen und ebenso schnell verfliegen. Es gibt Feste, die sehnsüchtig erwartet werden – der eigene Geburtstag oder Weihnachten. Tage werden gezählt, Stunden zusammengerechnet. Dieses Zeitempfinden prallt regelmäßig mit der Zeitplanung Erwachsener, vor allem Berufstätiger, zusammen. „Ich habe jetzt keine Zeit, komm, zieh endlich deine Jacke an." „Komm, hör auf zu weinen, wir müssen jetzt los." „Ich hab jetzt keine Zeit für deine Geschichten, heute Abend können wir erzählen." – Aber heute Abend ist längst etwas anderes dran. Mit Kindern über ihre Zeitwahrnehmung zu erzählen, über das Warten und über Zeiten, die schnell vergehen, über Festzeiten und das Alltägliche, soll Inhalt des Kindergottesdienstes sein. Das Thema hält viele Facetten bereit. Deswegen schlage ich vor, den Gottesdienstablauf so flexibel zu gestalten, dass Freiräume für die Gespräche mit den Kindern sind. Das Fatalste wäre, ihnen zu vermitteln, dass für ihre Fragen jetzt keine Zeit ist. Darum bestehen die Gestaltungsvorschläge aus Bausteinen, die Sie beliebig zusammensetzen können und von denen Sie gut auch welche weglassen können.

Bausteine für eine Gestaltung mit jüngeren Kindern

Einstieg mit Kerze: Die Kerze für den Kindergottesdienst ist heute eine besondere. Es ist eine Haushaltskerze, die – je nach Gottesdienstlänge – eine Zeitskala von 45 bis 90 min hat. Unten auf der Kerze sind Datum und Sonntag mit Wachs geschrieben. Die Kerze wurde zu Beginn des Gottesdienstes angezündet und dürfte nun ungefähr bei 25 min stehen (1 cm Haushaltskerze brennt ca.

Alles hat seine Zeit

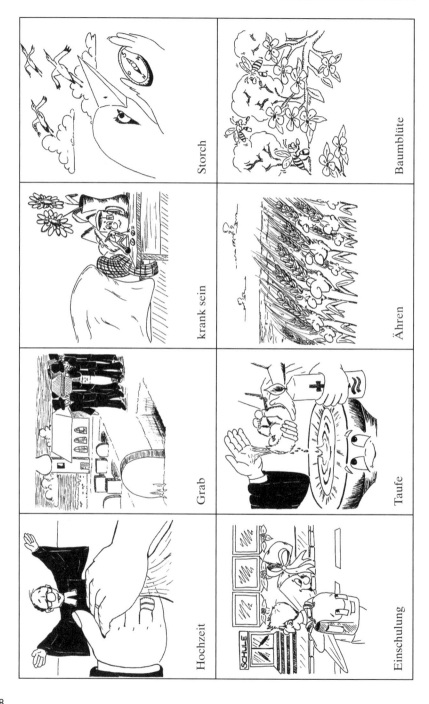

7. November 2010

Alles hat seine Zeit

12 min) – Gespräch über unterschiedliche Zeitwahrnehmungen im Gottesdienst

Jahreskreis mit Jahreszeiten: Auf dem Boden liegt ein Plakat mit dem Jahreskreis. Die Jahreszeiten sind darauf eingezeichnet. Der Kreis ist auf einer Linie, die den Lebensweg darstellt (s. Zeichnung). Anfang der Linie ist Geburt, Ende der Tod. Bilder (ausmalen und) zuordnen lassen (neben Jahreszeiten auch Hochzeit, Einschulung, Weinen, Lachen, s. Zeichnungen S. 268, 269)

Gedicht (Prediger 3,1-8.11) lesen, die Kinder zählen Sachen (mit Strichliste), dann noch einmal: Eine Gruppe zählt Schönes, andere Gruppe nicht so Schönes – Feststellung des Gleichgewichts – Gespräch darüber

Lied: Für alles gibt es eine Zeit (Hinweis auf die Aussage im Refrain: „alles hat Gott schön gemacht")

Gespräch
Ewigkeit – Die Kinder werden gefragt, was sie sich darunter vorstellen. Gott hält alles in seiner Hand. Er umfasst den Kreis und die Linie. Evtl. Bilder malen.

Lied und Abschluss

Bausteine für eine Gestaltung mit älteren Kindern

Einstieg mit Kerze (s. S. 267) – unterschiedliche Zeitwahrnehmungen im Gottesdienst. Daraus könnte sich ein Gespräch über Zeitwahrnehmung zu Hause entwickeln.

Jahreskreis und Lebensstrahl
In der Mitte liegt ein Plakat, auf dem ein Jahreskreis mit Monatseinteilung abgebildet ist. Die Bilder (S. 268, 269) können groß kopiert und dann zuordnen werden (neben Jahreszeiten auch Hochzeit, Einschulung). – Die Kinder kommen im Gespräch darauf, dass diese Feste gar nicht in den Jahreskreislauf gehören, sondern auf einen Lebensstrahl; der wird unten auf das Plakat gezeichnet und die entsprechenden Feste werden zugeordnet.

Für die übrigen Bilder (Weinen und Lachen, krank sein) finden die Kinder eine andere Überschrift, wo das im Leben verankert ist. Beim Suchen nach den Überschriften werden Themen aufkommen und diskutiert, inwiefern sich die Menschen für Schwäche und Emotionen Zeit nehmen, wo sie ihren Platz im Leben haben.

Lied: Für alles gibt es eine Zeit
Das Lied gibt den Bibeltext Prediger 3,2-8 wieder. Finden Sie mit den Kindern heraus, welche Ereignisse noch dazukommen und ordnen Sie sie zu (einfach dazuschreiben).

Liedtext noch einmal lesen lassen, die Kinder zählen Sachen (mit Strichliste): 28 = 7 mal 4. Dann Zahlensymbolik erklären: die 4 steht für die 4 Jahreszeiten / 4 Himmelsrichtungen; die 7 für die Wochentage – das bedeutet: der großartige Dichter hat seinen wichtigsten Satz in die Dichtung eingebaut: immer und überall ist Zeit – alles geschieht zu seiner Zeit.

Um zu erleben, wie tief und kunstvoll die Gedanken des Dichters sind, könnten die Kinder sich jetzt Aufstellungen überlegen: freudiges Ereignis (+): roter Schal; trauriges Ereignis (–): blauer Schal ... Denken Sie sich weitere kreative Formen aus aus dem, was oben über die Dichtkunst geschrieben ist.

Gespräch über „Alles hat Gott schön gemacht". Die Kinder werden Fragen daran haben, denn dagegen steht die große Frage „Warum lässt Gott das Leid zu?"

Lied und Abschluss

Jutta Noetzel

14. November 2010
Vorletzter Sonntag im Kirchenjahr

Gott führt mich durch die Zeit
Psalm 23

Lieder: Wo ich gehe, bist du da (in: H. Storkenmaier/D. Jöcker, Danke, Danke für die Sonne, Menschenkinder Verlag; Halte zu mir, guter Gott, KG 8, LJ 549, LZU 39; Vom Anfang bis zum Ende hält Gott seine Hände, Du bist Herr Kids 194, Daniel Kallauch, Gott und die Welt entdecken. 75 Lieder für kirchliche Kindergärten 63; Das wünsch ich sehr, LH 86, LfK1 C2, LJ 488, MKL 5, LZU 10; Du verwandelst meine Trauer, KG 198, LH 64, MKL 9, LJ 508

Liturgischer Text: Prediger 3,1–8.11

Zum Text und zum Thema

Psalm 23 ist einer der bekanntesten Texte der Bibel, selbst Kirchenferne kennen ihn noch. Die Aussagekraft und Bildsprache des Psalms (Wiese und Wasser, Hirte, dunkles Tal, festliches Essen ...) sind von starker Symbolik und rühren an unmittelbare Erfahrungen unseres Menschseins. So schöpfen bis heute Menschen aus diesen alten Worten Zuversicht und Kraft. In der Weitergabe solch biblischer Tradition nimmt der Kindergottesdienst eine wichtige Aufgabe wahr.

In Psalm 23 werden zwei Bilder für Gott verwendet: Gott als der gute Hirte (V. 1–4) und Gott als der freundliche, beschützende Gastgeber (V. 5–6). Beide drücken das Vertrauen zu Gott in einer schwierigen und bedrohlichen Situation aus. In V. 4 ist von den Gefahren die Rede, denen eine Schafherde ausgesetzt ist. Es geht hier nicht um eine „Schäfer-Idylle" in der Lüneburger Heide. Im Gegenteil: Gegen wilde Tiere musste ein Hirte für seine Herde ganz handfesten „Trost" dabeihaben: So trug er neben dem Hirtenstab auch eine metallbewehrte Keule bei sich (die wahrscheinlich mit dem Stecken gemeint ist), um Raubtiere abzuwehren. Auch ein am Stab angebrachter Fanghaken zum Einfangen der Schafe und eine Schleuder gehörten zur Hirtenausrüstung. Gott steht also ganz handfest für sein Volk ein! – Die „rechte Straße" (V. 3) ist die Straße der Gerechtigkeit, die Straße, die zu einem guten Ziel führt.

In V. 5 wechselt das Bild. Feinde verfolgen den Beter bis in Gottes Haus hinein. Doch der Beter wird dort von Gott wie ein Gast empfangen – mit dem Salben des Kopfes und dem vollgeschenkten Becher – und steht dort unter Schutz, denn im Heiligtum konnten Verfolgte und zu Unrecht Beschuldigte Asyl suchen. Der Beter vertraut darauf, dass dieser Schutz Gottes ihn lebenslang begleitet.
(Vgl. auch die Erläuterungen der „Stuttgarter Erklärungsbibel" zu Psalm 23. Zum Salben vgl. die Einheit 10 in GoKi 2009.)

Der Psalm im Kirchenjahr
Alles hat seine Zeit – im Rahmen dieser Reihe liegt der Schwerpunkt besonders darauf, dass Gott uns in guten wie auch schwierigen und selbst lebensbedrohlichen Zeiten begleitet. So schwingt im Psalm als tiefere Ebene auch die Symbolik des Durchgangs durch das Tal des Todes an Gottes Hand mit – und das Vertrauen, immer bei Gott geborgen zu sein.

Der Text und die Kinder
Ich plädiere dafür, den Psalm in der bekannten Luther-Übersetzung weiterzugeben. Manche alten Worte („mangeln", „weiden", „Aue"...) werden den Kindern fremd sein. Deshalb erzähle ich die Bilder des Psalms zunächst frei als Geschichte der Schafe (wobei sich das Bild in der letzten Szene auflöst), und lese dann den Luther-Text und helfe ggf. mit Worterklärungen. Die Bilder des Psalms rühren an so unmittelbare Erfahrungen, dass die Kinder keine Zugangsschwierigkeiten haben werden.

Auch Kinder kennen dunkle Zeiten, haben vielleicht schon bedrohliche Situationen erlebt oder den Verlust eines Tieres oder Menschen erlitten. Angst vor dem Tod ist dabei häufig mit der Besorgnis verbunden, dass wichtige Bezugspersonen (Eltern, Großeltern) nicht mehr da sein könnten. Hier kann der Psalm wirklich Glaubenshilfe anbieten: Bilder, die für sich selbst sprechen und Vertrauen vermitteln, in allem behütet zu sein.

Da ich den Psalm erst am Ende der Geschichte lesen möchte, schlage ich ein kurzes Eingangsgebet vor.

Zwischen den beiden Bildern – Gott als Hirte, Gott als Gastgeber – entscheide ich mich in der Erzählung für das erste Bild. Das Bild vom „gedeckten Tisch" nimmt ein gemeinsames Essen am Schluss auf.

Gestaltungsvorschlag für jüngere und ältere Kinder

Gebet
Gott, du bist mit mir unterwegs.
Manchmal bin ich fröhlich. An anderen Tagen bin ich traurig.
Manchmal fühle ich mich ganz stark.
Manchmal macht mir etwas Angst.
Gott, du bist bei mir. Das gibt mir Kraft und macht mich mutig. Amen

Vorbereitung der Erzählung
Zu der Erzählung gestalte ich eine „Straße" mit vier Stationen. Bei einem kleinen Raum befinden sich die Stationen in der Mitte des Stuhlkreises bzw. werden dort beim Erzählen aufgebaut – die Kinder sind eingeladen, mit den Au-

gen „zu wandern". Wer mehr Platz hat, kann die Stationen in verschiedene Ecken oder Räume verteilen und sie dann mit den Kindern besuchen.

Erzählung mit Stationen

1. Station: Grünes Tuch. Ich frage die Kinder, was das sein könnte. Beim Stichwort „Wiese" setze ich 2–3 Papp-Schafe (siehe Bastelvorlage) auf das Tuch. „Eine grüne Wiese. Den Schafen geht es hier richtig gut. Was ist alles auf so einer Wiese?" Antworten sammeln, z.B. Blumen, Schmetterlinge, Kräuter ... Die Kinder können für ihre Einfälle die Wiese mit Glasnuggets, Stoffblüten oder anderem Legematerial schmücken. Wenn die Kinder den Hirten erwähnen, lege ich z.b. einen Hirtenstab oder Hut dazu. „Eine Zeitlang können die Schafe hier fressen. Wenn die Wiese abgefressen ist, zieht der Hirte mit ihnen weiter."
„Stellt euch vor, es ist ganz heiß. Die Schafe haben Durst. Der Hirte kennt eine gute Wasserstelle."
Mit den Schafen und den Kindern weiterwandern zur

2. Station: Beiges Tuch mit blauem Tuch als Fluss. Krug mit Wasser und Becher stehen daneben.
„Stellt euch vor, euch ist ganz heiß. Ihr habt richtig doll Durst. Ihr musstet einen langen Weg gehen. Aber jetzt kommt das Wasser in Sicht. Eine Quelle. Oder ein Fluss mit ganz sauberem Wasser. Ihr spürt schon, wie sich das Wasser gleich anfühlen wird. Wie wird das Wasser sein?" (Kinder antworten: kühl, frisch ...) „Was werdet ihr als Erstes tun, wenn ihr an das Wasser kommt?" (Trinken, baden ...) „Ah, endlich sind wir angekommen." (Die Papp-Schafe an das Wasser setzen.) „Und wir dürfen alle etwas trinken." (Für jedes Kind einen kleinen Schluck Wasser austeilen) „Wie schmeckt euch das Wasser nach der Wanderung? ... So, jetzt sind wir gestärkt und können wieder weiterlaufen, auf der Suche nach neuen Weideplätzen."

3. Station: Dunkles Tuch und Berge – dazu z.B. Tücher über Flaschen hängen und auf diese Weise bergiges, enges Tal darstellen. Die Schäfchen vor den Eingang des Tales stellen.
„Oh weh, wo sind wir denn hier hingekommen? Ein dunkles Tal! Mit Bergen und Felsen. Der Weg ist ganz eng. Und überall können Gefahren lauern. Raubtiere zum Beispiel. Was könnte da noch lauern?" (Kinderantworten aufnehmen) „Trauen wir uns, da reinzugehen? ... Ich meine – wir haben ja den Hirten dabei. Ob er uns helfen kann? Was braucht der Hirte, um uns zu beschützen?" (Kinderantworten; ich erzähle, dass die Hirten früher immer einen Stock dabei hatten und eine Keule, mit der sie gefährliche Raubtiere abwehren konnten.) „Was ist wohl auf der anderen Seite? Ob es sich lohnt, da durchzugehen? Was meint ihr? ... Ich glaube, da gibt es gute Wiesen. Sonst würde der Hirte uns da ja wohl nicht durchführen, oder?"
Wenn sich alle trauen: Kinder die Schafe durch das Tal führen lassen.
„Geschafft! Oh schaut mal, da vorne können wir uns von diesem schwierigen Weg ausruhen!"

Mit den Kindern zur **4. Station** gehen: wieder ein **grünes Tuch, Wasserstelle, Blumen** ... „Hier ist es gut, hier können wir erstmal eine Zeitlang bleiben.

Die Schafe stärken sich auf der Wiese. Und auch wir Menschen bekommen eine kleine Stärkung."
(Ein weißes Tuch auslegen. Eine Kerze darauf stellen. Becher verteilen und Saft ausschenken. Geschnittenes Fladenbrot auf den Tisch stellen.)

„Während ihr esst und trinkt, möchte ich euch ein Gebet aus der Bibel vorlesen."
Psalm 23 in der Lutherübersetzung (kursiv) vorlesen, je nach Zeit und Aufnahmefähigkeit der Kinder auch mit Zwischentexten:

Der Herr ist mein Hirte, mir wird nichts mangeln.
Wie der Hirte auf seine Herde, so gibst du auf mich Acht.
Du sorgst für mich, dass ich genug zum Leben habe.
Er weidet mich auf einer grünen Aue und führt mich zum frischen Wasser.
Du tust mir so viel Gutes, dass ich sogar mehr habe, als ich brauche.
Deshalb freue ich mich und bin fröhlich.
Er erquicket meine Seele.
Er führt mich auf rechter Straße um seines Namens willen.
In deiner Nähe fühle ich mich wohl und geborgen.
Sogar wenn es mir schlecht geht, bist du bei mir.
Und ob ich schon wanderte im finstern Tal, fürchte ich kein Unglück, denn du bist bei mir, dein Stecken und Stab trösten mich.
Du lässt mich auch dann nicht allein, wenn ich traurig bin.
Gerade dann sprichst du mit mir und tröstest mich.
Du bereitest vor mir einen Tisch im Angesicht meiner Feinde.
Du salbest mein Haupt mit Öl und schenkest mir voll ein.
Auch wenn die anderen über mich lachen, weil ich dich lieb habe,
weiß ich genau, dass du mir hilfst.
Selbst dann, wenn sie mich verspotten, gibst du mir Kraft, das auszuhalten.
Gutes und Barmherzigkeit werden mir folgen mein Leben lang,
und ich werde bleiben im Hause des Herrn immerdar.
Du tust mir so viel Gutes Gott.
Und du versprichst mir in jedem Gottesdienst neu, zu mir zu halten.
Auch ich will immer bei dir bleiben.
Amen.
(nach: „Dir kann ich alles sagen, Gott", Verlag am Birnbach 2007, S. 20.)

Hinweis: Weitere Psalmübertragungen zu Psalm 23: Sagt Gott 62; Polster/Temporin, Gib mir Wurzeln, lass mich wachsen. Psalmen für Kinder (Gabriel-Verlag 2006)

Abschließendes Gespräch
„Was hat euch an der Geschichte/an dem Gebet am besten gefallen? An welches Bild möchtet ihr euch gerne erinnern?" Ggf. noch Verständnisfragen klären.

Gestaltungsvorschlag für jüngere Kinder

Bilderbuch
Alternativ zu obigem Gestaltungsvorschlag könnte mit jüngeren Kindern auch das sehr schöne Bilderbuch zu Psalm 23 „Das kleine Schaf und der gute Hirte" von Christof Stählin/Anja Reichel (Gabriel-Verlag) angeschaut und vorgelesen werden.

14. November 2010

Kreative Vertiefung

Der Psalm bietet viele Möglichkeiten der kreativen Vertiefung.

– **Schaf basteln** (siehe Zeichnung): Das Schaf aus Pappe doppelt ausschneiden. Körper und Beine bis zur Markierung zusammenkleben, Füße zum Stehen nach außen falten. Ohren aufkleben und Gesicht aufmalen. Körper mit Watte oder ungesponnener Schafwolle bekleben.
(Weitere Bastelanregungen auch unter www.schafplanet.de/klugschaf/bastel/bastel.html)

– **Anfertigung eines Hirtenstabs**: Wanderstöcke (aus dem Wald – scharfe Stellen ggf. vorher abschmirgeln – oder Rundholzstäbe aus dem Baumarkt) mit Wolle oder Kreppbändern verzieren.

– **Streichholzschachtel-Bilderbuch/Filmdosenkino**: Jedes Kind erhält einen Bilderstreifen zum Ausmalen (siehe Zeichnung). Streichholzschachtel-Bilderbuch: Streifen zickzackförmig falten und in die Schachtel legen, ggf. unterstes Bild in der Schachtel festkleben. Außen Titelbild aufkleben. Filmdosenkino: Leere Filmdose an der Seite mit einem Schlitz versehen. Bildstreifen von hinten her aufrollen, vordere Lasche mit einem Klebestreifen stabilisieren, Rolle in die Dose legen, am Schlitz langsam herausziehen.

– Die Geschichte vom Schaf als gemeinsame **Bildergeschichte** gestalten: Wenn ein Kurbelkino vorhanden ist (Selbstbau-Anleitung unter www.kirchliche-dienste.de/upload/kimmik20042.pdf), werden die „Szenen" des Psalms unter die Kinder aufgeteilt, so dass zu jedem Vers ein oder mehrere Bilder entstehen. Diese werden aneinandergeklebt und am Schluss als „Kinovorführung" gezeigt, wobei jedes Kind zu seinem Bild erzählt.

Alles hat seine Zeit

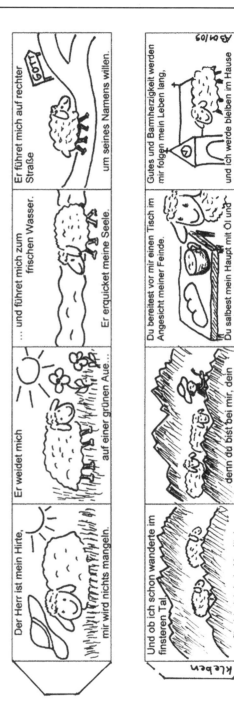

Weg-Segen zum Mitmachen
Gott halte seine Hände über uns und segne uns. (Hände wie ein Dach über dem Kopf.)
Gott halte seine Hände vor uns und gehe mit uns. (Hände nach vorne halten)
Gott halte seine Hände um uns herum und behüte uns, bis wir uns wiederseh'n. Amen (Hände auf die Schultern des Nachbarn/der Nachbarin legen)

Annette Baden-Ratz

21. November 2010
Ewigkeitssonntag

Ich bin bei euch alle Zeit
Matthäus 28,16–20

Lieder: Ausgang und Eingang, EG 175, MKL 2, LJ 119, LfK2 57, KG 184; Du bist da, wo Menschen leben, KG 147, LfK1 C6, LJ 498, MKL 42, LZU 13; Ich möcht', dass einer mit mir geht, EG 209, KG 211, LJ 137, LfK1 A27, MKL 82

Liturgischer Text: Psalm 31,2–6.8.9.15–17 (EG 716, LJ 662)

Zum Text und zum Thema

Matthäus 28,16–20 ist mit „Der Missionsbefehl" überschrieben. In diesen letzten Versen des Matthäusevangeliums sendet Jesus – nach seiner Auferstehung – die Jünger zu allen Völkern, um sie zu taufen und sie alles zu lehren, was er ihnen befohlen hat. Das ist ein neuer Gedanke. Was Jesus von Gott zu erzählen hat, ist nicht nur für das Volk Israel bestimmt, sondern für die ganze Welt. Das Evangelium endet mit der Zusage Jesu: „Siehe, ich bin bei euch alle Tage bis an der Welt Ende."

Dieser Satz stellt die Verbindung her zum Thema „Alles hat seine Zeit". Für die Jünger und auch für uns heute ist er eine hoffnungsvolle Zukunftsperspektive. Jesus selbst ist als Auferstandener gegenwärtig, um uns in der Welt zu stärken und um uns die Gewissheit zu geben, dass das Ende der Welt nicht das Ende bedeutet, sondern in das Reich Gottes führt. Die Jünger damals lebten in der Naherwartung der Wiederkunft Christi. Wir heute dürfen gewiss sein, dass der Tod nicht das Ende bedeutet, sondern in das Licht der Herrlichkeit Gottes führt. Damit wird abschließend der Bezug zum Ewigkeits- (oder auch Totensonntag) hergestellt.

Der Text, das Thema und die Kinder

Sicherlich wäre es eine Überforderung für die Kinder, den Missionsbefehl (wie es die gängige Überschrift nahelegt) in den Mittelpunkt eines Kindergottes-

Alles hat seine Zeit

dienstes zu stellen. Vielmehr erscheint es mir angebracht, folgende Schwerpunkte zu setzen (vgl. Textplan):
- Die Kinder sind von Anfang an in die Geschichte Jesu mit seiner Gemeinde und dieser Welt mit hineingenommen (Getaufte in besonderer Weise).
- Sie können darauf vertrauen, dass Jesus ihr ganzes Leben bei ihnen ist, sogar über das irdische Leben hinaus, und ihnen Handlungsmöglichkeiten für ihren Alltag eröffnet.
- Sie werden ermutigt, andere einzuladen, sich der Nähe Gottes zu öffnen.

Gestaltungsvorschlag für jüngere und ältere Kinder

Vorbereitung

Ein Stuhlkreis ist vorbereitet. In der Mitte liegen viele verschiedenfarbige Wollfäden (Länge zwischen 2 und 5 Meter) in verschiedenen Längen, dazwischen (deutlich erkennbar) ein Seil, das hinten und vorne herausragt. Die Fäden liegen an unterschiedlichen Stellen, beginnen und enden aber jeweils am Seil (dort festgeknotet). Links und rechts von einem Faden sind beispielhaft unterschiedliche Gegenstände angeordnet:
- an beiden Enden des Seils je eine brennende Kerze
- eine Babyrassel (oder Babyfläschchen/Schnuller o. Ä.)
- eine Schale mit Wasser (Taufe)
- eine Kindergartentasche (oder Bauklötze/Puppe o. Ä.)
- eine Federmappe (oder ein Lesebuch oder ein Rechenschieber o. Ä.)
- eine Kinderbibel
- ein (möglichst zwei) Ehering(e)
- eine aus der Zeitung ausgeschnittene Todesanzeige (mit Kreuzsymbol)
- evtl. weitere Gegenstände zum Stichwort „Lebensweg"

Eingangswort

Wir feiern unseren Kindergottesdienst im Namen des Vaters, der uns durch die Zeit führt,
und im Namen seines Sohnes Jesus, der uns versprochen hat, immer bei uns zu sein,
und im Namen des Heiligen Geistes, der uns auf unserem Lebensweg stärkt.
Amen

Eingangslied: Ausgang und Eingang (mit Bewegungen)

Hinweis zum Lied: Allgemein ist es hilfreich – wenn es zu einem Lied passt – sich entsprechende Bewegungen zum Text auszudenken. Das macht den Kindern Spaß und unterstützt sie beim Singen; nur Mut zur Spontaneität: Meist fallen einem passende Bewegungen ein; das ist leichter als irgendwelche komplizierten Anleitungen zu studieren, die man im Vollzug doch vergisst.

Gespräch

Die Kinder sitzen im Stuhlkreis und erhalten Gelegenheit, sich zu der gestalteten Mitte zu äußern. Die Leiterin nimmt sich die Babyrassel o. Ä.
„Hier in unserer Mitte liegen viele Fäden: rote, gelbe, schwarze, weiße (...), lange und kurze, dicke und dünne, raue und glatte. Sie sollen Zeichen für unsere Lebenswege sein. Wir sehen viele Dinge, die uns auf unseren Wegen begegnen. Hier habe ich eine Babyrassel. Als ich klein war, habe ich damit gespielt. Wer hatte auch solch eine Rassel? (...)

21. November 2010

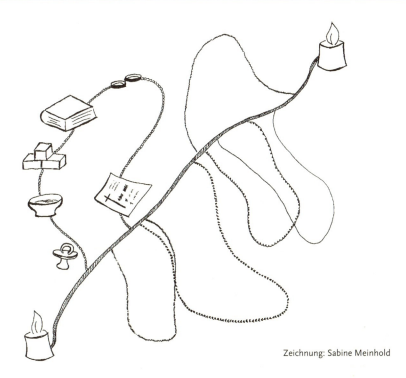

Zeichnung: Sabine Meinhold

Und dann wurde ich getauft. Hier, die Schüssel mit Wasser erinnert mich daran. Der Pfarrer hat das Wasser über meinen Kopf fließen lassen und gesagt: ‚Ich taufe dich im Namen des Vaters, des Sohnes und des Heiligen Geistes.' Das war wichtig für mich. Gott ist mir ganz nah. Ich bin sein Kind. Er hat mich lieb." (...)
In einem längeren Gespräch werden die einzelnen Gegenstände benannt und dazu erzählt (Der Impuls kommt jeweils von der Leiterin.) Beim Erzählen ist es hilfreich, wenn die Kinder einen Gegenstand, zu dem sie erzählen, in die Hand nehmen. Durch das Gespräch soll Folgendes deutlich werden:

Es gibt verschiedene Stationen in unserem Leben. Wir machen unsere eigenen Erfahrungen oder erleben sie bei anderen (bei den Kindern kann dies z.B. der Tod von Großeltern sein). Wir dürfen dabei spüren, dass Gott uns begleitet (evtl. Bezug auf den vorhergehenden Sonntag zu Psalm 23 nehmen). Bei diesem Gespräch geht es zunächst vornehmlich darum, die Kinder etwas von sich erzählen zu lassen. Haben Sie keine Angst vor Erzählungen über den Tod oder über andere schwierige Situationen. Wenn Kinder dies von sich aus in das Gespräch einbringen, kann man auf eine gute Weise damit umgehen.

Alles hat seine Zeit

Lied: Du bist da, wo Menschen leben

Fortsetzung des Gesprächs

„Wir haben nun einiges von unseren Lebenswegen gehört. Schaut mal, in der Mitte all unserer Fäden liegt ein besonders langes Seil mit zwei Kerzen an den Enden. Von wem könnte das denn sein?" (Die Kinder stellen Vermutungen an.)
„Das ist Jesu Weg. Er ist ohne Anfang und ohne Ende – deswegen stehen die Kerzen da – und er liegt mitten in unseren Lebenswegen. Unser Weg beginnt bei ihm. Und wenn ein Weg aufhört, dürfen wir daran glauben, dass er auf Jesu Weg weitergeht. Deshalb sind unsere Fäden mit seinem Seil verbunden.

Erzählung

Dazu möchte ich euch nun eine Geschichte aus der Bibel erzählen (Die Leiterin nimmt die Kinderbibel zur Hand):
Jesus ist Gottes Sohn. Er lebte vor 2000 Jahren als Mensch in dem Land, das heute Israel heißt. Er hatte viele Freunde und zog mit ihnen umher, um den Menschen von Gott zu erzählen. Dann starb Jesus am Kreuz, aber Gott weckte ihn aus dem Tod auf.
Jesus lebte und doch war alles anders als vorher. Er konnte jetzt nicht mehr wie bisher bei ihnen bleiben, aber er wollte sie auch nicht allein lassen. Er traf seine Freunde noch einmal auf einem Berg. Hier waren sie oft mit ihm gewesen. Hier hatte er ihnen und vielen anderen von Gottes Liebe erzählt. Hier hatte er ihnen gesagt, wie wichtig es ist, sich gegenseitig zu helfen, damit Gottes Liebe in der Welt spürbar wird.
Als Jesus zum Berg kam, erkannten ihn einige sofort und liefen zu ihm hin, manche aber blieben stehen und konnten es nicht glauben, dass es wirklich Jesus war. Jesus aber ging ihnen allen entgegen und sagte zu seinen Freunden: „Gott hat mir alle Macht im Himmel und auf der Erde gegeben. Geht nun zu allen Menschen auf der ganzen Welt und tauft sie auf den Namen des Vaters und des Sohnes und des heiligen Geistes. Erzählt ihnen alles, was ich euch von Gottes Liebe und von seinen Geboten erzählt habe, damit sie (bis in alle Ewigkeit) ein glückliches und erfülltes Leben haben, so wie es Gott gefällt. Und ihr sollt wissen, ich bin es und ich bleibe alle Zeit bei euch bis zum Ende der Welt." (Die Leiterin legt die Kinderbibel weg.)
Die Freunde haben sich damals auf diesen Satz von Jesus verlassen. Sie sind hinaus in die Welt gegangen und haben das getan, was er ihnen gesagt hat. Seit 2000 Jahren erzählen die Menschen von Jesus, von Gottes Liebe und von seinen Geboten. Milliarden Menschen sind in all den Jahren getauft worden, auch ich und viele von euch. Seit 2000 Jahren ist Jesus ganz nah bei uns und wir können uns auf ihn verlassen. Denn sonst würden wir heute nicht hier in ... sitzen und von ihm erzählen.

Aktion

„Jetzt bekommt jeder einen eigenen Lebensweg-Faden. Und wir knüpfen unsere Fäden an den Jesus-Faden an. Das soll uns daran erinnern, dass Jesus uns versprochen hat, immer bei uns zu sein."

Lied: Ich möcht', dass einer mit mir geht

Gebet
Jesus, du gehst mit uns, du bist bei uns.
Das hast du uns versprochen für alle Zeiten: für die schönen Zeiten, aber auch für die schweren Zeiten.
Dafür danken wir dir.
Wir bitten dich, dass wir immer weiter von dir, von Gottes Liebe und von seinen Geboten erzählen, damit alle Menschen bei dir geborgen sein können.
Wir beten gemeinsam: Vater unser

Segen
Es segne und behüte uns der allmächtige Gott,
der Vater, der uns liebt,
der Sohn, der immer bei uns ist,
und der Heilige Geist, der uns stärkt.
Amen

Schlusslied: Du bist da, wo Menschen leben

Elke Sonntag

Monatlicher Kindergottesdienst im November
Alles hat seine Zeit, Prediger 3,1–8; Matthäus 28,16–20

Ausgehend von Prediger 3,1–8 entdecken die Kinder, dass auch ihr Leben von Ereignissen voller Gegensätze im Jahreskreis und auf ihrem Lebensweg geprägt ist. In allem, was uns geschieht, dürfen wir darauf vertrauen, dass das Versprechen Jesu Christi, seinen Freundinnen und Freunden nahe zu sein, auch uns gilt.

Der **Gestaltungsvorschlag für den 7. November** eignet sich für einen monatlichen Kindergottesdienst. Das **Lied** „Für alles gibt es eine Zeit" (S. 268) gibt den Text aus Prediger 3,1–8 wieder. Die **Erzählung vom 21. November** (S. 280) kann den Kindern verdeutlichen, dass sie immer mit Jesus Christus verbunden und von ihm gehalten sind, auch über den Tod hinaus.

Gottes Advent verändert Leib und Seele. Biblische Adventshaltungen entdecken u. feiern

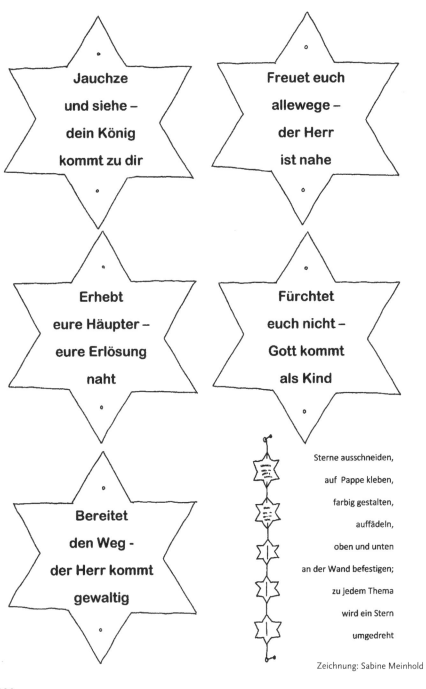

Jauchze und siehe – dein König kommt zu dir

Freuet euch allewege – der Herr ist nahe

Erhebt eure Häupter – eure Erlösung naht

Fürchtet euch nicht – Gott kommt als Kind

Bereitet den Weg – der Herr kommt gewaltig

Sterne ausschneiden, auf Pappe kleben, farbig gestalten, auffädeln, oben und unten an der Wand befestigen; zu jedem Thema wird ein Stern umgedreht

Zeichnung: Sabine Meinhold

Lied: Macht hoch die Tür, EG 1, KG 26
(Str. 1–3), LJ 12

Liturgischer Text: Psalm 24 (Übertragung, s. S. 298) in Verbindung mit dem Lied „Macht hoch die Tür (EG 1; zusätzliche Strophe: s. S. 298)

Gottes Advent verändert Leib und Seele
Biblische Adventshaltungen entdecken und feiern

Sonntag	Text/Thema	Art des Gottesdienstes Methoden und Mittel
29.11.2010 1. Advent	Sacharja 9,9–12 Jauchze und siehe – dein König kommt zu dir	Gottesdienst mit Kindern; Mitsprechgeschichte, Gespräch, blaue u. gelbe Tuschfarbe, 2 Krüge, 1 Glasschale, Wasser, 2 Pinsel, Kerze, Ton- u. Transparentpapier, Transparent gestalten
5.12.2010 2. Advent	Lukas 21,25–28 Erhebt eure Häupter – eure Erlösung naht	Gottesdienst mit Kindern und Erwachsenen; gebastelte Sterne, gestaltetes Kyrie und Gloria, Erzählung mit Schattenfiguren oder szenisches Spiel, Gespräch
12.12.2010 3. Advent	Jesaja 40,1–11 Bereitet den Weg – Gott kommt gewaltig	Gottesdienst mit Kindern (und Erwachsenen); Eingangsprozession, Gespräch, Erzählung, dunkelblaue und gelbe Dreiecke, Sterne basteln, gedeckter Tisch, Teelichter
19.12.2010 4. Advent	Philipper 4,4–7 Freuet euch allewege – der Herr ist nahe	Gottesdienst mit Kindern; Erzählung mit Würfelspiel, kopierte „Tür-Karten" Papierblätter, Süßigkeiten, braune und orangefarbene Dreiecke, Spielfigur, Würfel, Sterne basteln
24./25./26.12.2010 Heiliger Abend/ Christfest	Lukas 2,1–20 Fürchtet euch nicht – Gott kommt als Kind	Gottesdienst mit Kindern und Erwachsenen; Krippenspiel mit Erzähler und 12 Mitspielern, (oder: Erzählung mit Bodenbild, Engel gestalten)

Monatlicher Kindergottesdienst im November
Alles hat seine Zeit, Prediger 3,1–8; Matthäus 28,16–20   S. 317

28. November 2010
1. Advent

Sacharja 9,9–12

Jauchze und siehe – dein König kommt zu dir

Lieder: Mache dich auf und werde licht, EG regional, KG 24, LJ 451, Amen 55; Macht hoch die Tür, EG 1, KG 26 (Str. 1–3), LJ 12; Tochter Zion, freue dich, EG 13, LJ 22

Liturgischer Text: Psalm 24 (Übertragung, s. S. 298) in Verbindung mit dem Lied „Macht hoch die Tür (EG 1; zusätzliche Strophe: s. S. 298)

Zum Text

Obwohl der Prophet Sacharja in den Textreihen des Kirchenjahres nur eine untergeordnete Rolle spielt, kommt uns der hier zu behandelnde Textabschnitt bekannt vor. Das liegt einmal daran, dass der Beginn des Textes zwei Anspielungen enthält. Zunächst klingt in der ersten Hälfte von Vers 9 das Lied „Tochter Zion" in uns an. Der zweite Teil des Verses 9 ist zugleich der Wochenspruch des 1. Advent: „Siehe dein König kommt zu dir, ein Gerechter und ein Helfer". Schließlich wird Sacharja 9,9 auch in abgewandelter Form im Evangelium des 1. Advent zitiert (Mt 21,5).

Wie beim Buch des Propheten Jesaja ist es auch bei Sacharja so, dass das Buch aus Teilen von verschiedenen Autoren stammt. Bei Sacharja werden die Kapitel 1 bis 8 dem in Vers 1,1 genannten Propheten zugerechnet. Er wirkte um das Jahr 520 v. Chr., also etwa 20 Jahre nach dem Ende der Verschleppung des Volkes nach Babylon und kurz vor der Einweihung des wiederaufgebauten Tempels. Die Kapitel 9 bis 14 sind Texte, die wahrscheinlich Schüler oder Anhänger des Sacharja später hinzugefügt haben. Das erkennt man vor allem daran, dass äußerlich die Gliederung des Textes in Visionen wegfällt und sich der Charakter der Texte auch wesentlich ändert, indem die Heilsworte deutlich den Textbestand dominieren. Einige Forscher teilen den zweiten Teil nochmals in die Kapitel 9 bis 11 und 12 bis 14.

Im Zentrum unseres Abschnitts steht der von Gott verheißene neue König, der ein Reich des Friedens aufrichten wird. Dabei ist nicht in erster Linie an einen politischen Frieden oder an eine Wiederherstellung der staatlichen Ordnung gedacht, wie sie vor der Verschleppung des Volkes nach Babylon existierte. Auch wenn es zunächst so scheint, dass der Text durch die Nennung der Ortsbezeichnungen „Jerusalem" und „Zion" einen unmittelbar regionalen Bezug hat, so wird doch durch die Beschreibung des Auftretens des Königs (V. 9 b) und seiner Macht, Frieden zu schaffen, deutlich, dass es sich hier um weiterreichende Dinge handelt. Frieden (hebr. Schalom) meint hier einen Zustand, den die existierende Welt nicht oder nur in Ansätzen bieten kann. Es handelt sich um einen umfassenden Ausgleich, der mehr ist, als nur ein Waffenstillstand und auch mehr als eine erstrebte politische Weltfriedensordnung. Allerdings wäre es zu kurz gedacht, wenn man darum den verheißenen Frieden Gottes nur auf das Ende der Welt verlagern würde. Der Begriff Schalom hat durchaus auch einen materiellen, auf die Lebensverhältnisse zielenden Aspekt, der mit der einfachen Erkenntnis zu belegen ist, dass sich Wohlstand im Krieg und Kampf nicht entwickeln kann. Man könnte auch sagen, dass die Friedensbemühungen in der Welt Abbilder sind, die im Schalom ihr Vorbild haben.

Der Text und die Kinder

Der Text bietet in den Begriffen *Frieden*, *Krieg*, *König* Anknüpfungspunkte an die Erlebniswelt der Kinder in vielfältigen Bezügen. Auseinandersetzungen sind Kindern nicht fremd, werden von ihnen selbst geführt und das Bild des Königs ist aus der Welt der Märchen vertraut. Diese Erfahrungen und Assoziationen können genutzt werden, um die Botschaft des Textes erfahrbar zu machen. Außerdem hat der Text eine Verbindung zum Evangelium des Sonntags, das die Kinder in vielen Fällen im Gottesdienst gerade gehört haben: Jesus wird von seinen Freunden und den Menschen auf der Straße als der kommende Friedenskönig erkannt, weil er nicht mit Pracht oder auf einem Kriegswagen in die Stadt einzieht, sondern auf einem Eselsfohlen reitet.

Wir schlagen vor, den Frieden, den der König bringen wird, in den Mittelpunkt des thematischen Nachdenkens mit den Kindern zu stellen. Dabei soll deutlich werden, dass der Frieden, der kommen wird, nicht nur bedeutet, dass Menschen sich vertragen und möglichst gewaltfrei miteinander umgehen, sondern er auch Neues hervorbringen wird. Wer im Frieden des von Gott angekündigten Königs lebt, lebt anders.

Trotz der zahlreichen Anknüpfungspunkte erscheint der Text in seiner Gesamtheit doch nur schwer für eine Lesung (auch in moderner Übersetzung) oder Nacherzählung geeignet zu sein. Wir raten dazu, ihn im Lied („Tochter Zion") oder im Gebet (Gebetsruf) anklingen zu lassen und in der Gestaltung zu versuchen, an die Erfahrungen der Kinder anzuknüpfen und die Intention des Textes in einer übertragenen Geschichte erlebbar zu machen.

Gestaltungsvorschlag für ältere und jüngere Kinder

Material und Vorbereitung

Tuschfarben blau und gelb, 2 Glaskrüge, eine Glasschale, weißes Tuch, Kerze, 2 Pinsel, Bastelmaterial: Tonpapiervorlagen und Transparentpapier, Klebestifte, Stifte, Scheren
Handumrisse auf weißem Transparentpapier vorbereiten (s. S. 287)
Wenn die Kinder den Raum betreten, bekommen sie abwechselnd ein gelbes oder ein blaues Kärtchen und werden gebeten, mit einem Farbkasten und Pinseln blau und gelb gefärbtes Wasser in zwei Krügen herzustellen. Dann setzen sie sich in einen Kreis, in der Mitte stehen die beiden Krüge mit dem farbigen Wasser.

Beginn

Nach dem Singen des Kanons (Mache dich auf und werde licht; mit Bewegungen) und dem Beten des Psalms (Empfehlung: große Tafel mit dem Text an der Wand) wird eine Mitsprechgeschichte erzählt. Die Kinder werden dazu aufgefordert, sich in zwei Reihen gegenüber (je nach Farbe) zu setzen und die Sätze, die in der Geschichte von ihrer Farbgruppe gesprochen werden, laut miteinander nachzusprechen. Auf der einen Seite steht der gelbe Wasserkrug, auf der anderen der blaue. In der Mitte liegt ein weißes Tuch, auf dem eine leere Glasschale steht.

Mitsprechgeschichte

Einst lebten zwei Völker auf zwei Bergen, zwischen denen sich ein kahles Tal ausbreitete. Auf dem einen Berg lebten die Gelben, auf dem anderen die Blauen. Jedes Volk war unerhört stolz auf seine Farbe und fand sie wunderschön.
Die Gelben leuchteten und strahlten und sagten immer wieder:
Wir sind schön wie die Sonne.
Die Blauen hingegen verglichen sich mit dem Meer und riefen:
Wir sind lebendig wie das Wasser.
Über die Berge hinweg hörten sie gegenseitig ihre Rufe:
Wir sind schön wie die Sonne. – Wir sind lebendig wie das Wasser.
Es dauerte nicht lange und sie fingen an, sich übereinander lustig zu machen.
Die Gelben riefen über das Tal hinweg zu den Blauen:
Blau wie die Tinte seid ihr. Ihr seid alle Tintenfische und werdet vom Hai gefressen.
Als die Blauen das hörten, riefen sie zurück über das Tal:
Gelb wie der Sand seid ihr, ihr werdet vom Wind verweht, bald ist nichts mehr von euch übrig.
Immer wieder riefen und schrien sie es sich zu.
Blau wie die Tinte seid ihr. Ihr seid alle Tintenfische und werdet vom Hai gefressen. – Gelb wie der Sand seid ihr, ihr werdet vom Wind verweht, bald ist nichts mehr von euch übrig.
Auf einmal war es den Gelben zu viel und sie begannen, zu drohen:
Passt auf, wir werden euch zuschütten, dann versandet ihr!
Nicht lange ließ die Antwort der Blauen auf sich warten:
Wir werden euch überschwemmen, dann werdet ihr fortgespült.
Und immer wieder riefen sie es, gegen- und durcheinander:
Passt auf, wir werden euch zuschütten, dann versandet ihr! – Wir werden euch überschwemmen, dann werdet ihr fortgespült.

(In das Rufen hinein:) HALT! STOPP! SCHAUT! (Eine brennende Kerze wird auf das Tuch gestellt)

Ein König kommt zu euch!
Er kommt nicht in prächtigen Gewändern, sondern sieht aus wie du und ich.
Er kommt nicht mit Pferd und Wagen, sondern reitet auf einem Esel.
Er kommt und bringt Licht und Wärme.
Warum streitet ihr euch, was soll die Prahlerei und das Drohen?
Rückt näher zusammen, bleibt nicht auf eurem Berg!

28. November 2010

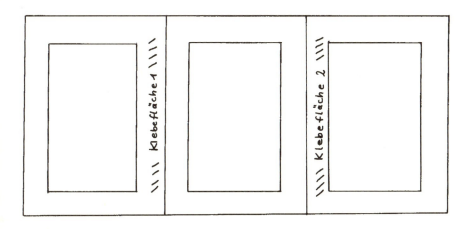

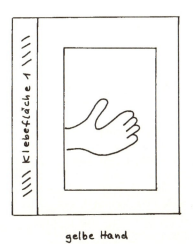
gelbe Hand

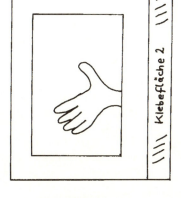
blaue Hand

Behaltet eure Farben nicht für euch! Gießt sie doch vorsichtig zusammen in die Schale!

Seht ihr, was passiert, wenn die Farben ineinanderfließen? (Antworten abwarten) Es entsteht zwischen euren Bergen ein grünes Tal, ein Tal der Hoffnung, ein Tal des Friedens.
Ein König kommt zu euch und es wird Frieden sein.
Kinder: *Ein König kommt zu uns und es wird Frieden sein.*
Freut euch, jauchzt!
Kinder: *Freut euch, jauchzt!*
Die Gelben werden strahlen wie die Sonne und die Blauen schimmern wie das Meer. Gemeinsam bringen sie das Grün hervor, die Farbe der Hoffnung; Grün, das leuchtet wie eine saftige Wiese.
Streit ist zu Ende, Hoffnung beginnt.
Kinder: *Streit ist zu Ende, Hoffnung beginnt.*
Das Tal ist nicht mehr Ort des Streites, sondern Tal der Hoffnung, Hoffnung auf ein Leben ohne Streit, Geschrei, Überheblichkeit und Drohung.

Gespräch

Woher kommt der König? Die Leute haben auf ihn gewartet. Sie haben sich nach Frieden gesehnt. Ist er König schon gekommen? Jesus ist dieser König, der den Menschen Frieden bringen will.

Lied: Macht hoch die Tür

Basteln eines Doppeltransparents

Ein dreiseitiges Transparent und zwei Zusatzfenster auf Tonkarton aufzeichnen und ausschneiden. Die Außenfelder des dreiseitigen Transparentes mit farbigem Transparentpapier, das Mittelfeld mit weißem Transparentpapier hinterkleben. Die beiden Zusatzfelder mit weißem Transparentpapier hinterkleben, auf dem die Handumrisse vorbereitet sind. Je eine Hand mit gelb und blau ausmalen. Die Zusatzfelder (s. Zeichnung) mit den Klebeflächen an das Transparent kleben. Auf das rechte bzw. linke Außenfeld des Transparents könnte geschrieben werden: Gott bringt uns Frieden – Freut euch und jauchzt!

Das Transparent an den beiden Linien falten und die Kinder auf den Effekt hinweisen, dass sich die Hände verbinden, wenn die Zusatzfelder vor dem Mittelfeld geschlossen werden.

Gebet mit Gebetsruf

Herr, oft gibt es Streit zwischen uns.
Komm zu uns, König des Friedens
Herr, wir fühlen uns oft besser als andere und lachen über sie.
Komm zu uns, König des Friedens
Herr, wir teilen nicht gern und wollen lieber alles für uns haben.
Komm zu uns, König des Friedens
Herr, wir machen uns gegenseitig traurig und vergessen, uns zu trösten.
Komm zu uns, König des Friedens

Elisabeth und Karsten Müller

5. Dezember 2010

2. Advent

Lukas 21, 25–28

Erhebt eure Häupter – eure Erlösung naht

Lieder: Wir sagen euch an den lieben Advent, EG 17 (Str. 1–2); Seht, die gute Zeit ist nah, EG 18 (Str. 1); ein Kyrie, ein Gloria

Liturgischer Text: Psalm 24 (Übertragung, s. S. 298) in Verbindung mit Lied „Macht hoch die Tür" (EG 1; zusätzliche Strophe: s. S. 298)

Zum Thema und zum Text

„Erhebt eure Häupter", ist eine Aufforderung, die aus einer Rede stammt, die Jesus seinen Jüngern hält. Der Evangelist Lukas hat sie in sein Evangelium eingeordnet (Lukas 21,5–36). Es ist die zweite Rede über die Endzeit. Lukas verarbeitet eine ältere endzeitliche Tradition, die vor allem bei Markus im 13. Kapitel zu finden ist. Lukas hat seine Gemeinde vor Augen, die darauf wartet, dass Jesus wiederkommt. Die Christen meinten, sie selbst würden das Kommen Christi, den Jüngsten Tag, selber erleben. Doch als die Parusie, so hieß die erwartete Ankunft vom Himmel her, ausblieb, als erste Gemeindeglieder starben, ohne dass sie den Herrn wieder gesehen hatten, da erlahmte die Hoffnung, da erstarb die Erwartung. Lukas will die Hoffnung wachhalten. Er führt seinen Gemeindegliedern deshalb die Rede Jesu vor Augen, die er aber situationsgerecht verändert. Lukas ist nicht die Ankündigung der Endzeit das Wichtigste, sondern der Hinweis, dass Gott einen Plan hat. Die Plötzlichkeit des Einbruchs des Weltendes betont Lukas. Wachsamkeit, Ausdauer, Aufmerksamkeit und Warten werden zu einem entscheidenden Merkmal für ein christliches Leben. Lukas will mit seiner Darstellung nicht Angst machen, sondern Hoffnung wecken. Trotz geschichtlicher oder persönlicher Katastrophe sollen seine Leser aufblicken und den Kopf erheben (Lukas 21,28). Die Begründung lautet, „weil sich eure Erlösung naht". Erlösung bedeutet politische Befreiung aus der Macht der Feinde (vgl. Lukas 2, 29), aber auch Befreiung von allem Lebensbedrohlichen und -feindlichen. Und dies ermöglicht Jesus mit seinem Wiederkommen.

Der Text und die Kinder

Das Thema Weltende und Wiederkunft Jesu mit allen Zeichen, die in den angegebenen Versen beschrieben werden, sind am 2. Advent für die Kinder nicht von Bedeutung und rufen auch eher Angst und Unsicherheit hervor. Aber Lukas' Absicht, Hoffnung zu wecken und sein Aufruf zu Aufmerksamkeit und Warten auf Jesus, können auch für Kinder ein wichtiges Thema sein. Kinder warten in besonderer Weise auf Weihnachten und hören und singen von Jesus, der zu uns Menschen kommt (vgl. Lied „Wir sagen euch an den lieben Advent"). Es ist darum gerechtfertigt, Vers 28 für sich zu nehmen und den Zusammenhang im Lukasevangelium zu vernachlässigen. Es geht Lukas um eine Haltung, die sich für die Menschen verändert: aufzusehen, statt nach unten zu blicken und um sich selbst zu kreisen, den Kopf zu heben, statt ihn hängen zu lassen, Hoffnung zu haben, statt ohne Erwartung zu sein, befreit und erlöst zu sein, statt gefangen und gebunden zu sein.

Kinder, aber auch Erwachsene können das am besten nachempfinden, wenn solche Haltungen ausgedrückt werden. Dafür ist es notwendig, dass sie erfahrene Situationen und Gefühle damit verknüpfen können. Deshalb sollen Körperhaltungen mit Klage und Lob verbunden werden.

Nicht die Erwartung des endzeitlichen Kommens Jesu soll im Gottesdienst mit Kindern und Erwachsenen eine Rolle spielen, sondern das Kommen Jesu mitten im Alltag eines Menschen. Am besten verständlich ist das für Kinder aber auch für Erwachsene in einer ganz konkreten Geschichte. Und so wähle ich die Geschichte von Leo Tolstoi „Wo die Liebe wohnt, da ist Gott". Ich werde sie frei erzählen. Als Methode sind ein szenisches Spiel oder eine Erzählung mit Schattenbildern (Folien auf Overheadprojektor oder Figuren hinter Leinwand) denkbar.

Gestaltungsvorschlag für Kinder und Erwachsene

Vorbereitung
Drei Darsteller/innen und zwei Sprecher/innen wirken mit. Für jeden Gottesdienstbesucher wird ein kleiner Stern mit schwarzen und silbernen Zacken vorbereitet (schwarzes und silbernes gleichseitiges Dreieck übereinander geklebt mit Silberband zum Anhängen).

Im Folgenden werden Bausteine für einen Familiengottesdienst am 2. Advent dargestellt. Es ist aber genauso möglich, diese Bausteine zum Teil in veränderter Form im Gottesdienst mit Kindern einzusetzen.

Bausteine zur Eingangsliturgie

Die Gottesdienstbesucher erhalten am Eingang einen kleinen Stern.

Begrüßung

Lied: Wir sagen euch an den lieben Advent, Str. 1 u. 2

Psalmgebet

Kyrie
Ein großes schwarzes Dreieck wird in die Mitte gelegt. Auf die Spitzen des Dreiecks stellen sich nacheinander drei Mitarbeiter/innen oder mitwirkende Kinder. Sie übernehmen nacheinander die Darstellung von Körperhaltungen. Sprecher/in 1 übernimmt die drei „Kyrie-Texte":
– Ich bin traurig. (Erste Darsteller/in stellt sich auf eine Dreiecksspitze und verschränkt die Hände über der Brust und schaut nach unten.) Für mich hat niemand Zeit. (Er/sie hockt sich hin.)
– Ich fühle mich verletzt. (Zweite Darsteller/in ebenso) Mir hat jemand weh getan. (Er/sie hockt sich hin.)
– Ich fühle mich verlassen. (Dritte Darsteller/in ebenso) Ich habe Angst vor der Zukunft. (Er/sie hockt sich hin.)

5. Dezember 2010

Sprecher/in 1: Wir bitten Gott um Hilfe. Lasst uns singen: Herr, erbarme dich.
Kinder und Erwachsene singen ein bekanntes Kyrie.

Gloria

Sprecher/in 1+2: Seht auf und erhebt eure Häupter, weil sich eure Erlösung naht.
Sprecher/in 2 liest die drei „Gloria-Texte":
– Gottes Güte umfängt uns. Sie befreit aus Angst, Zwang und Bedrückung. Wir können uns aufrichten.
– Wir können unser Haupt erheben und sehen, dass Gott uns befreien will.
– Wir können andere Menschen wahrnehmen und aufeinander zugehen.
Nach dem ersten Text stehen alle Darsteller/innen auf. Nach dem zweiten heben sie den Kopf und sehen nach oben. Nach dem dritten Text gehen sie aufeinander zu und reichen sich die Hand.
Ein silberfarbenes Dreieck wird über das schwarze gelegt, so dass die drei schwarzen Spitzen noch zu sehen sind. Die drei Mitarbeiter/innen bzw. Kinder stellen sich auf die silbernen Spitzen.
Sprecher/in 2: Dankbarkeit bricht auf und wir stimmen ein in den Lobgesang: Ehre sei Gott in der Höhe.
Kinder und Erwachsene singen ein bekanntes Gloria.

Erzählung mit Schattenfiguren

(oder szenisches Spiel mit Erzähler/in)
(Material: Schuhe, Nägel, Hammer, Bibel, evtl. Instrumente, Tee in Gläsern, Teekanne, Tischchen)
Ich kenne einen, der hatte allen Mut verloren. Er fühlte sich verlassen, weil seine Frau und sein Kind gestorben waren. Er hob kaum noch den Kopf, alles war kaputt, seine Familie, seine Hoffnungen und Träume. Wie konnte er sich da noch freuen? Aber seit etwa zwei Wochen hatte er ein Interesse entwickelt. Dieses Buch hatte es ihm angetan. Jeden Abend las er darin einige Seiten (Bibel hochzeigen). Die Bibel, sie hatte einen neuen Ledereinband bekommen.
Offenbar war dem Mann dieses Buch sehr wichtig. Martin heißt der Mann. Und welchen Beruf er hatte, das findet ihr selbst heraus. Das hier verwendete er, um seinen Beruf auszuüben (Schuhe, Nägel, Hammer ... hochhalten). Martin war Schuster von Beruf. Ich will von Schuster Martin erzählen.
Bild 1: Martin, der Schuster, lebte und arbeitete in einer Kellerwohnung. Durch sein Kellerfenster konnte er die Menschen sehen, die draußen auf der Straße vorübergingen.
Bild 2: Das heißt, eigentlich sah er nur die Schuhe, die vorübergingen. Aber die meisten Schuhe kannte er. Er hatte viele Schuhe schon einmal in seinen Händen gehabt, hatte neue Sohlen angenagelt oder geplatzte Nähte ausgebessert.
Martin war ein fleißiger Schuster. Er arbeitete oft bis zum Dunkelwerden. Dann aber legte er sein Arbeitszeug aus der Hand und zündete eine Lampe an. Er nahm die Bibel und vertiefte sich da hinein.
Bild 3: Er kannte inzwischen viele der Geschichten von Jesus. Jetzt las er im Lukasevangelium. An diesem Abend schlief er beim Lesen ein. Da hörte er, wie jemand seinen Namen rief: „Martin, Martin!" Er schreckte hoch und schaute sich um. Aber niemand war

291

Gottes Advent verändert Leib und Seele. Biblische Adventshaltungen entdecken u. feiern

1

2

3

4

5. Dezember 2010

5

6

7

8

Schattenbilder: © Holger Friedrich, Berlin · www.atelierfriedrich.de

in seiner Werkstatt. Doch gleich darauf hörte er die Stimme wieder: „Martin, schau morgen auf die Straße. Ich will zu dir kommen." Martin rieb sich die Augen. Er dachte: „Ich habe doch geträumt." Dann zuckte er mit den Schultern, löschte die Lampe und schlief ein.

Am nächsten Morgen sah Martin bei seiner Arbeit oft zum Fenster. Ein paar alte geflickte Soldatenstiefel schlurften vorbei. Sie gehörten dem alten Stephan. Er fegte gerade den Schnee von der Straße. (evtl. mit Instrument Geräusch machen)

Bild 4: Die Arbeit strengte ihn an und er musste immer wieder stehen bleiben. Er wischte sich den Schweiß von der Stirn und strich sich über den Rücken. Martin hatte Mitleid mit dem alten Mann und öffnete das Fenster. Dann rief er: „Stephan, komm herein! Trink ein Glas Tee mit mir und ruh dich aus." Dankbar nahm Stephan die Einladung an. Er traute sich aber kaum herein und Martin musste ihm freundlich zureden. Der Schuster Martin stellte seine Teekanne auf den Tisch, brühte Tee auf und goss dann zwei Gläser Tee ein. (2 Gläser Tee auf einem Tischchen eingießen) Ein Glas schob er Stephan rüber. Stephan trank das Glas aus. Auch Martin trank seinen Tee, blickte aber immerzu aus dem Fenster.

„Du wartest wohl auf jemand?", fragte sein Gast. „Ach, ich trau mich gar nicht darüber zu sprechen", antwortete Martin. „Ich las gestern Abend in der Bibel, von Jesus und was er alles tat auf dieser Erde. Da bin ich eingeschlafen. Eine Stimme weckte mich und flüsterte: ‚Warte auf mich, ich komme morgen zu dir.' Ich versuche mir das auszureden, aber ich denke immerzu, heute kommt Jesus zu mir. Verstehst du, ich warte." Stephan lächelte und verabschiedete sich: „Danke, Martin, dass ich mich ausruhen durfte. Du hast mir deine Tür und dein Herz geöffnet."

Als Stephan gegangen war, schaute Martin bei seiner Arbeit immer wieder aus dem Fenster. Da sah er eine junge Mutter mit einem kleinen Kind auf dem Arm.

Bild 5: Die Frau fror in ihren dünnen Sachen Es war kalt und der Wind heulte um die Straßenecken. (evtl. mit Instrument Geräusch machen) Die Mutter versuchte ihr Kind vor der Kälte und dem Wind zu schützen. Aber das Kind weinte jämmerlich.

Martin öffnete das Fenster und rief: „Komm herein, Frau! Hier drin kannst du dich und dein Kind aufwärmen." Die Mutter erhielt ebenfalls ein Glas Tee aus der Teekanne (ein Glas mit Tee einschenken). Martin reichte ihr auch Brot und Butter. Dann nahm er das Kind auf seinen Schoß, damit die Mutter in Ruhe essen konnte. Er versuchte mit allerlei Späßen, das Kind zum Lachen zu bringen. Schließlich gab er es der Mutter zurück und sagte: „Ich will dir noch etwas mitgeben. Nimm diese warme Jacke. Sie wird dich vor der Kälte schützen." Die Frau bedankte sich: „Danke, Martin, dass wir uns wärmen durften. Du hast uns deine Tür und dein Herz geöffnet."

Kaum war die Mutter mit dem Kind gegangen, hörte Martin ein Geschrei vor seinem Fenster. Er blickte hinaus und sah eine Marktfrau.

Bild 6: Die Marktfrau schimpfte und war fürchterlich böse. „Warte nur du Dieb, ich bring dich zur Polizei!" schrie sie. Da sah Martin erst den Jungen.

Bild 7 dazulegen. Der Junge hatte einen Apfel aus ihrem Korb gestohlen. „Polizei!", schrie sie wieder. Martin rannte auf die Straße hinaus. „Lass ihn doch laufen. Er wird es bestimmt nicht wieder tun. Den Apfel will ich dir bezahlen." Da beruhigte sich die Marktfrau und der Junge musste sich bei ihr entschuldigen.
Bild 7 (Junge) umdrehen zur Marktfrau hin. Er reichte ihr die Hand und sagte. Tut mir leid. Ich mach das nicht wieder." Die Frau nahm seine Hand und meinte: „Schon gut, ich verzeih dir ja."
Martin lud die beiden ein, ein Glas Tee mit ihm zu trinken. (2 Gläser Tee eingießen)
Am Ende wandte sich die Marktfrau an Martin und sagte: „Danke, Martin. Du hast Recht, Verzeihen ist der bessere Weg. Du hast mir deine Tür und dein Herz geöffnet."

Und der Junge sah Martin an und meinte: „Schuster Martin, danke, dass ich mich entschuldigen konnte. Ohne dich hätte ich das nicht geschafft. Du hast mir deine Tür und dein Herz geöffnet." Der Junge half der Marktfrau den Korb zu tragen und sie gingen davon.
Am Abend zündete Martin wieder seine Lampe an und schlug die Bibel auf.
Wieder **Bild 3**. Da hörte er die leise Stimme: „Martin, ich bin bei dir gewesen. Hast du mich erkannt?" Martin fragte: „Aber wann denn? Und wo?"
Da sah Martin verschiedene Menschen vor seinen Augen vorüber ziehen. Vielleicht wisst ihr noch, wer dem Schuster Martin begegnet ist. (Bilder mit den jeweils genannten Figuren auf den Overheadprojektor legen oder Figuren auftreten lassen.)

Martin sah den alten Stephan im Licht der Lampe stehen und dann die junge Mutter mit ihrem Kind. Er sah die Marktfrau mit ihrem Korb und den Jungen mit dem Apfel in der Hand.
Bild 3: „Erkennst du mich jetzt?", fragte die Stimme. Dann setzte sich Martin kerzengerade hin. Und alle waren wieder verschwunden. Martin schaute in die Bibel und fand die Stelle, wo zu lesen war: „Alles, was ihr den Armen getan habt, den Schwachen, den Hungernden, den Frierenden, alles, was ihr diesen Armen getan habt, das habt ihr mir getan." Martin blickte auf.
Bild 8: Er hob seinen Kopf und murmelte: Kinder, Kinder, dann ist er ja doch gekommen." Er lächelte und sah ganz erlöst aus. Er fühlte sich frei und seine Augen leuchteten.
(frei nacherzählt nach Leo Tolstoi: Wo die Liebe ist, da ist Gott, in: Volkserzählungen, Stuttgart 29. Auflage 2002)

Lied: EG 18,1 Seht die gute Zeit ist nah, Gott kommt auf die Erde

Vertiefendes Gespräch (Deutung)

Für Schuster Martin hat sich etwas verändert, habt ihr das bemerkt? Erst war er traurig und fühlte sich verlassen, wie die Figuren, die hier auf dem schwarzen Dreieck standen. Und dann? (Antworten der Kinder oder Erwachsenen abwarten.)
Schaut euch mal das silberne Dreieck an. Es ist zum schwarzen Dreieck hinzugekommen. Beide bilden zusammen einen Stern. Die Traurigkeit und der Schmerz, sie sind nicht einfach verschwunden. Aber silbern erscheint die Hoffnung. Schuster Martin konnte den Kopf wieder

heben. Er war sehr aufmerksam und hat immer wieder aus dem Fenster geschaut. Dazu passt der Satz, den wir vorhin gehört haben, der Spruch der Woche. Wie war er doch gleich? „Seht auf und erhebt eure Häupter, weil sich eure Erlösung naht." Aufsehen, aufmerksam sein, das können wir in der 3. Adventswoche doch mal versuchen. Ich habe eine Idee. Sucht euch einen Tag heraus in dieser Woche, an dem ihr aufmerksam durch den Tag gehen wollt. Und am Abend des Tages nehmt dieses Blatt, auf dem steht: „Überlege, mit welchen Menschen du heute zu tun hattest. Wähle einen aus, der dir besonders wichtig war und male ihn oder schreibe einfach seinen Namen auf.

Wenn du magst, schreib auf, weshalb du gerade diesen Menschen ausgewählt hast. Vielleicht hast du ja auch eine Idee, was Gott dir durch ihn zeigen will." (A4-Blatt, das am Ausgang dem verteilt wird, der es mitnehmen möchte)

Der Stern, den ihr erhalten habt, soll euch an den Satz für die neue Woche erinnern: „Seht auf und erhebt eure Häupter, weil sich eure Erlösung naht."

Lied

Gebet, Segen

Heide Aßmann

12. Dezember 2010
3. Advent

Jesaja 40,1–11

Bereitet den Weg – Gott kommt gewaltig

Lieder: Macht hoch die Tür, EG 1; Wir sagen euch an den lieben Advent, EG 17; Mache dich auf und werde licht, EG regional, KG 24, LJ 451, Amen 55

Liturgischer Text: Psalm 24 (Übertragung s. S. 298) in Verbindung mit Lied „Macht hoch die Tür (EG 1; zusätzliche Strophe: s. S. 298)

Zum Text

Die Kapitel 40 bis 55 des Jesajabuches sind von einem anderen Verfasser als die ersten Kapitel geschrieben, in einer anderen Zeit, an einem anderen Ort: Die Menschen sind im Exil in Babylonien, Jerusalem ist zerstört. In dieser Situation lässt Gott seinem Volk durch einen Propheten neues Heil verkünden: Gott wird es zurück nach Jerusalem führen in eine neue Zukunft.

Der Prophet will das Volk trösten und ihm Zuversicht schenken. Er hat gesehen und gehört: Gott will sein Volk („Jerusalem") trösten (V. 1), die Gefangenschaft (als Strafe) ist zu Ende (V. 2). Der Weg nach Hause wird bereitet, alle

Unebenheiten werden beseitig (V. 3+4). Deshalb soll der Prophet zu dem Volk sprechen und ihm sagen, dass die Gegebenheiten vergänglich sind wie das Gras und die Blumen, aber dass das Wort Gottes unvergänglich ist (V. 5–8). Darum wendet sich der Prophet anschließend direkt an Zion, bzw. Jerusalem: Sie soll allen Städten in Juda (also all den Menschen, die nicht verschleppt worden waren) verkünden, dass Gott kommen wird mit aller Macht (V. 9–10a). Und er wird die Verbannten mitbringen nach Hause (V. 10b). Er wird sie sicher leiten wie ein Hirte seine Herde (V. 11).

Dieser Trosttext als Einleitung zum zweiten Jesajabuch ist kein vertröstender Blick in die Zukunft, sondern verändert die Menschen, die ihn hören und auf Gott vertrauen, schon hier und jetzt an Leib und Seele: Sie können sich getrost auf den Weg machen, weil Gott sich auf den Weg macht hin zu seinem Volk.

Der Text und die Kinder

Vor allem kleine Kinder wünschen sich eine „heile" Welt im positiven Sinn: Sie können es zum Beispiel nur schwer ertragen, wenn sich die Eltern streiten. Kindern fällt es manchmal nicht leicht, einzusehen, dass Eltern mit ihren Entscheidungen ihren Kindern den Weg ins Leben leicht machen, dass sie ihnen den „Weg ebnen" wollen. Aber dass da einer kommt, der trösten will, ist leicht verständlich. Kinder brauchen Menschen, die ihnen gute Worte sagen, tröstende Nachrichten überbringen. Alle Menschen brauchen solche Nachrichten, die sie in ihrem Innersten anrühren und verändern. Dabei kennen die größeren Kinder ihn aus dem Fernsehen: den Helden, der kommt, um die Gefangenen zu befreien. Aber dieser Held ist meist gewalttätig und schreckt vor nichts zurück, um seinen Willen durchzusetzen.

Mit der Adventszeit feiern wir aber die Ankunft eines anderen Helden: Da kommt einer, der barmherzig ist und uns Frieden und Gerechtigkeit bringen will. Und er kommt ganz sanft und unscheinbar als Kind in einer Krippe. Wir sollen uns vorbereiten auf seine Ankunft. Hier liegt der Sinn der Gottesdienste mit Kindern in der Adventszeit. Wie schön wäre es, wenn auch die Kinder zu Boten der guten Nachricht für die Erwachsenen würden. Denn während Erwachsene oft versuchen, eine allzu heile Weihnachtswelt der unfriedlichen und unruhigen Gegenwart gegenüberzustellen, erinnert der Text daran, worum es eigentlich geht.

Bausteine für einen Gottesdienst mit Kindern und Erwachsenen

Vorbereitung

Je 4 gelbe und blaue Dreiecke, 1 großes blaues und gelbes Dreieck, Sterne zum Verteilen am Schluss des Gottesdienstes (s. S. 301)

Eingangsprozession

Bei einem gemeinsamen Beginn von Kindern und Erwachsenen bietet es sich an, in der Kirche den „Weg" vom Eingang bis zum Altar zu gestalten. Die Gemeinde betritt in einer gemeinsamen Prozession (zunächst die Gemeinde, ein Kreuz oder eine große „Gotteskerze" wird hinterhergetragen) die Kirche zum Lied „Macht hoch die Tür" (vielleicht sogar als Schreittanz?).

Zusätzliche Strophe zu EG 1 zum Text:

Macht hoch die Tür, die Tor macht weit!
Mit Gott beginnt die neue Zeit.
Er will euch trösten und befrein.
Die Zukunft wird dann besser sein.
Der Weg dahin ist gar nicht so schwer.
Denn euch begleitet ja der Herr.
Er lässt euch nie allein,
will immer bei euch sein!

Eröffnung

Im Namen Gottes, der uns den Weg ebnet, im Namen Jesu Christi, auf dessen Geburt wir uns vorbereiten, im Namen des Heiligen Geistes, der uns auf unserem Weg begleitet. Amen

Psalm 24 (Übertragung) in Verbindung mit den Liedstrophen von „Macht hoch die Tür"

Strophe 1

Gott hat die Welt geschaffen mit allem, was darauf lebt.
Er ist ihr Herr und sorgt sich um sie.

Strophe 2

Gott wünscht sich die Nähe von Menschen, die anderen Gutes tun und sich um sie kümmern.
Er freut sich über alle, die nicht lügen oder betrügen, ihnen allen schenkt er seinen Segen.

Strophe 3

Also öffnet eure Türen und vergrößert alle Tore der Welt, damit Gott eintreten kann.

Er hat die Macht, gegen die Ungerechtigkeiten dieser Welt etwas zu tun.

Strophe 4

Öffnet eure Türen und vergrößert alle Tore der Welt, damit Gott eintreten kann.
Er kümmert sich um alles, was lebt.

Strophe 5

Predigt oder Erzählung (s. unten)

Lied und Gespräch
Als Schlusslied werden zunächst die ersten beiden Strophen von „Wir sagen euch an den lieben Advent" gesungen. Nun tragen alle gemeinsam Vorschläge zusammen: Wie können wir diese Botschaft zu den Menschen bringen? (In die Zeitung setzen, Flugblätter verteilen, einer alten Tradition folgend, singend von Haus zu Haus gehen...)
Die letzten beiden Strophen werden gesungen.

Am **Ausgang** verteilen die Kinder Sterne: zwei verschiedenfarbige Dreiecke werden zu einem Stern zusammengeklebt mit der hellen Seite nach oben. Darauf wird geschrieben: „Gott will zu euch kommen! Macht euch bereit!"

Gestaltungsvorschlag für jüngere und ältere Kinder

Liturgiebausteine s. S. 297

Erzählung

(Zunächst werden vier kleine dunkelblaue dann vier gelbe Dreiecke im Laufe der Erzählung zu jeweils einem gro-

12. Dezember 2010

ßen Dreieck zusammengelegt. Daraus entsteht später ein Weg, an dessen Ende ein Stern aus einem großen dunkelblauen und gelben Dreieck gelegt wird, s. Abbildungen.)

Wie so oft hatten sie sich unten am Fluss getroffen.

Nach getaner Arbeit kamen sie zusammen, um neueste Nachrichten auszutauschen und sich an früher zu erinnern. So viele Jahre lebten sie nun schon hier in Gefangenschaft. Viele hatten die Hoffnung auf Rückkehr aufgegeben. Auch heute sitzen wieder einige am Ufer in der Abenddämmerung und schauen auf das Wasser.

„Gott hat uns bestimmt vergessen", sagt Simeon und wirft einen Stein in den Fluss, „schon so viele Jahre sind wir jetzt hier. Und nichts ändert sich!" (erstes blaues Dreieck) Rafael meint: „Ja, du hast recht. Wie gerne würde ich jetzt durch die Gassen von Jerusalem gehen. Mein Onkel hat mir so viel von dieser Stadt erzählt. Stellt euch nur mal vor, wir könnten in Freiheit in unserer Heimat leben! Aber stattdessen sind wir hier gefangen. Wir schuften tagtäglich für unsere Besatzer und sie lassen uns kaum genug zum Leben!" (zweites blaues Dreieck) Auch er wirft einen Stein in den Fluss: „Wir sitzen hier fest für den Rest unseres Lebens."

Benjamin seufzt: „Meine Nichte war gerade hochschwanger, als wir weg mussten. Ich wüsste zu gerne, was aus dem Kind geworden ist. Sein Vater war Zimmermann in Jerusalem. Wenn es ein Junge geworden ist, hat er bestimmt die Werkstatt seines Vaters übernommen." (drittes blaues Dreieck) „Ach ja, Jerusalem," meint Ruben, „mein Großvater war Hirte. Wie gerne würde auch ich für eine Herde sorgen, sie vor wilden Tieren schützen und auf einem Stein sitzen und die Natur beobachten." (viertes blaues Dreieck)

Die Männer schweigen. Jeder hängt seinen eigenen Gedanken nach. Plötzlich flüstert Ruben: „Gott ist mein Hirte …" Benjamin schreckt aus seinen Gedanken hoch: „Was sagst du da?" „Ach ich hab mich an ein altes Lied erinnert", sagt Ruben. „Es beschreibt, wie Gott für uns sorgt, auch wenn es uns nicht gut geht. Selbst wenn wir von Menschen umgeben sind, die uns Böses wollen, lässt Gott uns nicht im Stich." „Deinen Glauben möchte ich haben!", erwidert Simeon.

„Nein, warte!" Man spürt die Aufregung in Benjamins Stimme: „Ich glaube, Ruben hat gar nicht so Unrecht. Erinnere dich doch, unser Volk musste in den vergangenen Zeiten schon oft Situationen überstehen, die auf den ersten Blick aussichtslos schienen. Denk doch nur an die Zeit in Ägypten." Simeon denkt einen Augenblick nach und meint dann: „Du hast recht. Damals hat Gott Mose geschickt. Er hat unser Volk aus der Gefangenschaft geführt in eine neue Zukunft. Ruben, kannst du uns dieses Lied nicht einmal vorsingen?" Ruben richtet sich auf und beginnt.

(Psalm 23 sprechen oder als Lied singen, z.B. Der Herr ist mein Hirte, GoKi 2009, S. 197)

Ruben ist gerade fertig, da kommt ein Mann zu der Gruppe gelaufen: „Hört mir zu, ich muss euch etwas erzählen. Gott hat uns nicht vergessen, im Gegenteil. Er hat zu mir gesprochen. Er hat mir so tolle Dinge erzählt, dass ich noch ganz davon ergriffen bin. Ich soll euch alles weitererzählen, was er mir gesagt hat." Er setzt sich zu den anderen und holt erst einmal tief Luft.

„Also erzähl schon! Was hat Gott denn gesagt?" Benjamin ist neugierig. Der Mann lässt sich nicht lange bitten: „Tröstet mein Volk!, hat er gesagt. Ja, er hat das sogar besonders betont: Tröstet, tröstet mein Volk!" (erstes gelbes Dreieck) „Also hat er uns doch nicht vergessen!", seufzt Ruben. „Pscht, sei still!", wird er sofort von den anderen ermahnt, „Wir wollen hören, was Gott noch gesagt hat!"

Der Mann fährt fort: „Ich soll euch sagen, dass all unsere Schuld vergeben ist. Unsere Gefangenschaft hat ein Ende!" (zweites gelbes Dreieck) Jetzt fangen einige an zu tuscheln: „Das soll ich glauben? Jetzt nach so langer Zeit? Woher will er das wissen?" „Wartet, ich soll euch noch mehr erzählen: Also, Jerusalem soll allen Menschen, die daheimgebliebenen sind, sagen: Gott kommt! Er kommt mit aller Macht!" (drittes gelbes Dreieck) Er wird uns alle, unser ganzes Volk, nach Hause führen, so wie ein guter Hirte seine Schafe!" (viertes gelbes Dreieck)

„Puh, das muss ich erst mal verdauen!" Simeon streckt sich. „Also soll all unsere Not ein Ende haben? Wir kehren zurück? Aber wie soll das gehen? Wir haben einen sehr weiten Weg vor uns!"

Der Mann erwidert: „Du hast recht! Aber wir sind doch nicht alleine. Gott ist bei uns. Er hat mir gesagt: ‚Euer Weg nach Hause wird vorbereitet, alle Unebenheiten beseitigt.'" „Verstehe ich dich richtig: Gott will uns – wie man so schön sagt – alle Steine aus dem Weg räumen?" Ruben kann nicht mehr still sitzen. Er steht auf und geht am Flussufer hin und her.

Der Mann meint: „Ein Spaziergang wird es sicherlich nicht werden. Aber wir dürfen darauf vertrauen, dass Gott schützend seine Hand über uns hält auf dem Weg, der jetzt vor uns liegt." (aus den Dreiecken einen Weg legen, dabei die Farben abwechselnd benutzen)

Rafael bleibt stehen: „Da habe ich gedacht, Gott hätte uns vergessen! (großes blaues Dreieck an das Ende des „Weges" legen) Aber das hat er nicht. Wir sind ihm immer noch wichtig! Er will Licht in unsere Dunkelheiten bringen. Er beschützt und begleitet uns auf einem Weg in eine bessere Zukunft! (großes gelbes Dreieck darüber legen, sodass ein Stern entsteht)

Jetzt steht auch Ruben auf: „Kommt, wir müssen das den anderen erzählen: Gott ist bei uns, auch hier, auch jetzt. Er will zu uns kommen!" (Gotteskerze in den entstandenen Stern stellen und anzünden.)
Voller Zuversicht machen sich die Männer auf den Weg zu ihren Familien. Ihr Gang ist aufrecht und ihre Schritte sind fest. Man kann in ihren Gesichtern sehen, dass ihr Leben schon jetzt ein bisschen heller geworden ist.

Gespräch
Die Kinder können sich zu der gehörten Geschichte äußern.

Kreative Umsetzung

– Die älteren **Kinder beschriften die Dreiecke** des Weges mit nichtmateriellen Weihnachtswünschen.

– Die jüngeren Kinder basteln **Sterne**, die sie zum Beispiel an die Frauenhilfe/Seniorenkreis verschenken.

– Die Kinder gestalten ein großes **Gemeinschaftsbild**: Auf einer Tapetenbahn wird zunächst großflächig eine Landschaft gemalt in unterschiedlichen Erdtönen. Darauf zeichnen die Kinder nacheinander ihre Schuhumrisse. Am Ende des Weges wird eine Krippe angedeutet.

– Den Kindern werden die Augen verbunden. Die Mitarbeiterinnen gehen zu jedem Kind und sagen *„Geh getrost los, der gute Hirte kommt!"* und führen die Kinder einzeln in einen Nebenraum an einen gedeckten Tisch. Wenn alle da sind, stärken sie sich mit Kakao und Plätzchen für den weiteren Weg.

Fürbitten
Während des Gebetes mit sechs Bitten werden um die Zacken des großen Sterns angezündete Teelichter gestellt. Zwischen den einzelnen Bitten singen alle: „Mache dich auf und werde licht".

Evtl. Schlusslied: Wir sagen euch an, St. 3+4

Birgitt Johanning

19. Dezember 2010
4. Advent

Philipper 4,4–7

Freuet euch allewege – der Herr ist nahe

Lieder: Ein Licht geht uns auf, LJ 344, EG regional, KG 25, MKL 123, Amen 45; Wir sagen euch an den lieben Advent, EG 17; Macht hoch die Tür, EG 1; Freut euch in dem Herren allezeit (Phil 4,4), Weltgebetstagsheft 2008, S. 12

Liturgischer Text: Psalm 24

Zum Text

Paulus schreibt seinen Aufruf zur Freude aus dem Gefängnis. Warum er dort festgehalten wird, ist uns nicht bekannt. Aber seine Lage ist ernst. Als er seinen Brief an die Gemeinde in Philippi schreibt, weiß er noch nicht, was ihm die Zukunft bringen wird. Ein Freispruch ist ebenso gut möglich wie ein Todesurteil. Trotzdem lässt sich Paulus von seinen eigenen Lebensumständen nicht gefangen nehmen. Er klagt nicht, sondern er ist innerlich frei und kann sich den Problemen der von ihm gegründeten Gemeinde widmen. Sein eigenes Leben hat er in Gottes Hand gelegt. Im Leben und im Sterben weiß er sich in Gott geborgen. So ruft er im Abschlussteil des Briefes auch die Christen in Philippi zur Freude und Güte auf. Nicht die Sorgen sollen ihr Leben bestimmen, sondern das Vertrauen auf Gottes Fürsorge und seine Nähe.

Wenn oft nach der Predigt der siebente Vers wörtlich zitiert wird, wird auch in unseren heutigen Gottesdiensten dieses Vertrauen auf Gottes Größe über alle unsere menschliche Klugheit gestellt.

Der Text und die Kinder

Am vierten Advent sind die Kinder voller Vorfreude auf das Weihnachtsfest. Die Erwartungen und die Wünsche sind groß und manchmal liegen Begeisterung und Enttäuschung dicht beieinander. Nicht alle Wünsche, nicht alle Erwartungen können erfüllt werden. Da ist es gut zu hören, dass auch aus schwierigen Situationen wieder etwas Gutes werden kann. Es ist gut zu hören, dass die von Gott geschenkte Lebensfreude uns auch dann erreichen kann, wenn die äußeren Umstände eher ungünstig sind.

Kinder sind, eher als Erwachsene, bereit, ihr Unglück zu vergessen und sich ganz auf etwas anderes, Schöneres zu konzentrieren. Insofern wird ihnen die Haltung des Paulus nicht völlig fremd sein. In der Geschichte von Marlies können sie sich eventuell selbst wiederfinden.

19. Dezember 2010

Gestaltungsvorschlag für jüngere und ältere Kinder

Lied

Psalm

Erzählung mit Würfelspiel

Zur Vorbereitung müssen die einzelnen Türen kopiert und die beiden Türseiten von 2,3 und 4 zusammengeklebt werden, so dass Vorder- und Rückseite entstehen. Im Spiel werden die Karten umgedreht. Wer Spaß daran hat, kann die Türen 2 und 3 auch mit dem Papiermesser oben, unten und in der Mitte einschneiden und das Motiv der Rückseite dahinterkleben. (Achtung: Nur an den Rändern festkleben!) So entstehen Türen, wie sie ein Adventskalender hat. Zwischen die Türenkarten werden beim Spiel kleine viereckige Papierblätter auf das Spielfeld gelegt, die die einzelnen Felder markieren. (s. Skizze) Die Anzahl dieser Zwischenfelder ist beliebig und hängt von der Größe der Gruppe ab.

Außerdem werden zwei Karten gebraucht, auf denen „Zu Hause" bzw. „Spielplatz" steht. Ein Päckchen mit Süßigkeiten ist nötig, vier gebastelte Sterne aus je einem braunen und einem orangefarbenen Dreieck, eine Spielfigur (evtl. eine etwas größere Mädchenfigur aus Pappe) und ein Würfel.

Traurig setzt sich Marlies auf ihre Bettkante und schluckt. Am liebsten würde sie jetzt weinen. Dabei hatte sie sich so auf den Nachmittag gefreut. Gestern hatte sie bei ihrer Freundin Betty übernachtet. Und dann hatten sie den ganzen Vormittag gebastelt. Viele schöne Sterne waren es geworden, in ihren Lieblingsfarben: braun und orange. Bettys Mutter hatte auch gleich noch eine Erklärung dazu gehabt: Das braune Dreieck erinnert uns daran, dass wir manchmal auch traurige, dunkle Dinge erleben. Und das schöne, helle Orange erinnert uns an die Freude, die wir erfahren dürfen.

Marlies denkt nach. Bettys Mutter hatte dann noch von Paulus erzählt, dem Apostel. Er hat oft im Gefängnis gesessen, weil er von Jesus erzählt hat. Und trotzdem hat er viele fröhliche Briefe geschrieben, sogar dann, wenn er in Gefangenschaft war. Einmal hat er geschrieben: Freuet euch allewege, der Herr ist nah! Und dann noch irgendwas wie: wir sollen uns keine Sorgen machen und wir sollen Gott danke sagen. So ganz genau weiß sie es nicht mehr.

Marlies seufzt. Es war so schön gewesen bei Betty. Und dann war sie nach Hause gekommen und keiner hatte sich über ihre Sterne gefreut. Ihr großer Bruder hatte nur die Augen verdreht und irgendwas von Kinderkram gemurmelt. Und auch die Mutter hatte nur abgewinkt. „Unser Weihnachtsbaum soll doch richtig schön werden", hat sie gesagt. „Da sind so einfache Papiersterne nicht das Richtige. Und hier und da hast du sogar noch schief geschnitten. Weißt du was, wirf das Zeug weg!" Marlies schluckt schon wieder. Dabei waren die Sterne doch wirklich schön! Sogar Glitzersteine hatte sie noch darauf geklebt. Und an einem goldenen Faden konnte man sie aufhängen. Fast kommt sie sich jetzt vor wie Paulus im Gefängnis.

303

Gottes Advent verändert Leib und Seele. Biblische Adventshaltungen entdecken u. feiern

304

19. Dezember 2010

Zeichnung: Sabine Meinhold

Ganz allein sitzt sie in ihrem Zimmer. Keiner will mit ihr zu tun haben. Draußen fängt es leise an zu schneien. Marlies schnieft. Dann steht sie auf und macht das Licht an. Und dabei denkt sie: Unsinn! Ich bin doch nicht im Gefängnis. Ich kann gehen, wohin ich will. Und was Paulus kann, das kann ich schon lange: Fröhliche Briefe schreiben nämlich. Sie holt sich ihre Gelstifte und die Sterne und beginnt zu überlegen: „Freuet euch in dem Herrn allewege" – das klingt schön, aber ziemlich altmodisch. „Fröhliche Weihnachten wünscht Marlies! Jesus kommt in die Welt!" – das klingt gut, ist aber zu lang für die Rückseite von so einem Stern. Schließlich schreibt sie: „Fröhliche Weihnachten wünscht Marlies!" und malt noch eine kleine Krippe unter den Text. Dann wird schon jeder verstehen, dass wir uns wegen Jesus freuen, der Weihnachten geboren wurde.

Vier solche Sternbriefe hat Marlies jetzt fertig. Und nun? An wen will sie sie denn verschicken? Marlies überlegt. Vielleicht würde sich die alte Tante Annemarie freuen? Früher hatte sie manchmal auf Marlies aufgepasst. Aber seit sie so schlimm gefallen war, traut sie sich kaum noch auf die Straße. Entschlossen steigt Marlies in ihre Stiefel, wirft sich die Jacke über und stapft los. Zeit hat sie ja noch, es wird noch lange nicht dunkel.

Spielanleitung

In kleinen Gruppen ist es jetzt möglich, die Kinder selbst „losgehen" zu lassen. Dazu wird die Spielfigur auf den vorbereiteten Weg gestellt. Durch das Würfeln der Kinder darf sie vorwärts laufen. Der Würfel geht reihum. Wer die nächste Tür erreicht, darf den Stern darauf ablegen. Dann wird die Geschichte weitererzählt. Wenn ein Würfelspiel für die Gruppe nicht geeignet ist, geht die Erzählung einfach weiter. Die Bilder werden dann nur gezeigt. Der Start (und Ziel) für das Spiel ist die Karte „Zu Hause".

Erste Tür

Es dauert eine Weile, bis Marlies vor Tante Annemaries Tür steht. In der Küche ist Licht. Aber Marlies wollte ja Briefe schreiben, nicht Besuche machen. Deshalb steckt sie den Stern in den Kasten und läuft weiter.

Zweite Tür

Als sie am Haus von Thomas vorbeikommt, bleibt sie stehen. Thomas geht mit ihr zusammen in eine Schulklasse. Und seit sein Vater weggezogen ist, sieht er manchmal richtig traurig aus. Auch er selbst wird wohl bald in einer anderen Stadt wohnen. Das ist bestimmt alles sehr schwer für ihn. Entschlossen nimmt Marlies einen von ihren Sternen und steckt ihn bei Thomas in den Briefkasten. Dann bummelt sie weiter.

Dritte Tür

Hier in der Nähe wohnt auch ihre Freundin Karin. Früher haben sie noch mehr zusammen gespielt. Aber seit Karin Flötenunterricht hat und Reitstunde, hat sie kaum noch Zeit für Marlies gehabt. Außerdem sind ihre Eltern sehr streng und sie muss immer lange an den Hausaufgaben sitzen. Trotzdem. Marlies hat Karin gern und der dritte Stern wandert in ihren Briefkasten.

19. Dezember 2010

Vierte Tür
Ein Stern ist noch übrig. Da kommt sie am Pfarrhaus vorbei. Drinnen hängen schon ganz viele Sterne an den Fenstern. Ob sie da ihren schief geschnittenen auch noch brauchen können? Marlies zögert. Andererseits ist der Pfarrer immer sehr nett zu ihr gewesen. Und einmal hat er sie sogar nach Hause gebracht, als sie sich beim Kinderfest das Knie aufgeschlagen hatte. Marlies betrachtet den Stern in ihrer Hand. Ach was, denkt sie. So einen Sternenbrief bekommt man schließlich nicht alle Tage. Und dann wirft sie ihn durch den Schlitz an der Tür.

Spielplatz
Hier in der Nähe liegt auch gleich der kleine Spielplatz. Ein paar Jungens aus der Parallelklasse versuchen dort, Schlitten zu fahren. Marlies kümmert sich nicht weiter um sie. Sie baut einen klitzekleinen Schneemann und gibt ihm einen großen lachenden Mund. Denn eigentlich fühlt sie sich jetzt auch wieder ganz fröhlich.

Vierte Tür (Rückweg! Karte umdrehen)
Als sie auf dem Rückweg am Pfarrhaus vorbeikommt, wirft sie noch einen Blick in die schön geschmückten Fenster. Und plötzlich bleibt sie stehen. Da! Ist das nicht ihr Stern?! Aber natürlich! Da hängt er zwischen den anderen Sternen und blinzelt ihr fröhlich zu! Ihr Herz macht vor Freude einen kleinen Luftsprung. Und unwillkürlich läuft sie schneller weiter.

Dritte Tür (Tür öffnen bzw. Karte umdrehen)
Als sie an Karins Haus vorbeikommt, öffnet die Freundin gerade die Haustür. „Hallo Marlies!", sagt sie. „Danke für den Stern. Ich wollte dich nachher noch anrufen. Magst du am Samstag zu mir kommen, Kekse backen?" Und als Marlies nickt, eilt sie schon wieder weiter: „Ich freu mich! Jetzt muss ich mich beeilen, habe Flötenunterricht!" Marlies freut sich auch.

Zweite Tür (Tür öffnen bzw. Karte umdrehen)
Im Hausflur von Thomas hat eine Frau den Schneeschieber in der Hand und unterhält sich mit ihrer Nachbarin: „Stellen Sie sich vor, Thomas hat heute einen Stern im Briefkasten gefunden. Fröhliche Weihnachten stand drauf. Muss von irgendeiner Mitschülerin sein. Er hat ihn gleich an unseren Adventskranz gehängt. Wissen Sie, man freut sich ja doch, wenn die Leute einem nicht ausweichen, bloß weil man Kummer hat!" Marlies zieht die Kapuze fast bis über die Augen. Sie muss jetzt nicht unbedingt erkannt werden. Aber glücklich ist sie doch.

Erste Tür (bleibt)
Als sie am Haus von Tante Annemarie vorbeikommt, ist es still. In den Fenstern ist alles dunkel. Wo sie nur hingegangen ist? Na, egal. Irgendwann wird sie den Sternenbrief wohl auch finden.

Zu Hause
Als Marlies zu Hause ankommt, liegt dort ein Päckchen auf dem Tisch. „Von Tante Annemarie", sagt die

Mutter. „Der Nachbar hat sie zum Einkaufen gefahren und schnell mal hier angehalten. Nett, dass sie immer noch an dich denkt." Marlies nickt. Von dem Stern scheint die Mutter ja nichts zu wissen. Als sie das Päckchen aufmacht, findet sie ein paar Kekse darin. Schokolade ist auch dabei. Und ein Brief:
„Fröhliche Weihnachten, Marlies! Du hast mir mit deinem Stern eine große Freude gemacht! Er ist hell und dunkel zugleich. Und er erinnert uns daran, dass zu Weihnachten beides gehört: Die helle Weihnachtsfreude und die dunkle Armut, in der Jesus geboren ist. Ich wünsche dir, dass du in deinem Leben auch an den dunklen Tagen immer die Freude wiederfindest! Deine Tante Annemarie"

Marlies steckt ein Stück von der Schokolade in den Mund und legt den Brief in ihre Geheimschublade. *Freuet euch in dem Herrn allewege*, denkt sie. Gut, dass Paulus damals aus dem Gefängnis so einen fröhlichen Brief geschrieben hat! Sonst wäre ich nie auf den Gedanken gekommen, das Gleiche zu tun!

Vertiefung
Die Kinder verteilen die Süßigkeiten und basteln und beschriften Sterne in den Farben Orange und braun. Eventuell können sie noch mit Glitzersteinen und Goldfaden verziert werden.
Wenn die Sterne fertig sind, kann die Gruppe überlegen, an wen die Sterne verschenkt werden können.

Gebet
Lieber himmlischer Vater!
Du hast uns viele gute Dinge geschenkt.
Jetzt freuen wir uns auf die Geburt deines Sohnes,
wir freuen uns auf das Weihnachtsfest.
Bitte hilf uns, dass wir nicht enttäuscht sind,
wenn manches anders ist, als wir denken.
Und lass uns verstehen, dass du noch viele gute Überraschungen für uns bereit hast.
Amen

Lied und Segen

Sabine Meinhold

24./25./26. Dezember 2010
Heiliger Abend/Christfest

Lukas 2,1–20

Fürchtet euch nicht, Gott kommt als Kind

Lieder: Singet dem Herrn (Liedruf), s. S. 311; Fürchtet euch nicht, s. S. 315; Hört der Engel helle Lieder, EG 54, KG 36; Ein Licht geht uns auf in der Dunkelheit, KG 25, LJ 344 MKL 123, LH 61, LB 379; Vom Himmel hoch, da komm ich her, EG 24, LJ 32; Vom Himmel kam der Engel Schar, EG 23,1–3; Ihr Kinderlein kommet, EG 43,1–4, LJ 44

Liturgischer Text: Psalm 96,1–4; 7–13 mit Liedruf: Singet dem Herrn

Zum Thema

Kindheitsgeschichten Jesu gibt es in den Evangelien nur bei Matthäus und Lukas. Die Kindheitsgeschichte ist die, die die meisten Menschen berührt und zu Weihnachten in die Kirche lockt. Was verbinden wir mit einem Kind? Es ist hilflos, liebenswert, unterlegen, beschützenswert, unschuldig, ein unbeschriebenes Blatt, Geduld, friedfertige Stimmung. Gott kommt nicht fertig auf die Welt, er begibt sich hinein in Lebensbereiche, die man vom Allmächtigen nicht erwartet und doch füllt er nun gerade diese Bereiche aus, um ganz unter uns Menschen zu sein. Machtvoll und doch hilflos am Kreuz wird er sein, liebenswert und doch verfolgt. Unterlegen und am Ende doch der Sieger. Unschuldig und doch verurteilt. Er hat Geduld mit den Menschen, gibt neue Chancen und Hoffnungen und verbreitet so einen Frieden, der weiter reicht, als Menschen sich je ausdenken können.

Gott kommt als Kind – angedeutet wird dies in den Verheißungen des Alten Testaments (Jes 9,5–6; Jes 11,1–2; Jer 23,5–6), im Thema dieser Einheit wird dieser kurze Satz als eine Art Begründung für den Satz: „Fürchtet euch nicht!" gegeben. Das Kind ist ein wichtiges Zeichen eines Gottes, der seinem Ebenbild ganz nahe sein will und der eben nicht als übermächtiges Gegenüber dastehen will, sondern als Mensch an der Seite von Menschen, die er in die Ewigkeit führen will.

„Fürchtet euch nicht!" Achtmal wird dieser Satz an Einzelpersonen oder an Gruppen im Lukasevangelium gesagt. Es ist so etwas wie der Kernsatz seiner guten Botschaft. Furcht beschreibt das unangenehme Gefühl einer konkreten Situation oder Sache gegenüber. Angst hingegen ist eher unbestimmt. Der Satz „Fürchte dich nicht!" bezieht sich gewiss auf beides. Die konkreten Dinge oder Ereignisse haben dank Christus nicht die Macht über uns zu herrschen, denn er sagt: Mir ist gegeben alle Gewalt im Himmel und auf Erden. Sie mögen uns ängstigen und wir mögen uns fürchten vor so manchem, doch die Gegenwart Christi ermutigt uns, dieser Furcht, dieser Angst nicht nachzugeben, sondern mit einer viel größeren Hoffnung zu leben, die es vermag, diese Furcht und Angst zu überwinden. Inmitten der Nacht, also am Tiefpunkt der Dunkelheit, wird diese Botschaft den Hirten auf dem Feld gesagt.

Das Thema und die Kinder

Gott kommt als Kind – Das ist eine schöne Anknüpfung für die Kinder. In Kindergarten und Schule erleben sie, dass Wissen, Weisheit und Wahrheit immer von Erwachsenen ausgeht. Gott selber aber wird Kind, um so von Anfang an dem Menschen nahe zu sein. Die Weihnachtsgeschichte wird den Kindern vertraut sein. Ihre Bildhaftigkeit spricht sie an und berührt sie.

Dass in diesem Kind der Maria Gott selber als Kind zur Welt kommt, wird den Kindern in der ganzen Tragweite sicher nicht vor Augen stehen. Es wird wohl zuerst als Sohn von Maria und Josef angesehen, das einen schweren Lebensanfang hat. Dass dieses Kind von Gott ausgeht, in ihm Gott selber sichtbar wird, steht nicht im Vordergrund. Ebensowenig dass es alte Verheißungen gibt, die die Christen als Ankündigung dieses Kindes im Stall verstanden haben.

Die Botschaft der Engel an die Hirten ist in jedem Krippenspiel etwas Besonderes. Insofern soll diese Botschaft Zielpunkt des folgenden Krippenspiels sein, das auch vorgelesen werden kann. Zwei Engel führen die Kinder zum Mittelpunkt der Weihnachtsbotschaft. Das vorgegebene Thema wird direkt aufgenommen und spielerisch umgesetzt.

Gestaltungsvorschlag für Kinder und Erwachsene

Psalm 96,1–4;7–13 – Weihnachtspsalm mit Liedruf (3x): Singet dem Herrn

Gebet

Vater im Himmel! In Jesus bist du als Kind in unsere Welt gekommen und durch ihn sind wir alle deine geliebten Kinder. Du zeigst uns in Jesus, dass du für uns da bist an jedem Tag unseres Lebens. Dafür danken wir dir und bitten dich: erfülle uns mit weihnachtlicher Freude. Lass uns die Geburt deines Sohnes festlich feiern und schenke uns durch ihn Mut und Kraft für unseren Lebensweg. Lass das Licht von Weihnachten und den Stern über Bethlehem zum Licht für unser Leben werden. Das bitten wir dich durch Jesus Christus, der mit dir und dem Heiligen Geist lebt und wirkt von Ewigkeit zu Ewigkeit. Amen

Fürchtet euch nicht – Gott kommt als Kind
Krippenspiel zu Weihnachten

13 Mitspieler: Erzähler, Stimme Gottes, 3 Engel: Gabriel, Angelina, Angeliko, Maria, Joseph, Wirt, 5 Hirten: Daniel, Simon, Johannes, David, Samuel
(Die Texte der beiden Engel könnten auch auf mehrere Engel verteilt werden.)

Erzähler: Zwei Engel, Angeliko und Angelina, sind sehr in ihr Spiel vertieft. Sie sind mit sich selber beschäftigt und haben gar nicht mitbekommen, dass sie sich in einem besonderen Bereich des Himmels bewegen. Plötzlich hören sie diese Stim-

24./25./26. Dezember 2010

Singet dem Herrn

Text: Psalm, 96,2
Melodie: Jürgen Grote (2008)

me, die sie kennen und die ihnen nun durch und durch geht.
Stimme Gottes (aus dem Hintergrund): Ja, als Kind. Ich werde als Kind in die Welt gehen und sie erneuern.
Angelina und Angeliko (schauen erschrocken hoch, beide): Wir sind im Gottesbezirk (und fassen sich an den Mund).
Erzähler: Die Engel haben bei ihrem Spiel nicht gemerkt, dass sie in den göttlichen Bereich vorgedrungen sind. Hier durfte man nicht laut sein und spielen schon gar nicht. Das war von der obersten Engelsleitung verboten worden. Gott dürfe nicht gestört werden, so sagte der Rat der Engel immer. Von Gott selber hatte man diese Anweisung noch nie gehört. Gabriel, der strengste Engel, achtete auf die strikte Einhaltung dieser Anweisung.
Stimme Gottes: Ja, ich will als Kind in die Welt gehen! Und jetzt geh und sage es den anderen!
Engel Gabriel: Was macht ihr beide denn hier? Seht zu, dass ihr wieder zurück in euren Bereich kommt. Aber ein bisschen dalli, wenn ich bitten darf. (Dann geht er schnellen Schrittes davon.)
Angeliko: Der hat ja wieder eine Laune!

Angelina: Ob das mit seinem Besuch bei Gott zu tun hat? Was mögen die wohl besprochen haben? Ich glaube, hier soll etwas Außergewöhnliches geschehen.
Angeliko: Da bin ich ganz sicher. Da muss etwas Wichtiges besprochen worden sein. Ob wir das rauskriegen können?
Angelina: Wir könnten ja Gabriel fragen.
Angeliko: Sag mal, wo lebst du denn? Wir können doch nicht einfach hingehen und fragen: „Hallo Gabriel. Was hast du da eigentlich mit Gott besprochen?" Der schmeißt uns achtkantig wieder raus. Nein, das müssen wir anders machen. Was hat Gott vorhin noch gesagt?
Angelina: Als Kind will er auf die Welt kommen, das hat er gesagt. Aber was kann er damit gemeint haben? Hier gibt es doch gar keine Kinder – hier gibt es doch nur Engel. Wir müssen das rausbekommen. (Sie zieht Angeliko gleich hinter sich her.)

Angelina: Gott will als Kind in der Welt etwas machen. Das ist ja wirklich merkwürdig. Was soll Gott als Kind auf der Erde? Ein Kind kann doch gar nichts erreichen. – Oder vielleicht doch? Da gab es doch einmal ein Buch ... (spricht sie leise vor sich hin). Komm! Weißt du, wo die heiligen Schriften liegen?
Angeliko: Ja, da hinten im Raum der göttlichen Bücher. Da war ich gestern schon drin. Ich zeig's dir.
Angelina: Hier ist es! Hier ist das Buch von Jesaja. Schau mal, da ist ein Zettel drin. Hier an dieser Stelle. Da hat doch einer etwas angestrichen. Hier, Angeliko, schau mal, was hier steht: „Uns wird ein Kind geboren, ein Sohn ist uns gegeben. Und auf seiner Schulter ruht die Herrschaft. Er soll heißen: Wunderbarer Ratgeber, starker Gott, ewiger Vater, Friedensherrscher. Seine Macht wird groß werden, sein Friede wird kein Ende haben. Auf dem Thron Davids wird er herrschen, mit Recht und Gerechtigkeit wird er die Menschen führen bis in Ewigkeit." – Das ist der Messias!
Angeliko: Was ist denn der Messias?
Angelina: Der Messias ist ein von Gott Gesalbter. Das ist einer, der das Leben auf der Erde grundlegend ändern soll. Der soll die Menschen dazu führen, dass sie frei und fröhlich leben können. Ich glaube, man nennt ihn in anderen Sprachen auch den Christus.
Angeliko: Und Gott will ein Kind als Messias schicken?
Angelina: Natürlich. Das Kind wird jetzt kommen. Gott selber ist dieses Kind. Hm, wo soll es eigentlich geboren werden?
Angeliko: Weiß nicht, habe ich nie gehört. Wenn ich mir das so richtig überlege, dann kann es nur in Jerusalem in einem Palast geboren werden. Groß und herrlich, damit jeder gleich sieht, hier kommt der wichtigste König der Welt, der kommt von Gott. Ach, noch besser. Er wird gleich im Tempel geboren. Dann können alle gleich anbeten kommen: alle Könige, alle Reichen, alle Fürsten, alle aus dem oberen Rat ...
Angelina: Hör auf. Du bist völlig falsch.
Angeliko: Warum, was ist daran falsch?
Angelina: Na, hier schau mal. Hier ist noch ein Zettel drin. Hier, im Buch Micha. Den hat Gott auch mal als

24./25./26. Dezember 2010

Propheten geschickt, da steht es. Nichts da mit Jerusalem und Palast und Herrlichkeit. In der kleinsten Stadt in Juda, in Bethlehem, da soll es passieren. Da wird der Messias geboren. (Bestimmend zeigt sie in das Buch.) Ich habe eine Idee. Wir schauen in das Zukunftsrohr. Eigentlich darf da nur der oberste Engelrat reinschauen, aber vielleicht merkt es ja keiner.
Angeliko: Ins Zukunftsrohr schauen. Das ist doch nicht dein Ernst. Das klappt niemals.
Angelina: Doch! Und ich weiß auch schon wann. Und zwar jetzt gleich. Komm, wir gehen.
Erzähler: Angeliko ist immer noch nicht so ganz überzeugt, doch er folgt seiner Freundin. Er möchte natürlich auch wissen, wie es weitergeht. Sie erreichen die Räume des Engelsrates. Die Tür steht offen. Diese Tür steht immer offen, denn Gott mag keine verschlossenen Türen. Niemand ist zu sehen. Und so gehen sie zu dem geheimnisvollen Fernrohr. Und sie sehen, wie ein Mann und eine Frau langsam auf eine kleine Stadt zugehen. Die Frau geht sehr langsam, sie hat einen dicken Bauch. Sie erwartet ein Kind. Der Mann stützt sie beim Gehen. Sie ist am Ende ihrer Kräfte.

Maria: Wir brauchen dringend ein Quartier, Josef. Bitte, geh in die Stadt und such uns eine Stätte zum Schlafen. Ich kann nicht mehr.
Josef: Ich gehe schon, Maria. Warte hier, es dauert nicht lange. Ich bin gleich wieder da.
Erzähler: Die Engel sehen, wie Joseph in die Stadt geht und an vielen Türen klopft. Doch niemand will ihm ein Bett anbieten. Nur einer macht die Tür nicht gleich wieder zu.
Wirt: Was hast du gesagt, wo ist deie Frau? Vor der Stadt an den vier Olivenbäumen? Da ist ein kleiner Stall, ein Felsenstall. Ochs und Esel stehen darin. Wenn ihr wollt, geht dort hinein. Ich bring euch morgen was zu essen. Hier kriegt ihr sowieso keine Unterkunft mehr. Alles voll. Ihr wisst, wegen der Volkszählung.
Josef: Ich danke euch, ich danke euch von Herzen, lieber Wirt. Wir bitten Gott für dich, weil du so gütig bist. Sein Friede sei mit dir.
Wirt: Gott sei mit euch.
Erzähler: Die beiden Engel sehen, wie in dieser Nacht das Kind zur Welt kommt. Sie spüren eine tiefe Wärme in sich, einen Frieden, den sie so noch nie gespürt haben. Das ist kein normales Kind, denken beide. Das muss das Kind von Gott sein. Und als sie sich umsehen, erkennen sie, dass sie nicht mehr alleine sind.

Gabriel: Na ihr beiden, habt ihr gesehen, was ihr sehen wolltet?
Angeliko: Äh, wir wollten nur, also wir dachten ...
Angelina (mutig): Ist es wirklich Gottes Kind, was da geboren werden soll?
Angeliko: Ist das der Christus, der kommen soll?
Gabriel: Ja, ihr beiden Neugierigen. Es ist Gott als Kind. Ein Menschenkind mit seinem Herzen und seinen Gedanken. Ein Kind, das seine Botschaft in die Welt tragen wird. Die Menschen werden es merken, es ist Gottes Sohn, der heute das Licht der Welt erblickt hat.

Angelina und Angeliko (gleichzeitig): Heute schon?
Gabriel: Ja, heute schon. Heute wird Gottes Sohn geboren. Er wird der Heiland der Welt sein. Mit ihm soll der Frieden unter den Menschen wachsen. Und die Menschen sollen ohne Angst leben können. Sie sollen Gott vertrauen, wie es nur Kinder können.
Angelina: Und wie heißt das Kind?
Gabriel: Jesus – das bedeutet: Gott hilft. Gott will den Menschen helfen, jeden Tag.
Angelina: Gabriel, und wie sollen die Menschen es erfahren, dass Jesus geboren ist?
Gabriel: Darüber habe ich mir auch schon Gedanken gemacht. Und ich habe da auch schon eine Idee. Schaut mal, Jesus wird in der kleinsten Stadt geboren, in einem Stall in aller Armut. Das finde ich gut. Und Menschen, die arm sind, sollen es als erste erfahren. Und Gott hat gesagt, die Ersten, die es hören sollen, sollen es von seinen Engeln hören.
Angelina: Das ist ja eine Superidee!
Angeliko: Und du, Gabriel darfst es als erster den Menschen erzählen?
Gabriel: (schüttelt schmunzelnd den Kopf) Nein, das sollen andere machen.
Angeliko: Zögerlich: Wer denn?
Gabriel: Ehrlich gesagt, dachte ich da an euch beide.
Angelina: Wir dürfen das tun? Und wem sollen wir es erzählen?
Gabriel: Schaut in das Fernrohr, mit dem ihr in die Zukunft sehen könnt, dann werdet ihr es wissen.
Erzähler: Die beiden gehen sofort zum Fernrohr und schauen hindurch. Sie sehen eine Gruppe von Hirten. Traurig sitzen sie ums Feuer herum und teilen sich ihre Gedanken mit.
Daniel: Es ist finstere Nacht. Ich habe mich lange schon nicht mehr so schlecht gefühlt. Ich war vorhin in der Stadt. Alle haben wieder einen großen Bogen um mich gemacht. Als ob ich Aussatz habe.
Simon: Wir Hirten haben kein Zuhause, sind immer unterwegs. Und wer kein Zuhause hat, der ist auch nichts wert.
David: Und weil wir nicht viel Geld haben, steht Gott auch nicht auf unserer Seite. Den Segen kriegen die anderen, aber wir doch nicht!
Johannes: Gott. Der lebt nur in Jerusalem. Und da kommen wir nicht hin. Gott hat uns doch schon längst vergessen.

Gabriel: Und zu diesen Menschen bringt ihr beide die gute Botschaft als erstes. Macht euch auf den Weg.
Angelina: Komm, Angeliko, wir haben einen Auftrag. Lass uns besser ein Licht mitnehmen. Ein wenig Himmelslicht in der Nacht kann nicht schaden.
Angeliko: Und was sollen wir ihnen sagen?
Angelina: Das ist doch ganz einfach. Fürchtet euch nicht. Gott kommt als Kind.
Angeliko: Das glauben die uns nie. Oder würdest du das glauben?
Angelina: Sie können das Kind doch sehen, im Stall. Da schicken wir sie hin.
Angeliko: Das ist eine gute Idee. Komm, wir machen uns auf nach Bethlehem!

24./25./26. Dezember 2010

Fürchtet euch nicht

Text und Melodie: Jürgen Grote (2008)

2. Das Kind schenkt euch den Frieden,
schenkt ihn in aller Still.
Sucht diesen, seinen Frieden,
wie Gott ihn für euch will.

2. Die Hoffnung liegt im Kinde,
nicht in uns selber drin.
Damit sie jeder finde,
lauft schnell zum Stalle hin.

Erzähler: Über Bethlehem angekommen, entzünden die beiden Engel das Himmelslicht. Über den Hirten wird es mitten in der Nacht so hell wie am Tag.
Beide Engel: Fürchtet euch nicht, ihr Hirten. Fürchtet euch nicht – Gott kommt als Kind zu euch. Euch ist heute der Heiland geboren. Hier in Bethlehem, in der Stadt des großen Königs David ist er geboren, wie die heiligen Schriften es vorhergesagt haben. Ihr werdet Gott finden in dem Kind in der Krippe.
Erzähler: Die Hirten schauen staunend zum Himmel. So etwas haben sie noch nicht gesehen. Und es wird noch ein wenig heller, als sie den Gesang der Engel hören.
Engel singen (nach der Melodie: Hört der Engel helle Lieder EG 54): Hört ihr Hirten lasst euch sagen, Gott wird Kind in einem Stall. Gott wird euch im Leben tragen, das gilt hier und überall. Gloria in excelsis Deo.
Erzähler: Das Himmelslicht erlischt und die Hirten sind wieder allein.
Simon: Gott soll als Kind in diese Welt kommen. So ein Quatsch. Das kann ich nicht glauben.
Daniel: Du musst es ja nicht glauben, du kannst es sogar sehen, haben die Engel gesagt.
Johannes: Genau. Ich will wissen, ob es stimmt. Ich habe keine Angst mehr.
David: Ich auch nicht. Ich gehe und schaue nach dem Kind. Und wenn es in dem Stall ist, dann weiß ich es genau: Die Menschen mögen uns links liegen lassen, Gott tut es gewiss nicht!
Simon: Worauf warten wir noch? Lasst uns endlich losgehen! Sonst erfahren wir nie, ob das stimmt mit dem Kind.
Erzähler: Simon treibt seine Kollegen zur Eile an. Nur einer bleibt zurück, der alte Hirte Samuel. Er traut sich den Weg wohl zu, doch einer muss ja bei den Schafen bleiben.
Samuel: Wenn Gott als Kind gekommen ist, dann werde ich es spüren, wenn ihr wiederkommt. Geht, seht nach dem Kind und erzählt mir, was ihr gesehen habt. Ich glaube schon jetzt den Worten. Ihr werdet gewiss nicht enttäuscht.
Erzähler: Und die Hirten laufen los und kommen zu dem Stall in Bethlehem. Sie dürfen als Erste das Wunder der Heiligen Nacht bewundern.

Am Abend sitzen die beiden Engel glückselig beieinander.
Angelina: So sind sie nun Wahrheit geworden, die alten Verheißungen, die wir gelesen haben.
Angeliko: Für mich war es der schönste Tag in meinem Engeldasein. Die Hirten waren so glücklich.
Angelina: Ich glaube, die haben gleich verstanden, dass etwas ganz Großartiges in dieser Nacht geschehen ist, weil Gott als Kind zu ihnen gekommen ist.
Angeliko: Und dass wir etwas so Schönes auf die Erde bringen durften, das war einfach himmlisch.

Lied: Fürchtet euch nicht

Zusätzliche Gestaltungsvorschläge

Die Geschichte kann auch im Gottesdienst erzählt werden, vielleicht mit Schattenrissen projiziert über einen Overheadprojektor.

Für den **Kindergottesdienst** am Weihnachtsfest könnte man die Geschichte mit Bodenbildern erzählend darbieten. Im Anschluss bietet es sich an, Engel zu gestalten oder einzelne Szenen aus der Weihnachtsgeschichte, die auf runde Pappen gemalt werden.

Diese bilden dann die Bilder ab, die die Engel im Zukunftsfernrohr gesehen haben. Im Gemeinderaum bleibt so die Weihnachtsgeschichte in der eigentlichen Weihnachtszeit präsent.

Jürgen Grote

Monatlicher Kindergottesdienst im Dezember
Freuet euch – der Herr ist nahe, Philipper 4,4–7

Mitten in der hektischen Adventszeit entdecken Kinder biblische Adventshaltungen neu. In Paulus, obwohl er gefangen ist, weckt das nahende Wiederkommen von Jesus Christus eine tiefe, nachhaltige Freude. Er ermutigt darum seine Gemeinde zu einem sanftmütigen, linden Umgang miteinander, wie Jesus es tat.

Der **Gestaltungsvorschlag vom 19. Dezember** (S. 302) eignet sich mit einer **Erzählung mit Würfelspiel** für einen monatlichen Kindergottesdienst. Ein gebastelter **Stern** kann für die Familie mit nach Hause genommen werden.

Gottesdienst zum Beginn des Schuljahres

„Gott ist wie ein treuer Freund"

1. Mose 16,1–16

Lieder: Wenn einer sagt, ich mag dich, du, KG 150, LJ 624, MKL 100, Amen 62, LZU 55, LH 26; Das wünsch ich sehr, LfK1 C2, LJ 488, MKL 5, LZU 10, LH 86; Gott kommt manchmal ganz leise, LH 33; Ich wünsch dir Freundinnen und Freude, KG 118, LH 57

Liturgischer Text: Psalm 121 (Übertragung s. S. 321), Kehrvers: Geh mit uns auf unserm Weg, LH 19 (nur der Refrain)

Zur Situation der Schulanfänger

Ein Gottesdienst zum Beginn des Schuljahrs/zum Schulanfang geht nicht von dem thematisch und terminlich festgelegten Gottesdienstplan zum Kirchenjahr aus, sondern das Thema orientiert sich an der Situation der Schulanfängerinnen und Schulanfänger.

Auch die familiären Traditionen zur Feier der Einschulung eines Kindes sind sehr unterschiedlich – in den neuen Bundesländern lebt noch die Tradition der DDR fort, zur Einschulung ein großes Familienfest zu feiern (da die Mehrheit der Kinder nicht getauft wurde, war die Einschulung das erste Fest nach der Geburt eines Kindes, welches in einem großen Rahmen gefeiert wurde). Inzwischen hat bundesweit die Bedeutung einer familiären Einschulungsfeier zugenommen und manchmal auch übertriebene Ausmaße angenommen – besonders auf Kindern, die ohne Geschwister aufwachsen, lastet oft schon bei der Einschulung ein großer Erwartungsdruck von Eltern, Großeltern, Tanten und Onkeln.

Bei den Einschulungsfeiern in den Schulen wird in den obligatorischen Reden der Schuldirektorinnen und Schuldirektoren betont, dass sich jetzt ein einschneidender Schritt im Leben der Kinder vollzieht – häufig mit einem Unterton, der die Kinder nicht eben ermutigt und bestärkt, sondern eher einschüchtert (eine Studie aus dem Jahr 2008 hat nach einer Analyse von Reden von Schulleiterinnen und Schulleitern zur Einschulung beobachtet, dass die Reden den Kindern deutlich machen, dass jetzt das „richtige Lernen" anfängt und „der Ernst des Lebens" beginnt und „sich alle gut anstrengen müssen, denn die Schule ist kein Kindergarten"). Wenn in den Kirchengemeinden Gottesdienste zur Einschulung stattfinden, dann sollte dieser Unterton unbedingt vermieden werden. Das Ziel der Gottesdienste zur Einschulung und zum Schuljahresanfang ist es, die Kinder in ihrem Vertrauen und in ihrer Hoffnung zu stärken, ihnen die Liebe Gottes unabhängig von ihren Leistungen zuzusprechen und sie selbst zu würdigen und zu feiern. Die meisten Kinder freuen sich auf die Schule!

Zum Thema

Für Kinder, die in die Schule kommen, sind gute Freunde besonders wichtig – der Schutz und der Einfluss der Eltern wird mit dem Beginn der Schule eingeschränkt, wichtige Prägungen kommen nun aus der Peergroup (Gruppe der gleichaltrigen Kinder), nicht aus der Familie. Das Thema „Freundschaft" ist daher von großer Bedeutung. Doch was ist eine gute Freundin, ein guter Freund? Wird im Kindergartenalter noch oft eine Freundschaft wegen eines kleinen Streites scheinbar für immer beendet („mit dir spiele ich nie wieder" oder „du bist nicht mehr mein Freund") und ebenso schnell wird die Freundschaft wiederhergestellt, erkennen Kinder im Vorschul- und Schulalter schon viel stärker die vielschichtigen Ebenen einer Freundschaft: Werte wie Treue, Vertrauen, Ehrlichkeit, Aufmerksamkeit, Zuverlässigkeit werden reflektiert, erfahren, ausprobiert, geprüft und verinnerlicht. Daher soll in einem Teil des Gottesdienstes auch Raum für einen kleinen Austausch sein zum Thema: Wie muss eine gute Freundin, ein guter Freund sein?

Ein kleines Anspiel zu Beginn des Verkündigungsteils zum Thema Freundschaft soll den Kindern Impulse geben, das Wesen einer guten Freundschaft zu bedenken. In der Weiterführung wird das Thema „Freundschaft" auf Gott bezogen. Kann Gott ein Freund sein? Gibt es dafür Beispiele in der Bibel? Was bedeutet das für das eigene Gottesbild? In der Bibel wird Gott mit vielen symbolischen Bildern beschrieben, er ist z.B. „mein Licht und mein Heil, (Ps 27), mein Fels (Ps 18), meine Burg (Ps 94), mein Schild (Ps 18), er ist Sonne (Ps 84) oder Quelle des Lebens (Ps 36). Das Bilderverbot aus 2. Mose 20 „Du sollst dir kein Bildnis anfertigen" verbietet nicht generell jedes Bild von Gott, sondern weist darauf hin, dass es unmöglich ist, Gott mit nur einem Bild zu beschreiben – er sprengt alle (Bilder)Rahmen und ist immer noch ganz anders und mehr, als unsere Vorstellungskraft es erfassen kann. Doch um mit Gott in Beziehung zu treten, bedarf es auch der bildlichen Vorstellung von Gott – welche durchaus auch personal sein kann. So spricht die Bibel auch von Gott, der wie ein Hirte ist (Ps 23), wie eine Mutter (Jesaja 66), wie ein König (Ps 93), wie ein Lehrer (Hiob 36), wie ein Arzt (2. Mose 15).

Es ist grundsätzlich kein Problem, dass bei Kindern im Vorschul- und Grundschulalter personale Gottesvorstellungen dominieren. Gott ist in diesem Alter häufig ein Partner, mit dem man verhandeln kann nach dem Motto: Ich bin heute ganz brav oder ich bete ganz innig zu Gott und er hilft mir dafür, dass ich in der Klassenarbeit eine gute Note bekomme. Dieses Denken führt irgendwann zu dem Dilemma, dass diese Logik eben nicht immer aufgeht. Die einen sehen dann den Fehler in Gott und wenden sich vielleicht ab von ihrem Glauben, die anderen sehen den Fehler in ihrer Logik und verändern ihren Glauben.

In der Verkündigung soll der Schwerpunkt auf ein Gottesbild gelegt werden, das Gott als einen Freund verkündet – gleichzeitig aber auch in den

Blick nimmt, dass dies nicht bedeutet, dass er alle Wünsche automatisch erfüllt. Die Erzählung von Abram, Sarai und Hagar (1. Mose 16,1–16) gehört zu den Familiengeschichten des Alten Testaments und ist dennoch keine biblische Erzählung, die Kindern häufig erzählt wird – der Mehrheit der Kinder (und Erwachsenen) wird sie fremd sein. In der Verkündigung wird diese sehr vieldimensional gedeutete Erzählung nur unter dem Aspekt „Gott ist wie ein treuer Freund" kindgerecht, frei und verkürzt erzählt.

Bausteine für einen Gottesdienst mit Kindern und Erwachsenen

Lied: Wenn einer sagt, ich mag dich

Psalm 121 (Übertragung)
Kehrvers: Geh mit uns auf unserm Weg (s. o.)

Kinder: Meine Hilfe kommt von Gott
Erwachsene: der Himmel und Erde gemacht hat.
Liturg: Ich weiß nicht, wie es weitergehen soll. Habe ich gar keine Freunde mehr? Hilft mir denn niemand?
Kinder: Meine Hilfe kommt von Gott
Erwachsene: der Himmel und Erde gemacht hat.
Liturg: Gott ist bei mir, auch wenn ich ihn nicht sehe. Auch wenn es dunkel um mich herum ist, ist Gott mir nahe.
Kinder: Meine Hilfe kommt von Gott
Erwachsene: der Himmel und Erde gemacht hat.
Liturg: Gott wird mir Menschen schicken, die mir helfen. Gott wird mir Kraft geben, meine Probleme zu lösen.
Kinder: Meine Hilfe kommt von Gott
Erwachsene: der Himmel und Erde gemacht hat.
Liturg: Ehre sei Gott, dem Vater und dem Sohn und dem Heiligen Geist
Kinder und Erwachsene: Wie im Anfang, so auch jetzt und alle Zeit und in Ewigkeit. Amen.

Kehrvers: Geh mit uns auf unserm Weg

Anspiel – Hinführung zum Thema
Personen: 2 Kinder, Erzähler)
Die Kinder (bitte die Dialoge situationsgemäß anpassen) begegnen einander und begrüßen sich. Danach gehen sie zusammen weiter.
Max: Hallo, was hast du denn mit dem Arm gemacht?
Lukas: Ach, den hab ich mir bloß gebrochen, ist nicht so schlimm.
Max: Zeig mal den Gips ... Wo willst'n hin?
Lukas: In die Stadt? Und du?
Max: Was willst'n in der Stadt?
Lukas: Ein bisschen rumbummeln. Ich habe zum Geburtstag Geld geschenkt bekommen – mal sehen, vielleicht kauf ich mir was...
Max: Ich komm mit. Kannst mich ja zu einem Eis einladen – wir sind doch Freunde! Außerdem können wir mal in den Sportladen schau'n – die haben neue Fußbälle! (Legt den Arm um die Schulter von Lukas).
Erzähler: Die beiden gehen zusammen weiter und kommen durch einen kleinen Park. Auf einmal sehen sie, wie in der Ferne ein riesiger schwarzer Hund ohne Halsband auf sie zuspringt und dabei bedrohlich bellt.
Max: Auf den Baum!
Lukas: Ich kann doch nicht klettern mit meinem Arm!

Gottesdienst zu Beginn des Schuljahres

Erzähler: Max klettert auf einen Baum, Lukas schafft es nicht mit dem gebrochenen Arm. Der Hund ist schon bedrohlich nahe. Ihm fällt nichts anderes ein – er legt sich auf den Boden und stellt sich tot. Der Hund kommt, bleibt stehen, schnuppert am Gesicht von Lukas und läuft dann weiter. Als er weg ist, kommt Max vom Baum runter.
Max: (betont lässig) Na, was hat dir der Hund ins Ohr geflüstert?
Lukas: Dass es ein schlechter Freund ist, der in der Not den anderen im Stich lässt.

Lied: Das wünsch ich sehr

Gespräch
Impuls: Wie könnte die Geschichte weitergehen? Wie muss eine gute Freundin, ein guter Freund sein? Welche Eigenschaften sollte sie/er haben? (Dieser Austausch kann einfach in kleinen Murmelgruppen mit den Nachbarn stattfinden; oder die älteren Kinder haben schon etwas vorbereitet und stellen dies vor.)

Erzählung 1. Mose 16,1-16
Wie ist das eigentlich mit Gott? Kann Gott auch ein Freund, eine Freundin sein? Wie denn? – Gott ist doch nicht zu sehen? Kann Gott mir trotzdem helfen, wenn ich in Not bin? Wie macht er das? Ich will euch eine Geschichte aus der Bibel erzählen, die das beschreibt. Es ist eine Geschichte, die zu den Erzählungen von Abraham und Sara gehört – allerdings heißen die beiden da noch Abram und Sarai, denn Gott hat noch keinen besonderen Freundschaftsbund mit ihnen geschlossen. Die beiden haben noch kein Kind – obwohl sie sich sehnlichst eines wünschen.

Noch ziehen Abram und Sarai mit ihren Mitarbeitern und ihrem Vieh als Nomaden durch das Land. Wenn Menschen so zusammen in der Fremde unterwegs sind und alles gemeinsam machen – essen, wohnen, arbeiten, unterwegs sein, beten – dann werden sie zu einer engen Gemeinschaft. Abram und Sarai haben keine eigenen Kinder, aber die vielen Menschen, die mit ihnen ziehen und für sie arbeiten, ersetzen ihnen die Familie. Dazu gehört auch Hagar, die Dienerin von Sarai. Hagar wohnt bei Abram und Sarai, sie hilft Sarai bei der Arbeit und bekommt dafür alles, was sie zum Leben braucht. Hagar ist noch jung, viel jünger als Sarai. Und was Sarai versagt bleibt, das gelingt der Dienerin Hagar: Sie ist schwanger und wird nun bald ein Kind gebären. Hagar ist stolz auf ihren runden Bauch und Sarai wird noch trauriger, weil sie keine Kinder kriegen kann. Aber Sarai ist mächtiger, sie ist die Herrin: Darum schikaniert Sarai ihre Dienerin Hagar und macht ihr das Leben so schwer, dass diese schließlich an Flucht denkt:

Anspiel – Hagar tritt auf
Hagar: „Das halte ich nicht mehr aus. Das ist so ungerecht – ich lass mir dass nicht mehr länger gefallen! Ich gehe weg und kehre nie wieder zurück. Diese Sarai – die hat mir gar nichts zu sagen. Die kann ja nicht mal Kinder kriegen. Ich suche einen besseren Ort zum Leben für mich und mein Baby." (schnappt sich ein Bündel, hüllt sich in ein Tuch und nimmt einen Wanderstock in die Hand)

Erzähler: Und Hagar läuft durch die Wüste, bis sie nicht mehr laufen kann. Der Mund ist ganz trocken vor lauter Durst, der Kopf schmerzt von der Hitze, die Beine werden ganz schwer. Inzwischen bereut es Hagar schon ein wenig, einfach so davongelaufen zu sein.
Hagar: (stützt sich schwer auf den Stock, ist sehr erschöpft) „Muss ich nun wirklich hier ganz allein in der Wüste sterben? Ach – wenn ich doch nur einen Schluck Wasser hätte – aber meine Vorräte sind schon alle aufgebraucht! Oh, ich kann nicht mehr!" (strauchelt)
Erzähler: Doch gerade, als Hagar sich verzweifelt in den Sand fallen lassen will, sieht sie in der Ferne – eine kleine Oase. Eine Wasserstelle mit kleinen Schatten spendenden Bäumchen rings herum. Mit letzter Kraft schleppt sie sich dorthin und lässt sich an der Quelle fallen.
Hagar: (trinkt von der Quelle) „Jetzt bin ich erstmal gerettet. Doch wie soll es weitergehen? Wohin soll ich – wohin kann ich überhaupt gehen? Wo soll mein Kind zur Welt kommen? Ob mich Abram und Sarai vermissen? Keiner weiß, wo ich bin. Niemand wird mich hier finden. Ich bin ganz allein!"
Erzähler: Da kommt Gott in einem Boten zu Hagar und fragt sie: „Hagar, du Dienerin von Sarai, woher kommst du und wohin willst du?"
Hagar: (spricht in Richtung Gemeinde) „Ach, ich bin weggelaufen. Ich habe es da nicht mehr ausgehalten. Sarai ist ungerecht und streng mit mir. Ich will nicht mehr dorthin zurück! Aber ich brauche einen guten Ort, wo ich mein Kind zur Welt bringen kann!"
Erzähler: Da spricht Gott durch seinen Boten zu Hagar: „Hab keine Sorge. Komm, es wird alles gut werden. Geh wieder zurück zu Sarai und Abram. Gott ist bei dir. Du wirst dein Kind bekommen und es wird ein Sohn sein. Er soll Ismael heißen, das heißt: Gott hört – denn Gott hört dich!" Hagar sieht dem Boten nach (Den Blick wandern lassen, Hand beschirmt schließlich die Augen), dann trinkt sie noch mal von der Quelle und sagt:
Hagar: „Gott, du bist ein Gott, der mich sieht, obwohl ich nur eine Dienerin bin, die weggelaufen ist. Gott lässt mich nicht allein. Daran will ich immer denken. Diese Quelle wird mich daran erinnern. Ich will ihr den Namen geben: Brunnen des lebendigen Gottes, El Ro'i, der Gott des Hinsehens."
Erzähler: Und Hagar geht wieder zurück zu Sarai und Abram. Es ist kein einfacher Weg. Hagar hatte sich eigentlich etwas anderes gewünscht. Doch sie kehrt anders zurück, als sie gegangen war. Sie weiß nun: Gott sieht, wenn es mir nicht gut geht, wenn ich nicht weiß, wie es weitergehen soll. Gott begleitet mich wie ein unsichtbarer Freund. Auch wenn er mir nicht alle meine Wünsche erfüllt, weiß ich doch, er ist bei mir.

Ergänzung durch ein Bodenbild

Wenn dazu die räumlichen Voraussetzungen bestehen, können die einzelnen Szenen durch Symbole anschaulich gemacht und ergänzt werden, welche in ein Bodenbild auf ein großes rundes braunes Tuch gelegt werden: Beginn mit einem Tuch, das wie ein Zelt aufgestellt wird, dann ein gelbes Tuch mit Dornen an dürren Zweigen für die

Gottesdienst zu Beginn des Schuljahres

Zeichnung: Sabine Meinhold

Wüste, dann ein blaues/grünes Tuch mit einem Krug oder einer Schale mit Wasser, dann ein weißes Tuch mit einem Freundschaftsband. Die einzelnen Bilder werden miteinander durch eine rote Schnur verbunden, so dass ein Kreis entsteht – das weiße Tuch wird wieder mit dem Zeltsymbol verbunden.

Lied: Gott kommt manchmal ganz leise

Einsegnung
Die Schulanfänger werden in unseren Gottesdiensten alle namentlich aufgerufen und gesegnet. Ein Symbol als Erinnerung an diesen Gottesdienst, das ihnen mit auf den Weg gegeben wird, kann z.B. ein (von den älteren Kindern) gebasteltes Freundschaftsband oder ein Tonbecher sein. Das Freundschaftsband (Länge ca. 25 cm) könnte aus einer einfachen bunten Kordel mit eingeknüpfter Perle bestehen.

Fürbitten
Lebendiger Gott, manchmal fühlen wir uns von allen verlassen. Manchmal machen wir alles falsch und alles geht schief. Manchmal haben wir das Gefühl, dass uns niemand mag. Lass uns dann besonders spüren, dass uns liebst und begleitest. Sende uns Boten, die uns deine Freundlichkeit und dein Verzeihen zusprechen.
Gott, erhöre uns.
Lebendiger Gott, du bist wie eine Quelle, aus der lebendiges Wasser strömt. Doch in der Hektik des Alltags laufen wir oft achtlos an dieser Quelle vorbei. Hilf uns, immer wieder inne zu halten, um dich zu suchen und aus dir Kraft zu schöpfen.
Gott, erhöre uns.

Lebendiger Gott, manchmal sehen wir Menschen, die einsam und verzweifelt sind. Manchmal begegnen wir Menschen, mit denen niemand etwas zu tun haben möchte. Lass uns dann deine Boten sein und deine Freundlichkeit und Treue weitergeben.
Gott, erhöre uns.
Lebendiger Gott, so vielen Menschen auf dieser Welt fehlt das Nötigste zum Leben. So viele Kinder auf dieser Welt können nie zur Schule gehen. Lass du uns Boten deiner Gerechtigkeit und deiner Liebe in der Welt sein.
Gott, erhöre uns. Amen

Sendungs- und Segenslied: Ich wünsch dir Freundinnen und Freunde

Segen
Gott segne dich und behüte dich, Gott begleite dich wie ein Freund auf allen deinen Wegen und halte seine schützende Hand über dir. Gott erfülle dich mit seiner Kraft und lass seine Liebe in dir wachsen. Amen

Angela Kunze-Beiküfner

Autoren und Herausgeber

Heide Aßmann, Lindenstr. 3, 06502 Neinstedt
Annette Baden-Ratz, Gografenstr. 2, 31234 Edemissen
Ralph-Ruprecht Bartels, Osterfeldstr. 9, 31177 Harsum
Brunhilde Börner, Malche 1, 16259 Bad Freienwalde
Hanna de Boor, Beesener Str. 233, 06110 Halle
Klaus-Dieter Braun, Dietrich-Bonhoeffer-Str. 1, 38300 Wolfenbüttel
Anne-Dore Bunke, Bei den Schlehen 40, 38855 Wernigerode
Benigna Carstens, Zinzendorfstr. 9, 78126 Königsfeld
Friederike Creutzburg, Caspar-David-Friedrich-Str. 2, 17489 Greifswald
Bernd Dechant, Margeritenweg 1a, 14974 Ludwigsfelde
Brigitte Donath, Friederikenplan 55, 06844 Dessau
Cornelia Georg, Barfüßerstr. 2, 99734 Nordhausen
Claudia Glebe, Beguinenstr. 10, 38350 Helmstedt
Antje Gottwald, Großer Kirchhof 6, 38350 Helmstedt
Jürgen Grote, Am Pfarrgarten 5, 38274 Groß Elbe
Silvia Gützkow, Bergstr. 12, 17454 Seebad Zinnowitz
Carmen Ilse, Mönchshof 1, 06618 Naumburg-Flemmingen
Beate Jagusch, Droßdorfer Str. 11, 06712 Ossig
Birgitt Johanning, Rheinener Weg 1, 58239 Schwerte
Angela Kunze-Beiküfner, Friedensstr. 27, 38820 Halberstadt
Gerhard Kurmis, Grubenweg 2, 35325 Mücke
Katrin Lange, Südring 57, 06667 Weißenfels
Ulrike Lange, Bahnhofstr. 9, 01468 Moritzburg
Utta Lucke, Hauptstr. 57, 06577 Heldrungen
Siegfried Macht, Kopernikusring 41, 95447 Bayreuth
Sabine Meinhold, Annenkirchplatz 2, 06295 Eisleben
Alfred Mengel, Hermann-Meier-Str. 3, 49838 Lengerich/Emsland
Elisabeth und **Karsten Müller**, Otto v. Guericke -Str. 41, 39104 Magdeburg
Gudrun Naumann, Regensburger Str. 111, 06132 Halle
Petra Neumann, Alice-und-Hella-Hirsch-Ring, 10317 Berlin
Frank Niemann, Luisenstr. 11, 31224 Peine
Jutta Noetzel, Harnackstr. 8, 39104 Magdeburg
Dorothea Pape, Ulmenallee 9, 25421 Pinneberg

Autoren und Herausgeber

Bettina Plötner-Walter, Kirchberg 176, 06648 Eckartsberga
Horst Ramsch, Bühlauer Str. 44b, 01328 Dresden
Elisabeth Reinhard, Weingasse 51, 91077 Neunkirchen
Ulrike Scheller, Südstr. 50, 06110 Halle
Ruth-Elisabeth Schlemmer, Andreasstr. 14, 99084 Erfurt
Adelheid Schnelle, Am Sandteich 31, 38376 Süpplingenburg
   AdelheidSchnelle@aol.com
Marit Seidel, Am Anger 15, 09366 Stollberg-Mitteldorf
Elke Sonntag, Hinter den Höfen 36, 99195 Stotternheim
Friederike Wulff-Wagenknecht, Predigerstr. 4, 99084 Erfurt

Praxis Gemeindepädagogik
Herausgeber:
- Amt für kirchliche Dienste der Evangelischen Kirche in Berlin-Brandenburg-Schlesische Oberlausitz, Fachgebiet 2 »Pädagogisch-Theologisches-Institut«
- Theologisch-Pädagogisches Institut der Evangelisch-Lutherischen Landeskirche Mecklenburg
- Theologisch-Pädagogisches Institut der Pommerschen Evangelischen Kirche
- Theologisch-Pädagogisches Institut der Evangelisch-Lutherischen Landeskirche Sachsens
- Pädagogisch-Theologisches Institut der Föderation Evangelischer Kirchen in Mitteldeutschland und der Evangelischen Landeskirche Anhalts

Das unentbehrliche Fach- und Praxismagazin für Mitarbeitende in der Gemeinde, Erzieher/innen und Erwachsenenbildner/innen, Fortbildende und fachlich Forschende. Mit orientierenden Aufsätzen, anleitenden Entwürfen und Materialien, Berichten über Projekte und aktuelle Entwicklungen, Nachrichten und Buchhinweisen.

Fordern Sie ein kostenloses Probeheft an:
Tel. 0341 - 711 41 22 | Fax 0341 - 711 41 50
www.praxis-gemeindepaedagogik.de

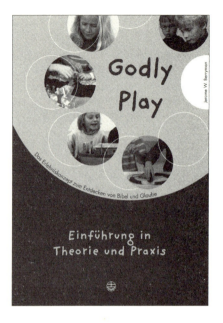

Jerome W. Berryman
Godly Play
Das Konzept zum spielerischen
Entdecken von Bibel und Glauben
Herausgegeben von
Martin Steinhäuser
Band 1: Einführung in Theorie und Praxis

184 Seiten, DIN A4-Paperback
ISBN 978-3-374-02295-3
€ 19,80 [D]

Godly Play ist ein spirituelles und religionspädagogisches Konzept, das zu einer lebendigen Beziehung zur biblischen Botschaft hinführen will.

Der Einführungsband stellt das theoretische Konzept dieser innovativen Methode erstmals übersichtlichen und gut nachvollziehbar vor. Darüber hinaus werden die Grundlagen und Voraussetzungen für eine erfolgreiche praktische Umsetzung in der Gemeindearbeit, in der Schule und in der Erwachsenenbildung vorgestellt.

Von »Godly Play« erscheinen neben diesem Einführungsband noch vier weitere Praxisbände.

Band 3: Praxisband – Weihnachtsfestkreis und Gleichnisse
200 Seiten mit zahlr. Abb., DIN A4-Paperback
ISBN 978-3-374-02355-4   € 16,80 [D]

Dieser Praxisband enthält eine Auswahl wichtiger Gleichnisse und Geschichten zur Advents- und Weihnachtszeit. So bietet er interessierten Praktikern die Möglichkeit, erste Erfahrungen bei der Arbeit mit dem Konzept *Godly Play* zu sammeln.

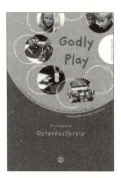

Band 4: Praxisband – Osterfestkreis
200 Seiten mit zahlr. Abb., DIN-A4-Paperback
ISBN 978-3-374-02491-9   € 16,80 [D]

Dieser Praxisband enthält Geschichten für die Passions- und Osterzeit sowie zu Gottesdienst und Trinität. Sorgfältig formulierte Anregungen zum Erzählen, Verwenden von Materialien und Eröffnen von Gesprächen wecken die Vorstellungskraft und nehmen nicht nur Kinder auf eine Entdeckungsreise mit …

Band 5: Analysen, Handlungsfelder, Praxis
254 Seiten, DIN A4-Paperback
ISBN 978-3-374-02594-7   € 19,80 [D]

Der Band enthält weiterführende praktische Hilfen wie Vorschläge für Lieder zu jeder Geschichte, für die Entwicklung eigener Materialien und vieles mehr. Eine unerlässliche Arbeitshilfe für alle, die sich für die Übertragung von *Godly Play* in die Praxis und Theorie der deutschen Religions- und Gemeindepädagogik interessieren.

EVANGELISCHE VERLAGSANSTALT Leipzig

www.eva-leipzig.de

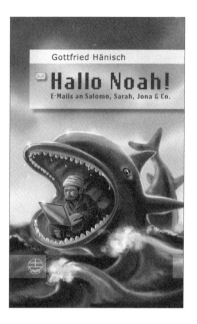

Gottfried Hänisch
Hallo Noah!
E-Mails an Salomo, Sarah, Jona & Co.

144 Seiten, Paperback
ISBN 978-3-374-02458-2
€ 9,80 [D]

Ein Junge hält Zwiesprache mit Noah? Ja, Felix sendet E-Mails an bedeutende Persönlichkeiten aus der Bibel, stellt Fragen und … erhält Antworten.

Auf erfrischende Art und Weise werden den Leserinnen und Lesern Salomo, Jona, Sarah, Lydia und viele andere zusammen mit ihren Geschichten näher gebracht. Biblische Gestalten erhalten so aus der Perspektive unserer modernen Gesellschaft neue Bedeutung, denn sie vermögen Antworten zu geben, auch auf unsere heutigen Probleme.

Man ist überrascht von der Neugier, dem Elan dieses Jungen und man beginnt, mit ihm gemeinsam Dinge neu zu betrachten: die Sintflut, die Geburt Jesu und vieles mehr.

EVANGELISCHE VERLAGSANSTALT Leipzig

www.eva-leipzig.de

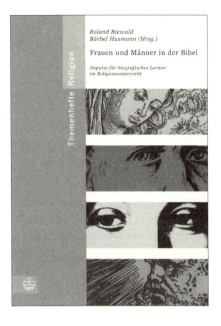

Roland Biewald/Bärbel Husmann (Hrsg.)
Frauen und Männer in der Bibel
Impulse für biografisches Lernen
im Religionsunterricht
Themenhefte Religion, Band 7

101 Seiten, Spiralbindung
ISBN 978-3-374-02672-2
€ 19,80 [D]

Paulus, Rut, Ester, Maria, David und Petrus sind Individuen mit Ecken und Kanten, von denen wir uns noch heute ein lebendiges Bild machen können. Ihre Geschichten stellen uns vor Fragen: Können wir ihr Leben nachvollziehen? Können wir ihren Glauben und ihre Weltsicht teilen? Ändern ihre Erfahrungen mit Gott und den Menschen unsere Sicht auf das eigene Leben?

Neben Sachinformationen bietet dieses Heft ausgearbeitete Unterrichtsmaterialien, die als Kopiervorlagen verwendet werden können. Religionslehrer der Sekundarstufen I und II, Katecheten, Pfarrer und Mitarbeiter der kirchlichen Erwachsenenbildung finden hier konkrete, didaktisch fundierte und leicht nachvollziehbare Hinweise zur Gestaltung ihres Unterrichts.

EVANGELISCHE VERLAGSANSTALT
Leipzig

www.eva-leipzig.de

Renate Klein
Jakob
Wie Gott auf krummen Linien
gerade schreibt
Biblische Gestalten, Band 17

224 Seiten mit zahlr. Abb., Paperback
ISBN 978-3-374-02445-2
€ 14,80 [D]

Die Bibel erzählt von Jakob, Muttersöhnchen und Gottesstreiter, Flüchtling und Betrüger, Liebhaber und Familienvater. Er ist kein Heiliger und doch ist gerade er Israel – einer, der nicht das perfekte Vorbild ist, sondern einer wie du und ich, der sich aber gerade darum für jeden als Identifikationsfigur anbietet.

Als literarische Gestalt betrachtet wird der Werdegang Jakobs zu Israel anhand der biblischen Erzählung nachgezeichnet. Mit kurzen Seitenblicken auf die Frage nach der Historizität und seine weit gefächerte Wirkung wird Jakob als einer dargestellt, der mitten im Leben steht und das, was das Leben ihm bietet, zu meistern versucht.

EVANGELISCHE VERLAGSANSTALT
Leipzig

www.eva-leipzig.de

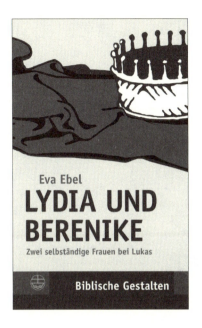

Eva Ebel
Lydia und Berenike
Zwei selbständige Frauen bei Lukas
Biblische Gestalten, Band 20

208 Seiten, Paperback
ISBN 978-3-374-02681-4
€ 16,80 [D]

Zwei bemerkenswerte Frauen, denen Paulus laut der Apostelgeschichte des Lukas begegnet, werden vorgesellt: In Philippi trifft der Missionar die gottesfürchtige Purpurhändlerin Lydia. Die jüdische Königin Berenike, die als Geliebte des römischen Kaisers Titus Berühmtheit erlangt, wird Zeugin einer Rede des Apostels während seiner Gefangenschaft in Caesarea maritima.

Der Blick auf den lukanischen Bericht und außerbiblische literarische und epigraphische Quellen erhellt die unterschiedliche Lebenswelt beider Frauen und macht ihre je eigene Haltung zur Botschaft des Evangeliums deutlich. Lydias Entscheidung für die neue Religion und Berenikes Desinteresse an der Verkündigung des Paulus verdeutlichen exemplarisch die Attraktivität des Christentums für Frauen im 1. Jahrhundert.

EVANGELISCHE VERLAGSANSTALT
Leipzig

www.eva-leipzig.de

Evangelisches Gesangbuch
Jugend-Edition

1360 Seiten, Hardcover
ISBN 978-3-374-02171-0
€ 9,80 [D]

Die Standardausgabe des Gesangbuches in frischem, unkonventionellem und zwanglos gestaltetem Outfit für den Gebrauch in Unterricht und Gottesdienst.

Oftmals ist der Konfirmandenunterricht Anlass, sich das erste eigene Gesangbuch zu kaufen. Die Gestaltung dieser Gesangbuchausgabe wurde daher speziell für Jugendliche entworfen.

Zugelassen für folgende Landeskirchen: Evangelische Landeskirche Anhalts, Evangelische Kirche Berlin-Brandenburg-schlesische Oberlausitz, Pommersche Evangelische Kirche, Evangelische Kirche der Kirchenprovinz Sachsen, Evangelisch-Lutherische Landeskirche Sachsens.

Bettine Reichelt (Hrsg.)
Familienzeit
Das Hausbuch für`s ganze Jahr

320 Seiten mit zahlr. Abb., Hardcover
ISBN 978-3-374-02165-9
€ 16,80 [D]

Mit diesem Hausbuch macht das Familienleben Monat für Monat wieder allen Spaß: Reich bebildert bietet es Tipps und Anregungen für kurzweilige und erlebnisreiche Aktivitäten, Geschichten zum Vor- und Selberlesen, praktische Bastelanleitungen mit Skizzen, Rezepte zum gemeinsamen Kochen und Backen, Lieder mit vollständigen Notensätzen zum Singen und Musizieren, Wissenswertes zu Kirchenjahr, Brauchtum und Festen sowie Gedanken zur Meditation.

Klaus Möllering (Hrsg.)
Worauf du dich verlassen kannst

264 Seiten mit Fotos, Paperback
ISBN 978-3-374-01768-3
€ 13,80 [D]

Was würden Sie gern an ihre Enkelkinder weitergeben? Welche Werte, Traditionen, Erfahrungen möchten Sie nachfolgenden Generationen vermitteln?

25 prominente Zeitgenossen schreiben an ihre Enkel, darunter sind unter anderem: Norbert Blüm, Eberhard Gienger, Regine Hildebrandt, Otto Graf Lambsdorff, Friedrich Schorlemmer, Dorothee Sölle und Jörg Zink.

Jetzt auch als Hörbuch erhältlich:
2 Audio-CDs, Spielzeit 101 Minuten, ISBN 978-3-374-02237-3

EVANGELISCHE VERLAGSANSTALT
Leipzig

www.eva-leipzig.de